D1935031

DIE WAHNSINNSKARRIERE DES

MEHMET E. GÖKER

MIT CHRISTIAN SCHOMMERS

DIE AUTOBIOGRAFIE

Vom Migrantenkind zum Millionär –
Aufstieg, Fall und Comeback des
POWERVERKÄUFERS

DIE WAHNSINNSKARRIERE DES

MEHMET E. GÖKER

FBV

MIT CHRISTIAN SCHOMMERS

Bibliografische Information der Deutschen Nationalbibliothek
Die Deutsche Nationalbibliothek verzeichnet diese Publikation in der Deutschen Nationalbibliografie; detaillierte bibliografische Daten sind im Internet über **http://d-nb.de** abrufbar.

Für Fragen und Anregungen:
info@finanzbuchverlag.de

2. Auflage 2016

© 2016 by FinanzBuch Verlag
ein Imprint der Münchner Verlagsgruppe GmbH,
Nymphenburger Straße 86
D-80636 München
Tel.: 089 651285-0
Fax: 089 652096

Alle Rechte, insbesondere das Recht der Vervielfältigung und Verbreitung sowie der Übersetzung, vorbehalten. Kein Teil des Werkes darf in irgendeiner Form (durch Fotokopie, Mikrofilm oder ein anderes Verfahren) ohne schriftliche Genehmigung des Verlages reproduziert oder unter Verwendung elektronischer Systeme gespeichert, verarbeitet, vervielfältigt oder verbreitet werden.

* Bilder mit freundlicher Genehmigung von Ulf Schaumlöffel

Redaktion: Teddy Hoersch, Werner Wahls
Korrektorat: Ulrike Kroneck
Umschlaggestaltung: Isabella Dorsch, München
Umschlagabbildung: privat und unter Verwendung von iStock-Bildern
Satz: inpunkt[w]o, Haiger
Druck: GGP Media GmbH, Pößneck
Printed in Germany

ISBN Print 978-3-89879-886-0
ISBN E-Book (PDF) 978-3-86248-669-4
ISBN E-Book (EPUB, Mobi) 978-3-86248-670-0

Weitere Informationen zum Verlag finden Sie unter
www.finanzbuchverlag.de

Inhalt

Lieber Gott beschütz mich nicht vor meinen Feinden, mit denen komm ich selber klar, bitte beschütz mich vor der Dummheit meiner Freunde.

Vorwort Mehmet E. Göker

Mein Name ist Göker, Mehmet E. Göker. Ich bin 36 Jahre jung und angetreten, Geld zu verdienen. Viel Geld! Das ist mir schon einmal gelungen. Mit 25 war ich Millionär, mit 29 mehrfacher Millionär. Ich hatte eine Firma – die MEG AG – mit 1.400 Mitarbeitern und einem gutachterlich bestätigten Schätzwert von nahezu einer viertel Milliarde Euro. Ferraris parkten in der Garage. Ich unternahm Luxusreisen mit meiner Familie, mit meinen Freunden und Angestellten. Ich verschenkte Porsches, wenn mir danach war. Ich schwamm im Geld. Ich wollte nicht der Erste sein, ich wollte der Allererste sein, den Zweiten deklassieren. Dass man sich damit nicht nur Freunde macht, ist klar. Je nachdem, wo man selbst stand, hieß es: der Powerverkäufer, das Vertriebsgenie, der Messias oder aber Verführer, Guru, Teufel in Menschengestalt. Man hat mir viele Namen gegeben – in Kassel, wo meine Geschichte anfing, sagten sie immer: »Schau mal, der Kanake im Ferrari!« oder, wenn sie nicht ganz so rassistisch waren, »der Türke«.

Biografie, Bilanz, Bestandsaufnahme, aber – wer mich kennt, weiß das – auch Abrechnung. Abrechnung mit den Pharisäern der Versicherungsbranche, den falschen Freunden, all den Arschlöchern, die glauben, einem vorschreiben zu können, wie man zu sein, wie man zu leben, wie man sich zu verhalten hat. Alle sagten immer: »Das geht nicht!« Dann kam ich, der das nicht wusste und habe es einfach gemacht. Ich war immer positiv und optimistisch eingestellt. Geht nicht, gibt's nicht. Ich war immer laut, frech, forsch, fordernd. Eigentlich viel zu laut für die Branche, in der ich groß geworden bin. Dem Versicherungswesen.

Ich möchte mich bedanken bei: Meinem Vater Asim, meiner Mutter Nezihe, meiner Schwester Asuman, meinem Bruder Ertugrul, meinen drei Neffen Cüneyt, Gökhan und Asim, sowie meinen vier Nichten Berna,

Aylin, Berrin und nochmal Aylin. Außerdem bei meinen besten Freunden Vincent, Stefan, Farid und Said. Diese Menschen haben in guten und in schlechten Zeiten als Freund und als Mensch zu mir gestanden. Danke, dass es Euch gibt!

Und für mich, Papa, wirst Du ewig weiterleben.

Vorwort Christian Schommers

Die MEG-Residenz in Davutlar, circa 20 Autominuten von Kuşadasi entfernt, ist so, wie man sich das Paradies vorstellt. Die Sonne strahlt, der Himmel ist azurblau. Ein leichter Wind weht vom Meer herüber. Es riecht nach Süden, nach Urlaub. Das große Stahltor öffnet sich auf Knopfdruck und man fährt geradewegs durch eine Reihe luxuriös aufgereihter, adretter Villen bis zu einem Parkplatz direkt neben dem Domizil des Chefs. Die aus Sandstein gebauten, weißen, kubisch-zergliederten Häuser sitzen auf einer großzügigen, umlaufenden Terrasse, eine Pergola mit Sonnensegeln ruht auf ihren Säulen. Hinter der Terrassentür, die ins Innere führt, befindet sich das Wohnzimmer, das fast die gesamte Grundfläche einnimmt. Kamin. Helle Farben, umlaufende Stuckverzierung. Daneben Küche und Gäste-WC, oben drei Schlafzimmer und ein großes Bad. Die Häuser umgeben einen Pool, in dessen Boden das MEG-Logo in weißen Lettern auf blauem Grund eingelassen ist. Als Gökers Erfolgsgeschichte noch keine Dellen hatte, hat er die Anlage für 1,8 Millionen Euro gekauft und mit seiner Entourage die Sommer hier verbracht. Kunstfertig getrimmte Bäume, bunte Blumenbeete und ein grün leuchtender Rasen. Vorn wehen Fahnen: die der Türkei, die von MEG und die von Gökers Lieblingsfußballclub, dem *FC Bayern München*. Garten Eden mit Palmen, versteckt in dieser kleinen Stadt; schwer zu finden, wenn man nicht ortskundig ist. Dorthin fuhr ich im Sommer 2014, um Mehmet E. Göker für seine Biografie zu interviewen. Viele Wochen mittendrin, nicht nur dabei. Eine Überdosis Göker sozusagen. Und wer diesen Mann kennt, der ahnt, wovon ich rede.

P.S.:

Die 29 Interviews, die diesem Buch zugrunde liegen, wurden von mir im Juli und September 2014 in Kuşadası in der Residenz von Mehmet E. Göker geführt. Die Audiofiles und Abschriften dieser Interviews stehen als Quellen zur Verfügung. Auch wenn vieles hinterfragt wurde, können sich bei der Erinnerungsarbeit Ungenauigkeiten und Fehler einschleichen. Ich habe mich – gerade bei Zahlen und brisanten Themen – genau an die Aussagen von Herrn Göker gehalten.

Hamburg, im Januar 2015

Kapitel Eins

Der Tag X. New York. Es klopft an der Tür meiner Suite 717 im *Sheraton*. Razzia bei MEG in Kassel. Anklage wegen Scheinselbstständigkeit.

Wir sitzen im Bug eines yachtähnlichen Gebäudes, das der türkischen MEG als Firmensitz dient. Draußen brütet die Hitze. Der Himmel über Kuşadası an der türkischen Riviera ist tiefblau. Drinnen kühlen Klimaanlagen Gökers Büro, das mit zwei Ensembles aus Ledersofas und Couchtisch, eins links, eins rechts, eingerichtet ist. In Vitrinen und auf den Schränken die Trophäen des 36-Jährigen. Schwarze Granitblöcke von der Halleschen für den besten Versicherungsvertrieb, eine Frauenfigur, auf deren Fuß ein goldenes Schildchen mit Rekorddaten angebracht ist. Mehmet E. Göker war jahrelang der erklärte Liebling der Versicherungsbranche im Bereich PKV, private Krankenversicherungen. Seine damals in Kassel ansässige Firma MEG brachte seinen Premiumpartnern, wie der Halleschen Krankenversicherung, AXA, Allianz und der Bayerischen Beamtenkrankenkasse viele Kunden. Das Geschäft mit den Provisionen lief so gut, dass Gökers Aktiengesellschaft immer schneller wuchs. Manche Premiumkunden zahlten an den Vermittler an der Spitze bis zu 21 MB, so kürzen die Versicherungsprofis den Begriff ›Monatsbeitrag‹ ab.

2007 bekam ich von meinen Freunden eine New-York-Reise als Geburtstagsgeschenk. Einmal die US Open aus nächster Nähe erleben – ein Festtag für uns Tennis-Fans. Wir haben ein Spiel von Roger Federer gegen einen eher unbekannten Spieler gesehen. Federer hat in drei Sätzen gewonnen. Und ein Spiel der Israelin Shahar Peer.

Weitläufige Executive Suite im *Sheraton*, ganz oben, wo ich damals auch hingehörte. Alles picobello, alles vom Feinsten. Zwei riesige Flatscreens, ein großzügiges Bad. Für New Yorker Verhältnisse, wo selbst in 5-Sterne-Hotels die Zimmer eher klein sind, war das wirklich üppig.

Wir waren mit *Lufthansa* Business Class nach New York geflogen – tolles Wetter, 30 Grad im September, sehr heiß. Und wir haben uns das volle Programm gegeben: Central Park, die Hamptons, 5th Avenue, Shopping, als gäbe es kein Morgen mehr ...

Schöne Tage. Dann kam der Abend des 2. September: Wir sind in so eine typische, dunkle, holzvertäfelte Bar gegangen. Zu dritt sind wir dann noch um die Häuser gezogen. So gegen ein zwei Uhr wurde ich müde, und wir sind zurück ins Hotel.

Frühmorgens gegen fünf klopft es an meiner Tür. Knockknockknock ... ›Was ist los?‹, denke ich. Vor der Tür stehen Marth und Kammerer und sagen, der MEG-Sicherheitsbeauftragte Marinko habe sie angerufen: Razzia in der Hauptverwaltung in Kassel. 100 Mann. Ich darauf: ›Bleibt mal locker, ihr wisst doch, Marinko übertreibt gerne. Da sind wahrscheinlich 20 Leute vom Finanzamt, die sich die Bücher ansehen wollen. Bleibt cool!‹ Ich rufe in der Hauptverwaltung an, um mit meinem Vertriebsvorstand Björn Kotzan zu sprechen.

Ich: »Björn, der Marth steht vor meiner Tür und erzählt was von 100 Mann, die eine Razzia machen?«

Björn: »Nein, stimmt nicht, es sind 200, und sie suchen nach Schwarzgeld. Steuerhinterziehung.«

Ich: »Ach, du Scheiße! Seid offen, wir haben nichts zu verbergen, bleibt bei der Wahrheit.«

Inzwischen waren etwa 300 SMS eingetrudelt. Tenor: ›Egal, was ist, wir stehen zu dir!‹ An diesem Tag hatten 40 Neue angefangen. Einer davon, Emmanuel Matschlik (er hat später Karriere bei uns gemacht), schrieb mir: »Mensch Mehmet, zwei Tage hier, kommt eine Riesenrazzia. Geile

Firma! Hier bin ich richtig.« So begann der schwarze Dienstag, der 4. September 2007. Das war – abgesehen vom Todestag meines Vaters – der schlimmste Tag meines Lebens.

Das Komische war, dass es keinerlei Vorzeichen gegeben hat. Die Aktion kam – zumindest für mich – komplett überraschend. Ich war politisch nicht vernetzt, habe wirklich nichts gewusst. Zuerst habe ich die ganze Sache im Videotext mitverfolgt. In Kassel wurden derweil Straßen abgesperrt. Mehrere Fernsehteams waren vor Ort. Habe dann auch genau miterleben dürfen, was Neid bewirkt. Gegenüber von der Firma war eine Bushaltestelle. Dort sind einige der ärgsten Neidhammel hingepilgert und haben ihre mitgebrachten Billig-Sektflaschen geköpft, so nach dem Motto: »Geil, jetzt machen sie den Göker platt!« Ohne das mit einem Krieg vergleichen zu wollen: Aber die Razzia war mein persönliches Pearl Harbor! Morgens um fünf hinterrücks attackiert von den Bullen! 62 anonyme Anzeigen: Göker macht illegale Geschäfte. Göker hinterzieht Steuern. Göker hat Kontakte zur Unterwelt. Alle Menschen, die sich nicht erklären können, dass einen Talent, harte Arbeit und Disziplin nur in eine Richtung bringen – nämlich nach oben –, vereinen sich gegen dich. Das größte Lob bekam ich am zweiten Tag durch einen Online-Kommentar in der *HNA (Hessische Niedersächsische Allgemeine)*. Da schrieb einer sinngemäß: ›Woran man erkennt, dass Göker ein Betrüger und Hochstapler ist, ist doch ganz klar. Dass was Göker gemacht hat, haben 50.000 Deutsche nach dem 2. Weltkrieg probiert und keiner hat es geschafft, so ein Imperium aufzubauen. Da liegt es doch auf der Hand, dass ein 27-jähriger Türke das erst recht nicht kann. Und dann noch legal!‹ Da ich aber wusste, dass alles legal war, war dies das größte Kompliment meines Lebens. Danke unbekannter Schreiber.

Inzwischen hatte ich von New York aus mit meinen Führungskräften telefoniert und folgenden Kurs abgesteckt: ›Alles locker. Aber passt auf. Die Versicherer in Deutschland kriegen das alles mit. Die werden uns mit Argusaugen beobachten. Die Qualitätssicherung [die sicherstellt, dass keine gefälschten Anträge eingereicht werden, Anmerkung des Verfassers] fällt für eine Woche weg, denn der Umsatz darf nicht zurückgehen. Die werden genau beobachten, ob die Zahlen einbrechen. Wenn der Umsatz gleich bleibt oder nur geringfügig zurückgeht, sagen wir um 10 oder

20 Prozent, werden alle bei der Stange bleiben. Merken die aber, dass das Schiff ein großes Leck hat und sinkt, dann werden alle die Titanic verlassen. Wir müssen jetzt – solange das Loch noch klein ist – reagieren‹. Alle Anträge, so meine Order, müssen umgehend weitergeleitet werden.

Vier Tage später kommt der erste Anruf: »Hallo, Herr Göker, wir haben seit dem Tag der Razzia ganz genau auf Ihre Zahlen geschaut. Nur acht Prozent Rückgang – trotz dieses Debakels. Respekt!« – »Siehst du, Björn, ich hab's gewusst. Die haben uns genauestens beobachtet!«

Das Gute war: Wir konnten eigentlich normal weiterarbeiten, denn es waren nur elektronische Daten gesichert worden. Im Rückblick wird klar: Diese Razzia – und das ist nicht nur meine Meinung, sondern auch die meines Anwalts – entbehrte jeder rechtlichen Grundlage. Von allen Anklagepunkten wie Steuerhinterziehung, Geldwäsche usw. blieb nur der Vorwurf der Scheinselbstständigkeit übrig.

Bei manchen Versicherungen hat jeder Außendienstmitarbeiter Vorgaben. Das fängt bei der Kleiderordnung an und hört bei der Farbe des Büros auf. Alles ist geregelt: Man kann nur diesen Computer und jenen Laptop kaufen, Öffnungszeiten, Gehalt der Sekretärinnen – alles ist vorgegeben. Aber dennoch gelten diese Außendienstler als selbstständig. Normalerweise – und das machen eben auch die großen Versicherer so – ist der Innendienst fest angestellt, und die Verkäufer sind laut HGB § 84 (Handelsgesetzbuch) selbstständige Außendienstmitarbeiter. Die müssen ihre Provisionen selbst versteuern. Aber wir waren ein ziemlich wilder Haufen, hatten flexible Arbeitszeiten, damals noch keine strenge Kleiderordnung. Das war denen – bei dem offensichtlichen Erfolg unserer Truppe – ein Dorn im Auge. Gegen anonyme Anzeigen ist keiner gefeit. Das hat man nicht in der Hand.

Das, was sie mir ursprünglich anlasten wollten, hatte sich bei der Razzia nicht bestätigt. Sie haben alles auf den Kopf gestellt, aber nichts gefunden. Übrig blieb also nur der Vorwurf der Scheinselbstständigkeit. Es kam dann zu einem denkwürdigen Treffen – auf der einen Seite des Tisches ein Typ vom Finanzamt, einer von den Sozialkassen und einer von der Staatsanwaltschaft, auf der anderen Seite ich. Im Vorfeld hatte es geheißen:

Sie: »Können wir uns mal treffen?«

Ich: »Klar, aber ich bringe meinen Anwalt mit ...«

Sie: »Nein, wenn Sie mit Ihrem Anwalt kommen, gibt es kein Treffen. Wir unterhalten uns nur mit ihnen alleine!«

Und dann das Treffen, ohne meinen Anwalt.

Sie: »Also, Herr Göker, Sie wollen keinen Prozess, wir wollen keinen Prozess. Sie haben vier Millionen hinterlegt, eine legen Sie als Sicherheit für die Sozialabgaben noch drauf und dann noch zwei Jahre auf Bewährung ...«

Ich: »Nein, auf keinen Fall.«

Sie: »Doch!«

Ich: »Nein!«

Das ging so eine Weile hin und her und dann haben die mit ihrem Chef telefoniert. 1.000 Euro Tagessatz, hieß es. Sie wollten 720.000 Euro, ich wollte ihnen 180.000 geben. Wir wären hier nicht auf einem türkischen Basar, ließ man mich wissen. Die Alternative: Als Sicherheit sollten innerhalb einer Woche noch einmal acht Millionen Euro für ausstehende Sozialabgaben bis zum Prozessbeginn in ein, zwei Jahren hinterlegt werden.

Sie: »Oder wir kommen morgen und nehmen jeglichen Wert aus der Firma heraus, um die acht Millionen abzusichern.«

Ich: »Ich bin 27 Jahre alt, wo soll ich acht Millionen hernehmen. Die vier, die ich hatte, habt ihr euch ja schon genommen.«

Es bestand kein Zweifel, dass sie das knallhart durchziehen würden. Aber dann hätten wir nicht mehr arbeiten können – wie auch? Ohne Computer?! Ich hatte die Wahl zwischen Pest oder Cholera – ich musste auf die Forderung mit den 720.000 Euro eingehen, anderenfalls würden sie den Laden leerräumen. So sieht eine Zwangsverhandlung in Deutschland mit der Staatsanwaltschaft, dem Finanzamt und den Sozialkassen aus.

Als mich die Hiobsbotschaft in New York erreichte, habe ich die Reise sofort abgebrochen und direkt einen Rückflug gebucht. Wir sitzen also in der Business Class und mein Sitznachbar schüttet mir seinen frisch gepressten O-Saft über die Hose. Ich schaue ihn an und sage: »Wissen Sie, an jedem anderen Tag hätte ich mich darüber ziemlich aufgeregt, heute ist mir das scheißegal.« Natürlich bestand die Gefahr, am Flughafen verhaftet zu werden, aber nichts dergleichen geschah. Keine Kontosperrung, nichts.

Die Razzia war mein erster großer Skandal. Regional war die MEG schon einmal aufgefallen. Ehemalige Mitarbeiter schuldeten mir Geld und wollten es einfach nicht zurückzahlen. Das läppert sich und als sich die Summe auf 250.000 Euro hochgeschaukelt hatte, habe ich eine Inkassofirma beauftragt. Die haben dann mal 2.000 Euro, mal 3.000 eingetrieben. Moskau Inkasso GmbH. Eine Frau, die mir 3.000 schuldete, ist damit zur Presse. Moskau Inkasso schüchtern ein, aber die schlagen nicht. Olek und Bolek kommen dann zu dir und sagen (*imitiert russischen Akzent*): »Hör mal, du schulden Mehmet Geld!« Die kommen an deinem Geburtstag, vor all deinen Freunden und fragen: »Wann gedenken du zurückzuzahlen?« Und die kommen dreimal am Tag, bis du zahlst. Dann ist diese Frau zur Presse und hat gesagt: »Moskau Inkasso ist unseriös. Die haben mich eingeschüchtert … bedroht!« Diese Frau schuldet mir 3.000 Euro und zeigt mich dann an. Strafanzeige. Ich hielt mich zu dem Zeitpunkt in der Türkei auf und erhalte dort einen Anruf. Morgen wird im *Extra Tip* ein Artikel erscheinen: ›Staatsanwaltschaft ermittelt gegen Göker wegen Bedrohung ehemaliger Mitarbeiter‹. »Was ist denn das für eine Schlagzeile? Ich bin ausgerastet. Was soll denn das? Die schuldet mir Geld, und ich werde angezeigt. Ihr Wichser, was fällt Euch ein, so einen Mist zu schreiben?« Heute würde ich sagen: »Schreibt, was ihr wollt!«, aber mit Mitte-Ende 20 gehen dir, gingen mir die Gäule durch. Ich habe gesagt: »Wenn ihr das macht, dann kommt ihr nicht mehr zu den Spielen des KSV Hessen Kassel ins Stadion.« Ihre Reaktion: »Das machst du nicht!« Großer Irrtum. Ich war der Hauptsponsor und in meiner Rage habe ich in der Geschäftsstelle angerufen und gesagt: »Die Typen vom *Extra Tip* kommen nicht mehr rein, entzieht ihnen die Akkreditierung.« Und die Verantwortlichen haben – sehr zu meiner Verwunderung – ihr Okay gegeben. Inzwischen ruft mich der Chefredakteur vom *Extra Tip*, an: »Mehmet, wenn du das durchziehst, dann machen wir dir das Leben schwer – und zwar jeden Tag. Mach das nicht!« Da habe ich erst kapiert, welche Macht die Medien haben. – »Ist erledigt, aber können wir uns auf eine andere Headline einigen, die Zeile ›Staatsanwaltschaft ermittelt ...‹ – kann man die rausnehmen?« Er willigt ein. Am nächsten Sonntag Titelseite. In großen Lettern: »Porsche, Partys, Provisionen« Darunter: »Staatsanwaltschaft ermittelt ...« ›Ihr Schweine‹, hab ich gedacht und drehte den Spieß um. Ich habe dann eine ganzseitige Anzeige geschaltet, ihre Überschrift genommen »Porsche, Partys, Provisionen« und ganz groß drunter: ... »gibt es nur bei MEG. Bewirb Dich jetzt!«

Der Skandal mit der Razzia weitete sich aus. Als wir von New York zurückkamen, wurden wir von Björn Bischof und unserem Sicherheitschef Marinko abgeholt. Es war seltsam. Richtige Angst hatte ich eigentlich bis dahin noch nie gehabt. Aber wenn Angst dieses mulmige Gefühl ist, dann hatte ich diesmal Angst. Angst vor dem Ungewissen, vor dem, was mich erwartet. Ich war bis dahin nie polizeilich aufgefallen. Meine Akte schneeweiß. Noch nicht einmal schwarzgefahren, nicht einmal einen Kaugummi geklaut und dann kommen die mit 200 Leuten in deine Firma rein und stellen alles auf den Kopf. Lustige Anekdote am Rande: Am Tag der Razzia so irgendwann gegen Mittag wurde der Ton merklich lockerer. Die haben gemerkt, dass bei uns gar nichts zu holen war. Eine Mitarbeiterin von uns hat dann tatsächlich zwei von denen eine PKV verkauft. »Was«, hab ich gesagt, »nur an zwei von 200? Warum nicht an alle???? Dann hätte sich das wenigstens gelohnt.«

Wir kommen also in der Firma an, und da warten sie schon. Sechs oder sieben Mann vom Finanzamt, wie sie halt aussehen – graue Vögel, ein Anzug mieser als der andere.

»Sie sind vom Finanzamt«, begrüße ich sie.

»Woher wissen Sie das?«

»Das erkenne ich ... (an ihren billigen Anzügen).« Den letzten Teil denke ich nur.

Staatsanwalt: (*spricht mit knarzender Stimme*) »Mensch, Göker, Sie verdienen ja eine Stange Geld. Sie verdienen ja in einem Monat mehr als ich im ganzen Jahr.«

(Monatsgehalt von Mehmet Göker als CEO der MEG 120.000 Euro im Monat plus Boni)

Wir saßen im Büro von Björn Kotzan, eine Runde von 15 Leuten. Nach einem Tag hätten sie, eröffnete einer von ihnen die Rede, herausgefunden, dass ich pro Datensatz 100 Euro Gewinn mache. (Datensätze sind gekaufte Kundenanfragen, die Interesse an einem unverbindlichen Vergleich für ihre Krankenkasse haben.)

»Lügner«, schrie ich, »Lügner.«

Am Ende der Woche mussten sie eingestehen, dass sie den Vorwurf der Steuerhinterziehung fallen lassen mussten. Die MEG hatte keine Steuern hinterzogen. Keinen Cent. Dann blieb es, wie schon oben erwähnt, bei dem Vorwurf der Scheinselbstständigkeit. Sie wussten, dass sie niemals einen Prozess gewinnen würden und ließen sich deswegen auf einen Deal mit mir ein. Hätte auch nur die geringste Chance bestanden, den Prozess gegen mich und die MEG zu gewinnen, sie hätten ihn mit großer Freude geführt. Ich aber war wegen der Höhe der Summe – 720.000 Euro – nun vorbestraft und hatte keine Wahl: Entweder ich akzeptierte die Strafe oder ich musste zwölf Millionen hinterlegen, vier pro Jahr bis zum voraussichtlichen Prozessbeginn. Der Prozess wurde bislang ja nicht geführt.

Eine Woche später nämlich, ich wollte gerade in die Firma, da klingelte es bei mir zu Hause. Wieder so drei Gestalten vom Finanzamt.

»Hallo, Herr Göker, nach unseren Berechnungen reichen die 3,3 Millionen, die hinterlegt wurden, nicht aus. Wir brauchen noch einmal 700.000 Euro.«

Ich schaue die Herrschaften an, drehe mich um und sage:

»Moment, bitte, ich hole sie ...«

Ich drehe mich wieder zu ihnen um, grinse und sage:

(laut) »Ihr wollt mich gerade verarschen, oder? Ich habe euch 3,3 Millionen zur Sicherheit für die Sozialkassen gegeben ... meint ihr etwa, ich würde das Geld zu Hause drucken???? Woher soll ich denn jetzt auf die Schnelle 700.000 nehmen. Ich hab nichts. Tschüss ...«

»Okay«, sagte einer der Typen, »dann müssen wir jetzt pfänden. Hier ist der Beschluss.«

Ich (sehr laut): »Sagt mal, habt ihr sie noch alle??? Gebt mir doch einen Tag Vorlauf. Ruft mich doch an und sagt mir, dass ihr mehr Geld braucht, dann kann ich das vielleicht besorgen. Ich hab jetzt keine 700.000. Das ist ja nicht die Welt, aber ich brauche 48 Stunden, um diese Summe zu besorgen ...«

»Nein, wir brauchen das Geld jetzt! Aufschub gibt es nicht!«

Angelockt durch das laute Gespräch im Treppenhaus kommt meine Mutter aus ihrer Einliegerwohnung und fragt, was denn los sei. »Das Finanzamt will noch einmal siebenhundert.« Sie darauf: »Momentchen, dann geh ich kurz zur Bank und hol das Geld ...« Ich muss lächeln. »Mutti, die wollen nicht 700 Euro, sondern 700.000!« Meine Mutter: »Uiuiuiuiui ... die hab ich gerade auch nicht da.« Ich wende mich wieder den Finanzamtsheinis zu und sage, schon etwas ruhiger:

»Gebt mir doch bitte 24 Stunden, und ich bringe euch morgen das Geld.«

Aber sie blieben stur bei ihrem Nein.

»Dann pfänden wir jetzt Ihren Rolls-Royce!«

»Wollt ihr mich verarschen. Wenn das Finanzamt jetzt mit meinem Rolls wegfährt, ist mein Ruf in dieser Stadt ruiniert. Niemals – wo wollt ihr den denn abstellen?«

»Bei uns!«

»Könnt ihr vergessen. Was macht denn Gökers Auto auf dem Hof vom Finanzamt?? Der Rolls wird in einer der Garagen bei der nächsten Shell-Tankstelle abgestellt. Dann schließt ihr ab, nehmt den Schlüssel mit, und ich hab 24 Stunden, um das Geld aufzutreiben, okay?«

»Ist in Ordnung!«

»Kann der nicht einfach hier stehen bleiben und ihr macht einen Zettel drauf«, versuchte ich noch einmal die Pfändung abzuwenden.

»Nein«. Sie hatten anscheinend klare Order, mit irgendetwas zurückzukommen.

»Okay, wer soll den Wagen denn fahren?«

»Ich«, sagte einer der Drei.

»Auf gar keinen Fall. Vergiss es!! Ich lass dich doch nicht ein 400.000-Euro-Wagen fahren. Los gehen wir, ich fahr ihn selbst dorthin.«

»Herr Göker«, wagt sich einer von dem Trio vor, »dann fehlen ja noch 300.000 … .«

»Waaaas? Das gibt es jetzt nicht.«

Dann wollten sie mein Portemonnaie sehen. Taschenpfändung. Ich habe meistens so zwischen 3.000 und 5.000 Euro bei mir. Die nehmen das Geld heraus und lassen ein paar Scheine drin …

»Was machen Sie denn jetzt?«

»Wir nehmen das Geld heraus!«

»Und wie viel haben Sie mir gelassen?«

»Siebzig Euro!«

»Was soll ich denn mit siebzig Euro machen. Die Tankfüllung für den Rolli kostet doch schon 200.«

»Siebzig Euro reicht, um in Deutschland eine Woche zu leben«, sagt eine der Flöten.

»Siebzig Euro für eine Woche. Das reicht noch nicht einmal von zwölf bis Mittag.«

»Tja, dann müssen Sie Ihren Lebensstil eben entsprechend anpassen!«

Da fiel mir ein, dass ich noch meine Uhren hatte, alle schön in einem Uhrenkasten. Darauf ließen sie sich dann ein. Zum Abschluss bat ich sie, mir doch eine Uhr zu lassen ...

»Nö, die sind zu wertvoll. Kaufen Sie sich eine preiswerte Uhr ...«

»Mit welchem Geld denn, ihr habt mir doch alles weggenommen.«

Sagt der eine doch rotzfrech:

»Aber Sie haben doch noch 70 Euro! Für 30 Euro gibt's doch schon eine Uhr.«

»Seid ihr jetzt zufrieden?«

»Ja!«

»Also, wenn ich jetzt das Geld ranschaffe, krieg ich meine Uhren und den Rolli dann zurück?«

»Den Rolli?«, fragt einer.

»Den ROLLS ROOOOOYCE!«

»JA!«

»Okay, ich hoffe, ihr kommt nicht noch einmal!«

»Aktuell nicht.«

»Was heißt hier aktuell – ihr habt vier Millionen Euro von mir als Sicherheit. Was wollt ihr denn noch?«

Laut deren Ermittlungen waren die vier Millionen der Fehlbetrag für die Sozialabgaben per anno. Deswegen konnten sie diese Nummer durchziehen.

Der Rolls war ebenso wie ein Teil des Geldes Firmeneigentum, also meines. Ich habe bei allem mit meinem Privatvermögen gehaftet. Mein größtes Vermögen belief sich 2009 auf knapp 254 Millionen Euro. Davon 236 Millionen Firmenwert, 12 Millionen Barvermögen und drei bis vier Millionen steckten im Fuhrpark und in Immobilien in Asien und Europa. Mein Freund Frank Marth hat damals mit jemandem von Forbes Deutschland telefoniert und es wurde von einer Berliner Kanzlei bestätigt, dass ich zu den 1000 reichsten Deutschen gehöre. Mit 29 Jahren.

Viele haben mich gefragt, wieso mir niemand zur Seite gesprungen ist, zu Hilfe kam? Hattest du keine Freunde in der Stadt, politische Verbindungen? Nein! Ich war in diesem Sinne nie ein Netzwerker. Ich hab nicht gekungelt. Ich will keine Hilfe von der Politik, ich will niemanden, der Kohle hat. Ich mache alles selbst. Ich wollte nie als Bittsteller vor jemanden treten. Ich kann das nicht, ich will das nicht. Ich mache einfach meinen Job!

Wir mussten die Außendienstler alle fest anstellen. Und genau das geht nicht. Das System bricht dadurch zusammen. Nicht nur wegen der

Mehrbelastung – wir hatten knapp fünf Millionen Euro im Jahr nur an Lohnsteuer und Abgaben zu zahlen –, sondern auch, weil man durch die Festanstellung die Motivation des Außendienstes kappt. Ich hatte plötzlich 90 Prozent mehr Kosten. Das ging nicht, das geht nicht.

Irgendwann wurde dieser Druck einfach immens. Du stehst jeden Morgen auf, jeden Morgen, und weißt: Kleines Geschäft, kleine Sorgen, großes Geschäft, große Sorgen. ›Ich muss heute 200.000 Euro verdienen, um plus minus null zu erreichen‹. Und in dieses Dilemma hatte ich mich selbst hineingebracht. Ich wollte nämlich immer wachsen, immer größer werden. Ich weiß, dass immer gesagt wird: Wenn junge Firmen zu schnell wachsen, dann ... Es gibt aber kein ›zu schnell‹. Es gibt kein zu schnell Auto fahren. Entweder du bist gut oder du bist schlecht. Wenn du gut bist, kannst du schnell alles erreichen. Wenn du langsam bist, dann eben langsam. Es gibt kein zu gut oder zu schnell – das ist die Ausrede von Versagern, die nichts machen. ›Mach mal langsam‹, ich kann das nicht mehr hören. Weil du doof bist, machst du langsam. Wenn ich gut bin, dann kann ich es eben auch schnell machen. Und ich war gut. Aber ich war nicht gut genug bei dieser Geschwindigkeit. Es war objektiv nicht zu schnell, es war FÜR MICH zu schnell! ICH WAR NICHT GUT GENUG. Ich habe irgendwann gemerkt, dass ich keine Kontrolle mehr über diese Firma mit ihren 1.500 Mitarbeitern und einem Jahresumsatz von 100 Millionen hatte. Ich war nicht in der Lage, so einen Konzern zu führen. ICH BIN ÜBERFORDERT. ICH SCHAFFE DAS NICHT MEHR. Als wir 500 Leute waren, hatte ich alles im Griff. Aber irgendwann im Jahre 2009 habe ich Fehler gemacht. Und weil ich Fehler gemacht habe, habe ich die Kontrolle verloren. Und dadurch haben wir Geld verloren.

Will einer wissen, welche Fehler ich im Einzelnen begangen habe?? Ich habe eine Million Euro in die Niederlassung Würzburg investiert. Reinfall! Michael Bär? – Niederlassungsleiter Würzburg und Organisationsdirektor MEG ein Katastrophe! Eine Million NL München, eine Million Hamburg. Reinfall. Eine Million Stuttgart ... du machst einen Mietvertrag über 100.000 Euro im Jahr, mal drei Jahre, also 300.000, die hinterlegt werden müssen. Dann der Arbeitsplatz plus Rechner kostet circa 4.000 Euro; macht für 40 Mann also 160.000 Euro. Werbemaßnahmen auch noch einmal 500.000 bis eine Million Euro.

Ich lese gerne Biografien, unter anderem um zu verstehen, wie was geht und um Fehler zu vermeiden, die andere schon vor mir gemacht haben. Bei der Biografie von Rockefeller ging es darum: Wie wurde er der reichste Mann Amerikas? Sein Prinzip habe ich mir von Anfang an zunutze gemacht. Rockefeller wollte das Ölgeschäft kontrollieren. Aber es gelang ihm nicht, da andere Ölbarone ihm gesagt haben: ›Verpiss dich, unsere Ölfelder kriegst du nicht!‹ Rockefeller wusste: Wer das Öl kontrolliert, der wird die Zukunft kontrollieren. Das war ihm schon damals, Mitte des 19. Jahrhunderts, bewusst, als noch niemand die ganzen Ausmaße des Ölgeschäftes absehen konnte. Er sagte also: »Scheiße, auf die leichte Tour komme ich nicht an die Ölfelder der anderen ran.« Dann eben so: John D. kaufte die Eisenbahn und hat den Preis für Öltransporte sofort um 1.000 Prozent erhöht. Was früher mal 1.000 Dollar kostete, kostete ab sofort 10.000 Dollar. Die Ölbarone regten sich auf: »Hast du eine Macke, das rentiert sich doch so nicht mehr!« – »Okay, dann verkauft mir die Ölfelder.« So kam er an die Ölfelder heran.

In meinem Fall hießen die Ölfelder Datensätze. Gute Leute verkauften viel aufgrund von guten Datensätzen. Da musste ich ran. Also kaufte ich meinen ersten Datensatz, meinen zweiten, meinen dritten, meinen vierten – später hatte ich circa 60 Prozent aller Datensätze vom Markt und 1.000 Leads (Datensätze heißen im Branchenjargon auch Leads. Ein Lead besteht aus Name/Vorname, Adresse, Telefonnummer, Geburtsdatum, Berufsstand, aktuelle Versicherung, Monatsbeitrag, Vorerkrankungen, u.v.m. Hochwertige Leads sind die, wo der Verkäufer schon im Vorfeld weiß, dass der Kunde sich nach einer – anderen – privaten Krankenversicherung erkundigt hat.) Wenn in Deutschland jemand Datensätze wollte, musste er zu mir kommen. ›Willst du essen, dann musst du zum Göker‹, hieß es. Willst du in diesem Geschäft Kohle machen, dann musst du zum Göker. So wurde ich immer größer und größer. Aber diese Datensätze kosten Geld. Sie sind eine Investition, die man erst einmal wieder reinholen muss. Datensätze sind das Erdreich, aus dem man die Goldnuggets rauswaschen muss.

Die Niederlassungen Bielefeld und Berlin liefen bombig. In Kassel saß ich selbst. In Bielefeld und Berlin hatte ich überragende Niederlassungsleiter. Mit ihnen steht und fällt das Geschäft. Hervorragende Leute, Führungsper-

sönlichkeiten, die andere Menschen angezogen haben, die für andere da waren, die ganz einfach Vertrieb gelebt haben. Deswegen lief das. Bielefeld und Berlin waren aufgrund dieser Personen unsere Nonplusultra-Filialen. Dort lebten sie den MEG-Spirit. Die Verkäufer haben ihre Niederlassungsleiter geliebt. Diese Männer wurden geliebt, weil sie andere zum Erfolg geführt haben. Es ist ja unser Job, andere Menschen erfolgreich zu machen, dann machen uns die anderen Menschen auch erfolgreich. Es gibt einen großen deutschen Finanzdienstleister, die *DVAG*. Wenn du auf deren Website gehst, kannst du einen Multiple-Choice-Test machen, um herauszufinden, ob du für diesen Job geeignet bist. Das habe ich selbst ausprobiert.
Erste Frage: Bist du gerne mit Menschen zusammen?
Sehr gerne | gerne | nicht so gerne.
Ich kreuze ›nicht so gerne‹ an.
Zweite Frage: Kannst du dich gut artikulieren?
Ja sehr | manchmal | nö ...
Ich mache mein Kreuz bei ›Nö‹.
Verdienst du gerne Geld?
Nö. Alles nein. Ich habe nur die negativen Antworten angekreuzt und am Ende lautete das Resultat: ›Klasse, du hast alle Voraussetzungen, um mit uns zu arbeiten. Melde Dich bitte umgehend bei der nächsten Niederlassung‹. Die Provisionen sind ein Witz und Datensätze gibt es nicht. Jeder wird aufgefordert, seine Freunde und Bekannten zu werben – das macht man, je nachdem wie viele Freunde man hat, ein zwei Monate oder ein halbes Jahr und dann ist es vorbei. Freunde hat man keine mehr, weil man denen ja ein Scheißprodukt verkauft hat. Und danach kriegt man das Telefonbuch und nun leg mal los ... Der Durchschnitts-DVAGler verdient 11.000 Euro im Jahr, der Durchschnitts-MEGler verdient 80.000 im Jahr. Bei MEG kommst du in die Arbeit, und die ›Leads‹ liegen frisch gedruckt, wie warme Semmeln, auf dem Tisch. Jeden Tag vier frische Datensätze. Die Leute haben mich geliebt, ich habe ihnen ein Umfeld geschaffen, hab sie motiviert. Meine Energie und ihr Einsatz – das war die Kombination. Du kommst morgens, machst dir einen Kaffee und dann rufst du den Kunden XY an, der bezahlt viel zu viel. Du hast alle relevanten Informationen vorliegen. Wir laufen nicht hinterher wie irgendwelche Bittsteller, sondern treten an Kunden heran, die etwas von uns wollen. Der Mensch geht heutzutage ins Internet und schaut sich um: Gibt es dieses oder jenes Produkt irgendwo preiswerter. Und das hab ich erkannt und genutzt.

Es gab PKV vor Göker und es gibt PKV nach Göker, aber die Zeit mit mir war für die Branche die lukrativste. Wie sie mir alle in den Arsch gekrochen sind. Eine Versicherung: Rekordumsatz bisher die *Impuls AG*, Maklerfirma aus Augsburg mit 700.000 MB, MEG bricht diesen Rekord mit 1,2 Millionen Monatsprämie, knapp 15 Millionen Euro Beitragseinnahmen nur durch die MEG AG. Alleine. Der Rekord bei einer Versicherung lag beispielsweise bis dahin bei 300.000 MB, 3,6 Millionen vermitteltes Jahresgeschäft. Dann kommt der Türke, hat vier Jahre 'ne Firma und macht einen neuen Rekord: 12 Millionen Euro, eine Million im Monat ... nicht 3,8, nicht 4, nein, 12 Millionen.

Datensätze waren der Schlüssel zum Erfolg. Ich habe den ganzen Markt leer gekauft. Bei Google werben, Datensätze generieren und ab dafür. Zuerst habe ich das bei Curatel gesehen, die im Fernsehen geworben haben. Ich rief damals den ersten Kunden an:

»Hallo und guten Tag! Sie haben im Internet nachgefragt wegen einer ...?«

»Ja, stimmt!«

Oh, mein Gott, ist das geil, ich werde nicht – wie vorher üblich – beleidigt nach dem Motto ›Was willst du Arsch, mir 'ne Versicherung andrehen?‹ Der Kunde will ja was und hat sich im Internet kundig gemacht, bzw. auf ein E-Mail reagiert.

»Was kann ich denn für Sie möglich machen?«

»Ja, ich bin bei der Gothaer und möchte dort raus ...«

Oh, mein Gott, das ist es! Zwei Leads, drei Abschlüsse, einen hab ich noch geschäftlich versichert. 400 Euro investiert und 5.000 rausbekommen. Daraufhin hab ich meinen Datensatz-Lieferanten angerufen, 20 Leads bestellt und dann ging's los. Mein Rekordtag waren 45 Anfragen. In dem Monat habe ich 95.000 Euro nach allen Kosten und Steuern verdient. Ich habe mich in die Arbeit gestürzt, weil es einfach nur geil war. Vorher war's ein Hurenleben, mit Datensätzen war's großartig. Als Azubi bei der *DKV* habe ich mit 20, 21 im 2. und 3. Lehrjahr 4.000 Euro netto verdient. Hatte eine Luxuswohnung in Kassel-Brasselsberg, 85 Quadratmeter, bevorzugte Wohngegend, Badezimmer mit Urinal, eine richtige Junggesellenbude.

Bis zum dem frühmorgendlichen »Knockknockknock« an die Tür meiner Suite im Sheraton war alles eins-a gelaufen. Fast zu gut! Alles wie im Traum. Die MEG war wie eine Rakete in den Himmel gestiegen und hatte die Mitbewerber hinter sich gelassen. Aber New York markierte die Umkehr. Wir überstanden zwar die Zeit nach der Razzia und den damit einhergehenden Skandal einigermaßen unbeschadet, aber dass ich gezwungen war, wegen der angeblichen Scheinselbstständigkeit alle Außendienstler fest anzustellen – das war das Todesurteil. Die Rakete verlor Schub. Die Nase neigte sich nach unten und der unaufhörliche Absturz begann.

Aber bevor wir in diese Sache weiter beleuchten, fangen wir mal ganz vorne an. Zurück ins Jahr 1979.

Kapitel Zwei

Ich erblicke das Licht des Lebens. Kinderpopo verbrannt. Ich, das Nesthäkchen. Verwöhnter Wonneproppen. Mamas Liebling, Papa hart, aber herzlich. Mein Vorbild.

Ich bin geboren am 2. April 1979. In Kassel. Sohn des Schuhmachermeisters Asim Göker und seiner Frau Nezihe Göker. Toller Vater, tolle Mutter. Die Tatsache, dass ich zu Hause auf die Welt kam, war nicht nur außergewöhnlich, sondern sollte meine weitere Zukunft bestimmen.

Kindheit in der Langen Straße in Kassel-Wilhelmshöhe, einem Viertel mit einem relativ hohen Türkenanteil. Meine Hebammen waren meine Schwester Asuman und mein Vater. Ich habe noch einen 20 Jahre älteren Bruder Ertuğrul. Asuman ist 17 Jahre älter, aber wenn man uns nebeneinander stellt, denkt man, ich sei der Ältere. Das Auto meines Vaters war in der Werkstatt. Ich kam sehr schnell und zügig, wie im richtigen Leben auch. (Natürlich rede ich nicht vom Bett, sondern vom Geschäftssinn!) Der Krankenwagen war noch auf dem Weg, aber Klein-Mehmet war schon da. Es war Montagmorgen, pünktlich acht Uhr. Zum Glück bin ich nicht einen Tag früher gekommen, sonst wäre ich noch ein Aprilscherz geworden. In Amerika wäre ich gleich am ersten Tag meines Erdendaseins Multimillionär geworden. Denn als der Krankenwagen endlich da war, steckten sie mich gleich in einen Brutkasten. Ich war ein Frühchen. Ich kann nirgendwo zu lange bleiben, weder bei meiner Mutter im Bauch, noch mit einer Frau zusammen, ha ha ha.

Mehmet zeigt mir Brandnarben am Rücken, oberhalb des Pos.

Das ist das Ergebnis von meinem Aufenthalt im Brutkasten. Meine Haut war so zart, dass sie von der Temperatur im Brutkasten verbrannt wurde. Ich kam auf die Intensivstation, denn ich schwebte in Lebensgefahr. Gleich am ersten Tag – das war ein Omen, denn es sollte so weitergehen. Nach mehreren Tagen auf der Intensivstation wurde von meinem Oberschenkel – sieht man heute nicht mehr – ein Stück Haut entfernt und auf die verbrannte Stelle transplantiert. Mein Bruder bedrohte noch den behandelnden Arzt, falls mir etwas zustoßen würde; meine Eltern gingen vor Gericht und erhielten ein bombastisches Schmerzensgeld. Dafür, dass mein Arsch für alle Zeiten entstellt war, bekam ich wahnsinnige 4.000 Mark. Der Richter begründete dies damit, dass man die Wunde ja nicht sehen würde, solange ich Klamotten anhätte, außerdem sei ich kein Mädchen und deswegen beeinträchtige das meine Zukunft nicht. Wäre ich ein Mädchen gewesen, so der Richter, dann hätte es dreimal so viel gegeben. Also 12.000 Mark. Ein Anwalt hat mir später bestätigt, dass ich in Amerika definitiv eine Million oder mehr erhalten hätte. Als Teenager war ich dauerverstört, weil ich dachte: Wenn ich irgendwann mal mit einer Frau intim werde und sie meinen Arsch sieht, wird sie weglaufen. Jedoch hörte ich im Laufe der Jahre immer wieder, dass mein nacktes Hinterteil mich zu etwas Einzigartigem mache. Da hab ich mir gedacht: ›Warum ist nicht mein ganzer Körper verbrannt?‹ Hätte ja auch schlimmer kommen können – etwa im Gesicht. So zog ich also mit verbranntem Arsch durch meine Kinder- und Jugendjahre. Irgendwann im Alter von zwölf Jahren sprach ich meinen Vater an und fragte, wann ich denn die 4.000 Mark Schmerzensgeld haben könnte. Die Antwort: »Was für 4.000 Mark, Junge? Weißt du, wie teuer du seit der Geburt warst und immer noch bist?! Du kannst mir gerne was drauflegen!«

Seine Mutter erzählt: »Ich weiß nicht, ob Mehmet im Krankenwagen geschrien hat. Ich war nicht dabei, mich hat man mit einem anderen Wagen ins Krankenhaus gebracht. Dort habe ich sofort nach meinem Baby gefragt und die Schwester sagte mir, dass Mehmet krank sei. ›Nein‹, sagte ich zu ihr, ›er ist vollkommen gesund.‹ Dann kamen auch schon mein Mann und meine Tochter und sie haben noch einmal nachgefragt.«

Mehmet kommt aus dem Haus und ruft schon beim Anblick seiner Mutter »Muttiii, das ist aber schön, dass du da bist. Entschuldige, dass ich ein paar

Tage nicht bei dir war, aber diese netten alkoholkranken Männer aus Deutschland nehmen mich total in Beschlag!« Er berichtet seiner Mutter von den Interviewsessions, zeigt ihr sein Wunsch-Titelfoto. Wir haben schon New York, die Razzia, Ausbildung und jetzt sind wir bei der Kindheit – »und wer kann da besser mitreden als du?!«

»Die Krankenschwester wich uns aus und sagte, es sei etwas nicht in Ordnung, Mehmet sei im Kinderkrankenhaus. Irgendwann sind sie dann rausgerückt mit der Sprache und haben gesagt, der Popo des Babys sei verbrannt. Zudem hatte er sehr viel Wasser verloren durch diese Hitze im Brutkasten. Der Rücken war ersten Grades verbrannt (das war nicht so schlimm), aber am Popo hatte Mehmet Verbrennungen dritten Grades. Rotes, rohes Fleisch. Ich wollte sofort Haut für ihn spenden, aber das ging nicht – die Haut war zu unterschiedlich. Also haben sie Haut von seinem Bein genommen und die Transplantation gemacht. Er musste dreimal operiert werden. Er war insgesamt sechs Wochen im Krankenhaus. Als er nach Hause kam, war die Wunde immer noch offen. Wir mussten ihn jeden Tag mit einem Spezialöl baden und nach einiger Zeit war die Wunde dann abgeheilt. Natürlich sind wir vor Gericht gegangen und haben 4.000 Mark zugesprochen bekommen. Das Urteil blieb vier Jahre lang anhängig, denn man wusste nicht, wie sich das entwickelt – ob zum Guten oder Schlechten. Aber zum Glück ist alles gut verheilt.«

Die Mutter weiter: »Mehmet war kein einfaches Kind. Sehr viel Temperament! Nicht zu bändigen. Sehr lebhaft. Man konnte ihn nicht eine Minute aus den Augen lassen. Als er klein war, war das noch schlimmer als heute. Er kann keine Sekunde ruhig sitzen. Wenn er wusste, dass ich einen Tag frei hatte, fing er schon abends an zu klagen: ›Mama, ich hab Bauchschmerzen! Ich kann morgen nicht in den Kindergarten gehen, ich sterbe, Mama‹. Bis Mehmet zwei Jahre alt war, lebte meine Mutter bei uns und hat auf ihn aufgepasst. Sie war abends total fertig, denn der Junge war ständig in Bewegung. Schlimmer zu hüten als ein Sack Flöhe. Aber richtig Sorgen hat er uns nie gemacht. Nie!

Als er sieben Jahre alt wurde, fing er an Fußball zu spielen und ist jeden Tag zum Training gegangen. Im Verein von Süsterfeld. Wir haben ja in dieser Ecke gewohnt. Später ist er dann Schiedsrichter geworden.

Das Verhältnis von Mehmet zu seinem Vater war sehr gut. Mehmet stellt es gerne so hin, als sei sein Vater streng gewesen, das war er in gewisser Weise auch, aber Mehmet ist 17 Jahre jünger als seine Schwester, 20 Jahre jünger als sein Bruder – er war unser Liebling, das Nesthäkchen. Alles, was er sich gewünscht hat, hat er auch bekommen. Er ist in die Stadt gegangen und hat sich in den Läden Sachen ausgesucht: ›Das, das und das – stellen Sie es in die Ecke ... meine Mutter kommt es nachher abholen.‹«

Die Mutter meint, Mehmet sei zu vertrauensselig. Bis heute. Sie hat sich, als seine Karriere losging, eigentlich aus allem herausgehalten. Stolz war sie, aber auch ein wenig ängstlich. Mehmet hat laut ihrer Aussage ein gutes Verhältnis zu seinem heute 54-jährigen Bruder (Automechaniker).

»Mehmets Vater hat die Karriere seines Sohnes nicht mehr erlebt. Als es richtig losging, wurde er krank, eine Woche später ist er gestorben, er hatte ein Blutgerinnsel im Kopf, später kam eine Lungenentzündung hinzu, die am 10. April 2004 zu seinem Tod führte. Mehmet war vierundzwanzig, als der Vater starb. – *Mehmet ist laut seiner Mutter ein Familienmensch.* Ich bin finanziell unabhängig, habe 36 Jahre gearbeitet und habe jetzt eine schöne Rente. Nachdem mein Mann so plötzlich gestorben ist, hatte ich körperliche Schwierigkeiten. Panikattacken, Herzklopfen ....«

Mehmet, das Schlüsselkind: »Er ist nach der Schulzeit nach Hause gekommen und konnte sich das Essen warm machen. Er hat oft vergessen, den Herd abzuschalten, Töpfe sind verbrannt. Dann kam die Mikrowelle und das hat geklappt. Nach dem Essen ging Mehmet ins Bürgerhaus und machte dort Schularbeiten. Um vier, wenn meine Schicht vorbei war, kam er dann nach Hause. Als Mehmet das Haus mit Schwimmbad und Sauna gekauft hat, haben wir noch ein Jahr dort zusammen gelebt. Dann hat er ein noch größeres Haus gekauft, aber mir gefiel das alte besser. Es war gemütlicher. – Ich habe acht Enkelkinder, vier von meiner Tochter, vier von meinem anderen Sohn. Ich habe sogar schon vier Urenkel. Eine große Familie.

Ich habe mich in Deutschland sehr wohl gefühlt, war Schneiderin in der Klinik. Ich war sehr glücklich und hatte viele deutsche Freunde. Von

Rassismus habe ich nie etwas gespürt. Manchmal vermisse ich meine Freunde. Ich esse gerne Sauerkraut, Leberwurst nicht so.

Eines Abends sitzen wir zu Hause, als das Telefon klingelt. Ein Herr, bei dem mein Mann kurz gearbeitet hat, ist dran und sagt, Mehmet sei bei ihm gewesen und wolle eine Schusterlehre machen. Mein Mann sagte: ›Er ist noch nicht achtzehn, zerreißen sie den Vertrag. Er soll weiter zur Schule gehen‹. Mehmet kommt nach Hause und wir fragen ihn, was er sich dabei gedacht hat. Er sagt: ›Ich will Geld verdienen, denn ich will ein Auto!‹ Zuerst bekam er mit 17 ein Mofa, dann mit 18 sein erstes Auto.«

Mehmet brüllt im Hintergrund. Es steht 2:1 für Holland und 2:0 für Costa Rica: die WM-Wetten werden gerade abgeschlossen.

Mutter: »Er ist immer so laut!« Wenn er hinten in die Straßenbahn einstieg, wusste ich vorne sofort: »Aha, Mehmet ist da«. Mehmet hat erzählt, dass seine Mutter ihn ›zum Schwein‹ gebracht habe. Gehacktes vom Schwein sei nämlich schmackhafter als Rind – für Bolognese oder Frikadellen. Und sie sei eine leidenschaftliche Rotweintrinkerin gewesen, jeden Abend ein Glas, sagt Mehmet. Die Mutter widerspricht: ›Nicht immer ..., nein!‹

Mehmet mischt sich wieder ein. Er beschreibt die Anfänge seiner Eltern in Deutschland.

Meine Mutter ist 1969 morgens um sechs in Frankfurt am Main gelandet, nach Kassel gefahren und hatte nachmittags einen Job. In dem Betrieb blieb sie 36 Jahre lang. Und da erzählen Leute in Deutschland, sie finden keinen Job. »Na, Nancy«, sagten die Kollegen zu ihr, wenn ich sie besuchen kam – sie nannten sie Nancy, weil ihren richtigen Namen Nezihe (gesprochen Nesie) keiner aussprechen kann. So wird auch meine Tochter heißen, sollte ich mal eine bekommen: Nezihe, nicht Nancy. Meine Eltern hatten die Wahl zwischen Paris und Kassel. In Paris gab es Mutters Bruder, Hayretin Aker, der Chefdesigner bei Pierre Cardin war und später ermordet wurde. Aus irgendeinem Grund haben sie sich für Kassel entschieden, Paris wäre auch schwieriger geworden. Und: Dort gibt es keine PKV. Die Mutter: »Bevor ich nach Kassel kam, war ich sechs Monate in

Paris. Dann hieß es, sie brauchen eine Schneiderin und so bin ich nach Kassel gekommen.« – »Holland spielt jetzt, sie spielen wieder 4-3-3, de Jong und Kuit ...«, schreit Mehmet.

Der Autor bedankt sich bei Mehmets Mutter für das Interview. Sie sagt höflich: »Bitteschön«. Nach einer längeren Pause nimmt Mehmet den Faden wieder auf: lebhaftes Kind, viele Freunde, dauernd in Bewegung.

Ich hab schon mit sechs oder sieben Jahren das erste Mädchen kennengelernt. Sie hieß Manuela. Meine Mutter war bei der Arbeit und ich dachte: ›Komm, nimmst die Kleine mit nach Hause!‹ Manuela stand total auf Nutella. Ich hab also Nutella rausgeholt, wir haben »Pink Panther« geguckt und Nutella mit Löffeln gegessen. Dann kam mein erster Kuss (*singt*) »Wer hat an der Uhr gedreht, ist es denn wirklich schon so spät?« Kann mich nicht mehr genau erinnern, aber es war ein angenehmes Gefühl. Wie verlief meine Kindheit weiter? Ich kann mich an eines erinnern und dafür möchte ich meinen Eltern danken: Ich habe in meiner Kindheit niemals eine Ohrfeige bekommen. Es gab vielleicht mal einen Klaps auf den Po. Und das ist umso erstaunlicher, weil ich als Kind so viel Mist gebaut und so viel Scheiße gemacht habe. Es ist schier unglaublich. Mein Vater war eine Respektsperson für mich. Für Liebe und Freundschaft war meine Mutter zuständig. Ich war ein extremes Muttersöhnchen. Ich konnte die ersten fünf Jahre gar nicht ohne meine Mutter einschlafen. Damals lebten wir auf 60 Quadratmetern in der Langen Straße. Zwei Zimmer, Küche. Bad. Die Küche selbst war auf dem Flur. Unten war die Wäscherei Humburg und deren Mitarbeiter benutzten unsere Toilette mit. Wenn du also tagsüber auf Toilette musstest, konnte es passieren, dass da ein Mitarbeiter der Wäscherei seine Sitzung abhielt. Dort wohnten wir von 1979 bis 1984, und die Miete betrug, wenn ich mich recht erinnere, 70 Mark. Und meine Mutter sagte immer: »Wir werden hier nicht länger leben und Mehmet soll hier nicht groß werden!« Über meiner Kindheit steht, trotz solch beengter Verhältnisse, in großen Lettern das Wort HARMONIE. Meine Eltern sind 46 Jahre verheiratet gewesen. Meine Mutter war, als sie heiratete, 15 Jahre jung, mein Vater war 24. Es war keine Zwangsheirat. Sie wurden sich vorgestellt, drei Monate Zeit zum Kennenlernen – und danach haben sie dann geheiratet. Und – das kann ich bestätigen – sie waren sehr glücklich miteinander. Ich kann mich, ganz im Gegensatz zu anderen Kindern und Spielkameraden, nicht daran erinnern, dass es bei uns zu Hause Streit gab. Ich habe bis zum meinem Auszug 22 Jahre mit meinen Eltern zusammengelebt. In der ganzen Zeit gab es zweimal Streit. Einmal, ich muss so drei oder vier gewesen sein, komme ich heim und sehe, dass meine Mutter traurig ist. Ich frage sie, was los ist und sie sagt: Streit mit Papa. Ich zu meinem Vater und frage: ›Warum hast du Streit mit Mutter, was ist passiert, was hast du gemacht?‹ Er sagt: ›Guck mal, sie hat mich gekratzt!‹ Und das zweite Mal, da waren wir in der Türkei zum Sommerurlaub und sie sind vorne im Auto laut geworden. In 22 Jahren, die ich erlebt habe, also in 8035 Tagen gab es an zwei Tagen Streit. Rekord!

Die Mutter sitzt dabei und mischt sich ein. »Der erste Streit«, sagt sie lächelnd, »war wegen Mehmet ...«. Der protestiert: Neinneinnein ... Es ging um meinen Bruder. »Nein«, widerspricht die Mutter, »das war der Grund für den zweiten Streit«. Okay.

Mehmet erklärt einige seiner kindlichen Ausraster mit der spät bei ihm festgestellten ADHS-Störung. »Mir war langweilig und hab mit einem Hammer meine Spielzeugautos kaputt geschlagen. Irgendwann war ›Spielzeugautos zerschlagen‹ auch langweilig und da hab' ich mir den Wohnzimmerschrank, diese Riesenmöbel, die in türkischen Haushalten immer stehen, vorgenommen. Und irgendwann war mir eben langweilig und meine Eltern waren nicht da, und ich war sauer, dass sie mich nicht mitgenommen hatten und ich alleine zu Hause war. – Meine Mutter hat mir immer den Schlüssel um den Hals gehängt, damit ich daheim reinkam und damit wenigstens die Hunde mit mir spielten. Ich hatte keine Freunde, weil ich schon früher ein Arschloch war ....

Mehmet erzählt diesen Witz immer wieder gerne. Wir hören ihn, leicht abgewandelt, das zweite Mal. Er grinst, wendet sich an seine Mutter und fragt: »Richtig??«

Ich hatte also ADHS, wie der Arzt letztes Jahr festgestellt hat, ...

Die um Mehmet versammelte Mannschaft grinst. »Wäre man nie drauf gekommen«, sagt der Autor. »Wusste ich nicht!«, sagt Said. Und Wolfgang definiert: »Das ist eine Störung, keine Krankheit ... .« Darauf legt Mehmet auch Wert.

... also ADHS in extremem Ausmaß, dass ich eine wirkliche Last war. Meine Mutter musste mich anbinden, wenn sie mal in Ruhe aufräumen wollte. Sie band mich – für mich war das wie ein Cowboy- und Indianerspiel – an ein Sofabein. Ein anderes Beruhigungsmittel war der Fernseher. Wenn ich die Hababam Sınıfı (Die chaotische Klasse)-Reihe mit Kemal Sunal als İnek Şaban (sinngemäß *Schaban, das Rindvieh*) schauen durfte, war ich ruhig.

Man kam in die Wohnung in der Langen Straße und es roch nach den Zigarren von Karl Humburg, dem Wäschereibesitzer. Daher kommt meine Leidenschaft für Zigarren. Mein Vater sagte immer: ›Ekelhafter Typ mit seinen Zigarren.‹ Ich hab's genossen. Dieser Duft, wenn mein Vater die Miete bei ihm vorbeibrachte. Toll! Da war ich vielleicht drei. Zwanzig Jahre später war ich im *Burj Al Arab* in Dubai und dort gab es eine Zigarrenausstellung, Cohiba, Davidoff, das ganze Programm. Man durfte proberauchen und meine erste war eine Davidoff, aber schließlich bin ich bei der Cohiba hängen geblieben, Siglo I bis VI. Die Siglo heißt Siglo, weil diese Reihe 1992 zu Ehren von Christopher Kolumbus, der 1492 Amerika entdeckt hat, aufgelegt wurde. Siglo heißt Jahrhundert und es beginnt mit der Siglo I, kleine Zigarre, und endet bei der Siglo VI, große Zigarre.

Man kam also in der Langen Straße nach oben in die Wohnung und gleich links war die Küche. Da ich Coca-Cola liebte, hat mein Vater diese Limonade in Kisten gekauft, in Glasflaschen. Finde ich bis heute hundertmal besser als Cola in Plastikflaschen. Köstlich! Jedenfalls waren damals – das muss zur WM '82, EM '84, WM '86 gewesen sein – im Deckel Fußballspieler-Bildchen drin zum Sammeln. Ich habe alle Flaschen auf einmal aufgemacht und die Bildchen rausgefriemelt. Mein Vater ist ausgerastet, weil die Kohlensäure natürlich aus allen Flaschen entwichen ist. »Papa, Cola ist alle!« Um schneller mit dem Sammeln fertig zu sein, habe ich die Flaschen aufgemacht, die Cola weggeschüttet, damit mein Vater neue kaufen musste ... Irgendwann kam das natürlich raus. Ein anderes Mal, ich war wieder mal alleine und sauer, hab ich die Schrankbar geleert. Da gab es Jägermeister, Bommerlunder, so das übliche Zeug. Ich setze mich ans Fenster und gucke, wann meine Eltern nach Hause kommen. Erste Flasche auf, gerochen, rausgeschmissen. Zweite Flasche, aufgedreht, ein Schluck getrunken, rausgeschmissen. Dritte Flasche ... vierte Flasche, die ganze Bar lag in Scherben auf der Straße vor dem Haus. Das erste Mal betrunken, mit drei oder vier Jahren. Meine Eltern kamen zurück, mein Vater hat nur gelacht. »War ja meine Schuld«, sagte er, »ich hätte den Alkohol wegsperren müssen.« Es gab nie Ärger, niemals.

Meine Mutter ist immer mit mir zu *C&A* gegangen. Und als kleiner Junge – keinen Schimmer von *Brioni, Zegna, Boss* – dachte ich, es gibt nur eine Bekleidungsmarke auf der ganzen Welt und die heißt *C&A*. *KiK* gab es damals nicht. Kein H&M. Für mich gab es *C&A* und ›Wohlwort‹, ich sprach das deutsch aus, nicht *Woolworth*. Dort wurden Haushaltswaren gekauft. Und Schuhe bei *Deichmann*. (Mutter: ›Die gab es damals noch nicht‹. Mehmet: ›Inzwischen in der Türkei eine angesagte Marke‹.) Bei Charme und Anmut (*C&A*) hab ich dann getestet, ob meine Eltern mich wirklich lieben. Dachte immer, die wollen dich gar nicht. Wenn wir bei *C&A* waren, bin ich abgehauen und zur nächsten Kasse. Ich wusste, was kommt. Ab zur Infotheke.

»Ich hab meine Eltern verloren.«

»Wie heißt du denn, mein Kleiner?«

»Mehmet ... Mehmet Göker!«

Über Lautsprecher: »Der kleine Mehmet ... Göker sucht seine Eltern. Kommen Sie bitte zur ... .«

Ich dachte: Wenn sie nicht kommen, kommste in ein Heim. Wenn sie kommen, lieben sie dich, dann kommst du nach Hause. Fünf Minuten später ... meine Eltern. »So, wo ist er?« – »Da!« Mein Vater zu mir: »Mehmet, lauf doch nicht immer weg!« Eine Woche später dasselbe Spiel. Das war doch geil, letzte Woche, ich will meinen Namen nochmal hören über dieses Dings da, diese Lautsprecheranlage. »Der kleine Mehmet.« Mein Vater kommt wieder, um mich abzuholen. »Das war das letzte Mal, dass du weggelaufen bist. IST DAS KLAR??« Und wenn er eine so deutliche Ansagen machte, dann war das auch klar.

Als ich sechs war, hab ich mit meinem Vater verhandelt.

»Papa, krieg ich Taschengeld?«

»Nein, du kriegst dann Geld, wenn du es brauchst!«

»Aber die deutschen Kinder haben auch alle Taschengeld!«

»Wir sind keine Deutschen!«

»Ich möchte aber Taschengeld!«

Ich habe dann ab der fünften Klasse, vorher war ich auf der Fridtjof-Nansen-Grundschule, jeden Tag Geld bekommen. Da gab es in der ersten und zweiten Klasse keine Noten, zum Glück! Da stand am Ende des Schuljahres immer: ›Mehmet ist ein sehr lebhafter Schüler. Er stört öfter den Unterricht und läuft durch die Klasse‹. Ab der dritten Klasse gab es dann Zeugnisse. Und mein Vater sagte zu mir: »Guck mal, Junge, du hast zwei Optionen – es gibt nur Einsen, Zweien und manchmal vielleicht eine Drei auf dem Zeugnis. Niemals eine Vier.« Von Fünfen und Sechsen wurde gar nicht erst gesprochen. Dritte Klasse: Ich habe die Wünsche meines Vaters erfüllt. Vierte Klasse: eins, zwei, drei. In der fünften Klasse dann Förderstufe. In dieser Schulform (die mich übrigens positiv geprägt hat) sind in den Nebenfächern alle zusammen – Gymnasiasten, Real- und Hauptschüler. Die Hirnis und die Realos. Die Hauptfächer – Deutsch, Englisch und Mathematik – hat man in Förderstufen A, B und C unterteilt, eben A (Gymnasium), B (Realschule) und C (Hauptschule). Soweit ich mich erinnere, war ich im B-Kurs in Englisch und Deutsch und im A-Kurs in Mathematik. Und dann bemerkt man, dass die Hauptschüler doch ein bisschen assi und einfacher strukturiert sind. Die Realschüler waren die Normalen, deren Eltern gehörten zur Mittelschicht und bei den Gymnasiasten hörte man Sätze wie: »Ah, wir haben ein Dienstmädchen!« Ich denke: ›Was ist denn bitteschön ein Dienstmädchen?‹ Heute weiß ich, dass sind so gute Seelen wie die Feridae [*Mehmets Haushälterin in Davutlar*], die ja bei uns zur Familie gehört. Ihr Mann ist der Hausmeister. Ich grille mit ihnen, ich esse mit ihnen, wir arbeiten seit sieben Jahren jetzt gut zusammen. Die kriegen Geburtstagsgeschenke, Weihnachtsgeschenke – die helfen mir, die halten mir den Rücken frei. Deswegen nenne ich Feridae mit allem Respekt Haushälterin und nicht Putzfrau oder so.

Zurück zu *C&A*. Ich dachte, es gibt einen Weltkonzern für Kleidung, eben *C&A*. So wie Drogen aus Kolumbien kommen und Mercedes das größte Auto baut, hat *C&A* das Monopol für Bekleidung. Denn auf meiner Unterhose stand *C&A*, Hose *C&A*, Hemd *C&A*, alles war von *C&A*.

Als Schulkind hatte ich immer eine große Angst. Ich hatte Angst, gehänselt zu werden wegen meines Namens. Man hört ja immer wieder, was da so abgeht ... Meh-met. Mem-me. Davor hatte ich Angst. In meinen 14 Schuljahren, zwölf plus zwei Ehrenrunden wurde ich nicht einmal Memme genannt. Nicht einmal! Sehr gut! In der Schule war ich absoluter Durchschnitt, Mitläufer, unauffällig, kein Alphatier. Meine Persönlichkeit hat sich erst mit zunehmender Attraktivität entwickelt. Mit 16 steht man vor dem Spiegel und fragt sich: »Wie fühlt sich das wohl an, wenn man attraktiv ist und gut aussieht?« Mit 17 habe ich einen Modelvertrag bekommen und mit 18 bin ich bei »Gesicht 97« Zweiter geworden. In Hessen bin ich ziemlich weit gekommen, wog bei 1,82 Meter 67 Kilo. Ich war hager. Fast zu dünn. Aber mit der Optik kam ein extremes Selbstbewusstsein. Dann sieht man: Mutter attraktiv, Schwester attraktiv, liegt wohl in der Familie. Und dann geht man abends weg und checkt das mit den Frauen. Du kriegst eine nach der anderen. Ohne finanzielle Mittel, aus einfachem Hause. Ohne dickes Auto. Die Frauen fahren auf einen ab.

Der Sport hat mich unglaublich nach vorne gebracht, wegen meines Ehrgeizes. Mein Vater war ein Fußballfanatiker – *Galatasaray Istanbul* und *FC Bayern München*. Ich bin in einem Nichtraucher- und Nichttrinker-Haushalt groß geworden. Ich habe einmal gesehen, dass mein Vater nach einer türkischen Hochzeit in die Badewanne gebrochen hat. EINMAL! Manchmal, wenn Männerfreunde da waren, hat er mal einen Raki oder einen Schnaps getrunken oder zum halben Hähnchen mit Pommes aus dem *Wienerwald* ein Kasseler Bier, *Martini Edel-Pils*. Ansonsten Tee und Wasser. Sport war bei uns immer ein Thema.

Schon damals steckte in mir ein Unternehmer. Kein Witz. Ich bin in die Küche, habe mir eine Schürze umgebunden, einen Block und einen Stift genommen, so wie ich es im *Wienerwald* gesehen hatte und servierte meinen Eltern die halben Hähnchen und das Bier. Und ich kassierte ab: »Drei Mark, drei Mark, macht zusammen 11,60 DM.« Mein Vater hat mich bezahlt. Geil. Am nächsten Tag sage ich: »Papa, können wir wieder Hähnchen holen?«. – »Ja!« Ich wieder in die Küche, Schürze, Block, Stift – ich komme und er sagt: »Vergiss es, das klappt nur einmal! Denk ja nicht, dass du heute noch einmal abkassieren kannst.« Werde ich nie vergessen.

Mein Lieblingsessen als Kind war ein halbes Hähnchen mit Pommes, Spaghetti von Mirácoli mit Mamma-Mirácoli-Soße, Nutella-Brot – und ich war ein leidenschaftlicher Cola-Trinker. Einmal war ich mit meinen Eltern in einem Hotel, wo ich herausfand, dass man die Getränke an der Bar aufschreiben lassen konnte. »'Ne Cola, bitte.« Toll. »'Ne Cola, bitte ...'ne Cola, bitte ...'ne Cola, bitte«. Boah, das ist umsonst. »'Ne Cola, bitte!« Mein Vater kam eines Abends und sagte: »Sag mal, hast du eine Macke, ich musste heute schon wieder 20 Cola zahlen. Bist du irre ... Trink Fanta! Bestell Fanta, so viel du willst!« Nein, es musste Cola sein. Am nächsten Tag komme ich an die Bar ... »COLA!«. Der Typ guckt mich an und sagt: »Cola ist aus!« – »Wie aus?«, frage ich, »Ich will Cola!« – »Ich kann dir 'ne Fanta geben oder Sprite, Cola ist aus!« Dahinter stecken meine Eltern, sagte ich mir. Ich war vielleicht sechs Jahre alt. Kommt ein anderer Gast und verlangt Cola – und kriegt Cola. »WIESO KRIEGT DER COLA UND ICH NICHT?« – Der Typ: »Deine Eltern haben es verboten!« Ich schleppe meinen Vater zur Bar: »Papa, sag ihm, dass ich wieder Cola kriege!« – Mein Vater: »Alles klar, kannst ihm wieder Cola geben!«

Meine Eltern waren ausgesprochene Western-Fans. John Wayne war bei uns die Nummer eins. Bin immer mit meinem Vater in Videotheken, wo wir Westernfilme ausgeliehen haben. Bud Spencer, Terence Hill ... Dann, das verdanke ich meiner Schwester, bin ich absoluter Elvis-Fan. Ich kenne jeden Song des King, weil meine Schwester mich damit infiziert hat. Als ich vier wurde, hat sie geheiratet und ist ausgezogen. Bis dahin hörte ich quasi ununterbrochen Elvis. Mein Bruder hatte sein Zimmer mit Bruce-Lee-Fotos tapeziert, Ende der Siebziger, Anfang der Achtziger. Also eine krude Mischung: Westernfilme, Elvis Presley, Bruce Lee und als Krönung (das kam durch meine Mutter und meine Schwester) *Sissi – Die junge Kaiserin, Sissi – Schicksalsjahre einer Kaiserin.* Alles auf VHS. Das ist meine feminine Seite. Ich war irgendwann mal allein zu Hause, mit acht Jahren, und schaue *Sissi,* weil es mir gefallen hat. Da hab ich gedacht: ›Komisch, andere Jungs schauen *Rambo,* und ich *Sissi,* da stimmt doch was nicht!?‹

Ich bin also geprägt durch Mutter und Schwester Sissi und Elvis Presley, Bruder Bruce Lee und Vater Western und Fußball. Wenn mein Erzeuger Fußball guckte, dann war das nicht wie in deutschen Haushalten. *Mehmet verstellt die Stimme und nöhlt:* »Och, Mann, er hätt ja auch mal treffen können.« Mein Vater auf Türkisch und sehr laut: »Du Hurensohn!« oder »Deine Mutter hätte man kreuzweise ...« oder »Du, Wichser, verdienst drei Millionen Mark und kannst noch nicht einmal einen Elfmeter schießen!« oder »Dir sollte man die Beine brechen!« Mein komplettes Schimpfwort-Repertoire hatte ich drauf, bevor ich eingeschult wurde, und gründet auf Fußballschauen mit meinem Vater. Als Galatasaray im Jahr 2000 den UEFA-Pokal gewonnen hat, ist mein Vater, als fanatischer Fan dieses Clubs, regelrecht Amok gelaufen – im positiven Sinn. Und von den deutschen Mannschaften war's Bayern München. Warum die Bayern, hab ich ihn mal gefragt. »Bester Verein!«, sagte er, »und wir sind immer Fans von den Besten!« Das erste Fußballtrikot hat mir mein Vater geschenkt. »Papa, ich hätte gerne ein Trikot«, sagte ich, weil beim Training alle Trikots anhatten. »Kein Problem, was kost' das?« – »100 Mark!« – »Waaaasss?« Solche Trikots waren teuer, 99,90. Ich war elf Jahre, 1991. Wurde im Versandhandel per Postkarte bestellt: Größe S, 100 Mark das Trikot, 40 Mark die Hose und 10 Mark die Stutzen. 150 Mark mit allem Zipp und Zapp. Papa gab sein Okay. Und dann kam das Paket an: rote Stutzen, Puma, Hose schwarz-rot, Trikot, vorne steht drauf *Samsung* und *Eintracht Frankfurt* hinten die Rückennummer 5. Manfred Binz. Manni, der Libero, damals mein Held, weil ich auch immer defensiv hinten drin stand. Das war damals der Umbruch von Beckenbauer zu Berti Vogts, der Binz zum Libero der Nationalmannschaft machte. Ich wollte auch Libero sein wie Binz. Das war damals die starke Zeit der Eintracht: Klaus Toppmöller, Dragoslav Stepanović, Maurizio Gaudino, Uli Stein, Anthony Yeboah, Ralf Falkenmayer, Jay-Jay Okocha, Andy Möller, Ralf Weber, Uwe Bindewald, Uwe Bein, Jan Furtok ... Die haben damals mit Bayern, Dortmund und Stuttgart immer um die deutsche Meisterschaft mitgespielt. Und dann kam Jupp Heynckes, sagte: »Ab jetzt gehen die Uhren in Frankfurt anders!« und hat alles kaputt gemacht, hat Yeboah, Gaudino und Jay-Jay Okocha rausgeworfen. Toppmöller war ja für seine Wortspiele und Sprüche bekannt. Nachdem die Bayern gegen Norwich im UEFA-Cup rausgeflogen sind, sagte er: »Eigentlich wollten wir ja in der nächsten Runde gegen die Bayern spielen, aber ... Bye-Bye Bayern.« Ich war Eintracht-, mein Vater Bayern-Fan. Das hatte seinen Grund und der hieß Fußball 2000. Ich habe den Frankfurtern gerne zugeschaut. Das war in der Saison 92/93 die geilste Mannschaft, ich hab sie schon alle aufgezählt. Uli Stein war einer der besten Torhüter seiner Zeit und hat allerdings nur sechsmal in der Nationalmannschaft gespielt, weil er sich nicht den Mund verbieten ließ und unter anderem Beckenbauer während der WM in Mexiko »Suppenkasper« genannt hat. Der Hammer! Daraufhin durfte er frühzeitig nach Hause fliegen. Bis 2014 war ist er neben Berti Vogts Torwarttrainer bei Aserbaidschan. Für die Nordhessen aus Kassel geht das gar nicht, da muss man die Eintracht aus Südhessen ablehnen oder sogar hassen. Für mich war das pillepalle. Wir leben in Hessen, Hass kenne ich nicht, die spielen schönen Fußball, also bin ich ihr Fan. Wurde als Kind dafür immer gehänselt, in Kassel war natürlich jeder Hessen-Kassel-Fan. War ich ja auch. Bin zu meinem ersten Spiel unterm Stadionzaun durchgekrochen – KSV Hessen Kassel gegen die Stuttgarter Kickers, 0:6. Dachte ich: ›Da gehste nie wieder hin!‹ Nach dem Aufstieg von KSV in die 2. Liga in der Saison 1985/86 – Spielmacher mit der Nummer 10 war der heutige Wolfsburg-Trainer Dieter Hecking. Dirk Bakalorz, Paul Koutsaliakos, Trainer Lorenz-Günther Köstner – war das eine Hammermannschaft. Nach der Hinserie 1989/90 waren sie weit abgeschlagen, aber in der Rückrunde – wir Jungs alle hin, 25.000 Menschen im Aue-Stadion – haben sie Schalke 04 mit 2:0 geschlagen. Bei Fortuna Köln 4:0 gewonnen, bei Braunschweig 4:0 gewonnen – da bist du als Kasseler ausgerastet. Am Ende der Saison haben sie um einen Punkt den Klassenerhalt verpasst und sind abgestiegen, als 17.

Ich war also von Kindesbeinen an sehr sportaffin. Zuerst Judo. Fand ich doof, dass ich immer was auf die Schnauze bekommen habe, also: nach drei Mal abgemeldet. Außerdem hatte ich schon damals was gegen die Polizei und ich war ausgerechnet bei der Judoabteilung des Polizeisportvereins gelandet. Mein Cousin hat das damals empfohlen, aber Weißgurtler kriegen immer auf die Fresse. Nichts für mich! Ich habe auch super gerne Tischtennis gespielt. In den Gettos, auf Stahlplatten. Ich war ein Tischtennisfreak. Von morgens bis abends Tischtennis. Und eins muss ich mal sagen: Meine Eltern haben in mich investiert. Immer. Ich zu meinem Papa: »Papa, ich will einen Tischtennisschläger!« Sagt der: »Was kostet das?« – »Ein billiger 30 Mark!« – »Hier hast du 100, kauf dir einen guten ...!« Mit meinem Freund Alexander Weber, zehn Jahre älter als ich, er siebzehn ich sieben (meine Mutter dachte wohl, er will mich missbrauchen), bin ich rumgezogen und hab gespielt. Alexander Weber, der in der Meißner Straße ein Stockwerk über uns wohnte und später auch vier Jahre bei der MEG gearbeitet hat, war ein ganz fantastischer Mensch. Nicht geraucht, nicht getrunken, ein cooler Typ. Er hat mich in Kassel zu dem Tischtennisausrüster Joola gebracht, wo ein Tischtennislehrer mich mal getestet hat. Er sagte, nachdem er mich beobachtet hat: »Du hast eine irre schnelle Vorhand mit Überziehern für die Schmetterbälle, da nehmen wir den 2er-Belag. Was willst du für einen Schläger haben?« Ich wollte das Holz von Jörg Roßkopf. »Nein«, sagte er, »das ist nicht dein Ding, du bist eher der Steffen-Fetzner-Typ, super stark in der Verteidigung, beim Slice.« Man muss dazu wissen, dass Roßkopf und Fetzner seinerzeit die Tischtenniscracks waren. Olympiasieger, Europameister ... Bis Timo Boll kam, war Roßkopf der beste Spieler aller Zeiten. Und heute ist er Bolls Trainer in der Nationalmannschaft. Also – Griff von Fetzner, vorne der Roßkopf-, hinten der Fetzner-Belag. Hat 100 Mark gekostet. Schaum, Pflege, Jola-Bälle. Irgendwann war ich den anderen so überlegen, dass ich mit einer Zigarettenschachtel gespielt habe. Hätte sonst keine Gegner mehr gehabt. Die anderen nutzten ihre Schläger und ich spielte mit einer Packung Marlboro – und hab trotzdem gewonnen. Irgendwann habe ich eine Tischtenns-Weltrangliste organisiert. Wir spielten ja sowieso, also warum nicht, entsprechend des Tennis-Systems, Turniere. Auckland, Wimbledon, Hamburg, US Open – ich hab immer angerufen: Heute spielen wir Wimbledon. Nach einem Jahr sind die Punkte der letzten zwölf Partien verfallen. Ich war immer Erster.

Der Autor erzählt von seinem Vereinsleben: ›TTC Zugbrücke-Grenzau, die haben alles gewonnen. Jülich, Borussia Düsseldorf‹. Mehmet hatte keinen Lieblingsverein, kennt aber (was auch sonst) alle Spielernamen: ›Dimitrij Ovtcharov, Andrzej Grubba, Jan-Ove Waldner, der noch mit 46 olympisch gespielt hat, Jörgen Persson ... Die Schweden waren damals die Übermacht, so wie heute die Chinesen ... Deutschland war immer Zweiter.‹

Ich war als Kind ein ziemlich ängstliches Muttersöhnchen. Einmal eröffneten mir meine Eltern: »Wir wollen nach Ägypten!« – »Toll, wann fahren wir?« – Nein, nicht du, wir!« – »Und was mach ich?« – »Du bleibst zu Hause!« – »Alleine??? Und was ist nachts?« Ich hatte Angst – und das kam daher, dass ich die ersten fünf Jahre kein eigenes Zimmer hatte und ich folglich nie alleine war. Alleinsein war gleichbedeutend mit Angst. Das war so schlimm, dass ich noch mit elf, zwölf Jahren nachts auf Zehenspitzen ins Schlafzimmer meiner Eltern geschlichen bin, mich (Decke und Kopfkissen hatte ich dabei) im Gang zwischen Bett und Schrank hinlegte und, beruhigt vom Schnarchen meines Vaters, wie ein Baby schlummerte. Beim Einschlafen betete ich immer, dass mir morgens doch bitte niemand auf den Kopf treten möge! Wie behindert war das? Es war behindert, aber ich kannte es nicht anders ... Ich hatte von Kindesbeinen an immer drei Frauen um mich: Schwester und Oma als Ersatzmütter und ab 16 Uhr, wenn sie nach Hause kam, meine Mutter. Dazu Vater und Bruder. Allein war ich also nie, nachts schon gar nicht. Bis 1984 schlief ich zusammen mit meiner Schwester auf der ausziehbaren Couch im Wohnzimmer. Als sie heiratete, zog sie aus. Wir zogen nach Helleböhn und mit fünf Jahren hatte ich dort zum ersten Mal ein eigenes Zimmer, in dem ich dann 17 Jahre, bis ich 22 war, wohnte.

Nach dem Umzug nach Helleböhn – ade Gemeinschaftstoilette, ade Zigarrenrauch von Herrn Humburg, ade 70 Mark Miete – war ich also das erste Mal allein in einem Zimmer. Aber die Tür zu? Niemals! Blieb immer offen, auch nachts. Mein Vater wäre lieber in der alten Wohnung geblieben: »400 Mark Miete, wer soll das denn bezahlen?« In Helleböhn kam man durch einen kleinen Flur ins Wohnzimmer, rechts Essecke, links Wohnbereich, schöne Teppiche, wie bei allen Türken, der Schrank, den ich später zerlegt habe, ein Balkon. Wenn meine Mutter Cevapcici machte, durften mein Cousin und ich auf dem Balkon essen. Bis jetzt habe ich sie noch nicht erwähnt, aber mein Kindheitsidol war Asun Aker, meine Cousine, eine brutal intelligente Intelligenzbestie. The brain! Sie hatte auf dem Gymnasium nur Einsen. Wenn die eine 2+ bekam, brach für sie eine Welt zusammen. Sie lebt heute, glücklich verheiratet und mit einem Kind, in Kassel. In der Kindheit haben wir, Cousin, Cousine und ich, alles zusammen gemacht.

Ich habe als Kind immer sehr viel geredet ...

... so viel, dass ich meiner Familie damit mächtig auf die Nerven gegangen bin. Irgendwann nahmen mich meine Mutter, meine Schwester und meine Tante mit bedeutungsvoller Miene zur Seite. »Wir müssen dir was sagen«, sagten sie. »Jeder Mensch hat an einem Tag nur eine begrenzte Anzahl von Wörtern zur Verfügung. Wenn er die verbraucht hat, dann kann er nichts mehr sagen. Ihm fehlen die Worte.« Wie viele Wörter hab ich denn?«, fragte ich. »1.000 Wörter pro Tag, danach kannst du nicht mehr reden!« – »Aha«, sagte ich, damals fünf Jahre alt, »dann kann ich also nach 1.000 Wörtern nichts mehr sagen?« – »Richtig!« Anfangs hab ich tatsächlich häufig den Mund gehalten, weil ich meinen Wortschatz nicht verbrauchen wollte. Irgendwann haben mir andere Leute gesagt: »Blödsinn, die haben dich angelogen, du kannst unendlich viel reden!« Und dann ging es erst richtig los. Auch eine andere Geschichte habe ich erst mal geglaubt. »Trink keine Cola«, hieß es immer, »sonst wächst ein Cola-Baum in deinem Bauch und du stirbst!« Ach herrje, ein Cola-Baum, Hilfe! Und: »Iss nicht so viel Nutella, sonst wächst ein Nutella-Baum in ...« Irre, was so alles in einem Kinderbauch wachsen sollte – Cola-Baum, Nutella-Baum. Ich war verzweifelt, denn ich nahm's für bare Münze.

Vor dem Umzug in die Meißner Straße nach Helleböhn hatte ich fast nur türkische Freunde. Der eine war im Knast, der andere hatte Brüder dort, wieder ein anderer hatte ein Fahrrad geklaut – nicht gerade ein optimales Umfeld, wie meine Eltern fanden.

Irgendwann habe ich dann durch Boris Becker und Stefanie Graf meine Leidenschaft für Tennis entdeckt. Ich war immer ein Becker-Fan. Dann hab ich auch an Turnieren teilgenommen, wurde aber gnadenlos abgeschlachtet. Kein Wunder, hatte niemals Tennisunterricht. Aber ich sagte meinem Vater: »Papa, ich möchte Tennisspieler werden!« Okay, gehen wir einkaufen. Es gab Adidas, Puma, aber für mich kam nur eins in Frage. Ich wollte André Agassi-Nike. Ich hatte fünf verschieden farbige Agassi-Outfits. Man brauchte ja das komplette Ding und besonders die Hosen, in die die engen Radlerhosen, die er berühmt gemacht hat, eingenäht waren. Stirnband *Nike*, Schweißband *Nike*, Schläger *Wilson*, alles zusammen 200 Mark. Erstes Turnier. Alle deutschen Kids kommen mit ihren Eltern in Nobelkarossen an. Ich allein mit meiner Sporttasche, Eltern am Arbeiten. Ich dachte, ich hätte eine Chance, dort beim Jugendturnier für Neun- bis Zwölfjährige in Kassel-Wilhelmshöhe. Vielleicht würde ich ja Profi werden! Dort, wo wir wohnten, gab es keine Tennisplätze, aber jede Menge Garagen. Wir haben uns einen Tennisplatz mit Kreide auf den Asphalt aufgemalt; die Aufschlagfelder, die Linien, die Mitte war ein Abfluss, ein Seil gespannt als Netz und jeden Tag wie die Bekloppten gespielt. Und ich muss sagen: Wir wurden nie von den Erwachsenen weggejagt oder ausgeschimpft. Anders als heute. Wir konnten uns dort austoben. Sonntags spielten wir hinter dem Rewe-Markt, ein Riesenplatz. In diesem Umfeld war ich gut. Hab mich dann auch auf echte Tennisplätze gewagt und war auch ganz gut. Ich wusste halt nicht, dass die anderen viel besser waren. Ich wurde fürs erste Spiel ausgelost. Ich gegen so einen Typen ... seine Mutter mit so einer gewissen Frisur, Brille, Kostümchen unterwegs. Der kam höchstwahrscheinlich aus einem 17.000-Mark-monatlich-Elternhaus, die Mutter fuhr mit der S-Klasse vor, ich kam mit der Straßenbahn. Ich denke: Dem zeigstes. Karl-Friedrich oder wie der hieß. 1:6, 0:6, tschüss. Ich komm nach Hause und meine Mutter fragt: »Wie war's?« Und ich: »War knapp ... aber Tennis ist nichts für mich!« Der Typ, gegen den ich verloren hatte, ist in der nächsten Runde ausgeschieden. Und ich hatte mich so angestrengt. Entweder war der gut oder ich so beschissen ... Ich glaube, er hat mich ein Spiel gewinnen lassen, weil er Mitleid mit mir hatte. Trotzdem hab ich immer weiter mit Freunden Tennis gespielt, gern, hat Riesenspaß gemacht, aber mehr auch nicht, keine Absichten mehr. Wenn mich heute jemand fragt, ob ich Tennis spielen kann, dann gebe ich mich zurückhaltend. Ich hatte mal einen Kumpel, Mark Henkel. Den fragte ich mal, ob er Tennis spielen könne. »Richtig gut! Und du?« Ich: »Ich kann den Ball übers Netz schlagen ...« »Okay, dann lass uns morgen spielen.« Ich habe Mark 6:0, 6:0 vom Platz gefegt. Am Ende habe ich ihm dann geraten: »Wenn dich das nächste Mal einer fragt, ob du Tennis spielen kannst, sag einfach ›Nein‹ und nicht ›Richtig gut!‹ Ich kann nämlich nur den Ball übers Netz schlagen ...«

Zurück in die Lange Straße: Bis 1984 hatte ich wie gesagt nicht einmal ein eigenes Kinderzimmer, sondern habe mit meiner Schwester im Wohnzimmer auf einer grünen Ausziehcouch oder neben meiner Mutter geschlafen. Irgendwann haben wir einen Videorekorder gekauft. Dazu muss man wissen: 1981 hatten zwei Prozent der amerikanischen Haushalte einen Videorekorder, 1989 waren das 98 Prozent. Wir bekamen 1982 einen *Hitachi*-Videorekorder mit der Fernbedienung an einem Kabel. Ist man immer drüber gestolpert. Der Fernseher war ein *Telefunken* mit Holzrahmen, aber nicht schwarz-weiß. Wenn man am frühen Abend fernsah, konnte es passieren, dass jemand aus der Wäscherei Humburg seine Notdurft direkt nebenan in der Toilette verrichtete. Zum Glück sind wir dann 1984 nach Helleböhn gezogen, wo ich eine sehr glückliche Kindheit verbrachte und viele neue Freunde kennenlernte. Helleböhn war damals eine tolle Gegend, heute nicht mehr. Ich würde nicht sagen ›sozialer Brennpunkt‹, aber ... naja, ich bin 2001 von dort weggezogen. Meine Eltern wohnten noch bis 2003 dort, dann kamen sie zu mir. Ende der Neunziger kamen vermehrt russische Einwanderer nach Helleböhn. Heute nennt man das eine russische Siedlung. Damals lebten dort 85 Prozent Deutsche, vor allem ältere Menschen, und die restlichen 15 Prozent bestanden aus Türken, Jugoslawen, Polen und Italienern. Ich hatte viele kroatische Freunde. Björn Bischof hab ich 1986 dort kennengelernt, fast alle über den Fußballverein VfB Süsterfeld. Erstes Spiel gegen MSV Espenau. Auswärtsspiel. Ich hatte einmal trainiert und es hieß: »Mehmet, du spielst heute mit!«

So verging meine Jugend mit Fußball, Tischtennis, Tennis, Basketball – habe ich damals ausprobiert, als Deutschland 1992 Europameister wurde und Bayer Leverkusen ganz top war. Habe aber direkt gemerkt: Das ist nichts für mich, ich treffe den Ball nicht einmal zehn Zentimeter unterm Korb. Mit 1,82 fehlte es mir auch an der richtigen Größe. Jeden Mittwoch bin ich mit meinem Onkel und meinem Cousin ins Hallenbad Ost gefahren. Zwei Stunden, von 18 bis 20 Uhr. Der Onkel ist geschwommen, und wir haben Wasserball gespielt. Hab mich erkundigt: Es gab in diesem Sport nur einen Verein, der hat gefühlt so gut wie alle Deutschen Meisterschaften gewonnen hat: Wasserfreunde Spandau 04 Berlin. Hab das immer bei Olympia geguckt. Ich finde Wasserball sehr geil, ist aber leider ein etwas unpopuläre Sportart.

Kapitel Drei

Schulzeit. Die ersten Mädchen. Verhaftung bei McDonald's. Superfan! Sommer in der Türkei. Malochen als Kellner. Augen auf bei der Berufswahl. Und immer wieder Fußball, Fußball, Fußball ...

Ab der 5. Klasse besuchte ich den Realschulzweig der Heinrich-Schütz-Schule, Freiherr-von-Stein-Straße 11, Haltestelle Rotes-Kreuz. Da musste ich aussteigen. Mit der 5. Klasse hat sich mein Leben verändert: Ich fuhr jeden Morgen mit dem Bus der Linie 21 zur Schule. Etwa 3,3 Kilometer. Ab der 5. Klasse konnte man einen Zuschuss beantragen, wenn der Schulweg drei Kilometer lang oder länger war. Meiner war Luftlinie 2,8 Kilometer, daher wurde die Monatskarte für 60 Mark nicht bezuschusst.

Durch die Schule wurde mir bewusst, dass es mehr gab als C&A. Markenklamotten! Jetzt ging's los. Es war cool, wenn man eine *Levi's* Jeans hatte; man war lässig, wenn man *Nike, Adidas* Power-Pump-Schuhe hatte. Und dann, sechste, siebte Klasse, musste es *BK* – British Knights – sein, für 300 Mark. Dann kamen alle Markenfreaks mit *Starter*-Jacken mit großen Stickereien ›New York Giants‹, ›Chicago Bulls‹ drauf. Ich hatte immer noch eine *Adidas*-Jacke. Irgendwann fragte mein Vater: »Brauchst du eine neue Jacke?« – »Ja, *Starter* ...« Mein Vater ging mit mir ins DEZ Einkaufszentrum, Sport Sperk. Dort hätte ich für 300 Mark eine *Starter*-Jacke bekommen. Aber da hing eine *Adidas*-Jacke, wie sie Uli Hoeneß auf der Bayern-Bank trug, schwarz-rote Winterjacke, aus den Jahren 1990/1991. »Die will ich haben«, sagte ich zu meinem Vater. »Kostet nur 180 Mark, umso besser!«, antwortete er. Am nächsten Tag ging ich mit der neuen

Adidas-Jacke in die Schule und alle sagten: »Voll uncool!« Aber mir war das scheißegal, denn ich wollte die Jacke, die der Bayern-Lenker anhatte. Ich fand's nur geil. Zu dieser Zeit war ich kein Leader, kein Hübscher, einfach nur ein Mitläufer. Ich war ja sehr konservativ erzogen worden – nix da mit Ohrenringen, Tattoos, nix cool. Mit 13, 14, also 1993, gingen wir auf Klassenfahrt. Alle redeten von Hip-Hop und Techno. Sie fragten mich: »Mehmet, was hörst du für Musik?« Und ehrlich, ich hörte nie Musik, ich kannte Elvis Presley ... Für mich gab es nur eins: Fußball, Tennis, Tischtennis. Ich konnte dir jeden Torschützenkönig in der Oberliga Bayern nennen. Aber mit Discomusik hatte ich nichts am Hut. Wenn wir an so einem Laden vorbeifuhren, sagte meine Vater: »Guck, das sind alles Huuuuren und Zuuuuhälter, du wirst *nie* in die Disco gehen!« – »Okay, alles klar, Huren und Zuhälter, kein Problem.« Mein Vater hat mich immer ausgestattet. »Papa, kriege ich eine *Levi's*?« – »Klar, kein Problem!« – »Papa, krieg ich die *LACOSTE*-Polos, die Black Black, 501 ...?« Jeden Sommer, wenn wir nach Izmir kamen, bekam ich ein Budget von 1.000 Mark (das war enorm viel Geld für mich) und konnte mich in den Läden ausstatten und einkleiden. Fünf T-Shirts, fünf Jeans, zwei Paar Schuhe. ... Keine Fakes, alles echt, aber etwa 30 Prozent günstiger als in Deutschland. Meinem Vater war bewusst, dass die Klamotten in der Schule wichtig waren. Ich hatte es ihm erzählt: »Guck mal, Papa, das tragen sie alle ...« Er hatte, wie alle anderen in der Türkei, noch Schuluniform getragen. Aber er wusste, was los war und wollte nicht, dass sein Sohn gehänselt wurde. Ich habe erlebt, wie brutal die anderen mit denen umgingen, die nicht cool waren.

Die fragten mich also, was ich für Musik höre. Und weil ich nicht doof dastehen wollte, sagte ich »Techno«. Und die alle: »Wie Techno, scheiße, was soll'n das ...?« Das waren eben alles Hip-Hopper. Mit Frau Böhm, meiner Klassenlehrerin war es damals Sitte, einmal im Monat unter ihrer Aufsicht mit der Klasse essen zu gehen, mal zum Italiener, mal zum Chinesen. Dafür mussten wir von zu Hause 20 Mark mitbringen. Komisch, meine Eltern denken bis heute, wir wären einmal die Woche mit der Klasse essen gegangen. Genau dasselbe in puncto Klassenfahrt. Die kostete 100 Mark. Meine Eltern denken, es gab drei Klassenfahrten pro Jahr. Dabei gab es nur eine. Einmal, ich war so 18, sagte ich zu meinem Vater: »Vater, ist wieder so weit, Klassenfahrt!« – Er: »Wo fährst du denn mit dem roten *Hyundai* hin?« – Ich: »Vater, ich fahre zur Schule, dort wird das

Auto abgestellt, dann im Bus nach Berlin.« Es ging auch nach Berlin, aber mit dem Fußballverein. Abschlussfahrt im Mai/Juni. Parkte den *Hyundai* neben dem Vereinsgelände von Süsterfeld. Donnerstag weg, Sonntag zurück. Auf jeden Fall komme ich Sonntagmittags nach Hause. Mein Vater sagte: »Setz dich!«

Es gibt bei Vätern so eine Tonlage, wo man direkt weiß, dass sie etwas wissen, was sie nicht wissen sollten. Ich wusste in diesem Moment: Er wusste alles!

Er: »Wie war denn die Klassenfahrt?«

Ich: »Ja, Berlin war sehr schön ...!«

Er: »Wart ihr mit der ganzen Klasse da?«

Ich: »Hm, ja ...«

Er: »Überleg gut, was du jetzt sagst. Pass auf, du kannst jetzt die Wahrheit sagen!«

Ich: »Okay, es war keine Klassenfahrt, ich war mit dem Verein zur Abschlussfahrt in Berlin. Ich habe die 100 Mark jeden Monat für Klamotten, Benzin und Sportmagazine gebraucht. Nein, ich rauche nicht!«

Er: »Alles klar, geh in dein Zimmer!«

Ich wusste, ich musste zwei Stunden die Schnauze halten. Nach zwei Stunden: »Papa, meine Freunde wollen Fußball spielen, darf ich raus?« – »Ja, okay!« Er wusste, ich hatte die 100 Mark nicht für Drogen oder Zigaretten genommen, das war für ihn das Wichtigste, sondern um mit Freunden Pommes zu essen und jeden Mittwoch die *Sport-BILD* und jeden Montag und Donnerstag *Kicker* zu kaufen. Er konnte mir also vertrauen. Er wusste: Mein Sohn raucht nicht, nimmt keine Drogen! Ein guter Junge. Ich ging zum Beispiel nie abends weg. Das gab es gar nicht. Ich war immer zu

Hause. In unserer 67-Quadratmeter-Wohnung in der Meißner Straße 44. Meine Eltern gingen so weit, dass sie auf alles verzichteten – Hauptsache, ich hatte ein gutes Umfeld und meine Freunde um mich herum. Fast alle haben später bei MEG gearbeitet. Ich kenne sogar noch unsere Telefonnummer aus diesen Tagen: 0561. 402172. Vierzigeinundzwanzigzweiundsiebzig. Werde ich nie vergessen! Die Familie von Stefan hatten als erste den Pay-TV-Sender *Premiere*. Stefan lud mich samstags immer zur Sportschau ein, Bundesliga. Ich bin nie hingegangen, weil sie *Premiere* schwarz guckten, geknackte Karte. Mein Vater hatte mir beigebracht: Entweder kaufst du dir, was du dir leisten kannst, oder du lässt es. Aber wir klauen nichts! Das war für mich Diebstahl. »Stefan, ich werde bei euch kein *Premiere* gucken!« Es hat mich gejuckt: Topspiel und Konferenz, ein Traum. Stefans Vater war ein Computergenie und hatte den Code geknackt. Stefan fragte mich immer »Warum kommst du nicht?« Ganz einfach! Wenn das jeder machen würde, gäbe es kein *Premiere* und bald auch keine Bundesliga und dann könnte keiner mehr gucken. Deswegen mache ich das nicht. Einmal – im Sommer 2001 – habe ich meine eigene Regel gebrochen, am letzten Spieltag. Ich musste diese Konferenz sehen. Bayern München beim HSV – Stefan Effenberg, Patrick Andersson, Oliver Kahn, alle dabei. Beim HSV stand der Ersatzkeeper von Schalke 04 im Tor, Matthias Schober. Schalke mit Oliver Reck, Ebbe Sand, Gerald Asamoah, Jörg Böhme, Emile Mpenza, Tomasz Waldoch, Olaf Thon, Mike Büskens, Andy Möller gegen Unterhaching. Ebbe Sand erhöht für S04 auf 5:3. Abpfiff in Gelsenkirchen. Schluss. Bayern hält ein torloses Unentschieden und wäre damit Meister, doch in der 90. Minute köpft Sergej Barbarez den HSV in Führung. Jetzt ist Schalke Meister! »Los jetzt, los«, schreien wir als Bayern-Fanatiker, »los jetzt.« Vier Minuten Nachspielzeit in Hamburg, signalisiert Schiri Markus Merk. Rückpass, Schober nimmt den Ball auf – regelwidrig. Indirekter Freistoß. Effenberg legt vor und Patrik Andersson? Er macht ihn tatsächlich rein! Wahnsinn!! 94. Minute! Bayern ist Meister! Und auf Schalke, wo man schon gejubelt hatte, macht sich tiefe, ungläubige Enttäuschung breit. Man war schon Meister gewesen – für vier Minuten und 38 Sekunden. Es war das spannendste Finale, das ich jemals gesehen habe. Ab diesem Tag gab es einen Fußballgott und der war kein Schalker.

Mexiko führt gegen Niederlande. Mehmet hat's getippt. Es wird heftig diskutiert über lateinamerikanische Mannschaften. Ein mexikanischer Spieler ohne Hals, der alle schlägt, wird von Mehmet vorgestellt. ›Hat bisher nur in Mexiko gespielt, der schlägt alle seine Mitspieler!‹ Sollen wir weitermachen? Ich hab gerade Lauf ... Locker wird wieder zum legendären Spiel am 19.5.2001 zurückgeblendet. Huub Stevens war damals Trainer. ›Die Null muss stehen!‹ Kätzchen miauen ... Es wird weiter gefachsimpelt über die Förderung junger Spieler, die in den Medien mit Hinweis auf Sebastian Deisler gerne negativ dargestellt wird. ›Aber die wollen es doch!‹ – ›Werden die Noten dadurch nicht schlecht ...?‹ – ›Nö!‹– ›Ist das denn gut für Ihr Kind?‹ usw.

Fußball wurde meine Leidenschaft. Und es trat mit Thomas Herwig ein ganz besonderer Mensch in mein Leben, mein erster Trainer. Und dann gab es noch einen sehr guten Jugendleiter, Günther Bischof, genannt Fipse. Mit 13 wurde ich Schiedsrichter. Denn ich hatte ein Spiel gesehen, das mich total beeindruckt hat. Ich hatte ein Idol. Bei der WM 1986 habe ich das Halbfinalspiel Argentinien gegen Belgien gesehen – und der Schiedsrichter zeigte einem Belgier die rote Karte, und der Mann musste vom Platz. ›Geil‹, hab ich gedacht, ›das will ich auch mal machen ... einen vom Platz stellen.‹ Durch diesen Karton in Signalfarbe wurde ich zum Schiedsrichter. Ich bin dann als Schiri sehr schnell aufgestiegen und habe mit 17 Senioren in der Kreisliga C, B und A gepfiffen. Aber man hat gemutmaßt, meine Psyche würde darunter leiden, wenn ich Erwachsene pfeifen muss. Aber mitnichten. Ich hatte einen extrem durchtrainierten Körper und ein napoleonisches Selbstbewusstsein und das hat mich immer wieder Punkte bei der Beurteilung gekostet. Wenn die älteren Spieler auf ein freundliches »Mauer zurück!« nicht reagierten, dann habe ich halt gebrüllt: »MAUER ZURÜCK!« Punktabzüge in der B-Note, weil es hieß: Ich bin zu aggressiv! Ich habe immer argumentiert: »Schaut mal, das ist hier jetzt die Bezirksoberliga mit Spielern, die teilweise 30 Jahre und älter sind – ich bin 19, die nehmen mich doch gar nicht für voll!« Wenn einer mit mir diskutieren wollte, hab ich gesagt: »Du kannst gleich mit der Gelben Karte diskutieren!« Wenn einer mich anbrüllte: »He, was pfeifst du denn da?«, war meine Antwort: »Halt die Klappe!« – »Wie redest du mit mir?« – »Ich rede so mit dir, wie du mit mir redest. Wenn du ein Problem damit hast, kannst du es jetzt sagen ... willst du jetzt duschen gehen?« Meine Spiele liefen hundert Prozent rund. In zehn Jahren hatte ich vielleicht fünf Rote Karten. Und das waren

Notbremsen. Es ging nie um Disziplinlosigkeit, denn ich hatte eine klare Linie. Ich duldete keine Disziplinlosigkeit! Ich ließ das Spiel laufen, aber die gelben Pflichtkarten für Trikotzupfen, Handspiel und Ähnliches habe ich alle gegeben. Das Geilste war für mich: Ein Spieler rennt den Gegner an der Mittellinie um. Ich lasse weiterlaufen ...Vorteil. Der Rempler erzielt ein Tor. Danach hole ich ihn mir und zeige ihm die Gelbe Karte. Er: »Haste sie noch alle?« Danke, Gelb-Rot. Das war geil. Man hat ja bei jedem Spiel Beobachter, die dir Punkte geben und das zeigt dem: Der Mann hat die Regeln voll drauf. Einmal war im Spielbericht fett unterstrichen: 110 Minuten. Da hatte ich in der ersten Halbzeit zehn und in der zweiten auch noch mal zehn Minuten nachspielen lassen. Schiedsrichterei war meine Leidenschaft. Natürlich habe ich auch zu dieser Zeit noch selbst aktiv gespielt.

Von meinen Eltern bekam ich während dieser Zeit immer volle Unterstützung. Mit 15 kauften sie mir mein erstes Mofa. 800 Mark plus 300 für den Führerschein. Mit 17 bekam ich eine niegelnagelneue *Vespa Piaggio*, 50 Kubik, 4.000 Mark plus Führerschein 800 Mark. Das war, wie ich an meinen Freunden feststellen konnte, in deutschen Familien nicht selbstverständlich. »Papa, ich brauche einen Roller, eine *Vespa*, denn ich fahre bis zu 100 Kilometer zu den Spielen, die ich pfeifen muss.« – Er: »Natürlich, kriegst du!« Da gab es gar keine Diskussionen. Das ging natürlich nur, weil auch das nötige Kleingeld da war. Wir waren keine armen Schlucker. Mein Vater hatte ein monatliches Durchschnittseinkommen von 6.000 Mark netto. Schuhmachermeister und Schlüsseldienst. Selbstständig von 1984 bis 2002. Davor war er circa 10, 15 Jahre angestellt bei *Mister Minit*. Mein Vater kam 1969 mit 800 Mark in der Tasche und einem Ziel nach Deutschland und das hieß: Meiner Familie soll es mal besser gehen! Anfangs hat er auf dem Bau gearbeitet und alles Geld nach Hause geschickt zu seiner Frau, die mit Schwiegereltern, Schwester und Bruder in einem 2000-Seelen-Dorf in der Türkei wohnte. Man hat mir immer die Geschichte von der Banane erzählt. Einmal hat sich meine Schwester eine Banane gewünscht. Dann wurde genau eine gekauft und als sie sie schälte, kam ein Wurm heraus. Das war's dann mit der Sehnsucht nach Bananen.

An dieser Stelle erzählt Mehmet zum wiederholten Mal die »Wassermelonen-Geschichte«. Als Mehmet noch klein war, ging er mit seiner älteren Schwester über den Markt und verlangte nach einer Wassermelone. Die Schwester druckste rum: kein Geld, also keine Wassermelone, Mehmet enttäuscht. Später rief die Schwester ihn an und entschuldigte sich unter Tränen, dass sie ihm seinen Wunsch nicht hatte erfüllen können. Mehmet: Meine Schwester hat ja wenigstens ihre Banane bekommen, wenn auch mit Wurm. Später bekam ich von meiner Schwester alles, was ich wollte.

Am 2. April 1997, meinem 18. Geburtstag, machte ich meinen Führerschein – schriftlich mit null Fehlern und praktisch im ersten Durchgang. Morgens Führerschein gemacht, sofort mitgenommen und dann bekam ich einen BMW 316i, zehn Jahre alt, Baujahr 1988 für 2.500 Mark und gleich dazu eine Musikkassette mit all meinen Lieblingssongs: Nana, »Let It Rain«; Papa Bear, »Cherish«; Joe Cocker »Summer In The City«; »Breakfast At Tiffany's« und jede Menge Schlager: »Moskau, Moskau«, »Knallrotes Gummiboot«.

Bis ich 18 Jahre alt wurde, lud ich meine Freunde zu mir nach Hause ein. Das hatten meine Eltern vorgeschlagen. Andere Eltern wollten das nicht, sechs Kids, die in einer Dreizimmer-Wohnung rumfuhrwerken. Meiner Mutter machte das nichts. Hauptsache, wir hingen nicht mit den falschen Leuten rum. Wir hockten also fast jeden Abend zusammen in diesem acht Quadratmeter kleinen Zimmer, meine Mutter hat für uns gekocht. Ab und an gab's auch schon einmal Pizza. Da wir alle Knechte waren, Schüler bzw. Azubis, hatte natürlich keiner Geld in der Tasche. Aber ich hatte eine Idee. Also, wir guckten Samstagabend bei Fatih *»Wetten, dass ...?«, »Aktuelles Sportstudio«* oder spielten Brettspiele, meistens *»Risiko«*. Irgendwann bleiben immer Tim Wagner und ich übrig. Und dann kommt Fatih und wirft alles um, und sagt, die Scheiße spielt er nicht mehr. Er ist nämlich mal wieder als Erster ausgeschieden. Wir haben Hunger und bestellen bei *Pizza Piccolo* an der Martinskirche. Mein erster Rotwein Lambrusco, Anderthalbliterflasche für 3,90. Wir also angerufen: »Ja, für Karaaslan, bitte bringen Sie zweimal Lasagne, drei Pizza Salami, eine Margerita, zwei Quattro Stagioni. Danke.« Okay, kostet 30 Mark. Jungs, wie viel haben wir? Aha, 15 Mark. Okay, lasst mich mal machen. Der Pizzabote kommt und klingelt.

Ich: »Ja, bitte?«

Bote: »Ihre Bestellung von *Pizza Piccolo*, macht 30 Mark!«

Ich: »Jungs, hat einer Pizza bestellt?«

Jungs: »Nö!«

Ich: »Wir haben keine Pizza bestellt ...«

[Jetzt kommt der Verkäufer in mir zum Vorschein.]

Ich: »... ich hab aber Hunger ... Jungs, habt ihr Hunger?«

Jungs: »Ja!«

Ich: »Wir nehmen die Pizzen, was kostet das nochmal?«

Bote: »30 Mark«.

Ich: »Augenblick! [ich zu den Jungs ins Zimmer, dann wieder raus zum Pizzaboten] ... ich habe gerade gesammelt, wir haben 15,50 Mark, also ... wir können Ihnen das geben oder ...«

Der Bote telefoniert mit seinem Chef.

Bote: »Chef, das sind hier Jugendliche, die haben nichts bestellt, aber 15,50 zusammengekratzt ...«

Chef: »Ja, okay, gib sie ihnen ...«

Alles klar!

»Mehmet«, haben die anderen gesagt, »du bist der Größte!« Eine Woche später die gleiche Nummer: Lasst mich machen. »Chef, die sagen, die haben keine Pizza bestellt, aber sie haben 17 Mark.« Chef: »Bring die Pizzen wieder mit.« Der Fehler war: die gleiche Pizzeria. Also nochmal neu das Ganze: Wir haben das daraufhin jede Woche mit einem anderen Laden gemacht, bis wir alle Pizzerien in Kassel durch hatten. Danach waren

Wiener Wald und andere Zulieferer dran. Guter Trick, denn keiner lehnt das ab, wenn auf diese Weise zumindest die Herstellungskosten wieder drin sind.

Mit 17 als Schüler bei *McDonald's*. Was macht man, wenn man keine Kohle hat, man ist clever. Wir bestellen einen Hamburger und Pommes.

Mehmets Mutter ist ein wenig entsetzt, denn sie dachte, er habe immer genug Geld von ihnen bekommen. Debatte auf Türkisch.

Als Schüler ist man immer chronisch pleite, deshalb muss man clever sein. Ich bin doch kein Betrüger!! Also, 0,5-Liter Coca Cola bestellt. Pommes auf den Burger gelegt, gefuttert, satt, aber durstig. Noch 'ne Cola? Kostet zwei Mark, hab aber nur noch eine in der Tasche. Ich sehe, dass in meinem Becher noch ein Rest der braunen Limo ist. Nehme aus meinem Federmäppchen das Radiergummi und rubbele, bis ich genug Abrieb habe. Den rein in die Cola. Gehe damit zum Tresen und zeige dem Verkäufer das mit der Frage: »Was ist denn das hier in der Cola?« – »Oh, das tut mir leid, hier hast du eine neue!« Wenn man knapp bei Kasse ist, muss man kreativ sein. Ich hab nie geklaut. Der Verkäufer hätte ja auch ablehnen können. Aber da hätte ich einen Aufstand gemacht ...

Einmal – etwa zur selben Zeit: Ich 17, Björn Bischoff 18 – wurde bei *McDonald's* verhaftet. Von der Polizei. Ein Schüler in der 12. Klasse. Björn hatte an diesem Tag sein neues Auto bekommen: *Opel Calibra*, Frontantrieb, viele Extras serienmäßig, 195 PS, 16 V in Blau. Björn parkt direkt vor McDonald's. Es ist Winter, Dezember. Wir müssen uns beeilen, wir haben Fußballtraining. Er Torwart, ich Manndecker bei Süsterfeld. Gespielt hab ich eigentlich nicht. Ich war nur dafür da, den gegnerischen Stürmer vom Toreschießen abzuhalten. ›Dieser Penner wird heute kein Tor machen!‹ Wenn der nur einmal an mir vorbeikam, hab ich nachgesetzt und ihn ›kaputt getreten‹. Der Ball war mir scheißegal, ich hab nur auf die Beine des Stürmers geguckt und die meisten hatten schon Schiss, wenn sie auf mich zuliefen. Ich habe in 13 Jahren nur einmal eine Rote Karte gesehen, weil ich mit 16 eine weibliche Schiedsrichterin »Rotschopf« genannt habe, als wir die Hütte voll bekommen haben. Keine schlechte Quote bei mehr als 1.000 Spielen.

Zurück zu *McDonald's*: Björn und ich sitzen da und ich sehe, wie drei Polizeiwagen vor der Tür halten. Ich trug eine dunkle Jeans, eine dunkle Jacke und ein blaues Cappy mit *New York Yankees*-Schriftzug. *McDonald's* proppenvoll, viele Mädchen aus der Parallelklasse. Das war zu der Zeit, als ich optisch sehr angesagt war. Ich bin jedes Wochenende ausgegangen und jedes Wochenende mit einer anderen, bis Julia in mein Leben trat. Meine erste feste Freundin. Nä, stimmt gar nicht, vorher war ich ein Jahr lang mit einer anderen Julia zusammen, Tochter eines Oberstudienrats, der die Parallelklasse unterrichtete. Wir hatten uns beim Fußball kennengelernt, denn Julia hat sich immer die Spiele von Süsterfeld angeschaut. Ihre Familie wohnte in Vellmar, einer Kleinstadt direkt neben Kassel. Ich hatte bei Julia geschlafen, da die Eltern später nach Hause kommen wollten. Sie kamen früher. Da sagte ihr Vater: »Hör mal zu, Julia, nie wieder wird ein Moslem unser Haus betreten!« Und so einer unterrichtet deutsche Schüler in der Oberstufe.

Und gleichzeitig sind die Deutschen das toleranteste Volk, das ich bislang kennengelernt habe, was Ausländer angeht. Vielleicht sind die ehemaligen Nazis ja bald alle ausgestorben. Zwei Jahre später kam ich mit Wiebke zusammen. Vater war Arzt und hatte eine eigene Praxis. Er sagt: »Ich habe gehört, dein neuer Freund ist ein Türke?« – Sie: »Ja!« Wiebke, sehr intelligent, gutes Abitur gemacht, kam heulend zu mir, weil der Vater zu ihr gesagt hatte: »Solange du mit einem Türken zusammen bist, bist du nicht mehr meine Tochter!« Einzelfälle? Ein Oberstudienrat, ein Arzt?? Julias Vater war Allgemeinmediziner, und genau das Gegenteil dieser gerade erwähnten Herren. Er hat mich mit offenen Armen empfangen. Ich habe oft bei ihnen geschlafen und gegessen. Julia war mit uns im Urlaub. Dieser Mann hat mir gezeigt, wie großzügig und tolerant deutsche Familien sind. Dann war ich zusammen mit Anette, auch eine Jugendliebe von mir. Ich 18, Anette ein Jahr älter. Ich war immer herzlich willkommen.

Julia habe ich in einem Club namens *New York* kennengelernt. Sie ging an mir vorbei und optisch würde ich sie vergleichen mit dem australischen Topmodell ... wie heißt sie noch ... Elle MacPherson. The Body. Einfach UNFASSBAR schön. Und extrem intelligent. Tolles Elternhaus, super liebes Mädchen. Und die hab ich so angebaggert. Ich war vorher im Kino und hatte *Face Off – Im Körper des Feindes* gesehen, einen Film mit Nicolas

Cage. Und darin benutzt er einen Spruch, den ich unbedingt auch mal anbringen wollte. Julia gab mir diese Gelegenheit. Der Spruch lautet: »Hey, was würdest du davon halten, wenn ich es dir eventuell erlauben würde, an meiner Zunge zu lutschen?« Sie guckt mich an und will gerade ansetzen, um mir eine verbale Abreibung zu geben, aber ich dreh mich einfach um, will mir das gar nicht anhören und bin weg. Eine Woche später sehe ich sie wieder, in einem anderen Club, und geh zu ihr: »Hallo, kannste dich an mich erinnern?« – »Ja, klar ...!« – »Es tut mir sehr leid, ich bin gar nicht so. Ich war echt betrunken, war sehr sehr dumm!« Danach redeten wir drei Stunden. Ich fuhr sie mit Fatihs Auto nach Hause. Das war die erste große Liebe für die nächsten drei Jahre. Wir haben wirklich alles zusammen gemacht: Urlaub, gelernt (sie war eine Klasse unter mir an einer elitären katholischen Privatschule, der Engelsburg-Schule, die keine Moslems zuließ. Ich durfte sie dort nur abholen.)

Zurück zur Polizei im *McDonald's*. Wir sitzen drin. Sechs Mann kommen rein, zwei bleiben vorne an der Tür, zwei an den Hinterausgang. Zwei kommen zu mir an den Tisch. Björn ist gerade nicht da, parkt sein Auto um. Ich sitze dort und esse meinen Burger. Bis dahin war ich noch nie polizeilich aufgefallen.

Einer der Polizisten: »Sie kommen jetzt mit!«

Ich (ganz cool): »Wohin?«

Polizist: »Auf die Wache!«

Absolute Stille. Man hätte wirklich eine Stecknadel fallen hören können. So still war es.

Ich: »Ich gehe nirgendwo hin!«

Polizist: »SIE KOMMEN JETZT MIT UNS MIT AUF DIE WACHE!«

Ich: »Hören Sie mal zu, ich hab nichts getan. Ich komme nicht mit auf die Wache. Das machen Sie doch nur, weil ich AUSLÄNDER bin!«

Polizist: »Wenn Sie jetzt nicht mit uns mitkommen, werden wir Handschellen anlegen ...!«

Mehmet schlägt, wie zur Bekräftigung mit der Hand auf den Glastisch. Es scheppert ...

Ich: »Kann ich wenigstens meinen Burger mitnehmen. Ich hab nichts getan!«

Polizist: »Ja, können Sie!«

Ich geh raus, steht ein Polizeiauto vor der Tür.

Ich: »Und jetzt?«

Polizist: »Steigen Sie ein!«

Ich: »Ich steige da nicht ein, hier sind Leute aus meiner Schule. Fahren Sie das Auto da rüber, dann komm ich dahin und steige ein ...!«

Polizist: »Steigen Sie ein!«

Ich: »Nö, ich steige nicht ein!«

Ich setz mich auf den Bürgersteig und esse meinen Burger.

Polizist: »Wenn Sie jetzt nicht einsteigen, werden wir Sie mit Gewalt ins Auto befördern ...!«

Ich: »Das macht ihr doch nur, weil ich Ausländer bin!«

Dann kommt Björn zurück vom Parkplatzsuchen.

Björn: »Was issen los?«

Ich: »Keine Ahnung, was los ist ... (zu den Polizisten) ... sagen Sie mal, was ich getan haben soll?«

Polizist: »Es wird jemand beschrieben mit dunkler Jacke, Hose und Mütze, ausländischer Teint, der vor einer halben Stunde unten an der Straßenbahnhaltestelle jemanden verletzt und beraubt hat.«

Ich: »Ich lach mich kaputt. Vor einer halben Stunde war ich mit meinem Freund Björn hier in Melsungen und habe das Auto von unserem Trainer Thomas Herwig abgeholt. Björn ist mein Zeuge.«

Björn: »Stimmt ... wir waren die ganze Zeit zusammen!«

Polizist: »Sie kommen mit uns mit, es gibt da eine Gegenüberstellung ...!«

Alles klar, ich fahr mit. Sitze auf dem Rücksitz, rufe meine Freundin an. Und die Bullen haben wohl bemerkt, dass ich kein Assi bin und sagten mir: »Wir glauben Ihnen, dass Sie es nicht waren, aber Sie müssen zur Identifizierung mitkommen ....« Na, gut, das hätte man aber auch lockerer machen können. Wir fahren zur Wache. Ich sitze in so einem Glaskäfig. Nach zehn Minuten kommt einer der Polizisten und sagt: »Alles, klar, Sie können gehen!« – Ich: »Das war's? Keine Entschuldigung, kein Schmerzensgeld, irgendwas?« – »Nein! Wir können Sie zurückfahren ...«. – »Nicht nötig, mein Freund Björn wartet draußen ... Tschüss.« Das war meine erste Verhaftung. Nichts gemacht, aber eben – der Kanake mal wieder. Hätte ich blonde Haare, hätten sie mich nicht mitgenommen.

Meinen ersten Alkohol-Absturz hatte ich mit 14 Jahren. In Kuşadası gab es eine Kinderdisco, Eintritt 20 Lire. Bier *Efes* 5 Lire. Ich Bier – ein *Efes*, zwei *Efes*, drei *Efes*. Total besoffen, total weg. Ich klettere in diesem Zustand aufs Dach, mit Eternit ausgelegt. Will dort tanzen. Das mache ich dann auch – und stürze drei Meter tief und knalle auf einen Tisch, der sofort zusammenbricht. Die Leute denken, die PKK hat eine Bombe geschmissen. Ich hatte meinen *Adidas Equipment*-Pullover an, grau, rot und weiß, 120 Mark. Hatte mein Vater mir geschenkt. Fand ich geil, bis ich erfahren habe, dass Equipment ›Ausrüstung‹ bedeutet. Von Sprachen hatte ich keine Ahnung. Hab in der sechsten Klasse Polytechnik anstatt Französisch gewählt. Konnte kaum Englisch, wie hätte ich da noch Französisch lernen sollen. Also Polytechnik, das war ein besserer Name für ›Werken‹, und war für die Bauern. Wir haben Elefanten gebastelt und zusammengeklebt. Französisch war die Etepetete-Nummer. Ich falle also drei Meter tief durchs Dach und lande auf dem Tisch. Ich dachte zuerst, ich schwitze, aber das, was da lief, war Blut. Schmerzen hatte ich keine durch den Schock, aber bis heute sind mir die Narben von diesem Unfall geblieben. Ich zu meinem Cousin Hüseyin: »Du, kann ich mit zu dir nach Hause? Ich muss mir das Blut abwischen. Unbedingt! Wenn Papa merkt, dass ich getrunken habe, bin ich tot, dann wird er mich UMBRINGEN!« Bei uns gab's ja keine Grauabstufungen, nur alles oder nichts, reden oder töten – und ich wusste, heute Abend bin ich tot. Besoffen mit 14. Hüseyin wollte mir nicht helfen: »Sieh zu, was du machst ...!« Das hat uns entzweit. Ich also alleine nach Hause. Als ich um Mitternacht dort ankomme, sehe ich noch 30, 40 Menschen. Alle in heller Aufregung. »Geht's dir gut ... was ist passiert ... der Mehmet lebt! Wunderbar!« Keiner bekam mit, dass ich getrunken hatte, alle dachten, ich wäre nur vom Dach gefallen und waren froh, mich heil wiederzusehen! Da kein Arzt da war, holte man den Tierdoktor. Der reinigte die Wunden und pappte Servietten drauf. Am nächsten Morgen – mein Vater will die Servietten wegmachen, alle festgeklebt und alles entzündet. Wir gehen zum Arzt und der schüttelt den Kopf. Er sagte, es sei ein Riesenglück, dass ich so glimpflich davon gekommen sei und überlebt habe. Von einem Dach zu fallen, aus drei Meter Höhe und auf dem Tisch zu landen ohne Genickbruch, ohne querschnittsgelähmt zu sein, ohne größere Blessuren – das sei schon aus der Abteilung ›Schwein gehabt!‹. Ich hätte ja mit dem Kopf zuerst aufkommen können, alles hätte passieren können. Es stand fifty-fifty. Aber ich hatte nichts, außer einem verstauchten Fuß und diesen Wunden. Sie mussten nicht einmal genäht werden. Der Arzt entfernte die Servietten, hat das Ganze noch einmal gereinigt. Das war's! Allah war mit mir in dieser Nacht. Zwei Jahre später lerne ich ein Mädchen kennen, Ebru aus Berlin. Und sie erzählt mir, dass sie mit ihren Eltern vor zwei Jahren in Kuşadası an einem Tisch gesessen habe und da sei so ein bekloppter Typ vom Dach gefallen und genau auf ihren Tisch geknallt. Ich gucke sie vollkommen entgeistert an und sage: »Du weißt es nicht, oder? Der bekloppte Typ, das war ich!« Am nächsten Tag, das Ärgste war überstanden, nimmt mich mein Vater zur Seite und fragt:

»Wie viel hast du getrunken?«

Ich: »Woher weißt du das?«

Papa: »Ich hab's gewusst!«

Und ich denke nur: Scheiße! Ich habe mich selbst verraten. Er hat nur einen Schuss ins Blaue abgegeben. Damals dachte ich: Jetzt kriegst du das erste Mal in deinem Leben eine geklatscht. Aber weit gefehlt! Stattdessen beginnt mein Vater vor mir zu weinen – und das hat mich regelrecht zerfetzt! Wenn er mich geschlagen hätte, hätte ich wütend sein können, so war ich nur fertig. Er sagte: »Es ist nicht deine Schuld als Sohn, es ist meine Schuld als Vater. Wenn ich ein guter Vater gewesen wäre, hättest du nicht getrunken. Du versprichst mir jetzt, dass du die nächsten zwei Jahre, bis du 16 bist, nie wieder Bier anrührst!« Ich habe es ihm geschworen und diesen Schwur auch eingehalten. Erst mit 17, habe ich im Fußballverein wieder Bier getrunken. Eine Stunde nach diesem Vorfall war alles wieder okay, aber es hat mir sehr wehgetan, ihn weinen zu sehen, und dass ich ihn enttäuscht habe; ist nie wieder vorgefallen. Meinen nächsten Rausch hatte ich mit 17 beim Fußballverein in Süsterfeld. Ich war so betrunken, dass ich beim Anstimmen des Liedes »Es gibt nur einen VfB Süsterfeld, gib mir ein V, gib mir ein f, gib mir ein B ...« immer die Buchstaben vertauscht habe. Am nächsten Tag musste ich bei einem Turnier mit ausländischen Mannschaften ... Italien, Schweden, usw. pfeifen. Am Ende der ersten Halbzeit – ich gucke, ob einer guckt – kotze ich an der Mittellinie ins Seitenaus. In der Halbzeit habe ich dann den Verantwortlichen gesagt, dass ich nicht mehr pfeifen kann und ein Kollege hat übernommen. Ich war tot! Insgesamt hatte ich drei Mal in meinem Leben einen Vollrausch, das nächste Mal mit 18 mit Tequila. Ich wusste am nächsten Tag nicht, wie ich ins Bett gekommen bin. Ich lag nackt unter der Decke, keine Bettwäsche. Meine Mutter im Kinderzimmer nebenan. Als ich fragte, warum ich nackt sei und neben meinem Bett ein Eimer stehe, antwortete sie: »Es wäre zu peinlich, wenn wir dir die ganze Geschichte erzählen würden. Frag lieber nicht! Lass es einfach!« Und dabei habe ich es bis zum heutigen Tage auch belassen. Mittags gegen 14 Uhr kommt meine Schwester. Ich habe einen Brummschädel von unbeschreiblichen Ausmaßen. Ich hätte eigentlich von sechs bis 13 Uhr bei meiner Schwester in der Markthalle arbeiten müssen, wie jeden Samstag, danach ging ich gewöhnlich zu meinen Fußballspielen. Meine Schwester kommt, reißt die Zimmertür auf.

Ich im Bett, den Kotzeimer neben mir. Meine Eltern schwanken zwischen Mitleid und Schadenfreude. Sie lachen. Meine Schwester schreit: »DU BIST SO UNZUVERLÄSSIG. BIST NICHT ZUR ARBEIT GEKOMMEN. ICH MUSSTE ALLES ALLEINE MACHEN ...« Sie schreit und schreit. Und ich jammere: »Ich kann nicht mehr. Mein Kopf, Ich sterbe.« Und dann schwört man sich: Nie wieder Alkohol. Und dieser Schwur überdauert genau eine Woche. Aber – ich hatte diese Vollräusche mit 14, 17 und 18, danach nie wieder. Ich war angetrunken, aber nie wieder betrunken. So was muss man mal erlebt haben, aber dann hat es sich auch. Dann ist es genug. Wenn ich heute an meine Grenze stoße, dann höre ich auf und geh ins Bett. Dieser Level wurde nie wieder erreicht.

1996 – Deutschland ist Europameister. Ich habe mitgejubelt bei den Spielen. Habe extrem zu Deutschland gehalten und habe durch mein Geschrei und meinen Jubel Deutschland zur EM geführt. In Wirklichkeit waren es nicht Klinsmann und Bierhoff, sondern ich, der Deutschland den EM-Sieg beschert hat. Ende 1996 sitze ich zu Hause und schaue bei DSF die Sendung *Superfan* und denke: ›Das kann ich besser!‹ Was machen? Schriftlich bewerben, das ist mir zu aufwendig. Zu blöd. Ich rufe also in Unterföhring bei der Redaktion an.

»Sie müssen sich schriftlich bewerben«, sagt der Typ mir direkt.

Ich, mit einer unverfrorenen Selbstsicherheit:

»WIE OFT SOLL ICH MICH DENN NOCH SCHRIFTLICH BEWERBEN. DAS HAB ICH DOCH SCHON ZIGMAL GEMACHT!!! UND GLAUBEN SIE MIR: ICH BIN BESSER ALS ALLE KANDIDATEN, DIE BEI IHNEN AUFGETRETEN SIND!«

»Bleiben Sie mal am Telefon?«

Einige Minuten später:

»Haben Sie sich in Unterföhring beworben?«

»Ja!«

»Nun, dann müssen Ihre Unterlagen abhandengekommen sein ... wie heißen Sie denn? ... Mehmet Göker ... Moment, ich mache mir mal ein paar Notizen. ... Aha, Schüler ... Wann haben Sie Geburtstag ... 2.4.1979 ... gut, hm, hm ... Sie sind also 17?! ... Normalerweise haben wir ja Castings, aber da es zurzeit keine gibt, stell ich Ihnen einfach mal ein paar Fragen ... einverstanden?!«

»Klar, nur zu!«

»Wer ist deutscher Rekordmeister?«

»Bayern München.«

»Wer ist aktuell Europameister geworden?«

»Deutschland!«

Der Typ hat mir noch so ein paar alberne Fragen gestellt, und ich hab natürlich alle Antworten gewusst.

»Nun, dann machen wir's so ... Sie kriegen einen Brief, wir laden Sie ein und Sie kommen direkt in die Show. Sie sind gut, ich finde Sie gut!«

»Alles klar, geil!«

Acht Wochen später bekomme ich einen Brief. All diese Briefe habe ich nach Hause, vom DSF, von der 100.000-Mark-Show bei RTL. »Hiermit sind Sie am soundso vielten Februar 1979 eingeladen, Übernachtung in dem und dem Hotel, mit einer Begleitperson (mein Freund Heiko Nölke hat mich begleitet). Bitte tragen Sie gedeckte Farben, etwas Eintöniges, nichts Kariertes, nichts Weißes ... kommt im Fernsehen besser rüber.« Ich kam dort an: schwarze Jeans, weißes Hemd, weiße Socken. Jahre später habe ich dem Archivar des Senders 5.000 Euro geboten, wenn er die Aufzeichnung meines DSF-*Superfan*-Auftrittes finden würde. Es war nichts mehr da, alles gelöscht.

Ich komme also nach Unterföhring und bekomme das erste Mal in meinem Leben Make-up. Oh, war das geil! Werde ich nie vergessen. Sah aus hinterher wie ein Top-Modell. 17 Jahre. Hatte eine schwarze *Levi's*-Jeans an, schwarzer Gürtel, weißes *Levi's*-Hemd, schwarze Schuhe und – das sieht man im Fernsehen – weiße Tennissocken. Das Publikum erhielt Instruktionen von dem sogenannten Warm-up-Typen. »Wenn der Moderator kommt, müsst ihr alle klatschen!« Jeder Kandidat musste sich ein Feld aussuchen, wo er besonders bewandert ist. Es gab drei 200-Punkte-Fragen. Ich glaube, der Moderator hieß Herbert Gogel.

Mehmet erstaunt immer wieder durch sein phänomenales Namensgedächtnis. Während der Erinnerungsarbeit fallen ihm selbst die Namen von Randfiguren wieder ein …

Mein Spezialgebiet war Werder Bremen, Pokal der Pokalsieger, 1992/1993, okay?! Ich war als Letzter an der Reihe. Zuerst war ein Sportjournalist dran. Mitte 20. Ich glaube, er hatte zwei von drei Fragen richtig. Dann kam ein Rechtsanwalt, Mitte 30, zwei von dreien richtig. Und dann kam der Göker, 17 Jahre, Schüler Oberstufe.

»Erste Frage, Mehmet. Wie hieß denn das Stadion, in dem Werder Bremen den …«

»Estádio da Luz, Lissabon.«

»Danke, Mehmet, 200 Punkte … und für die Zuschauer zu Hause stelle ich die Frage noch mal ganz: In welchem Stadion gewann Werder Bremen 1992/1993 den Pokal der Pokalsieger?«

»Zweite Frage: Wie hieß denn der Spieler, der im Viertelfinale bei Galatasaray …«

(Ich stehe da, weiß die Antwort und lächle …)

»… Marinus Bester!«

»Mehmet Göker 200 Punkte ... Mehmet, könntest du bitte das Ende der Frage abwarten, sonst wissen die Zuschauer nicht, um was es geht. Die Frage noch einmal: ›Wie hieß der Spieler, der im Viertelfinale das 1:0-Siegtor für *Werder Bremen* bei *Galatasaray Istanbul* erzielte?‹ Danke Mehmet ...«

»Dritte Frage: Im Spiel *Werder Bremen* gegen den *FC Brügge* wurde der Torhüter Oliver Reck ausgewechselt. Warum?«

»In der 67. Minute lief der Brügge-Stürmer Daniel Amokachi alleine auf Oliver Reck zu, hierbei prallten beide ohne ersichtlichen Grund zusammen ... Oliver Reck konnte nicht mehr weiterspielen.«

»Wer wurde für Reck eingewechselt?«

»Jürgen Rollmann wurde eingewechselt und zog sich einen Platzwunde am Kopf zu!«

»Ja, da geb ich mal die Punkte ... (Ich denke: Du mieser Wicht, was heißt hier Punkte geben ...?! Die Antwort ist richtig.) Mehmet, drei richtige Antworten, 600 Punkte. Danke.«

Danach ging es nur noch so ... bäng bäng bäng ...

Mehmet schlägt auf den Glastisch, um das Drücken des Buzzers nachzumachen.

... ich habe den Buzzer totgebuzzert, es ging nur bäng bäng bäng – und ich ging mit einem Riesenvorsprung ins Finale. Okay, die letzten drei Fragen, Spannung kommt auf. Die, die nicht dran sind, kriegen Kopfhörer auf, damit sie nicht hören, was gesagt wird.

Eine der Fragen lautete: »Bei einem Spiel FC Borussia Dortmund gegen den 1. FC Köln sah Stefan Klos die Rote Karte, das Auswechselkontingent war ausgereizt, wer ging für Stefan Klos ins Tor?«

»Sunday Oliseh!«

»Mehmet, riiiiichtich! Letzte Frage, bitte Punkte setzen.«

Ich schau mir das an, wer was setzt und rechne und setze genau so viel, dass ich gewinnen muss, selbst wenn ich bei der dritten und letzten Frage patze. Okay, schon gewonnen ... ich freu mich.

»Die dritte und letzte Frage: Mit welchem Verein in der Türkei wurde Christoph Daum das erste Mal türkischer Meister?«

Ich denke: ›Scheiße, hätte ich doch bloß alles gesetzt, aber egal‹ ... Ich sage: »Christoph Daum wurde 1994 mit Beşiktaş Istanbul Pokalsieger und 1995 türkischer Meister.«

»Mehmet, wieder alle drei Fragen richtig! Herzlichen Glückwunsch, du hast gewonnen! Eine Woche Mallorca mit allem Drum und Dran, Hin- und Rückflug, Fünf-Sterne-Hotel, Bootstour und eine Paulaner-Tasche. Ich würde sagen: heute mal der glückliche Gewinner.«

Ich denke: ›Der hat sie doch wohl nicht mehr alle, was heißt glücklicher Gewinner? Ich habe die beiden anderen versenkt!‹

Ich nach Hause, schenke meinen Eltern den Voucher, hier: Fünf-Sterne-Hotel und Tschüss. Da hatte ich mit Julia sturmfreie Bude. Meine Eltern sind geflogen und haben später gesagt, es sei der schönste Urlaub ihres Lebens gewesen. Sie hätten noch nie in so einem tollen Hotel gewohnt. Und dann haben sie mir jahrelang von dem Frühstücksbuffet vorgeschwärmt.

Weiter geht's ... im Alter von 18 Jahren folgende Begebenheit. Erste große Pause. Danach sollten wir eine Klassenarbeit schreiben, ich glaube in Mathe. Folgendes Gespräch auf dem Schulhof:

Göker: »Habt Ihr gelernt?«

Die Jungs: »Nö!«

Göker: »Kannst du's?«

Einer der Jungs: »Nö!«

Göker: »Na, Jungs, dann kommt mal mit. Vielleicht klappt's ja!?«

Wir gehen zur Telefonzelle und ich denke im Leben nicht dran, dass das klappen könnte. Rufe die Schule an.

Sekretärin des Rektors: »Ja, hallo??«

Ich spreche mit einem fetten slawischen Akzent, höchstwahrscheinlich Russisch.

»Schönen guten Tagg. Wir warten auf Geltt, eine Million Mark, sonst fliegen Reuter-Schule (nach der Mittleren Reife war ich zur Paul-Julius-von-Reuter-Schule gewechselt) heute in die Luft. Ihr gäbben ein Million, ich rufe nachher an und sage Ortt oder wir machen Boombe ... peng!«

Ich lege auf. Wir kommen wieder zurück in die Schule. Dritte Stunde fängt an. Fünf Minuten der dritten Stunde laufen, auf einmal ertönt die Sirene iiihuu iihuu ihhuuu und man hört eine Durchsage: »Alle Schüler bitte auf den Hof, alle Schüler bitte sofort auf den Hof ... es gab eine Bombendrohung, den Rest des Tages habt ihr schulfrei, geht bitte nach Hause!« Oh, mein Gott. Außer mir wussten noch zwei Leute in der Klasse Bescheid. Am nächsten Tag komm ich wieder, wir sitzen im Klassenzimmer. Dann guckt mich mein Klassenlehrer, Herr Michelveit, an und sagt: »Mehmet, du weißt doch, wie das im Leben ist?! Wie in der Telefonzelle – erst sprechen, wenn der Groschen gefallen ist.« In diesem Augenblick war ich in Schweiß gebadet. Alles durcheinander, meine Gefühle liefen Amok, ich konnte nicht mehr denken ... Ich war total durch. ›Wie hat der herausbekommen, dass du ... wer hat geredet? Ich kann nicht mehr.‹ In Sekunden gingen mir Tausende von Gedanken durch den Kopf. Aber dann ..., Entwarnung, er hatte mir das gesagt, weil ich wieder so viel gequatscht habe, einfach so; denn er drehte sich um und machte woanders weiter. Er hatte gar nicht meinen gestrigen Anruf gemeint. Nie wieder hat mich in der Schule jemand auf diesen Vorfall angesprochen.

Sommerferien. Wie sahen meine Sommerferien als Schüler aus? Jedes Jahr das Gleiche. Sechs Wochen Urlaub in der Türkei. Jedes Jahr. Gab es besondere Erlebnisse? Ja! Besondere Erlebnisse aus den Türkei-Sommerferien waren: So wie ich im Alter von elf zwölf Jahren dachte, dass es nur eine Bekleidungsfirma gibt, nämlich C&A, so nahm ich an, dass es nur ein Urlaubsland gibt: die Türkei. Schulkameraden erzählten vom Plattensee, von Österreich, Ungarn, wo eben die Gesellschaft hinfährt. Freunde, die nach Amerika fuhren, kannte ich nicht, hatte ich nicht. Also, wie jedes Jahr, Türkei. Mit dem Auto. Ein besonderes Erlebnis. Papa saß vorne, Mutter vorne rechts, ich in der Mitte. Ich konnte wegen meines ADHS-Syndroms nicht hinten still sitzen (das wussten wir nur damals nicht) und saß also in dem E 280 Baujahr 1980 vorne zwischen meinen Eltern. Mein Vater sagte mir: »Wenn ich bremsen muss, hängst du mit dem Kopf am Armaturenbrett.« In zehn Jahren ist das zweimal passiert. Ich musste nach hinten. Eine halbe Stunde später saß ich wieder vorne.

Ich verwaltete immer die verschiedenen Währungen und habe es geliebt, durch all die verschiedenen Länder zu fahren. Start in Deutschland, dann Österreich, danach Jugoslawien – Slowenien, Kroatien, Serbien, Mazedonien gab es damals noch nicht. Dann Bulgarien und dann zu der historisch so bedeutsamen Grenzstadt Edirne, wo immer eine große Türkeifahne gehisst war. Früher lief da immer Musik an der Grenze, das gibt es heute nicht mehr. Besondere Erlebnisse: Wir schliefen alle im Auto. Papa ging auf die Rückbank, ich auf den Fahrersitz, Mama daneben. Hotels waren Geldverschwendung. »Schwachsinn«, sagte mein Vater. Die Fahrt ging über 3.000 Kilometer, drei Tage. Beim Start in Kassel – das war schon so etwas wie eine Zeremonie – fuhr mein Vater zu *McDonald's* in der Kohlenstraße und es gab 20 *Chicken McNuggets* mit Süß-Sauer-Sauce für mich, damit ich die Schnauze halte. Dann hab ich erst einmal die Klappe gehalten und wir sind los. In Österreich gab's, sehr zur Freude meiner Eltern, ein halbes Hähnchen (ohne Kasseler Bier). Jugoslawien – ich erinnere mich an die Jugo-Autos und die fetten Menschen an der Tankstelle. Alle Jugoslawen, die an Tankstellen arbeiteten, waren fett, hatten einen Blaumann an und die Bündel mit schmierigen Dinarscheinen in der Hand. Da ich der Finanzminister war, sagte mein Vater: »Pass gut auf unser Geld auf, nichts verlieren, immer nachrechnen ...!« Einmal wurden wir in Jugoslawien angehalten und mein Vater musste 40 Dinar wegen zu schnellen Fahrens zahlen. Ich, damals fünf Jahre alt, sagte zu meinem Vater: »Papa, lass mich zahlen‹ Mein Vater hatte mit mir beim Autofahren immer Rechnen beigebracht – Addition, Subtraktion, Multiplikation ... 3+3 x 2 – 5 =??? Wenn ich es nicht wusste, gab's einen 10.000-Volt-Stromschlag. Das war natürlich Spaß! Also, der Polizist verlangte 40 Dinar. Ich habe geguckt, gab ihm einen 100-Dinar-Schein. Er gibt mir 60 zurück. Ich zu meinem Vater: »Guck mal, Papa, wie ich Geld gemacht habe. Ich geb ihm 40 und er gibt mir 60 zurück, wir haben 20 Dinar Gewinn gemacht!« Mein Vater: »Irgendwann wirst du verstehen, dass das nicht ganz so ist, aber denk du mal weiter so ...!« Irgendwann kamen wir zur türkischen Grenze und mein Vater hat erst einmal bei Duty Free eingekauft. Seinen Lieblingswhiskey, eine Flasche hielt drei Jahre. Ich kannte nie den Namen, stand aber an der Kasse und sagte: »Eine Flasche mit dem Mann mit dem Stock!« JOHNNY WALKER. Dass es Black und Blue gab, wusste ich damals nicht. Also Johnny Walker rot. Der Mann mit dem Stock. Geraucht wurde ja nicht, also keine Zigaretten. Vielleicht mal einen *JB* oder *Glenfiddich*.

Bis zum Balkankrieg sind wir immer mit dem Auto gefahren, ab 1992 immer geflogen. Höhenangst ja, Flugangst nein. Die Autofahrten waren für mich immer ein Abenteuer. Zähneputzen an der Tankstelle, der Geruch von Diesel in der Nase. Man macht zwei Stopps, den ersten in Österreich, den Tankstopp im blockfreien Jugoslawien, kein Stopp bei den Hardcore-Kommunisten in Bulgarien. Wenn wir dann doch mal angehalten wurden, hatte mein Vater vorgesorgt. Das Medley für die Bulgaren-Bullen: eine Packung *Marlboro*, zwei *Chiquita*-Bananen und eine Cola. Das war der Renner bei ihnen – Cola in Dosen. Wenn es ganz heftig wurde, legte mein Vater zehn oder zwanzig Mark in den Reisepass. Das nannte man Suppengeld! Jahre später, so um 2005, stand ich wieder an der Grenze zu Bulgarien, das inzwischen (seit 2007) zur EU gehört.

Grenzer: »Konsu, Nachbar, was ist mit Suppengeld ...?! 10 Euro!«

Ich: »Wie 10 Euro, wieso 10 Euro????«

Grenzer: »50 Euro!«

Ich: »Wieso 50 Euro?«

Grenzer: »Fahren Sie rechts ran, wir müssen Ihr Auto untersuchen ...!«

Ich: »Hier 20 Euro.«

Grenzer: »O.k., fahr weiter!«

Er nickt und winkt uns durch. Ein anderes Mal hielt mich die bulgarische Polizei an wegen zu schnellen Fahrens. Wir waren mit dem Ferrari unterwegs. Einer der Polizisten fragt mit Blick auf das Auto, was ich mache. »Ich spiele Fußball bei Bayer Leverkusen!« Er: »Aha, Dimitar Berbatov!?!« Ich: »Genau, Dimitar, mein Kollega ...« Hatte natürlich extra Bayer Leverkusen genannt, weil ich wusste, dass das kommen würde. Dass er mich noch nie gesehen hatte, erklärte ich mit einer Kreuzband-Verletzung. Patrick Böhme, der mit mir im Auto saß, war ein echter Look-a-like von Roland de Boer – dieselben blauen Augen, die kurz geschnittenen Haare. »Any problems?«, fragte ich. »Nonogo«, alles klar, wir konnten weiterfahren. Merke: In Bulgarien hilft Dimitar Berbatov immer weiter (zurzeit bei AS Monaco, nur so zur Info). Ein anderes Mal wurde ich in Serbien wegen Speeding angehalten. Statt der vorgeschriebenen 100 km/h hatte ich 280 drauf, als die Radarpistole auf mich gerichtet war. Er zeigt mir die Zahl 280 im Display.

Ich: »Oh, Problem?«

Er: »No problem, Passport, driving license, tomorrow we go to Beograd and you have a Dings, trial.«

Ich: »That is very nice, but I have a problem – my girlfriend is waiting for me in Turkey ...!«

Er: »Not my problem!«

Ich: »Yes ... fifty Euro?«

Er: »No, 500 ...!«

Ich: »It's not possible ...!«

Ich lege ihm 100 Euro in den Pass. Er sagt: »Look!« Da wo 280 stand, er drückt auf einen Knopf, steht plötzlich null. Und er gab mir noch mit auf den Weg, dass weitere Radar-Kontrollen nach 20, 50 und 100 Kilometern kommen würden. »Thank you very much, bye!« Für mich waren diese Fahrten das reine Abenteuer, und ich wusste überall, wo es was Gutes zu essen gab – in Slowenien z.B. die *Pizzeria Charlie Chaplin*. Das waren irre Erlebnisse, die beim Fliegen alle wegfallen.

Mein erster Türkeiurlaub, ich war ein Jahr alt, endete mit einem Unfall. Mein Vater ist mit seinem Opel in einer Kurve von der Straße abgekommen und hat den Wagen in den Graben gesetzt. Meine Mutter musste an der Nase operiert werden, mein Vater lag 18 Monate im Krankenhaus, sechs davon in Jugoslawien, den Rest in Deutschland. Das war schlecht, aber noch vieler schlechter war: Es hat sich nicht gelohnt. Hätte ich ihn beraten, hätte sich das wenigstens ausgezahlt, aber er hatte keine Krankenhaus-Tagegeld-Versicherung. Überleg mal: 3.000 im Monat, 18 Monate mal 3000 Mark, das hätte ein kleines Einfamilienhaus gegeben.

In diese Sammlung der besonderen Erlebnisse gehört auch die »Coca-Cola«-Episode. Eine andere Geschichte ist die von meiner Lehrerin in der fünften Klasse. In der letzten Stunde vor Beginn der Sommerferien verteilte sie kleine Bücher an jeden Schüler. Wir sollten sie in den Ferien lesen und dadurch unsere Lese-Fähigkeit verbessern. Als sie zu mir kam, hatte sie kein Buch mehr und sagte: »Ist ja nicht so schlimm, Mehmet, du kannst sowieso nicht lesen.« Das hat mich zutiefst verletzt und hat meinen Ehrgeiz angestachelt.

Ich bin also mit meiner Mutter in die Stadt, und sie hat mir Donald-Duck-Wälzer gekauft, insgesamt mehrere Hundert Seiten. Ich glaube, es gab insgesamt zehn Ausgaben, deren Buchrücken – wenn man sie nebeneinander gestellt hat – wieder ein Bild ergaben. Die habe ich in den Ferien zweimal hintereinander durchgelesen. Das war im Sommer 1985. Nach den Sommerferien war ich der Beste im Lesen, habe in meiner Klasse den Lesewettbewerb gewonnen und war Zweiter oder Dritter der Heinrich-Schütz-Schule insgesamt. So viel zu dem Thema »Du kannst sowieso nicht lesen ...!«.

Die Türkei-Urlaube verliefen immer gleich: sechs Wochen vierzig Grad, mit Freunden am Meer, viel gegessen, viel Unsinn gemacht. Das Erste, was mir immer auffiel, wenn wir in die Türkei kamen, war dieser betörende Duft. Das Erste, was ich immer gemacht habe, wenn wir nach Deutschland zurückkamen: Ich habe am Kiosk den Jahres-*Kicker* gekauft. Ich besitze jedes *Kicker*-Sonderheft von 1986 bis 2014. Alle Mannschaften, Steck-Tabelle, jedes Panini-Album von 1986 bis zur WM 2014, alle Sonderhefte zur WM und EM.

Mit 14 war ich das erste Mal verknallt. In den Sommerferien in der Türkei. Sie hieß Perry. Heute ist sie Jura-Professorin in New York. Sie war ein Jahr älter als ich, 15, was in diesem Alter ein großer Unterschied ist, auch weil Mädchen da in vielerlei Hinsicht schon weiter sind. Ihre Begleiter waren alle gut fünf, zehn Jahre älter. Den ganzen Sommer war ich hinter ihr her, Schmetterlinge im Bauch, das ganze Programm. Damals war der Hit »All That She Wants« von Ace of Base angesagt. Ich verliebte mich in sie, obwohl sie einen Freund hatte. War mir scheißegal. Der hat mir sogar Prügel angedroht, hab ich aber gar nicht ernst genommen. Ich ließ einfach nicht locker. Sie fand mich super, schlagfertig, intelligent, witzig ... Und dann sind wir mit dem Schiff wieder zurück, via Bari nach Deutschland. Mein Vater hat bemerkt, dass etwas nicht stimmt und fragte: »Junge, was ist mit dir los?«– »Papa, ich hab Liebeskummer!« – »Okay«, sagte er, »ich werde dir jetzt etwas über Frauen sagen, das wirst du dir dein Leben lang merken!« Mein Vater sagte Folgendes zu mir und ich habe es bis heute nicht vergessen: »Eine Frau beginnt hier (er zeigte auf sein Auge), geht hier durch (zeigt auf seinen Magen) und kommt da raus (er zeigte auf sein Glied).« Es beginnt im Auge, geht über den Magen und kommt da unten wieder raus ... »Das ist eine Frau – bis auf deine Mutter.« Das habe ich sehr wörtlich genommen und dann das gemacht, was ich gemacht habe.

Mein erstes Mal tut nichts zur Sache. Ich war 16 und es war ein deutsches Mädchen. Ich wollte es einfach hinter mich bringen und habe danach gedacht: Das ist es also, worüber sich die Erwachsenen die ganze Zeit aufregen. Es war der totale Scheiß. Ein Jahr später war ich wieder in der Türkei. Gehe zum Haus einer Freundin. Sie hatte wieder einen Freund. Eines Abends treffen wir uns zufällig am Strand. Sie war betrunken, ich nicht. Sie packt mich, zieht mich in den Sand und küsst mich heftig. Guckt mich dann irgendwann an und sagt: »Wenn du nicht erst 15 wärst ...«. Und ich denke: »Scheiße! Das sagt eine Türkin zu mir ...« Leider ist weiter nichts passiert.

Mein Trainer Thomas Herwig hat mich von allem Bösen ferngehalten. Wir waren in Ungarn am Plattensee. Als Junge war ich noch Fan von *EC Kassel Huskies*. Fußball und der Verein Süsterfeld haben mein Leben sehr bereichert. Später habe ich den Verein vor der Insolvenz gerettet, bin Präsident geworden und habe ihn bis in die Oberliga Hessen geführt. Mit Herwig als sportlichem Leiter. Thomas Herwig hat mir mit 16, 17 und 18 in den Ferien einen Job gegeben – Autos waschen. Die Stunde zehn Mark. Ich war dort sechs Stunden am Tag und hab in der Woche meine 300 Mark verdient. Dafür musste ich Gehacktes-Brötchen holen, mal eine Leuchte wechseln und Autos waschen. Ich hab ihn gefragt, warum er uns für diese Aushilfsjobs so gut bezahlt. »Du brauchst uns doch gar nicht, warum machst du das?« Seine Antwort: »Weil ihr meine Jungs seid und ich nicht will, dass ihr auf die schiefe Bahn kommt.« So ein Mensch war Thomas Herwig. Und als er später mal eine Insolvenz hinlegte, habe ich ihn als Fuhrparkmanager angestellt. Es war mir eine Freude und Ehre, wenn er mich samstags fragte: »Mehmet, hast du morgen etwas vor?« – »Nein, Trainer, natürlich nicht!« – »Wir haben morgen ein Spiel. Was hältst du davon: Erst mähst du bei mir den Rasen, danach frühstücken wir zusammen und dann zum Spiel?« Wir Jungs haben uns darum gekloppt, wer bei ihm Rasen mähen darf. Abgesehen davon, dass wir alle gerne mit ihm zusammen waren, hatte er ein enzyklopädisches Fußballfachwissen. War mit 18 Drittligaspieler bei Baunatal. Sein Vater damals Präsident von Süsterfeld. Thomas entschied sich gegen die Profikarriere und kam nach Kassel, zusammen mit Carsten Most, Mario Bierschenk, Andreas Steinhaus, geile Jungs, ganze Kerle, begnadete Fußballer. Die wollten ihren Spaß haben und haben auch in den nächsten Jahren in ihrer jeweiligen Klasse alles gewonnen. Mario Bierschenk hatte damals ein Angebot aus der zweiten Liga von *Bursaspor*, hat er abgelehnt. Die spielten lieber fünftklassig, hatten dafür aber Spaß und das »Elf Freunde sollt ihr sein«-Gefühl. Süsterfeld war genau wegen solcher Leute auch niemals ein Assi-Club, sondern ein echter Heimatverein und das hat mir sehr gut getan. Das hat mich geprägt. Keine Drogen, keine Asozialen, keine Kriminellen.

Nachdem ich an der Heinrich-Schütz-Schule die Mittlere Reife hatte, wechselte ich zur Paul-Julius von Reuter-Schule, um meine Fachhochschule-Reife zu absolvieren. Drei Monate später begann meine zweieinhalbjährige Lehre bei der DKV. Wegen der Fachhochschulreife um ein halbes Jahr verkürzt; Mitte Mai die Abiturprüfungen, Mitte August dann die Lehrzeit. Ich hatte also drei Monate frei. Was sollte ich damit machen? Ich entschloss mich, die Zeit zu nutzen und übernahm – neben fast ausschließlich weiblichen Kolleginnen – einen Kellnerjob in einem Restaurant. Im Service lernte ich auch meine kurzfristige Freundin Wiebke kennen. Wiebke fing am selben Tag an wie ich. Nettes, attraktives, sehr intelligentes Mädchen.

In diesem gemütlichen Gasthof lernte ich, was es heißt zu hungern. Der Service für die Gäste war exzellent. Die Mitarbeiter hingegen wurden in diesem Fall behandelt wie der letzte Dreck. Die Erfahrungen, die ich in der Gastronomie gemacht habe, waren sehr wichtig für mich. Das Restaurant hatte einen sehr jungen, sympathischen Restaurantleiter, aber wer glaubt, in der Versicherungsbranche ging es hart zu, der sollte mal in die Gastronomie gehen. Du arbeitest von morgens zehn bis abends zehn und bekommst zehn Mark pro Stunde, also 120 Mark für 12 Stunden harte Arbeit (verdiente Kräfte kriegen zwölf Mark). In diesem Restaurant nach bayerischem Vorbild mit Biergarten gab es alles, was das Herz eines Hungrigen und Durstigen begehrt. Bajuwarisch-deftige Gerichte, halbe Hähnchen, Barbecues, Steaks, Currywurst, Pommes, Rippchen, Schweinebraten, Scampi, Calamares, selbst gebrautes Bier, Berliner mit Schuss, alles wirklich superlecker ... Ich war später oft als Gast dort. Weil ich ganz gut aussah, sollte ich die weiblichen Gäste bedienen und, siehe da, mir wurden mehr Telefonnummern als Trinkgeld zugesteckt. Am Tag, der 12 bzw. 13 Stunden hat, hatte man eine Pause von 20 Minuten.

Bei 30 Grad: Teller rausbringen, servieren, Teller abräumen, Getränke rausbringen, abkassieren, leere Gläser sammeln, abräumen, servieren, abkassieren – und das sechs Stunden ohne Unterlass und Verschnaufpause. Als ich fragte, ob ich die Pause splitten könne, um zwischendurch mal etwas zu essen und zu trinken, hieß es kategorisch Nein. »Das muss ein Witz sein«, sagte ich. »Nein, das ist bestimmt kein Witz!«, bekam ich zur Antwort. »DU DARFST NICHTS TRINKEN. DU DARFST NICHTS

ESSEN. Wenn es dir nicht passt, kannst du gehen.« Und am Ende machst du dann, was alle tun. Am Anfang nimmst du beim Abräumen die Reste, weil du Hunger bis unter beide Arme hast. Und dann denkst du ›Scheiße, warum Reste?‹ und nimmst beim Auftragen das ein oder andere Stück weg, weil das sonst nicht auszuhalten ist. Das ist ja Folter – immer die leckersten Sachen auf den Tellern und nichts im Magen.

Also hat man sich immer eine Kleinigkeit genommen. Nach sieben Stunden in der prallen Sonne wollte ich eine Bratwurst essen. Sagt man zu mir: »Vier Mark!« – »Wie, vier Mark, ich arbeite hier … .« – »Ja, kostet für dich dasselbe wie für die Gäste.« – »Ich arbeite zehn Stunden, verdiene pro Stunde einen Zehner, darf nichts essen und trinken zwischendurch und dann wollt ihr noch vier Mark für eine Bratwurst???? Das darf doch wohl nicht wahr sein.« Es war aber wahr. Und Trinkgeld musste man abgeben, es kam in die Gemeinschaftskasse. Getränke bekam man für 50 Pfennig (subventioniert) an einem Automaten. Wir arbeiten in der Gastronomie, aber anstatt dass man frische Cola gezapft bekommt, muss man eine Dose ziehen und dafür auch noch bezahlen. ›Das ist hier die geilste Abzocke von Mitarbeitern, die es gibt‹, dachte ich. ›Das ist der Ernst des Lebens.‹ Ich empfinde großen Respekt für alle, die in dieser Tretmühle arbeiten. Abends hattest du zwei Bratwürste gefuttert, macht acht Mark, eine Dose Cola 50 Pfenning. Die Dose Cola kostete im Supermarkt damals 30 Pfennig. Geiler Laden für Gäste, Dreck für Mitarbeiter. Abends bei Schichtende hieß es oft: »Morgen brauchen wir 18 Leute um neun Uhr.« Die 18 Leute waren Punkt neun da. Dann eröffnete uns der Restaurantleiter: »Sorry, es ist doch nicht so viel los, wir brauchen nur acht Leute!« Die zehn anderen durften aber nicht wieder abtraben, sondern mussten – falls sich das Wetter bessert – dableiben und warten. Dieser Kelch ging an mir meist vorüber, da ich immer im ersten Glied und sehr fleißig war. Nach einer Woche wurde mein Stundenlohn auf elf Mark angehoben. Der Betriebsleiter rief mich zu sich und fragte:

»Bist du neu hier?«

»Ja!«

»Wieso machst du Dinge, die nicht zu deinem Aufgabenbereich gehören?«

»Wieso nicht, ich habe gesehen, dass an der Theke Not am Mann war und die nicht mit dem Zapfen hinterherkamen. Meine Gäste waren alle bedient und ich dachte: ›Geh zur Theke und helfe denen aus!‹«

»Hier hilft normalerweise keiner dem anderen aus!«

»Sorry, kommt nicht mehr vor!«

»Nein, genau das ist es, was wir hier brauchen. Kriegst ab sofort elf Mark. Mach genau so weiter!«

Für mich war das selbstverständlich, wenn ich nichts zu tun hatte, dass ich dann den anderen Kollegen beispringe. Wenn ich sehe, die sind im Service zu lahm oder kommen an der Theke ins Hintertreffen, soll ich dann etwa zugucken? Nein, wenn ich hier arbeite, dann mache ich das ganz oder gar nicht. Dieser Ferienjob markierte eine Wende in meinem Leben. Denn seit dieser Zeit weiß ich, wie hart viele Menschen für wenig Geld malochen müssen. Und das ist die Realität in Deutschland. Es gibt da ein Erlebnis, das Bände spricht. Abends wurde abgerechnet und der Lohn ausgezahlt. Ich hatte Bons für 1.000 Mark und 1.000 Mark im Portemonnaie, dazu 150 Mark Trinkgeld. Die 150 musste ich abgeben für den gemeinsamen Topf; ausbezahlt wurden mir 130 für 13 Stunden Arbeit. Ein Mädchen hatte Bons für 1.000, aber nur 883 im Portemonnaie. Sie bekam 17 Mark für 13 Stunden, hat wie ein Schlosshund geheult und kam nach diesem Vorfall nie wieder. Die Differenz kam zustande, weil Gäste die Zeche geprellt hatten. Man hatte gesehen, wie sie ohne zu bezahlen, abgehauen waren. Gewinne wie das Trinkgeld wurden einbehalten, Verluste wie die des Mädchens wurden privatisiert. Dafür musste sie alleine gradestehen. Die Argumentation des Chefs: Sie hat falsch herausgegeben zuungunsten der Firma. Na prima, willkommen in der Arbeitswelt. Es war ein Uhr in der Nacht. Ich bin mit meinem Lohn in der Tasche zu *Burger King*, weil ich so einen Hunger hatte. Menü 15 Mark. Ich konnte es nicht. Ich konnte nicht 75 Minuten meiner heutigen Arbeitszeit für ein Menü ausgeben. Also – ich nach Hause und »*Frosta* ist für alle da«. Paket *Frosta Mexikanisch* auf, in die Pfanne rein, lecker! Ich habe alle *Frosta*-Menüs durchprobiert. *Frosta Steakhouse, Frosta Mexikanisch* ... Die könnten mir mal einen Werbevertrag zukommen lassen, so oft wie ich sie erwähnt habe. Irgendwann geh ich in Kassel essen und bestelle eine mexikanische Pfanne. Das Essen kommt und irgendwie kommt mir der Geschmack bekannt vor. Klar! Das ist *Frosta Mexicana*. Ich den Kellner gerufen und gesagt: »Leute, was ihr mir hier für zwölf Mark serviert habt, ist *Frosta Gemüsepfanne Mexiko,* die ich für drei Mark im Supermarkt kriege – und das war noch nicht einmal der ganze Beutel, was soll das? Wollt ihr mich verarschen?« Der Kellner marschiert zwecks Rücksprache zum Chef, kommt wieder und sagt ganz kleinlaut: »Liebe Grüße von unserem Chef und unserem Koch, es hat noch nie jemand erkannt, dass das *Frosta* ist. Das ist wirklich *Frosta* – wir würden Sie gerne heute einladen und hier sind noch sechs Werbegläser von *Heineken*. Bitte erzählen Sie es nicht weiter!« Bis zu diesem Zeitpunkt habe ich das auch nicht getan, und ich nenne auch nicht den Namen des Kasseler Gastronomiebetriebes, die ihren Gästen *Frosta* servieren und für eine halbe Portion 12 Mark nehmen. Wareneinsatz 1 Mark 50, Gewinn 10,50.

Der Sommer war vorbei. Es war das erste Mal, dass ich nicht mit meinen Eltern nach Kuşadası gefahren bin, aber ich war um manche Einsicht reicher. Der Spruch ›Augen auf bei der Berufswahl!‹ machte mit einem Mal sehr viel Sinn.

Kapitel Vier

Ausbildung zum Versicherungskaufmann bei der DKV. Mehmet, das Verkaufstalent. Jahrgangsbester. Die Angestelltenwelt wird mir schnell zu klein.

Und dann begann der Ernst des Lebens – meine Ausbildung bei der DKV. Im letzten Schuljahr haben wir im Fach Wirtschaft Gruppenarbeiten gemacht. Drei Leute, ein Thema. Einmal bestand meine Gruppe aus zwei Deutschen und mir. Einzige Gemeinsamkeit: Wir standen auf Fußball. Unser Projekt: Wir sollten für *Marlboro* einen Werbespot drehen. Wir haben Umfragen in der Stadt gemacht mit der V8-Kamera meines Vaters: »Warum magst du *Marlboro*?« Verschiedene Interviews. Da ich keine Ahnung von Technik hatte, erhielt Martin den Auftrag, das V8-Material auf VHS zu überspielen und zu schneiden. Christian, Martin und der Göker stehen also montags vor der Klasse und müssen ihr Projekt präsentieren. Zehn bis 15 Minuten darf das dauern, damit auch alle dreimal drankommen. Der Lehrer gibt uns das Zeichen loszulegen ... Hm, die Kassette läuft nicht. »Seid ihr behindert, ich habe die ganze Arbeit gemacht, und ihr kriegt es nicht mal hin, das Material zu überspielen?« Der Lehrer wird unruhig: »Wenn das Ding jetzt nicht bald läuft, kriegt ihr alle eine 6.« Ich sage: »Einen Augenblick!« Das Projekt heißt: Marlboro-Werbung. Okay. Nimm die Scheißkassette, leg sie weg. Ich gehe nach vorne und bau mich vor der Klasse auf: »Wenn ich *Marlboro* wäre, würde ich in die Formel 1 einsteigen, dies machen, das machen. *Marlboro* ist eine Weltmarke, *Marlboro* ist das, *Marlboro* ist jenes, *Marlboro* ist ein Produkt, das für sich spricht ...« – ich hielt eine flammende Rede darüber, wie sich *Marlboro* verkaufen und für sich werben soll. *MARLBORO* EROBERT DIE WELT.

Werbeträger Formel 1, Synergien mit allen Vodafone-Shops. Wer dorthin geht, kann auch ein Päckchen *Marlboro* kaufen. Zigaretten sind ein Genussmittel – und nicht gesundheitsgefährdend. Das wurde nämlich nie eindeutig bewiesen. Im Gegenteil: Wer raucht, lebt länger! Rauchen bedeutet Luxus, Coolness, Abenteuer ... wer raucht, hat mehr Freiheit und Freizeit. Rauchen bedeutet Lebensfreiheit. Ich halte aus dem Stegreif einen zehnminütigen Vortrag. Der Lehrer sagt, als ich fertig bin: »Ich hab ja schon viel Scheiße gehört, aber jetzt könnte sogar ich zum Raucher werden. Mehmet, du bist der geborene Verkäufer. Egal, was du in deinem Leben machst: DU MUSST IN DEN VERKAUF GEHEN. Du hast gerade frei, ohne jede Vorbereitung, aus einem eingefleischten Nichtraucher einen Raucher gemacht. Ich hätte sogar Lust, mir jetzt eine Zigarette anzustecken!« Daraufhin wusste ich – für mich kommen nur drei Berufe in Frage. Erste Option: Polizeikommissar. Und das hatte einen Grund. Der hieß Adolf und war einer meiner Fußballtrainer. Schon deswegen ein Idol. Um die 60, Adoniskörper, Vollbart, deutsche Tugenden. Geiler Typ. Eines Tages kam Adolf mit zwei Frauen auf den Sportplatz.

Ich sage: »Hallo, Adolf, wieso hast du zwei Frauen?«

Adolf: »Eine ist meine Ehefrau, die andere ist meine Freundin, wir leben zu dritt.«

Ich: »Du wohnst mit zwei Frauen zusammen?«

Adolf: »Ja, 40 Jahre Ehefrau, 20 Jahre Freundin ...«

Ich: »Ihr macht alles zu dritt?«

Adolf: »Wir machen alles zu dritt!«

Ich: »Adolf, was machst du noch mal beruflich?«

Adolf: »Ich bin Kommissar ...!«

Ich: »Das will ich auch machen!«

Alles klar. Ich informiere mich und finde heraus: Ich muss Deutscher werden, wenn ich in den höheren Polizeidienst, also Kommissar, werden will. »Und«, frage ich Adolf, »was verdient man so nach der Ausbildung bei der Polizei?« »Zweitauendvierhundert Mark«, sagt er. »Brutto«. Ich sag: »Da kann ich auch eine Woche im Schuh- und Schlüsseldienst von meinem Vater arbeiten.« Tschüss. Damit kann ich meine Lebensträume nicht verwirklichen.

Mein Vater verdiente 6.000 Mark netto, meine Mutter 3.000 Mark. Das waren zusammen 9.000 Mark. Soviel sollte es also zumindest sein, denn ich will – ebenso wie mein Vater – meinen Kindern alle Möglichkeiten bieten – Roller, Auto, sechs Wochen im Jahr Urlaub ... nichts gegen *Lidl* oder *Aldi*, aber meine Eltern mussten dort nicht einkaufen. Bei uns wurde zwar immer zu Hause gegessen (bis auf ein- zweimal im Jahr *Wiener Wald*, Silvester oder zum Geburtstag), aber wir mussten nicht rumknapsen oder jeden Pfennig rumdrehen. Wenn ich Geburtstag hatte, durfte ich alle Freunde in die *Kurhessen-Therme* einladen. Mein Vater hat mir 500 Mark in die Hand gedrückt und gesagt: »Viel Spaß mit deinen Freunden.« Auf der anderen Seite war aber auch klar: Disneyland Paris – danach hab ich erst gar nicht gefragt. Aber wenn ich gesagt habe: »Papa, ich möchte gerne die Adidas Predator für 250 Mark«, bekam ich zur Antwort »Hier mein Sohn!« Mit 17 wollte ich eine neue Uhr, nicht mehr diese Plastik-Seiko-Dinger für 30 Mark. Sagt er: »Junge, such dir was aus ...!« Ich hab mich umgeschaut und gesagt:

»Papa, ich hab ‘ne *Camel* Trophy gesehen, beiges Lederarmband, tolle Uhr ...!«

Vater: »Was sollen die kosten?«

Ich: »Zweihundert Mark!«

Vater: »HAST DU EINE MACKE?? 200 Mark mit 17 Jahren. Ich bin 60 und habe 20 Jahre gearbeitet, um mir diese 1.000-Mark-Uhr kaufen zu können.«

Die hat er immer getragen. Morgens, wenn er anfing zu arbeiten, hat er sie abgelegt und wenn er nach 12 Stunden Feierabend machte – nie krank gewesen, nicht einen Tag, Fleiß, Ordnung, Disziplin –, dann hat er sie wieder angelegt. Die liegt heute bei Mama.

Mein Vater hat mal einen Einstellungstest gemacht, als er einen neuen Mitarbeiter gebraucht hat. Da kamen sechs sieben türkische Jungs. Er stellte ihnen Brot, Käse und Tee hin und hat gesagt: Esst erst einmal! Nur einer hat's gepackt – nämlich nur der, der zeitgleich mit Brot, Käse, Tee fertig wurde und einen Rhythmus hatte. Diejenigen, die zuerst Brot und Käse gegessen haben und dann erst den Tee tranken, die fielen durch. Der eine hat das Brot übrig gelassen. Der andere nur das Brot und Tee – die passten nicht zu ihm. Er suchte jemanden, der gleichmäßig aß und demnach auch gleichmäßig arbeiten würde. Fakt ist: Papa ging mit mir in den Uhrenladen. Ich bekam eine *Adidas* Equipment-Uhr. Die habe ich heute noch. Ist mir sehr wertvoll, ... Silber-Gold-Armband. Ich zeigte ihm die *Camel* Trophy, und er fragte: »Hier diese *Adidas*, wär das nichts für dich? Ist doch sportlich?« – »Ja, Papa, aber die kostet 500 Mark, selbst hier in Izmir, alles Originale, nix Fakes!« – »Gefällt sie dir?« – »Ja!« – »Dann kaufen wir sie!« GENAU DAS SPIEGELT DEN CHARAKTER MEINES VATERS. Zuerst sind ihm 200 Mark für eine Uhr zu viel, dann kauft er eine, die 500 kostet. So war meine Vater! Er sagte immer: »Junge, bevor du leidest, lass dein Geld leiden.« Fernsehzeitschriften hat er nicht gekauft, weil rausgeschmissenes Geld. Man kann ja schauen, ob es einem gefällt – oder nicht. Entweder, so sein Credo, musst du Geld haben oder es selbst machen. Ich bin handwerklich eine Pfeife, sagte er immer, kann kein Bild gerade aufhängen. Aber ich kann jemanden holen, der das für mich macht. Selbst machen oder die Kohle haben, es machen zu lassen. Eins von beiden. Ich kann nur Schuhe, für alles andere haben wir Geld. Mein Vater hat sich in der Zeit von 1966 bis zu seinem Tod am 10. April 2004 ein kleines Vermögen geschaffen, Deutsch gelernt, meiner Mutter Deutsch beigebracht, seine C-Klasse gefahren, seiner Familie ein sorgenfreies Leben ermöglicht, nie Schulden gemacht, nie geklaut (»Lieber verhungern als klauen!«), war nie vorbestraft, hat nie Steuern hinterzogen, immer gearbeitet. Er kam mit 31 nach Deutschland und hat zuerst auf dem Bau geschuftet und 1979, als es gut lief, hat er ein Drei-Familien-Haus in Izmir gekauft für 100.000 Mark, das er nach dem Kauf und noch einmal 1988 renovieren ließ. Meine Mutter hat schon mehrfach ein Angebot bekommen. Man wollte ihr allein für das Grundstück gut eine Million Euro bezahlen. Aber sie verkauft nicht. Außerdem hat mein Vater weitere drei Wohnungen in Izmir gekauft, ein Ladengeschäft in dem Dorf, aus dem er stammt, und das Strandhaus, in dem heute meine Mutter lebt. Sein Ethos: Nicht betteln, geh arbeiten! Lieber ein Toilettenmann als ein Bettler. Wenn ich das ewige Gejammer höre von wegen: »Ich kriege keinen Job, ich habe keine Arbeit ...« DU VOLLIDIOT, JEDER, DER ARBEITEN WILL, KRIEGT EINEN JOB!!! ALLES BULLSHIT. Die Lebensleistung meines Vaters, der 31-jährig mit 800 Mark in der Tasche und ohne jede Sprachkenntnis nach Deutschland kam, ist meiner Meinung nach viel höher anzusiedeln als die eines Millionärskindes, das aus gutem Elternhaus kommt, die richtigen Schulen besuchen konnte und mit einem goldenen Löffel im Mund geboren wurde. Der hat es doch einfach! Mein Vater fing nicht bei null an, sondern weit da drunter, im Dreck, im Minus. Und er hat sich etwas aufgebaut, sich aus dem Dreck hochgearbeitet, aus seinen Kindern gute Bürger gemacht, sich ein kleines Vermögen aufgebaut und selbst ein gutes Leben gehabt. Wir sind im Paradies geboren, denn Deutschland ist das Paradies. Und wenn ich dann heute so einen Harz IV-ler höre, der sich darüber beklagt, dass er nur 386 Euro oder was kriegt ... DANN STEH AUF UND ARBEITE. WENN'S NACH MIR GINGE, BEKÄMST DU GAR NICHTS. Menschen, die in Not sind durch Alter, Unfall, Behinderung, Kinder, die hungern – die brauchen alle Unterstützung des Staates, aber ein 20-, 30-, 40- oder 50-jähriger Mann, der gesund ist und zwei Arme und zwei Beine hat, der findet Arbeit, wenn er will. Wer ehrlich ist und etwas aufbauen will, der schafft das in Deutschland. Der Rest, die Sozial-Schmarotzer, die auf Kosten anderer leben, die schaffen Deutschland ab. Hartz IV ist zu viel für die, die es ausnutzen, und zu wenig für die, die es wirklich brauchen. 400 Euro – und diese Faulenzer liegen den ganzen Tag im Bett, ziehen sich irgendeinen Scheiß im Fernsehen rein, kaufen sich Bier und Kippen – und die Miete ist auch noch umsonst. Und ihr wollte Deutsche sein? Ein Deutscher ist dafür da, um Deutschland zu unterstützen. Ein Deutscher ist dafür da, um Deutschland voranzubringen. Der deutsche Staat lässt sich von Deutschen und Immigranten, die nicht bereit sind zu arbeiten und nur hierher kommen, um die Sozialleistungen zu kassieren, ausnehmen wie kein zweiter Staat auf dieser Welt. Jeder ist in der Türkei herzlich willkommen, aber wenn du nicht jahrelang hier nachweislich gearbeitet hast, bekommst du auch kein Arbeitslosengeld. Das gibt es nirgendwo, außer in Deutschland. Kein Land sollte Sozialschmarotzer unterstützen, sondern nur die, die es wirklich nötig haben – Kinder, Alte, Kranke, Schwache ... Es gibt in der Türkei wirklich gute Dinge: Jeder ist hier ab der Geburt kostenlos krankenversichert. Alle Medikamente sind kostenlos. Jeder ist gegen Arbeitslosigkeit und Unfall versichert. Ich behaupte, das Sozialsystem in der Türkei kommt dem in Deutschland sehr nahe, in Gesundheitsfragen ist es sogar besser. Man kommt aus dem gesetzlichen Krankenversicherungssystem nicht heraus, kann sich aber – abgesehen von Zähnen – in jeder Hinsicht zusätzlich privat versichern. Ein 30-jähriger Mann kann für 100 Euro eine Zusatzversicherung abschließen – für ein Ein-Bett-Zimmer, die Chefarztbehandlung und Ähnliches. Ich habe überlegt, auch in der Türkei ins Versicherungsgeschäft einzusteigen, habe dafür alle möglichen Leute eingeladen und alles geprüft. Ergebnis: Die Provisionen werden hierzulande langfristig und seriös angelegt, aber es reicht nicht einmal dazu, die Hühner zu füttern, geschweige denn einen Vertrieb aufzubauen. In der Türkei gibt es keine Abschlussprovision, die in Deutschland früher einmal bei 15 Monatsbeiträgen lag. Und dann gibt es zwei Prozent BP (Bestandspflege). Bedeutet: Wenn der Kunde im Jahr 5.000 Euro bezahlt, kriege ich in Deutschland einmalig 7.500 Euro und pro Jahr 100 Euro, solange der Kunde dort versichert ist. In der Türkei kriegst du einmalig bei Abschluss zweieinhalb Monatsbeiträge, aber dann ein Leben lang anderthalb Monatsbeiträge. Als Einzelkämpfer kann man damit gut leben, solange man seinen Kunden behält, aber für einen Vertrieb im großen Stil bringt das nichts. Ich hatte bereits vier MB als Abschlussprovision und zwei MB als Bestandspflege ausgehandelt, aber das hat sich kurzfristig dennoch nicht gelohnt. Firmen wie MEG gibt es in der Türkei nicht, weil sich das Geschäft nur für Einzelmakler lohnt, nicht für Unternehmen. Für den Endkonsumenten ist das türkische Versicherungssystem das beste. Bei Abschluss, das weiß der Kunde, kriegt der Makler, sagen wir, 1.000 Euro, aber dann jedes Jahr noch einmal 600, solange die Geschäftsbeziehung anhält. Aber kurzfristig kann ich mit diesem System keine Mitarbeiter anlocken und motivieren.

Zurück zur Berufsentscheidung: Höherer Polizeidienst, Kommissar war nix. Zweite Option: Banker, Börsenmakler. Aber Deutschland ist nicht Amerika. Auch in der Bank fängt man mit einem sehr kleinen Basisgehalt von 2.200 Mark brutto an. Und dann musst du sechs oder sieben Jahre schuften, um überhaupt eventuell und nur wenn du wirklich Glück hast, an die Börse zu kommen. Diese Option fiel also auch flach.

Dritte Option: Versicherungsmakler. Um da mal reinzuschnuppern, habe ich ein Praktikum bei *Bachmann & Partner* in Schauenburg bei Kassel gemacht. Und dort habe ich gesehen: Die Jungs verdienen 80.000 bis 90.000 Mark im Jahr, fahren Audi A4, tragen coole Anzüge, können sich ihre Zeit selbst einteilen und um vier, fünf Uhr Feierabend machen. Cooles Geschäft. Da kann ich (wenn ich gut bin und ich bin gut) 100.000 Mark verdienen, das ist enorm viel Geld, geiler Job, keiner hetzt dich ... und die hatten noch Zeit, ihrem Sport nachzugehen. Einer von denen spielte in der 2. Mannschaft bei Süsterfeld. Ich bin schwerst beeindruckt und erkundigte mich, welche Sparte wirklich lukrativ ist: Renten, Kranken, Leben? Ich wusste nur, ich will ins Personengeschäft, also Lebens- und Krankenversicherungen. Zehn Bewerbungen geschrieben, neun wollten mich einstellen. Die anderen sind wie die Penner zu den Bewerbungsgesprächen marschiert. Ich trug Anzug, Krawatte, weißes Hemd. Ich entschied mich für die *DKV*, weil mir schien, als hätt ich dort die besten Perspektiven.

Vor der Zusage gab es allerdings mehrere Tests, wobei man mir den zweiten erspart hat. Ich kam gleich in die Endrunde. Es gab fünf Bereiche: Ordnung, Verkauf, Koordination, Selbstdarstellung und noch etwas ...

Damals standen die Bundestagswahlen an und sie fragten mich, wem ich meine Stimme gegeben habe. Ich sagte: Gerhard Schröder – und das obwohl bei der *DKV* nur Schwarz-Gelbe sind. War mir egal. Ich erzählte ihnen, dass ich sowohl Wahlkampfveranstaltungen von Schröder als auch Kohl besucht hatte. Und Schröder, den ich in Kassel am Königsplatz gesehen hatte, hat eine Stunde lang beschrieben, was er machen, was er verbessern und ändern möchte. Und das mit einer Power, die ich bei dem amtsmüden Kohl vermisst habe. Mein Vater war Kohl-Fan. Jeder der Jahrgang 1979 ist, kannte nur Kohl. Das war die Ära Kohl. Und der Mann aus Oggersheim ist einer der bedeutendsten und besten Politiker aller Zeiten, überall gilt das – nur nicht in Deutschland! In Deutschland macht man alles schlecht. Aktuelles Beispiel: Die ganze Welt bewundert Angela

Merkel. In der Türkei wird sie verehrt, nur in Deutschland mäkelt man an ihr herum. Michael Douglas stellt sich hin und sagt: »Das ist die beste Politikerin aller Zeiten« – und in Deutschland reden sie schlecht über sie. Wenn es Deutschland mal so schlecht ginge wie Portugal oder Griechenland oder – noch schlimmer – einem afrikanischen Land, dann erst würden sie schätzen, was sie an Angela Merkel haben. In der Türkei ist das Arbeitslosengeld niedriger als Hartz IV in Deutschland, in Amerika gibt es so etwas gar nicht. Aber in Deutschland ist nichts gut genug. Zurück zur Wahl: Ich war anfangs fifty-fifty. Dann kam der Kohl und hat eine Stunde nur von der Vergangenheit erzählt und warum der Schröder scheiße ist und man ihn nicht wählen sollte. Das hat mich nicht überzeugt, denn ich bin für Menschen, die proaktiv sind und nicht für die, die nur an anderen herummäkeln. Ich durfte als Türke ja gar nicht wählen, aber ich habe all meine deutschen Freunde aktiviert und zu Schröder-Wählern gemacht.

Beim Schlussgespräch wurde ich gefragt, welche Bücher ich gelesen habe und ob ich schon einmal an einem Verkaufsseminar teilgenommen hätte. Meine Antwort: »Nein, noch nie!« Die wollten es nicht glauben. »Waren Sie noch nie auf einem Verkaufsseminar?« – »Nein!«– »Hm«, sagten sie, »komisch. Wir haben ein Problem – bei der *DKV* gibt es ein 5-Punkte-System: eins ist zu schwach, zwei ist okay, drei ist gut, vier ist sehr gut, fünf ist *zu gut*. Und Sie haben mit 5 abgeschnitten. Eigentlich sind Sie zu gut. Wir wissen aufgrund unserer Erfahrungswerte, dass Sie langfristig nicht zu halten sind.« Anyway, sie haben mich genommen, und nach vier Jahren – genauso wie vorausgesagt – war ich weg. Zu gut!

Im Verkauf wurde ein Verkaufsgespräch simuliert. Ich sollte einem Kunden ein Radio verkaufen. Der wollte nicht, ich konnte nicht weiter Druck machen. Der Kunde sagte: Ich komme nächste Woche wieder. Ich fragte ihn nach seiner Telefonnummer, um für ihn ein besseres Angebot auszuhandeln. Dass ich keinen weiteren Druck gemacht habe, aber dann nach seiner Nummer fragte, hat die Prüfer beeindruckt. Beim Thema Ordnung musste man Post sortieren – Wichtiges von Unwichtigem unterscheiden. Dann gab es eine Mathematikprüfung. Ich wurde eingestellt.

Und der Rest ist Geschichte.

Wir diskutieren das Ranking der Versicherungen: Allianz *die größte Versicherung der Welt, dann* AXA. *Im Segment ›Krankenversicherungen‹ liegt die* DKV *vorne, gefolgt von* Debeka … *Ich möchte nur die Leute nicht langweilen, sagt Mehmet, bevor das Tape ausgeschaltet wird. Es geht weiter mit einer Anekdote aus Mehmets* DKV*-Zeit. Der erste Autokauf.*

Und jetzt mein erster Autokauf. 3er Cabrio, neu für 42.500 Euro, 12.000 Anzahlung, der Rest in 36 Raten. Papa hab ich gesagt: »Du musst mitkommen. Dein Sohn kauft seinen ersten Neuwagen«. Mit 21 Jahren.

»Herr Göker«, sagten die von BMW, »können wir eine Gehaltsbescheinigung sehen?«

»Klar!«

»Aha, 4.000 Euro netto … Sie sind doch Azubi, oder nicht?«

»Ja!«

»Sie verdienen wirklich 4.000 Euro netto?«

»Ja, hier steht's doch, schwarz auf weiß!«

Dann kommen die Herren und sagen, die BMW-Bank habe abgelehnt, weil ich Azubi sei. Aber sie würden es machen, wenn mein Vater bürge. »Nein, das mache ich nicht!« Klar, mein Vater hätte gebürgt, aber wenn ich das Auto nur durch die Bürgschaft meines Vaters bekommen kann, dann kann ich es mir eigentlich nicht leisten. Dann lassen wir es! Entweder sie machen es mit mir oder gar nicht! Ich werde niemanden fragen. Entweder ich kann es mir alleine leisten oder drauf geschissen. Fünf Minuten telefoniert: Okay, die BMW-Bank macht's doch. Dazu muss man Folgendes wissen: Ein Azubi bekam bei der *DKV* seinerzeit 550 Euro Grundgehalt. Und ich hab dann 2.500 bis 3.000 Euro durch Abschlüsse dazuverdient. Damals alles noch ohne valide Datensätze. Kalte Akquise, Telefonbücher. Die Branche sagte: Das ist verboten, aber während die Chefs das sagen, schieben sie einem das Telefonbuch hin. Genauso läuft's ab. Aber Achtung, ruft nicht bei Rechtsanwälten an, ruft nicht bei

Steuerberatern an. Die kennen sich gut aus. Sonst ruft sie ALLE an. Wenn du gut bist als Verkäufer, wirst du kritisch beäugt, aber keiner fragt: Ist das seriös, ist das sicher? Wenn du nicht gut bist, dann fliegst du halt raus! So ist das bei jedem Konzern.

Ich habe für dieses Geld gearbeitet – zwölf Stunden im Monat. Denn Rest der Zeit war ich mit jungen Damen unterwegs, war besoffen, hab mich rumgetrieben, war im Schwimmbad oder im Fitnessstudio. Ich hab das Geld ausgegeben für schnelle Autos, schöne Frauen und Alkohol – den Rest hab ich einfach verprasst. (Danke, George Best, besser könnte ich es nicht ausdrücken!)

Einmal im Monat gab's bei der *DKV* in Kassel ein Meeting. Azubi Göker, drittes Lehrjahr. So, in sechs Monaten beginnt die Riester-Rente [Beginn 2001/2002, Anmerkung des Verfassers]. Wir haben schon jetzt den Vorlauf gestartet, wollen mal gucken, wer im Juni die meisten Anträge verkauft hat. Platz eins, ein toller Mann, Jörg, 36 Riester-Renten. Platz zwei, unser Azubi im dritten Lehrjahr Göker, sechs Anträge. Platz drei bis 60 – alle nix. Knut, diesen Namen werd ich nie vergessen, war so ein Süßer. Wie so ein Eisbär sah der aus. Um die fünfzig, weiße Haare, Schnurrbart. Knut war früher Handball-Torwart beim THW Kiel. Aber in den Achtzigern hat man nicht so viel verdient als Profi-Handballer, da musste er also bei der DKV schuften. Knut hatte immer ›Rücken‹. Der andere hatte ›Knie‹. Können die alle kein Deutsch mehr? Was heißt hier, ›ich hab Rücken!‹ Ich hab auch einen Rücken. Knut hatte also Rückenschmerzen. »Ja, Jörg ...« – »Ja, Knut ...« Und alle duzten sich, nur ich, der Türke musste alle siezen. Alle Azubis haben den Chef geduzt. Der Kanake durfte nicht duzen! Mir wurde von keinem das Du angeboten. Niemals! Der Beste, der, der als Lehrling das meiste Geld reinbringt für die DKV Nordhessen, muss alle siezen. Wie kommt das?

23. Dezember 2001 – ich komme rein bei der *DKV* und begrüße Herrn Bachmann. Geschäftsstellenleiter der *DKV* Kassel. Ein außergewöhnlicher Mann, den ich nie vergessen werde, weil er mich während meiner Ausbildung immer unterstützt und immer zu mir gestanden hat. »Und, Göker, wie läuft's denn so?« – »Gut, Herr Bachmann, schauen Sie mal, ich hab jetzt zwei Verträge und heute Abend noch weitere Termine

und morgen komm ich rein und hab noch zwei Verträge«. – »Herr Göker, wir haben morgen zu!« – »Wieso das denn??? Ich denke, wir haben morgen den halben Tag auf?« – »Ja, der Einzelhandel, aber nicht Banken und Versicherungen«. – »Was ist denn das für eine Scheiße!« Im Innendienst-Großraumbüro sitzen 20 Leute, betretenes Schweigen. In dem Moment, wo ich das sage, schaue ich mich um und weiß: Alle 20 Leute starren mich an und denken: »Du kleiner, mieser Türke. Wir schuften hier für 1.800 Euro und du verdienst schön 30.000 im Monat und da sollen wir auch Weihnachten noch für dich arbeiten.« Sag ich: »Na, super, muss ich halt alles selbst machen.« Das ist einfach aus mir herausgeplatzt. Ich will halt einfach arbeiten, verkaufen. Mir ist doch Weihnachten scheißegal! Ich bin ein Arschloch, ich brauche kein Weihnachten – und Geschenke kaufe ich mir eh selbst.

Es ist mir manchmal selbst ein Rätsel, wie so ein Exot wie ich ins Versicherungswesen einsteigen konnte. Das hat – ganz klar – mit meinem Elternhaus zu tun. Sehr strukturiert! Disziplin und Ordnung standen bei uns zu Hause ganz oben auf der Agenda. Mein Vater hat immer klar gesagt: »Ich bin nicht dein Freund, ich bin dein Vater.« Wir hatten kein freundschaftliches Buddy-Verhältnis, sondern eine ›Vater-Sohn-Beziehung‹, aber mit extrem viel Liebe. Und so war auch die Beziehung. Sehr moralisch! Beispiel: Ich bin in der neunten Klasse sitzen geblieben, nur Mädchen im Kopf. Vater kommt nach Hause und sagt: »Hier ein Fußball für dich!« – »Danke.« – »Ja, dann geh mal auf den Sportplatz und üb schon mal ein bisschen, denn so behindert wie du bist, wirst du ja eh keinen ordentlichen Beruf erlernen. Du bist dumm, dann werde wenigstens Profifußballer.« In der elften Klasse, Oberstufe, bin ich das zweite Mal hängen geblieben. Notenschnitt von 2,0, nur Mathe sechs. Insgesamt also 14 Runden gedreht bis zur Fachhochschulreife. Ich war siebzehn damals. Auf dem Weg zum Flughafen in den Türkeiurlaub spiele ich Gameboy. Mein Vater: »Und läuft das?« Ich hab's nicht gepeilt und antworte: »Ja, läuft!«. Er: »Kann man damit später Geld verdienen? Musst du gut können, trainier jetzt, denn für alles andere bist du eh zu dumm!« Wow, das hat gesessen! Damit hat er mir einen reingewürgt, das war brutal. Schwache Persönlichkeiten wären daran kaputt gegangen, so wie sie an mir kaputt gehen. Starke Persönlichkeiten, die ehrgeizig sind, reizt das. Die fangen spätestens dann an zu kämpfen. Wenn jemand schwach ist, wird er mit mir nie klar kommen, für solche Leute bin ich einfach das Letzte. Alle lieben Mustafa Kemal Atatürk, aber, wenn sie ihn kennengelernt hätten, wär's mit der Liebe wohl schnell vorbei, besonders bei schwachen Charakteren. Seine engsten Vertrauten wurden mal nach der hervorstechendsten Eigenschaft von Atatürk befragt. An erster Stelle: Er konnte nicht mit dummen Menschen umgehen. Jeder in seiner Umgebung musste eine sehr schnelle Auffassungsgabe haben. Er erklärte etwas nur einmal, beim zweiten Mal wurde er laut. Bei mir nicht anders. Ich kann mich von meinem Umfeld nicht bremsen lassen! Wenn du es nicht verstehst, geh! Ich habe keine Zeit. Ich kann es dir einmal zeigen, zweimal zeigen, beim dritten Mal ist Schluss. Um jemandem meine Verkaufsstrategie zu erläutern, schildere ich folgendes Telefongespräch.

Ich rufe einen Kunden an und sage ohne Einleitung: »Fick dich ins Knie!«

Empört sich der Kunde: »Wiiiie bitte?«

Ich: »Sorry, Sie waren doch gar nicht gemeint!«

Natürlich war er gemeint. Ich wollte ihn wecken. Auf diese Weise war er sehr wach und sehr bei mir.

»Und aus ›Fick dich ins Knie!‹ ergeben sich jetzt zwei Optionen: Erstens – Sie sagen: Unverschämte Ansprache, unseriöse Firma und legen auf. Oder zweitens: Sie hören mir bitte jetzt fünf Minuten zu, sehen, wie professionell ich meinen Job erledige, und sparen langfristig viel Geld.«

Kunde: »Dann legen Sie mal los.«

Versicherungsabschluss nach einer Stunde. Fertig!

Wie schon gesagt, kamen drei Berufe für mich infrage. Zuerst, als Kind, wollte ich werden, was mein Vater war und sein Geschäft weiterführen. Danach liebäugelte ich mit einer Karriere als Profi-Schiedsrichter. Ich hatte durchaus Talent. Mit 23 habe ich Jugendregionalliga und Seniorenoberliga gepfiffen. Die vierte Liga. Ich war top durchtrainiert und die lieben Spielerfrauen linsten schon mal gerne nach dem Schiri. Super! Besonders gerne setzte man mich für Spiele mit ausländischen Mannschaften bzw. Mannschaften mit Migrationshintergrund ein. Nur einmal hatte ich als Schiri ein negatives Erlebnis, als man mir Gewalt androhte, aber ansonsten lief alles immer glatt, weil ich unbeeindruckt war. Mir machte deren Gehabe keine Angst. Das eine Mal war bei einem Spiel des FC Iran Kassel. Nach dem Spiel schoss einer absichtlich aus drei Meter Entfernung den Ball in meine Richtung, und wenn ich den abbekommen hätte, wäre ich k.o. gegangen, aber er flog knapp an meinem Kopf vorbei. Der Spieler wurde für längere Zeit gesperrt. Bei Spielen gegen türkische Mannschaften, wurde ich oft als Schiri aufgestellt. Denn wenn die Türken die Deutschen auf Türkisch beleidigt haben, habe ich die rausgeschmissen. »Aber du bist doch selbst Türke?!«, sagten sie dann. »Ich bin hier Schiedsrichter, wir sind auf dem Sportplatz. Rot. Raus!« Einmal gab es einen Spielabbruch, weil die Zuschauer den Platz gestürmt haben. Da war ich siebzehn und einer von der Kommission, die den Fall überprüfte, sagte: »Ich bin seit zehn Jahren dabei, aber es gab noch nie einen Spielabbruch, wo der Schiedsrichter von keinem der Teams mit einem Wort auch nur negativ erwähnt wird! Normalerweise hat der Schiedsrichter damit immer was zu tun. Sie haben einen Superjob gemacht!«

Aber ich konnte natürlich wie immer meine Klappe nicht halten. Ich wurde einmal für vier Wochen gesperrt, klar, ich lass mich doch nicht immer anpissen. Es war bei einem Freundschaftsspiel der A-Jugend von Schalke 04 gegen KSV Baunatal. Und einer der Trainer schrie mir etwas Beleidigendes zu, und ich daraufhin zu ihm: »Halt die Fresse!« Daraufhin gab es in Grünberg eine Sitzung wegen dieses Vorfalls. Der Baunatal-Trainer sagte, ich hätte »Halt die Fresse« zu ihm gesagt. »Waaaas«, erwiderte ich, »Unverschämtheit, das habe ich nie gesagt!« Aber der Justitiar hat mich für vier Wochen gesperrt. Zweimal bin ich knapp am Aufstieg in die Oberliga Hessen vorbeigerasselt und irgendwann hab ich die Pfeiferei aufgrund meiner beruflichen Belastung ad acta gelegt. Das war mit 23. Aber Fußball war mein Leben. Ich habe von meinem achten bis zum 21. Lebensjahr für den VfB Süsterfeld gespielt. Der schönste Fußball ist der auf dem Dorf, wo die Leute hingehen und ein Bier trinken und eine Bratwurst essen. Bundesliga ist der Wahnsinn. Ich liebe sie, Zweite Liga schau ich auch gern. Aber ich guck mir lieber ein Bezirksoberligaspiel in Deutschland an als die Süper Lig in der Türkei, wo die geldgeilen Penner alle nur wegen der Kohle und dem ›Sehen und Gesehenwerden‹ hingehen. Bezirksoberliga, Oberliga – ich liebe diesen Fußball. Die Jungs kriegen ein paar Euro Taschengeld, lieben es und spielen. Ist das geilste, das ehrlichste Spiel. In diesen Mannschaften hast du immer zwei Türken, einen Iraner, dann läuft noch ein Pole rum und fuffzehn Deutsche. »Ich hab ja nix gegen Ausländer ... Ali, du bist ein guter Junge! Die Kanaken, nä, aber der Ali ist gut, bei uns hier aufm Dorf!« Er kennt ja auch nur den Ali, den Rest kennt er nur aus'm Fernsehen und was man nicht kennt, wollen wir auch nicht kennenlernen. Einer, der damals mit mir zusammen gepfiffen hat, Tobias Stieler aus Offenbach, pfeift heute Bundesligaspiele. Aber nachdem ich am letzten Spieltag zwei Jahre hintereinander nur Zweiter wurde, habe ich gesagt: ›Diesen Rassismus geb ich mir nicht mehr!‹ und habe von einem auf den anderen Tag aufgehört. Zur Erklärung: Als Schiedsrichter wird man auch bewertet und erhält Punkte. Man startet bei null und kann als höchste Punktzahl die 50 erreichen. Ich kam bis 47. Stand die ganze Saison lang auf Platz eins, hatte am letzten Spieltag einen Vorsprung von zwei Punkten und mir hätte eine ›gute Leistung‹ gereicht, eine 46er Wertung. Ich kriege 44 Punkte, der andere 47, er steigt auf und ich habe, nachdem das zweimal so lief, aufgehört. Ich habe einen Grundsatz: Ganz oder gar nicht. Also: Mit Fußball habe ich schon abgeschlossen, die Pfeiferei beende ich jetzt und konzentriere mich voll und ganz auf meinen Beruf. Von einem auf den anderen Tag habe ich mit dem Fitnesstraining – sieben Mal die Woche und gesunde Ernährung – komplett aufgehört. Jetzt zählt nur noch der Beruf und Geld machen. Ich bin kein Vollidiot, der glaubt, dass man Millionär wird, wenn man sechs bis acht Stunden am Tag arbeitet. Ich wollte eigentlich auch nie Millionär werden. Ich wollte 72.000 Euro im Jahr verdienen. Wenn einer mich fragt: »Herr Göker, ich will auch Millionär werden, was muss ich machen?«, dann ist es schon vorbei. Wer des Geldes wegen etwas macht, wird niemals Geld haben. Ebby Sixt hat mal gesagt: »Wenn das, was du machst, dir keinen Spaß macht, lass es und hör sofort auf damit. Mach das, was dir am meisten Spaß bereitet, mach es mit Hingabe, mit Leidenschaft und du wirst damit Geld verdienen.« Wie viele Leute, die nicht bis drei zählen können, sind Millionäre geworden?! Leute, die sich ein Auto gekauft haben, daran rumgeschraubt und es teuer weiterverkauft haben – und heute haben sie Autohäuser. Aber nicht, weil sie Millionär werden wollten, sondern weil sie sich ihrer Leidenschaft hingegeben haben. Wenn du diese Leute nach ihrem Beruf fragst, sagen sie: Ich hab mein Hobby! Gilt für mich auch. Ich habe noch nie gearbeitet. Arbeiten bedeutet: Ich gucke auf die Uhr und denke: ›Och, noch zwei Stunden bis zum Feierabend!‹ Das kenne ich nicht. Ich mache das, was getan werden muss. Wenn ich so Sprüche höre wie ›Ich gebe mein Bestes‹. Bullshit! Er soll das tun, was nötig ist, um sein Ziel zu erreichen. Entweder man ist gut genug oder nicht. Das Beste will ich nicht. Jemand, der gut genug ist, redet nicht von dem Besten, was er tun kann, er tut es! Basta.

Aufgrund meines Schulabschlusses konnte ich bei der *DKV* die Prüfung ein halbes Jahr früher machen. Erscheine zur Prüfung und nehme das SGB 5, das Sozialgesetzbuch, ein dicker Wälzer, mit. Da dürfen wir drin rumblättern. Im ersten Schuljahr in Göttingen in der berufsbildenden Arnoldi-Schule hatte ich in das SGB 5 eine Formel reingeschrieben: »E = S x VS durch VG«, eine Hausrat-Formel. Darauf machte der Prüfer mich bei einem Rundgang aufmerksam. »Aber ich brauche das Buch eh nicht, können Sie behalten.« Die Frage kam in der Prüfung vor. Vier Punkte von 300 insgesamt. Ich abgegeben. Alle gehen. Der Prüfer: »Sie bleiben mal hier!« Zwei Stunden später, die Kommission hat getagt: »Sie sind durchgefallen wegen Täuschungsversuch!« Ich: »Das ist unmöglich, ich kann das alles aus dem Effeff. Ich muss gar nicht täuschen«. Ich hatte circa 250 von 300 Punkten, also eine Zwei plus. 88 bis 90 Prozent.

Ich: »Das ist nicht akzeptabel, das werde ich nicht akzeptieren.«

Prüfer: »Das ist uns egal!«

Ich: »Die *DKV* spendet dieser Schule sicherlich eine Menge Geld, und ich bin der beste Vertriebler meines Jahrganges … ich werde jetzt da anrufen.«

Prüfer: »Täuschungsversuch, durchgefallen, schönen Tag noch!«

Ich also den Geschäftsstellenleiter der *DKV* Kassel angerufen.

Ich: »Sie müssen da jetzt anrufen, jetzt sofort …«

Er: »Göker, von all den Azubis bei uns waren Sie mein einziger Lichtblick, wie konnten Sie nur …?«

Ich: »Die Scheiß-Formel stand schon vorher drinnen!«

Er: »Wenn es einen gab, bei dieser Prüfung zu bestehen, dann waren Sie das. Was soll ich denn jetzt mit meiner Quote machen?«

Ich: »Rufen Sie jetzt da an und sagen Sie denen, sie müssen mich bestehen lassen.«

Er: »Das geht nicht!«

Ich: »Wie das geht nicht?? Wir sind der größte Versicherungskonzern Deutschlands, das muss gehen …!«

Er: »Nein, das geht nicht!«

Ich: »Ich hab doch schon mein Büro angemietet für später …!«

Ich bin allein nach Hause. Zusammengebrochen. Geheult. Auf dem Boden gehockt. Mich in meiner Wohnung umgeschaut. 1.000 Mark Miete. Das Büro schon für 800 Mark angemietet. Alles kaputt. Mein Leben ist zerstört. Und ich bin schuld wegen dieser Scheiße. Meine Freundin Jessica kam und hat mich getröstet. Als ich wieder halbwegs klar denken konnte, fiel mir ein: Ich habe ja einen sehr guten Draht zum Vertriebsvorstand der *DKV*. Die fünf besten Azubis der *DKV* wurden von ihm zu einer Veranstaltung eingeladen, drei Tage *Hyatt* Hotel in Mainz. Im zweiten Lehrjahr war ich der Beste deutschlandweit. Im dritten Lehrjahr ebenfalls. Ich hatte so einen Kollegen, der sagte mir, dass er Pizza ausfährt. »Wie Pizza?« – »Ja, mir reicht das Azubi-Gehalt nicht!« – »Also ich würde dich rauswerfen. Schämst du dich nicht?! Du arbeitest bei einer Versicherung und fährst Pizza aus … sag mal, geht es noch? Da muss man verkaufen!« – »Ja, stimmt eigentlich!« – »Nicht eigentlich, nur stimmt, basta!« Mein Lehrer hat mich immer so vorgestellt: Im ersten Lehrjahr kam der Göker im Anzug … im Trainingsanzug. Im zweiten mit Hemd und Hose und im dritten nur noch mit Anzug und Krawatte. Da konnte man eine gute

Entwicklung sehen. Ich rufe also an. Ein Azubi ruft den zweitmächtigsten Mann eines 7.000-Mann-Konzerns an. Ich rufe also in seinem Sekretariat an:

Sekretärin: »Wer sind Sie?«

Ich: »Mehmet Göker, Azubi aus Kassel!«

Sekretärin: »Ja, Sie müssen sich an Ihren Organisationsdirektor wenden, das ist der vorgeschriebene Weg ...«

Ich: »Er hat gesagt, ich dürfte ihn jederzeit persönlich anrufen. Er hat mir seine Nummer gegeben, ich brauche ihn jetzt!«

Sekretärin: »Einen Augenblick ... Hier ist ein Herr Göker am Apparat ... ja, ich stell durch ...«

Er: »Hallo, mein Jung (*MEG imitiert kölschen Dialekt*), wat ist dann los, wat ist dat Problem?«

Ich (weinerlich): »Ich bin durchgefallen ...!«

Erzähle ihm die ganze Geschichte.

Er: »Bleib ruhig, Junge, ich seh mal, was ich machen kann, mach Dir keine Sorgen ... ich kenn dich, bist 'ne ehrliche Haut, bleib ruhig, ich krieg das hin!«

Am nächsten Tag bestellt mich der Filialdirektor Gerdes zu sich.

Filialdirektor: »Göker, kommense mal her. Wir sind ein Konzern, da gibt es Hierarchien. Sie gehen zum Organisationsdirektor, der kommt zu mir. Ich habe noch nie, nach zehnjähriger Zugehörigkeit zur *DKV*, mit dem Vertriebsvorstand geredet ...«

Ich: »Ist ein super Mann, den müssen Sie unbedingt kennenlernen. War schon zweimal mit ihm essen ...!«

Filialdirektor: »Also, der Chef hat mich angerufen. Ich soll ihnen Folgendes mitteilen. Er kann nichts machen. Sie müssen in sechs Monaten die Prüfung wiederholen, aber Sie erhalten weiterhin ihr Azubi-Gehalt, plus ab sofort die Provisionen eines Außendienstlers, der voll ausgelernt hat. Das ist ein Bonbon vom Chef, das noch niemals jemand bei der *DKV* bekommen hat. Volle Provision wie ein Profi plus Azubi-Gehalt.«

Wir reden hier über die doppelte Provision, die ich vorher bekam. ›Danke Gott, danke! Nun werde ich auch noch dafür belohnt, dass ich durchgefallen bin! Juchhu‹. Als ich das erste Mal nach Bestehen meiner Prüfung (sechs Monate sind vorbei) meine Gehaltsabrechnung bekomme, sehe ich da eine Abbuchung von 3.300 Euro. Rufe direkt in der Buchhaltung in Köln an. »Ihr habt da einen Fehler ...!« – »Nein, Herr Göker, wir haben die sechs Monate Azubi-Gehalt mit ihrer Provision verrechnet. Sie glauben doch nicht, dass sie Azubi-Gehalt *und* volle Provision ...!« Okay, denke ich, clevere DKV! Ich habe was getan. Ich habe mich nicht nur hingesetzt und geheult, sondern für mein Recht gekämpft.

Nach sechs Monaten habe ich die Prüfung wiederholt, schriftlich wieder zwei, ohne viel zu lernen. War mir scheißegal. Ich musste Geld verdienen. Bin zu dem Blockunterricht in Göttingen nur ein zweimal die Woche angetrabt. Dann mündliche Prüfung. Ich geh da rein, acht Beamte.

Prüfer: »So, Herr Göker, wir simulieren jetzt mal ein Verkaufsgespräch!«

Ich: »Okay, also das machen wir so, das machen wir so; zu dem Baustein nehmen wir noch das hinzu zackzackzack ... hier müssen Sie unterschreiben!«

Betretene Stille.

Prüfer: »Also, den können wir nicht bestehen lassen, der ist viel zu *aggressiv* ...!«

Ich: »Wie aggressiv??«

Prüfer: »90 Prozent muss der Kunde reden, zehn Prozent Sie ...«

Ich: »Also einer der keine Ahnung hat, soll 90 Prozent ...?? Quatsch! Ich führe, der Kunde folgt. Und ich führe meinen Kunden dahin, wo er hin will. Ich bin der erfolgreichste Azubi der DKV-Geschichte, und Sie wollen mir erzählen, dass ich das nicht kann.«

Prüfer: »Mit diesem Verkaufsstil haben Sie keine Zukunft in dieser Branche.«

Und ich sitze da und denke: ›Ich verdiene mehr als ihr acht Typen. Ich setze mich jetzt in mein neues 3er-Cabrio, fahre nach Hause und werde dort ein hübsches Mädchen treffen. Ihr könnt hier weiter eure Scheiße machen. Tschüss‹. Das habe ich gedacht und nicht gesagt. Ich bin gelernter Versicherungskaufmann, mit der Note gut abgeschlossen.

Kapitel Fünf

Selbstständigkeit. Die MEG. Erstes Büro. Zweites Büro. Drittes Büro. Immer mehr Mitarbeiter. Wir wachsen. Es läuft und läuft und läuft ... Meine Erfolgsregeln!

Ich gründete die MEG am 1. 4. 2003. Kein Aprilscherz! In der Wolfhager Straße 365 für 490 Euro Warmmiete auf 80 Quadratmeter, drei Zimmer, schöne Stoffhandtücher auf dem WC.

Ich habe im Rathaus Kassel 23 Euro für die Gewerbeanmeldung bezahlt. Ein schöner Tag, ein hässliches, für mich wunderschönes Büro. Als ich es betrete, weiß ich: Es beginnt ein neuer Abschnitt in meinem Leben. Das erste Büro ist angemietet. Es sieht aus wie ein Beerdigungsinstitut. Das sagt auch der erste Kunde zu mir. Die nette Frau, von der ich die Räumlichkeiten angemietet habe, ist mit einem Iraner verheiratet. Wir treffen uns in einer Tapas Bar in der Holländischen Straße, reden und bringen den Mietvertrag unter Dach und Fach. Sie hoffen, dass ich die Miete pünktlich zahlen kann. Ich auch! In den letzten sechs Monaten bei der *DKV* hatte ich 120.000 Euro brutto verdient, davon waren noch 5.000 Euro übrig, als Startkapital. Wie geht das? Wie gibt man mit 23 Jahren 115.000 Euro aus?

Ganz einfach: Ich habe ein Jahr zuvor einen 318er BMW gekauft: 42.500 Euro, ›KS MG 330‹ das Kennzeichen, »Kassel Möchtegern 330«. Warum Möchtegern? Das war ein 318er, und sollte mal ein 330er werden, aber den hab ich übersprungen. Der Verkäufer in Kassel bei BMW, der schlechteste Verkäufer, den ich je erlebt habe. Der war so maßlos überfordert mit mir, aber er hat mich überlebt. Weitere 40.000 Euro gingen an das Finanzamt. (Der nächste, bei Porsche, wurde kurze Zeit nach dem Verkaufsgespräch mit mir in die geschlossene Abteilung der Nervenheilanstalt eingeliefert. Kein Witz! Ob es an mir lag, ich weiß es nicht??!) Ich ruf bei BMW an und sage: »Was ist mit meinem Auto?« – »Herr Göker, Sie machen immer Druck, es kommt …« – »Sie haben Mai gesagt, jetzt ist es JUNI … WO BLEIBT'S???«)

Der Verkäufer ruft mich irgendwann an: »Ihr BMW ist da.« Toll. Ich bin stolz wie Oskar. Das war übrigens ein Frustkauf. Also gehe ich in die Stadt und sage mir: Jetzt brauchst du wieder irgendetwas, um dein Selbstwertgefühl nach oben zu pushen. Ich gehe zu BMW und kaufe mir diesen 318er BMW. Wer Kleingeld hat, kauft sich ein T-Shirt, wer großes Geld hat, kauft sich ein Auto. Wer richtig Geld hat, kauft sich in so einer Situation einen Jet.

Da steht er dann, mein BMW. Antarktissilber Metallic. Innen graue Ledersitze. Ich kann mich noch an das Gefühl erinnern, wie meine Hand das erste Mal über das kühle Leder glitt. ›Mann, du bist 22 Jahre. Wenn dir mal einer gesagt hätte, dass du ein Auto für rund 50.000 Euro neu kaufst – huuuuh.‹

Fünf Jahre zuvor, 1997. Jens, Stefan und ich sehen den neuen SLK. Den fahren eigentlich nur Rentner mit 60, 70 Jahren. Zumindest in Kassel. Wir sehen also einen SLK mit Rentner hinterm Lenkrad und ich sage: »In den nächsten sechs Jahren werde ich mir auch so einen Wagen kaufen … für 60.000 Mark!« »Jaja, klar, wie willste denn das machen?« – »Ich weiß noch nicht, wie …, aber ich weiß, dass …! Wetten? 500 Mark … 500 Mark«.«. Ein paar Jahre später, ich stehe im Autohaus, rufe ich die beiden an: »Ihr schuldet mir jeder 500 Mark, also 250 Euro!« – »Wieso?« – »Könnt Ihr Euch erinnern, hinterm Kaufhof, wo es hoch aufs Parkdeck geht, da haben wir gestanden und um 500 Mark gewettet, dass ich einen SLK für 60.000 Mark kaufen werde und jetzt hab ich mir einen 3er BMW Cabrio für umgerechnet 85.000 Mark gekauft … aber – geschenkt, Jungs, ich brauche das Geld nicht. Könnt ihr behalten!«

BMW-Verkäufer: »Herr Göker, hier haben Sie Blumen …!«

Ich: »Geil, Sie kriegen von mir 42.500 Euro und ich krieg einen Strauß Blumen für 11 Euro fünfzig. Übrigens, was ist das?«

BMW-Verkäufer: »Herr Göker, was meinen Sie?«

Ich: »Ich meine: Wo sind die Fußmatten?«

BMW-Verkäufer: »Herr Göker, Sie haben nie gesagt, dass Sie Fußmatten wollten!«

Ich gucke ihn an ...

»Mein lieber Herr, Sie wollen mich jetzt verarschen, oder? Ich kaufe ein BMW Cabrio für 42.500 Euro – woher soll ich wissen, dass die Fußmatten NICHT zur Grundausstattung gehören. Sie sind doch der Verkäufer. Sie haben mir doch jeden Scheiß zusätzlich verkauft, aber die Fußmatten haben Sie mit keinem Wort erwähnt ...«

BMW-Verkäufer: »Okay, konnte ich nicht wissen ...!«

Ich: »Ich konnte es schon gar nicht wissen ... okay, wo ist der CD-Wechsler?«

BMW-Verkäufer: »CD-Wechsler ist auch extra ...!«

Ich: »Sie verkaufen mir so ein Auto mit einem Radio und einem CD-Player, wo nur eine CD reinpasst – sind Sie Berater oder Verkäufer??? Ich dachte, Sie VERKAUFEN hier was???«

BMW-Verkäufer: »Jaja ... ?!«

Ich: »Was, ja was???? Ich fahre hier nicht vom Hof ohne Fußmatten ...!«

Der Verkäufer hat mir dann Fußmatten aus einem anderen 3er BMW geholt:

Ich: »Wann ist der CD-Wechsler da?«

BMW-Verkäufer: »In zwei Wochen!«

Ich: »Gut, dann komme ich in zwei Wochen wieder und Sie bauen mir dann den CD-Wechsler ein, okay?!«

Ich fahre bei BMW vom Hof runter. Ein langer gerader Weg, circa 500 Meter. Und das Erste, was ich denke – und das zeigt meinen absolut krankhaften Ehrgeiz – ist: ›Ziel erreicht: Was ist das nächste Auto?‹ Für mich ist nur solange etwas interessant, solange ich es nicht habe. Wenn ich es habe, wird es uninteressant. So war es bei Autos, so war es bei Frauen. Und im zweiten Anlauf denke ich: ›Du hast sie nicht mehr alle!‹, ... aber ich habe mich gefragt: Wann kommt der 911er? Meine erste Fahrt führte mich zu Ferrari und dort sah ich: ›Scheiße, du musst doch vorerst zu Porsche!‹ Der Spruch: ›Wer Porsche fährt, kann auch Ferrari fahren‹, ist Quatsch. Der Porsche ist in jeder Hinsicht um die Hälfte preiswerter als der Ferrari – in der Anschaffung, dem Verbrauch, der Wartung, der Versicherung. Bei meiner Fahrweise verbrauchte ich mit dem Ferrari locker 23 Liter, beim Porsche 17 bis 18. Geht vielleicht auch ein bisschen weniger, aber nur wenn man human fährt. Tue ich aber nicht! Wenn mich einer gefragt hat: »He, Göker, was kosten so'n Ferrari in Versicherung und Verbrauch?«, habe ich geantwortet: »Woher soll ich denn das wissen?!« – »Haste doch gekauft!« – »Ja, aber wer einen Ferrari kauft und sich danach erkundigt, was die Versicherung kostet, der kann sich das Auto gar nicht leisten!«

Mai 2002. Erstes Wochenende. Ich fahr mit meinem neuen BMW ins *New York*, einen Club in Kassel. Mit dabei war unter anderem Annika, eine Blondine, 180 groß, 60 Kilo, Haare bis zum Po. Sie hatte mich Nina, sie war auch dabei, ihrer besten Freundin, ausgespannt, beide waren auf dem Gymnasium, 13. Klasse. Auch nicht nett! Nina ist – weil sie gesehen hat, wie das bei mir abging – Versicherungskauffrau bei der DKV in Würzburg geworden; Annika hat in Karlsruhe Kunst studiert. Hab zu beiden keinen Kontakt mehr. Verrückte Mädchen. Ich also mit vier Mädels im Wagen zum *New York*, drei hinten, Nina vorne. Auf einmal drehen sich alle um. Ich denk: ›Was geht'n jetzt?‹ Ich fahr mit vier Mädels im Cabrio vor, 25 Grad und ausgerechnet da steht ein Ferrari hinter mir, in Kassel. Mist, da bin ich schnell weitergefahren.

Was ich in diesem Zusammenhang noch loswerden möchte: Annika hat mich extrem geliebt, aber ich habe nach sechs Monaten Schluss gemacht. DANKE, ANNIKA! Eine tolle Frau, ein fantastischer Mensch. Sie hat in dem halben Jahr wirklich alles für mich getan. Ich hatte damals ein Problem mit dem Finanzamt, weil ich zwar bei der DKV gut verdient habe, aber natürlich nichts für die Steuer zurückgelegt habe. Annika sagte: »Mehmet, ich hab 6.000 Euro auf dem Festgeldkonto, die kann ich dir geben ...?« – »Nein, das möchte ich nicht!«, sagte ich ihr. Am nächsten Tag stand sie trotzdem mit den 6.000 Euro da, und ich konnte das Finanzamt zahlen. Acht Wochen später hab ich ihr das Geld zurückgegeben, mit dem Spruch: »500 behalte ich ein, du isst bei mir, du schläfst bei mir, das kostet alles Geld.« – Sie: »Echt? Warum hast du mir das nicht vorher gesagt, dann ...«. – »Schatz, war ein Scherz, hier sind deine 6.000 Euro.« Sie hatte schon ein Gesicht gezogen!

Annika gehört zu den Menschen, die mir geholfen haben, ohne eine Gegenleistung zu erwarten. Das werde ich nie vergessen! Annika, du liest ja das Buch hoffentlich – wenn du irgendwann ein Problem hast, kannst du mich jederzeit anrufen. Wer für mich einmal da war, für den bin ich ein Leben lang da. Ich hasse undankbare Menschen. Ich finde, Dankbarkeit ist eine der größten Tugenden, die wir Menschen besitzen müssen. Wer nicht dankbar ist, ja, der hat im Leben nichts verloren und der wird auch nie das Gute abbekommen.

Zurück zum ersten Büro: Ich habe mir unten am Haus ein Schild mit Öffnungszeiten anbringen lassen, so, wie es sich für ein Versicherungsbüro gehört. Da stand: Montag bis Freitag von bis ... Bevor ich auf das Schild zurückkomme, fragte ich mich: Was brauche ich, um mich selbstständig zu machen? Büro – hab ich! Möbel – da gab es einen Notar, der insolvent war und seine Einrichtung verkaufen wollte. Ich hatte ja nur noch 5.000 Euro.

Auf dem Türschild stand: von 9 bis 12 Uhr und von 14 bis 18 Uhr. Zwei Stunden Mittagspause. Mittwoch: 9 bis 12. Auf dem großen Schild stand: ›MEG – Versicherungsspezialist‹, später ›MEG – Ihr Versicherungsspezialist‹, dann ›MEG – Ihr Vorsorgespezialist‹.

April 2003. Der erste Tag. Ich schließe das Büro auf und schaue mich um. 85 Quadratmeter. Drucker. Faxgeräte. Schreibtische. Ich habe für 3.000 Euro das gesamte Mobiliar und die Geräte von dem insolventen Notar gekauft. Alles in allem im Wert von 20.000. Ich denke: ›Alles meins!‹ Ich bin sehr stolz und glücklich. Das habe ich mir immer gewünscht, einen eigenen Laden zu haben. Mittags gab's immer Currywurst mit Pommes vom *Husarengrill* von gegenüber.

Dort gab's leckeres Essen: Currywurst mit Pommes, die besten Schnitzel … tolle Burger. Hab drauf geachtet, dass es nicht zu teuer wurde, wollte nicht mehr als drei bis vier Euro am Tag ausgeben fürs Mittagessen. Von nichts kommt nichts! Damals habe ich auf so etwas noch geachtet. Aber einmal im Monat habe ich mir eine Gesichtsbehandlung für 60 Euro gegönnt.

Ich hatte ein Ziel. Ich wollte mein Ding machen, glücklich leben und 120.000 Euro brutto im Jahr verdienen. Wer das nicht will als Finanzdienstleister, der braucht gar nicht erst anzufangen. In den ersten neun Monaten, von April bis Dezember, schaffte ich die 120.000 nicht, es wurden 800.000 Euro – knapp das Sechskommasechsfache. Im April kam kein Geld rein. Ende des Monats beschlichen mich leise Zweifel, ob ich das Richtige getan hatte. Ich hatte den *DKV*-Job, der eine sichere Bank war, aufgegeben, die 20.000 netto monatlich, die ich da machte, reichten für ein schönes sorgloses Leben – Wochenendtrips nach Paris, Amsterdam, Brüssel, Mallorca; teure Klamotten –, aber ich wollte etwas anderes, etwas Langfristiges, einen eigenen Bestand aufbauen. Das Geld, das ich bei der *DKV* verdiente, reichte für ein schönes, sorgloses Leben. Ich hab zig Wochenendtrips – Paris, Amsterdam, Brüssel, Mallorca – unternommen, viele Tausend Euro in Klamotten investiert, besonders auf die Marke *Hugo Boss* bin ich damals abgefahren. *Versace, Dolce & Gabbana* … ein Mann muss auch sexy Unterwäsche anhaben nicht diese Nullachtfünfzehn-Schlüpper. Das, was ich von einer Frau verlange, gilt auch für mich. Na gut, dann hätte ich eigentlich nix tragen dürfen …

Nach einer Woche schon hab ich kapiert, dass die Öffnungszeiten voll für'n Arsch sind. Ich war sowieso jeden Tag um neun da. Und es kamen eh keine Kunden dahin. Mittagspause – Blödsinn. Wenn wir Bock haben, können wir um drei ins Schwimmbad gehen. Sieben Jahre später sagte

Stefan zu mir: »Du hast gelogen, wir sind nie um drei ins Schwimmbad …« Ich: »Es kam doch viel besser: Du hast ein Haus mit Schwimmbad, also halt die Schnauze!« Und ich hatte eine riesige Schwimmhalle, die ich immer wieder gerne dazu benutzte, die Damen zu beeindrucken. Die sind völlig ausgerastet.

Das war in der ersten Villa, die ich für 500.000 erworben hatte. Mit 23. Anzahlung: 100.000 cash, 400.000 finanziert über zehn Jahre. Nach dem Ablauf von zwei Jahren habe ich angerufen und gesagt:

»Ich möchte die Raten nicht mehr weiter zahlen!«

»Warum?«

»Ich habe den Rest jetzt beisammen, sind noch 380.000. Überweise ich Ihnen morgen!«

Da fangen die an herumzueiern:

»Das geht net!«

»Wie, das geht nicht??? Ihr kriegt morgen die Kohle, 380.000, ich hab keinen Bock auf Schulden!«

»Nein, das geht nicht, da haben wir ja einen Zinsausfall ….«

»Das ist mir scheißegal, auch wenn ihr Durchfall habt … juckt mich nicht. Ich möchte morgen meine Schulden begleichen!«

»Herr Göker, da müssen Sie 24.000 Euro extra bezahlen, so hoch ist nämlich unser Zinsausfall!«

»Das könnt ihr vergessen … da rufe ich jetzt den Vorstand an.«

Dann habe ich also den Vorstand angerufen.

»Schauen Sie mal, was die von mir wollen …?!«

»Junge, ich klär das ...!«

Am nächsten Tag ruft er an und sagt:

»Die wollen das wirklich nicht, aber da machen wir dann einen Bürokostenzuschuss draus ...«.

»Wie, verstehe ich nicht ...?«

»Wir überweisen Ihnen einen Bürokostenzuschuss in Höhe von 24.000 Euro und den nehmen Sie dann und geben ihn uns und gut ist ...«

Damit war das gegessen. Fertig, aus. Das gibt's nicht, wird jeder sagen. DAS GIBT ES! Ich hab dem Vorstand gesagt: ›Schauen Sie mal, was meine Firma alles für Ihre Firma macht. Der wusste ja Bescheid und hat das dann halt so geregelt. So läuft das, wenn du Leistung bringst. Es ist wie in der Formel1 – es kann nur einen Gewinner geben, selbst wenn sein Vorsprung nur 0,2 Sekunden beträgt. Bei der Versicherung ist es sogar noch härter als im Sport. Die Ersten werden belohnt, kriegen Ruhm und Geld, *the winner takes it all.* Der Zweitbeste kriegt (anders als im Sport) gar nichts. Deswegen ist der Druck so groß.

Ich wollte meinen Kinobereich in der Villa ausbauen und ging zu *Möbel Schaumann.* Der Verkäufer begrüßt mich mit den Worten: »Sie wollen heute etwas kaufen!« – »Woher wissen Sie das?« – »Wenn einer im Juli bei 28 Grad zu uns kommt, dann will der was kaufen. Die, die nur gucken wollen, kommen im Winter, wenn es draußen usselig ist und sie sich langweilen.« Ich: »Sie haben recht! Ich habe zu Hause ein Kinozimmer, dafür brauche ich etwas Abgefahrenes.« Ich fand in dem Möbelhaus zwei knallrote Dreisitzer, auf denen man sich perfekt lümmeln konnte, acht Leute passten drauf, mindestens. Konntest du alles drauf machen. Dazu einen abgerockten Holztisch mit Ritzen, Rillen, Gebrauchsspuren. Der Verkäufer beglückwünscht mich zu meiner Wahl und sagt: »2.000 Euro!« Ich: »Ich zahle cash; da sollten doch wohl 20 Prozent drin sein?« Er musste mit seinem Chef Rücksprache halten, kam kurz danach wieder und sagt mit ernster Miene (kein Witz): »Sorry, 20 Prozent geht nicht, aber für 1.500 Euro können Sie alles mitnehmen!«. Bitte??? Ich akzeptierte mit einem wortlosen Nicken ...

Gleich nach der Firmengründung bin ich also erst einmal für zehn Tage in die Türkei geflogen, weil meine Großmutter 98 war. »Oma, ich liebe dich sehr!«, denn sie hat mich von meinem zweiten bis zu meinem zehnten Lebensjahr mit großgezogen. War für mich wie eine zweite Mutter. Sie hat mich unglaublich geliebt, ich war immer ihr Lieblingsenkel. Noch mit 90 hat sie mich massiert, so fit war sie. Mit 99 Jahren und zehn Monaten ist sie leider gestorben. Ihr Name war Firdevs Aker. Oma hat nach der Schule Essen gemacht. Oma war so süß: Wenn ich mit ihr Filme geguckt habe und es wurde jemand erschossen, dachte sie, derjenige sei wirklich tot. War dann sehr traurig, dass so viele Menschen gestorben sind. Ich habe einmal mit Oma *Rambo* geguckt. Sie hat so geweint, weil sie dachte, so viele Menschen seien für den Film gestorben. Oma konnte super kochen. Meine Mutter hat bis zum achten Monat gearbeitet und drei Monate nach meiner Geburt wieder angefangen. Da trat Oma auf den Plan! Sie war – neben meiner Schwester – für Klein-Mehmet zuständig. Zu ihr hatte und habe ich immer noch eine ganz besondere Beziehung. Die anderen Großeltern habe ich nie kennengelernt. Opa mütterlicherseits ist gestorben, als ich noch nicht auf der Welt war. Krebs. Opa väterlicherseits habe ich zwar nur selten gesehen, aber nach ihm bin ich genannt: Mehmet Ercan Göker. Der ist 1992 gestorben, habe ihn einmal ein paar Tage in den Sommerferien gesehen. Oma väterlicherseits war sehr schwer krank. Kann mich kaum an sie erinnern. Sie ist 1985 gestorben, als ich fünf Jahre alt war.

Die zehn Tage, die ich 2003 kurz nach der Firmengründung in Bayindir verbracht habe, haben mich geprägt. Bayindir hat 20.000 Einwohner und liegt zwischen Izmir und Kuşadası, daher kommen auch meine Eltern. Ich war da zu der Zeit, als die Amerikaner Bagdad eingenommen und die Statue von Saddam Hussein mit Seilen vom Sockel geholt haben. Meine Oma hatte da ein kleines Häuschen, mit Garten, frischen Tomaten, Zwiebeln, Plumpsklo.

Man duschte über dem Plumpsklo – alles sehr sauber, aber auch sehr rudimentär. Oma war rüstig, ging mit 98 noch alleine auf Toilette, aber eine Haushilfe kochte für sie. »Oma, wieso ist hier kein warmes Wasser?« – »Warmes Wasser haben wir nicht!« Dann wurde für 400 Euro eine Warmwasserleitung gelegt. Ich werde die zehn Tage in diesem Dorf nie vergessen, denn mir wurde eins klar. Ich hatte längere Haare, kein Gel, bin immer nur im Trainingsanzug rumgelaufen. In diesem Dorf jenseits von all dem Kommerz habe ich kapiert, dass es keinen Menschen, aber auch wirklich niemand interessiert, wie ich aussehe. Keinen interessiert es, was ich trage. Keinen interessieren Markenklamotten. Die Gespräche, die ich hatte, waren sehr aufschlussreich. Ich bin aus Neugierde in zig Firmen reingegangen, Holz- und Marmorverarbeitung, und hab mich mit den Menschen unterhalten. »Wie ist das hier in der Türkei? Was muss man als Unternehmer machen und beachten? Worauf kommt es an? Warum haben Sie so wenig Angestellte? Warum expandieren Sie nicht?« Hab meinen Friseur interviewt. Das Fazit: Das, was in diesem Dorf an Menschlichkeit rüberkam, hab ich später versucht auch in meine Firma zu implementieren. Stil, Aussehen, Kleidung – das gehört in der westlichen Welt zum Standard. Du kriegst keinen Job in einer deutschen Werbeagentur, wenn du im Trainingsanzug reinkommst und kein Gel in den Haaren hast! Aber dort zählt das nicht! Dort zählt nur der Mensch – und seine Leistung. Du kannst so abgefuckt daherkommen, wie du willst, es zählt nur der Mensch. Ich habe dort so tiefgründige Gespräche geführt mit Menschen, die ich gar nicht kannte, weil da eben nur der Mensch zählt. Man wird ständig zum Tee, zum Kaffee, zum Essen eingeladen, von Wildfremden. Zehn tolle Tage. Es gab keine Magazine mit Styling- oder Diät-Tipps. Denen ist das schnurz, ob du 80 oder 120 Kilo wiegst. Trainingsanzug, Badelatschen oder *Nike*-Sneakers – ist dort alles komplett unwichtig. Diese Unvoreingenommenheit gibt es in Kassel, wo ich gelebt habe, nicht mehr. Das ist der westlichen Welt leider verloren gegangen.

Als ich die Firma gegründet hatte, stand ich vor der Entscheidung: Fährst du deine Oma besuchen oder arbeitest du?? Man wusste nicht, wie lange sie noch leben wird. Arbeiten kann ich noch mein Leben lang. Und deswegen bin ich zu Omi. Gute Entscheidung. Ich liebe sie sehr.

Für meine Mutter würde ich sofort sterben. Ich denke oft über solche »Was-wäre-wenn«-Szenarien nach. Wenn ich vor die Wahl gestellt würde: Deine Mutter oder du, nur einer von Euch kann weiterleben – ich würde bereitwillig in den Tod gehen. Bitte nicht ertrinken oder verbrennen. Am liebsten Tabletten und einschlafen, aber ich würde nicht eine Sekunde zögern. Sofort. Sie fragen sich vielleicht: Wie kommt der auf so etwas? Hat der Typ eine Macke? Ich denke halt über so etwas nach. Ich versetze mich in solche Situationen und frage mich, was wäre wenn ... Blut ist dicker als Wasser, sagt man, auch dicker als Freundschaft. Aber das stimmt für mich so nicht. Ich liebe sie alle.

Es gibt Freunde in meinem Kreis – Vincent Ho, Stefan, Farid. Das sind Brüder. Mit Stefan bin ich seit 1988 befreundet. Steffen gehörte ebenso zu diesem Kreis. Wir sind immer noch Freunde, obwohl wir heute nicht mehr viele Berührungspunkte haben. Aber wir hatten gute Tage, als wir noch nichts hatten, und sehr gute Tage, als wir viel hatten. Es gibt zwei Dinge, die eine Freundschaft kaputt machen können ... Geld und Frauen. Wenn Männer diese zwei ›Dinge‹ nicht zwischen sich kommen lassen, wird eine Freundschaft niemals kaputt gehen. Ehrlichkeit und Wahrhaftigkeit vorausgesetzt. Mit Stefan habe ich im Verein Fußball gespielt, zusammen Weltmeisterschaft geguckt, wir haben zusammen so viel Scheiße gemacht, wir teilen die gleichen Leidenschaften ... Freunde erkennt man nicht an den Worten, die sie einem sagen, wahre Freunde erkennt man daran, wie sie über einen reden, wenn man nicht anwesend ist.

Manchmal streiten wir uns. Stefan ist der Einzige, der mir jemals eine blutige Nase geschlagen hat. Wir waren um die zwölf dreizehn und haben Tennis gespielt, auch Doppel. Und wir stritten uns wegen dem Punktestand. Da kam er und haut mir den Schläger in die Fresse, volle Kiste ins Gesicht. Da hab ich ihm auch eine verpasst. Am nächsten Tag war wieder alles gut. Kinderkabbeleien. Stefan war auch mein erster Mitarbeiter. Er war im Betriebsrat, also unkündbar. Er hat gekündigt, obwohl ihm alle gesagt haben, mach das nicht, geh nicht zum Göker! Stefan hat mir gesagt: »Mehmet, ich versteh doch gar nichts von Versicherungen und Innendienst ...?« Meine Antwort war: »Das, was du können musst, bring ich dir bei. Aber das Vertrauen, das ich in dich habe, kann ich nirgendwo kaufen! Das ist unbezahlbar.« Stefan gehört zu meinen drei besten Freunden, neben Vincent und Farid. Letztere haben 2007 bei der MEG angefangen.

Eines Tages kam einer zu mir ins Büro. Bei der *DVAG* lief es für ihn gar nicht gut, er hatte 30.000 Euro Schulden angehäuft. Ich hab schnell erkannt, dass er ein Superverkäufer ist. Ein Top-Verkäufer. Ich die Finanzabteilung angerufen: »Hallo, schick mal 30 Mille rüber, aber in cash!« Leg ihm das Geld hin und sage: »Hier hast du, nimm's als Vorschuss und bezahl deine Schulden und morgen kommste wieder.« – »Muss ich irgendwo unterschreiben ...?« – »Nä, für das Wort eines Mannes gibt es keinen Ersatz! Ich hab keine Zeit. Tschüss.« Am nächsten Tag hat er angefangen und binnen anderthalb Jahren hat er sich bis zum Vertriebsvorstand hochgearbeitet. Mit einem Monatsgehalt von 35.000 Euro, einem Audi A6 und einem Ferrari 360 als Firmenwagen. Aber er kam mit meiner Kritik nicht klar. Denn je mehr man verdient, je mehr Verantwortung man hat, desto mehr muss man leisten. Irgendwann reichte seine Leistung nicht mehr aus. Man merke sich in puncto Karriere folgenden Satz: Wenn jemand nicht mehr befördert wird, dann muss er abgesetzt werden. Denn wenn jemand seinen Job gut macht, wird er befördert. Aber wenn jemand über Jahre hinweg nicht befördert wird, dann stimmt etwas nicht. Das gilt für jede Firma und jedes Unternehmen: Wenn du merkst, dass einer nicht mehr befördert wird und nur auf seinem Posten verharrt, tausch ihn aus! Würde er seinen Job gut machen, würdest du ihn befördern. Da du ihn nicht beförderst, kündige ihm. Befördern oder kündigen. Lass niemanden zehn Jahre denselben Job machen.

Und dann ist er mir in den Rücken gefallen und hat gedacht, er kann mit den 120 Verkäufern, die wir hatten, abziehen. Zehn Leute sind mit ihm gegangen. Davon ist die Hälfte wieder zurückgekommen. Heute verkauft er irgendwo Donuts. Er war der Initiator des MEG-Tattoos. Er kam zu mir und sagte: »Mehmet, du hast mein Leben so verändert ... ich will das MEG-Tattoo!« Solange ich ihn nicht kritisierte, war alles super. Ein richtiger Kerl nimmt Kritik auf und wird dadurch besser, der läuft nicht davon. Von den zehn Leuten, mit denen er abgehauen ist, hat mich fast jeder angerufen und geklagt: »Er hat mir einen 7er versprochen und jetzt haben sie mir einen alten Golf hingestellt!« – »Okay, ich verzeih dir, komm zurück ...!«

Dann gab es da noch einen Ali Adibinixda. Vor anderthalb Jahren rief er mich an. Ich geh ans Telefon und sage:

»Ali, alter Betrüger, was geht ab?«

»Mehmet, ich wollte dir eins sagen – egal, was man in der Branche von dir hält oder über dich erzählt: Die drei Jahre an deiner Seite waren die bislang besten Jahre meines Lebens ... D. und K. haben mir viel versprochen und nichts gehalten. Keiner war in dieser Branche so ehrlich wie du. Du warst hart, aber hast immer dein Wort gehalten. Kann ich vielleicht zu dir in die Türkei kommen?«

»Du, Ali, du hast mir damals das Messer in den Rücken gesteckt, aber ich bin nicht nachtragend. Ich hätte damit kein Problem. Aber ich weiß, dass Farid und Vincent nicht so denken. Und ich würde sie unglaublich verärgern, wenn ich dir diese Chance gebe. Aber ich möchte meine Freunde nicht unglücklich sehen. Weil du, indem du mir geschadet hast, ihnen auch geschadet hast. Deswegen geht das nicht.«

Dadgar ist so ein typischer Vertriebler. Er hängt sein Fähnchen immer in den Wind. Er ging zur *Südfinanz* und hat dort, nach einem Jahr, mit Franz-Xaver Nerb dasselbe gemacht wie mit mir. Er hat versucht ihn zu betrügen, Geschäfte hinter seinem Rücken gemacht, Nerb hat das herausbekommen ... weg vom Fenster. Dann hat er es woanders noch einmal so getrieben. Jeder ist nach MEG das, was er vorher war.

Stefan, Vincent Ho und Farid sind keine Blutsbrüder, aber meine Mutter ist deren Mutter und meine Familie ist deren Familie. Ich würde alles für sie tun. Alles. Als man mir nach dem Verkauf der MEG einen Vertrag über sechs Millionen Garantiegehalt über fünf Jahre und zehn Millionen Boni angeboten hat, hab ich gesagt: »Ich will, dass Ho zurückkommt und wieder seine 20.000 Euro im Monat verdient.« – »Nö, wir wollen nur Sie! Ho brauchen wir nicht!« – »Uns gibt's aber nur im Doppelpack!« Sie wollten nicht, da hab ich den Vertrag über den Tisch zurückgeschoben und gesagt: »Entweder ist Ho dabei, oder ich bin raus!« Ich rede nicht nur, ich mach es. Als Farid seinen Arbeitsvertrag in der Türkei bekommen hat, hab ich mich mehr gefreut, als wenn ich einen Ferrari geschenkt bekommen hätte.

Spulen wir noch einmal zurück: Gründungsmitglied der MEG war ich; im Mai kamen meine Neffen Gökhan und Cüneyt hinzu, zwei super Jungs, auf die mich immer schon hundertprozentig verlassen konnte. Ich habe mit beiden und später auch mit meinem dritten Neffen Asim Göker, sowie meinen Nichten Aylin, Berrin und Berna, sowie meinem Bruder Ertugrul und meiner Schwester Asuman über zehn Jahre zusammen gearbeitet und tue es mit einigen immer noch. Ich liebe alle acht sehr! Manchmal haben wir ein gutes, manche Tage ein weniger gutes Verhältnis, aber wir alle wissen, dass wir uns immer aufeinander verlassen können. Dank *WhatsApp* haben wir heute noch täglich durch ein Familien-Tool regen Kontakt. Jeder von ihnen hat für immer einen festen Platz in meinem Herzen. An dieser Stelle möchte ich meine Schwester Asuman und meine Nichte Berna ein wenig herausheben, da sie im Laufe der Jahre auch für mich viele Opfer gebracht haben. Im Juni kam der erste Backoffice-Mitarbeiter, mein langjähriger Freund Stefan, dazu.

»Stefan, kündige. Was verdienst du? 1.000 bis 1.500 im Monat? Die kriegst du bei mir auch plus drei Prozent Gewinnbeteiligung.« Im Jahr 2007 hat Stefan gut 20.000 netto im Monat verdient, ehe er in ein Angestelltenverhältnis eintrat, Jahresgehalt 84.000 Euro plus Lexus. Am 1.7. 2003 kam der erste Außendienstler hinzu: Patrick Böhme, ebenfalls ein Freund von mir, bekannt aus dem Fitnessstudio. Mit ihnen ging die MEG an den Start. Ich habe am 1. April abends geweint. Bei der *DKV* hatte ich am Schluss 20.000 bis 25.000 Euro im Monat verdient. ›Und jetzt hockst du hier, hast dein ganzen Erspartes in die Firma gesteckt, verdienst keine Kohle und hast keine Ahnung von *AXA, Allianz, Inter, Hallesche, UKV, BBKK* und all den anderen Tarifen‹ ... Habe einen Monat nur gelernt, gelernt, gelernt. Tarife studiert. Entsprechende Programme KV Pro angeschafft und mich durch diesen Tarifdschungel gekämpft. Und vier Wochen später habe ich in Göttingen den ersten Kunden versichert und zur *Signal* gebracht, den zweiten zur *Halleschen.* Im April hab ich nichts verdient. Meine Zielvorgabe war 10.000 brutto. Im Mai verdiente ich 16.000 Euro, im Juni 28.000, im Juli 34.000, im August 45.000, im September 60.000, im Oktober 60.000, im November 120.000 und im Dezember 200.000 Euro. Nach Abzug von Kosten und Steuern 95.000 Euro netto!!! Ich werde diesen Moment – am 30. Dezember 2003, dem letzten Werktag des Jahres, als ich mit einem Taschenrechner, wo Papier rauskam, den Gewinn ausrechnete, und ein Träne auf den Papierstreifen fiel – niemals vergessen. Da stand 95.000 Euro. Ich dachte nur: ›Oh, mein Gott, was passiert hier gerade in deinem Leben?‹ Und da wusste ich: Hier entsteht etwas Großes! Als One-Man-Show 95.000 Euro – das war gewaltig. Patrick Böhme hat als Außendienstler knapp 20.000 Euro gemacht; Stefan Fischer 3.000 und mein Neffe als Servicekraft 1.500 Euro. In den ersten neun Monaten haben wir 800.000 Euro umgesetzt und mir verblieben roundabout die Hälfte als Gewinn. Circa 20 Prozent der Einnahmen, die Außendienstler machen, blieben in der Firma. Sie hatten ja auch keinerlei Kosten: Back Office, Datensätze, Risiko – das war ja alles bei der MEG, also bei mir.

Die MEG war am Anfang ein Gewerbe, nach einem Jahr wurde sie umfirmiert in e.K., eingetragener Kaufmann, und nach drei Jahren wurden wir eine Aktiengesellschaft.

Wie lief das Geschäft damals? 93 Prozent waren PKV, sechs Prozent Lebens- und ein Prozent Sachversicherungen. Mir hat mal einer gesagt: Du bist ein Kranker, du kannst nur Krankenversicherungen hahaha ... Leben kannst du nicht. Im Dezember 2003 habe ich für 500.000 Euro Lebensversicherungen verkauft, Provision für mich circa 20.000. Was eine 10-Mann-Firma in einem Jahr an Provisionen schreibt, das hab ich in einem Monat an MB gemacht. Und nebenbei habe ich noch diese Lebensversicherungen verkauft, also 150.000 für die PKV und noch einmal 20.000 für die Lebensversicherungen. Ich habe den Kunden gesagt. »Okay, sie sind jetzt selbständig, und haben keine gesetzliche Altersvorsorge mehr, sie müssen sich kümmern und privat vorsorgen!« – »Na, klar, machen Sie die gleich mit fertig!«

Organisatorisch lief das so, dass ich die Gespräche geführt habe und Stefan (Fischer) hat alles abgewickelt. Wichtig im Vertrieb ist: Jeder muss das machen, was er am besten kann! Ich kann verkaufen, also hat Stefan mir privat und geschäftlich den Rücken frei gehalten. Wenn man im Fußball ein guter Sechser ist, muss man die Bälle verteilen und an die Zehner, die Messis dieser Welt, abgeben ... Messi ist nicht dafür da, hinten in der Abwehr auszuhelfen, er soll Tore schießen. Mein Xabi Alonso war Stefan Fischer, ich war der Messi, der die Tore machte. Und wenn ich mit dem Talent, das ich als Verkäufer hatte, Fußballer wäre, hatte ich mehr Buden gemacht, als Messi, Gerd Müller und Cristiano Ronaldo zusammen.

Ich schaltete Stellenanzeigen in der *HNA* und im *Extra Tip*, um mein Vertriebsteam zu vergrößern. Ich habe viele Marketingbücher gelesen, etwa 450 insgesamt. In einem stand: Schalten Sie ihre Stellenanzeigen auf dem Kopf, dann liest sie jeder. Das hab ich gemacht. Mit der Headline: ›Wollen Sie einmal nach Amerika? MEG macht's möglich!‹ Da haben sie alle gesagt: Jetzt dreht er durch, jetzt ist er größenwahnsinnig geworden. Aber, Leute, das ist es: Wenn die anderen sagen, du bist größenwahnsinnig, dann bist du auf dem richtigen Weg zum ganz großen Erfolg.

Das Jahr 2004 begann genauso erfolgreich, wie das Jahr 2003 aufgehört hat. Die Kunden waren sehr zufrieden. Wir verbesserten ihre Leistungen und verringerten ihre Kosten. Meine Versicherungspartner waren auch sehr zufrieden, weil sie gute Geschäfte machten. Wobei mich eine Krankenversicherung von Anfang an ganz besonders unterstützte, indem sie die Provisionen schneller auszahlte und die angebahnten Geschäfte schneller akzeptierte. Hieß: Sie wollten Business machen. Meine Premium-Partner damals waren: die *Hallesche, AXA, Central, BBKK, UKV* und *Inter*.

2003 haben wir als Fünf-Mann-Team gestemmt. Am 1. März 2004 stießen hinzu Jens Lenke und Björn Kotzan. Mit ihm hatte ich bei der *DKV* die Ausbildung gemacht und er sollte später Stellvertretender Vorstandsvorsitzender der MEG AG werden, ein zuverlässiger und fähiger Mann. Als das Team größer wurde, bezogen wir größere Räumlichkeiten in der Kohlenstraße: ein wunderschönes blaues Gebäude, in dem die *AOK* unten ihr Callcenter hatte. Ich erinnere mich, wie ich bei der Verhandlung dachte, statt 490 Euro jetzt 160 Quadratmeter für 1.800 Euro. Ich schloss einen Mietvertrag über drei Jahre ab, weil ich davon ausging, dass das reicht: Platz für 16 Mitarbeiter, 160 Quadratmeter, das reicht ... Falsch! Ein Jahr später waren wir doppelt so viele.

Zurück zum Beginn des Projekts Selbstständigkeit.

Was bisher ein Traum war, wird nun Realität. Ich holte mir einen Maklerbetreuer ins Haus. Ich bin Versicherungsmakler. 23 Jahre alt, eigenes Büro – mit Öffnungszeiten. War gerade bei meiner Oma in der Türkei und bin jetzt wieder zurück in Kassel. Es ist Mitte April 2003. Am Ende des Monats noch kein einziger Kunde. Ich bin am Boden zerstört, verzweifelt. Hab ich den richtigen Schritt getan? Es sind so viele Tarife zu lernen, so viele Gesellschaften – früher hatte ich nur die DKV. Jetzt habe ich Vereinbarungen mit über 30 Firmen. Muss lernen!! Hocke von morgens acht Uhr bis Mitternacht im Büro über den Prospekten, den Broschüren, den Tarifen. Ich möchte bestens vorbereitet sein auf das, was mich erwartet. Entdecke, es gibt eine Vergleichssoftware. Ich muss gar nicht die Programme der Firmen nutzen. Mache Termine. Kriege von Anfang an sehr gute Konditionen. Die *Hallesche* hatte Interesse an einer Zusammenarbeit mit mir – in Person von Jörg, einem, der mit Abstand besten Maklerbetreuer, den ich in meiner PKV-Zeit kennenlernte. Er ist die Ausnahme von der Regel in dieser Branche: Ein Mann ein Wort, 100-prozentige Zuverlässigkeit, hundert Prozent Loyalität, kein Neid, pure Unterstützung. Danke für die tolle Zeit mit dir, ich werde dich nie vergessen.

Er war auch einer der ersten, mit dem ich ein konstruktives Gespräch führte. Er sagte zu mir, ich sei der beeindruckendste 23-Jährige, den er jemals kennengelernt habe. Ich solle mich auf jeden Fall selbstständig machen und er unterstütze mich bei meinem Vorhaben. Er hatte einen Vorgesetzten und Freund, einen Filialdirektor. Die beiden waren wie Brad Pitt und George Clooney und unterstützten mich tatkräftig. Einen weiteren verrückten Maklerbetreuer lernte ich durch jemanden von der *Allianz* kennen. Er wurde später bei MEG-Chefausbilder. Er gehörte ebenso zu den zuverlässigen Menschen in dieser Branche. Er sagte mir ganz am Anfang: »Mehmet, in sechs Monaten wirst du festgestellt haben, dass 50 Prozent der Maklerbetreuer Lügner und Schwätzer sind.« Ich korrigierte ihn vor Ablauf dieser Frist: 90 Prozent sind Lügner oder Schwätzer oder beides. Versprechen werden nicht gehalten. Sie plappern und plappern und plappern. Sie kommen zum Kaffeetrinken, stehlen einem die Zeit und sind die unnötigsten Menschen, die es gibt.

Es entsteht eine längere Pause … Mehmet nascht etwas Süßes.

Der April lief schleppend. Ich hatte Existenzängste, wusste nicht, ob ich es schaffe. Kein Geld mehr, alles weg. Musste aber meine Miete zahlen und die Rate fürs Auto. Ich hatte privat einen Fixkostenapparat von roundabout 1.500 Euro, mit dem Betrieb von 7.000 Euro. Geld musste reinkommen, viel Geld. Was jetzt kommt, hat es in Deutschland niemals zuvor und niemals danach gegeben. Es war mir nicht bewusst, dass ich ab diesem Zeitpunkt Geschichte schrieb.

Mehmet setzt dramaturgisch kluge Pausen.

Es entstand eine Legende ... Es entstand die Legende vom Türken.

Jörg und ich telefonierten oft und ich sagte ihm wie die Geschäfte liefen. Ein weiterer kam regelmäßig vorbei und trank meinen Kaffee weg. Diese beiden Herren bemühten sich intensiv um mich. Der Maklerbetreuer von der *SDK* (ein tolles Unternehmen) war der erste Schwätzer, dem ich begegnete. Die *SDK* gehörte für mich zusammen mit der *LKH*, der *Halleschen* und der *Alten Oldenburger* zu den Luxus-Versicherern. Dann gab es die guten Versicherer, die für den Endkunden gut und günstig waren: *Hanse Merkur, AXA, Inter, die DBV Winterthur*. Mit diesen begann ich zusammenzuarbeiten. Wider Erwarten blockte mich ein großes Unternehmen. Ich habe nicht verstanden, warum sie die Zusammenarbeit mit mir ablehnten. Zwei Jahre später bettelten sie und boten durch ihren deutschlandweiten Vertriebsdirektor 16 Monatsbeiträge Provision an. 16 MB! Nur damit ich mit ihnen arbeite und ihre limitierten Tarife an den Mann bringe. Ich lehnte dieses unmoralische Angebot ab. Es hätte nämlich bedeutet, dass ich mich nur des Geldes wegen an eine Gesellschaft verkauft hätte. Wer mich einmal nicht will, den will ich später auch nicht. Man sagt ja: Einem geschenkten Gaul schaut man nicht ins Maul. Sehe ich nicht so, die Trojaner hätten mal besser nachgeschaut, was in dem Holzpferd vor ihren Pforten drin war. Ab und zu sollte man einem geschenkten Gaul doch ins Maul schauen.

Die MEG hat nie Produkte, die den Kunden nichts bringen, verkauft – und sei es auch für eine noch so hohe MB-Zahl. Sicher, wir haben viel Provision bekommen, aber von Unternehmen, die gute Produkte hatten wie z.B. der *AXA, Hallesche, Allianz, Inter, BBKK.*

Am Anfang bekam ich von der *Halleschen* nur wenige MB und eine Storno-Reserve. Nach zwei Jahren hatte ich bei keinem Versicherer mehr eine Storno-Reserve. Mein Wort galt mehr, als jede Storno-Reserve wert war. Später kloppten sie sich darum, um am Göker-Geschäft zu partizipieren.

Sie schenkten mir Fahrräder, Reisen, Autos – alles, was ich wollte. Eine Gesellschaft schenkte mir zu meinem 29. Geburtstag sechs Kilo Gold. »Was soll ich denn damit anfangen?«, fragte ich. »Machen Sie damit was Sie wollen – tauschen Sie es ein, legen Sie's in den Tresor«. Ich baute mir dann eine Bar aus Gold, sechs Kilo davon im Wert von 120.000 Euro zum Geburtstag – warum nicht?!

Aber der Anfang war schwer: *AXA, Hallesche, Gotha, Alte Oldenburger*. Die wollten anfangs nicht mehr rausrücken. Ich musste mich oft mit wenigen MB minus Storno-Reserve bei 145 Euro Datensatz-Kosten durchschlagen. War mir aber egal, denn es machte einen Riesenspaß, jeden Tag 12 bis 14 Stunden richtig zu ackern.

Den Sommer 2003 werde ich nie vergessen. An einem Tag waren es 38 Grad im Büro. Ich verzichtete auf alles – ging nicht mehr mit Freunden aus, zwölf Uhr war Bettruhe. Ich hatte einen Plan. Und der sah so aus: 7:20 Wecken, fünf Minuten Aufwachphase. Um 7:25 hatte ich eine kurze Hose an, T-Shirt, Joggingschuhe. Um 7:30 bin ich durch den Harleshausener Wald gelaufen, eine Strecke, für die ich zirka 40 bis 45 Minuten brauchte. Um acht Uhr zehn war ich – wie eine Maschine – wieder im Haus. Machte Dehnübungen und genoss es, eine halbe Flasche kaltes Wasser zu trinken. Davor war ich nie Wasser-Fan. Danach sprang ich in meinen Pool. Diesen Luxus gönnte ich mir. Schon als Kind hatte ich mir das gewünscht. Aber damals war ich ja noch bescheiden. Ich träumte nicht mal von einem Pool, sondern von so einem runden Planschbecken, das man in den Garten stellen kann. Wenn mir einer gesagt hätte, mit 23 hast du eine Villa mit einem 160-Quadratmeter-Becken, ich glaube, ich hätte ihn nicht einmal ausgelacht, sondern nur mit dem Kopf geschüttelt. Wir hatten ja noch nicht einmal einen Garten, wo man das Planschbecken hätte aufstellen können. Aber es kam, wie es kam. Ich sprang also in meinen Pool, schwamm zwei drei Bahnen, duschte mich ab und zog meinen Anzug mit Krawatte an ... ich begann damals, mich für Anzüge zu interessieren. Bis dahin besaß ich zwei drei Boss-Anzüge. Den ersten maßgeschneiderten ließ ich mir in der Türkei machen. Grau mit hellen Nadelstreifen, 180er Stoff, wie bei Brioni-Modellen. Und jeden Morgen war ich dann um neun im Büro. Manchmal stand schon jemand bestimmtes vor der Tür, um mit mir Kaffee zu trinken und mich meiner teuren Zeit zu berauben. Aber ich war gerne mit ihm zusammen, da er ein positiv denkender

Mensch war. Ich wollte immer nur mit positiv gestimmten Menschen zusammen sein. Ich kann keine Menschen gebrauchen, die Probleme haben und doof aus der Wäsche gucken, das törnt mich nur ab. Wenn du etwas erreichen willst, dann achte darauf, dass du in einer positiven Umgebung lebst und arbeitest. Der Mensch hat schon genug Probleme, da brauch ich nicht noch die Probleme anderer um mich herum. In diese Zeit fiel auch ein Wandel: Sport war auf einmal weg, kein Thema mehr. Ich war 16 Jahre lang ein Fußball-Junkie gewesen, habe trainiert. Als Azubi bin ich fünfmal die Woche ins Gym gegangen. Aber ich hatte mich entschieden: Entweder mache ich diese Sache ganz oder gar nicht. Dafür habe ich diese geliebten Gewohnheiten drangegeben. Ich beendete meine Schiedsrichter-Karriere in der Oberliga Hessen. Da war leider Schluss. Das bedeutendste Spiel war KSV Hessen Kassel gegen OSC Vellmar. Kassel wurde Landespokalsieger mit 1:0 gegen Vellmar. Das war, soweit ich mich erinnere, mein letztes Spiel. Fakt ist, dass ich mich zu dieser Sport-Abstinenz entschied und es keine Minute bereut habe.

Wenige Wochen später waren Stefan Fischer und Gökhan Göker bei mir. Im Juli stieß Patrick Böhme zu uns. Er kündigte bei der Bundespolizei, eine sichere lebenslange Position. Er fragte mich damals: »Mehmet, ich verdiene 1.800 Euro netto, das ist garantiert. Soll ich wirklich kündigen?« – Er lächelte und rechnete wohl nicht mit meiner Antwort: »1.800 Euro netto ist eine Garantie – eine Garantie auf lebenslange Armut!« Er grinste, kündigte und kam zu mir. Im ersten Monat hat er 12.000 Euro verdient. In den sechs Jahren an meiner Seite hat er rund eine Millionen Euro verdient. Liebe Leserinnen und Leser, habt ihr viele Freunde, die euch zu einer Millionen Euro verhelfen? Wenn ja, fangt sofort an mit ihnen zu arbeiten! Das war meine Stärke: Die Leute, die mit mir gingen, machte ich reich – aber nur die, die den gleichen Willen hatten wie ich.

Merksatz: Wenn du eine Firma aufmachst, achte darauf, dass du dir nur starke Leute zur Seite holst. Wenn beim Start Schwache da sind, Durchschnitt, wirst du nie nach oben kommen, weil die Schwachen die wenigen Starken verjagen oder runterziehen. Erst wenn der Laden läuft, ziehen die Starken die Schwachen mit.

Wir waren bei Patrick Böhme stehengeblieben. Nun, der hat in den sechs Jahren bei mir sehr viel Geld verdient, aber ich habe nie jemanden gesehen wie ihn. Der hat das Geld schneller ausgegeben, als es reinkam. Klamotten, Schuhe ... der hat sein Geld rausgehauen, unglaublich!

Die ersten beiden Monate waren hart, aber lehrreich. Inzwischen hatte ich die Tarife drauf, merkte, auf was es als Makler ankam, wurde immer sicherer. Man ließ mir jede erdenkliche betriebliche Hilfe zukommen, hat mir ein tolles Backoffice gestellt, einen kompetenten Risikoprüfer. Ich lernte einen weiteren Maklerbetreuer kennen, von der *BBKK*. Er ist – Gott hab ihn selig – letztes Jahr gestorben. Ein Mann, der sich sehr für seine Makler einsetzte. Einer, der jeden Cent wert war, den er verdient hat. Ende des Jahres hatte ich vier Mitarbeiter. Die Existenzangst hatte sich verflüchtigt, Gelder kamen rein, es lief jeden Tag besser. Von Juli 2003 bis Oktober 2009 habe ich nie wieder weniger verdient als 30.000 Euro im Monat. An meinem besten Tag habe ich eine Million verdient. Das Jahr 2003 ging zu Ende. Ich feierte das letzte Mal Silvester in Kassel. Danach sollte das Jetset-Leben beginnen. In den folgenden Jahren feierten wir den Jahreswechsel in Las Vegas. Immer!

Wir machten 2004 mit Gökhan Göker, Cüneyt Kezezi, Stefan, Patrick Böhme – und mit Jens, Björn Kotzan, Volker, Dirk und Dirk als Verstärkung weiter. Ein Jahr der Veränderungen. Wir expandierten am 1. Februar 2004 und die Voraussage von Heidi Nicolai, meiner ehemaligen Vertriebsausbilderin und für vier Wochen MEG-Mitarbeiterin, bewahrheitete sich. Sie sagte, nach dem Gedächtnis zitiert: »Wenn ich in einem Jahr hier vorbeifahre, wird es das Firmenschild nicht mehr geben, weil du größenwahnsinnig bist!« Sie hatte Recht. Das Firmenschild gab es nicht mehr, aber nicht, weil ich größenwahnsinnig war, sondern weil wir wuchsen. Die MEG hatte nun neun Mitarbeiter. Nachdem die IHK Kassel mir einen Ausbilderschein ausgestellt hatte, kam im April der erste Azubi zur MEG. Da ich eine abgeschlossene Berufsausbildung hatte und wohl auch weil die Firma Millionen machte, bekam ich ohne Prüfung, ohne alles diesen Schein. Wir residierten nun in dem schon erwähnten blauen in der Kohlenstraße und hatten Platz für 16 Mitarbeiter. Ein Jahr später zogen wir ein drittes Mal um, in die MEG-Villa. In diesem Altbau in Innenstadt-Nähe begann eine unfassbar schöne Zeit. Wir hatten Platz für 30 Mitarbeiter, und ich war mir sicher, dass das reichen würde. Beim Einzug 18 Mitarbeiter. Das Jahr 2004 ging ruhig zu Ende. MEG begann ein

Sponsoring bei den *Kassel Huskies*, 10.000 Euro im Jahr. Peanuts im Vergleich zu den Millionen, die ich später in den Sport von Nordhessen und der Bundesrepublik investierte. Für die 10.000 bekam ich drei VIP-Karten und Bandenwerbung.

Kleine Abschweifung: An einem kalten Dezembermorgen 2003 fuhr ich zu einem Kunden und machte einen der eher selten gewordenen Außendiensttermine. Der Kunde schloss eine Kranken- und eine Lebensversicherung ab. Verdienst für mich: 4.000 Euro. ›Junge‹, dachte ich, ›jetzt ist es Zeit. Jetzt musst du dir einen weiteren Traum erfüllen‹ – Ich bin zu Porsche gefahren. Dort sagte ich zu dem Verkäufer:

»Hallo, ich will einen Porsche?«

Er: »Jaja, wie alt sind Sie?«

Ich: »23!«

Er: »Sie wollen eine Probefahrt machen, ja?«

Ich: »Nö! Wieso? Sind die Autos nicht gut? Muss ich die probefahren?«

Er: »Was wollen Sie denn?«

Ich: »Ich will eines kaufen ...! Ich war gestern im Internet, hab mir alles genau angeguckt. Ich will ein 911er Cabrio.«

Er: »Und wie soll der aussehen?«

Ich: »Silber mit roten Ledersitzen!«

Er: »Wie kommt man auf Silber mit roten Ledersitzen?«

Ich: »Kennen Sie nicht den Film *Family Man* mit Nicolas Cage? Der fährt in dem Streifen einen silbernen Ferrari mit roten Ledersitzen ... Den hab ich gesehen und mir gesagt: So einen will ich auch.«

Er: »Und wieso sind Sie dann bei Porsche?«

Ich: »Ist doch klar: Weil ich mir den Ferrari noch nicht leisten kann. Erst Porsche und wenn ich genug Kohle habe, geh ich rüber, die Straße hoch zu *Eberlein Ferrari Kassel*.«

Er: »Aha!«

Ich: »Können Sie jetzt mal gucken, der sollte 101.000 Euro kosten. Wie lange dauert es?«

Er: »Circa sechs Monate!«

Ich: »Wie viel Rabatt kriege ich ...?« [verhandelt, fünf Prozent bekommen!] ... »Alles klar.«

Unterschrift, Vertrag unterschrieben, eine Stunde war ich da, Auto gekauft. Sechs Monate später kam ein Traum auf vier Rädern. Einfach schön. Ich fuhr dieses Auto dreißig Minuten am Tag – morgens 15 Minuten zur Arbeit, abends, 15 Minuten zurück. Jedes Mal, wenn ich mich fragte: ›Warum schufte ich so hart, verdammte Scheiße?‹ und in diesem Auto saß, Verdeck auf, klassische Musik italienische Oper, Bach, Händel (mein Lieblingskomponist) –, in diesem Augenblicken wusste ich, wofür ich arbeitete. Diese kurzen Fahrten zur Arbeit und nach Hause und diese Musik machten mir bewusst, welche Möglichkeiten man im Leben hat, warum man arbeitet und warum man es gerne tut. Ja? Das gab mir dieser Porsche zurück.

Klassische Außendienstmitarbeiter, die ihr Büro in einem Koffer haben und nur ab und an im Büro vorbeischauen, wenn sie Unterlagen brauchen, wollte ich nicht. Ich habe die Branche auch in dieser Hinsicht auf den Kopf gestellt. Jeder Außendienstler hatte einen eigenen Platz im Büro, Computer, schöne Räumlichkeiten, angenehmes Ambiente. Ein klassischer Außendienstler steht morgens auf, schiebt eine Tiefkühlpizza in den Backofen, gammelt den ganzen Tag zu Hause rum und macht, wenn es hoch kommt, drei Termine pro Woche. Fährt 100 Kilometer zum Kunden, kein Abschluss, fährt 100 Kilometer zurück, produziert

Benzinkosten. Man hat als Unternehmer keine Kontrolle über diesen Mitarbeiter. Im schlechtesten Fall steht der Mann montags im Büro und sagt: »Chef, ich hab nichts verdient, kriege ich einen Vorschuss?!« So was wollte ich nicht. Ich habe gesagt: Wer mit mir arbeitet, arbeitet professionell, so wie ich es will oder gar nicht. Professionell bedeutet: Wir arbeiten von morgens bis abends zusammen, in einem Team. Wenn einer abnehmen will, schafft er das erfahrungsgemäß leichter im Fitnessstudio, in einem Team als allein zu Hause. GEMEINSAM IST MAN STÄRKER. EINER FÜR ALLE, ALLE FÜR EINEN. Dafür sollte MEG stehen, für diesen Spirit, diesen Lebensrhythmus. Eine Lebensgemeinschaft von Gleichgesinnten, die etwas Außergewöhnliches erreichen wollen und dafür bereit sind, Außergewöhnliches zu leisten. Ordentlich, fleißig, diszipliniert – nur so erreicht man Außergewöhnliches! In Form von Anerkennung, in Form von Wertsachen, in Form von Geld. Und jetzt stell sich mal einer den Unterschied vor: Statt drei Popeltermine in der Woche, hatte dieser Mitarbeiter plötzlich 20 Termine am Tag. AM TELEFON. Wir kauften Datensätze und riefen um neun Uhr den ersten Kunden an, um zwanzig nach neun den zweiten usw. und um 14 Uhr hatte man zehn Kunden auf dem Zettel. Keine Benzinkosten, alles übers Telefon. Manche Versicherer wollten am Anfang keine Fax-Anträge akzeptieren, weil keine Originalunterschrift darauf war. Habe ich geklärt – Göker verhandelt, Göker macht's möglich. Faxe und E-Mails wurden als Bestätigung akzeptiert. Außendienst war bei MEG Schreibtischarbeit. Ein MEGler sitzt im Büro, trinkt Kaffee, isst Pizza, lacht mit Freunden, hat Spaß an der Arbeit und telefoniert die Datensätze ab. Morgens stieg einem der Geruch von frisch gedruckten Datensätzen in die Nase. Jeder hatte drei, vier, fünf, sechs, sieben, acht Stück – so viele, wie er wollte. Das gedruckte Papier, das so duftete wie ... guter kolumbianischer Kaffee oder frische Laugensemmel. Man rief die Kunden an und holte einen nach dem anderen rein. Jeder Kunde wurde behandelt wie ein König, aber letzten Endes war es Fließbandarbeit. Ich habe meinen Mitarbeitern immer gesagt: Wir bauen keinen Ford Fiesta, wir bauen einen Rolls-Royce am Fließband. Der Kunde ist der Rolls-Royce. Ich behandele euch wie Könige, ihr behandelt die Kunden wie Könige, und wir setzen fort, was Henry Ford mit dem Model T und dem ›conveyor belt‹ begonnen hat – nur wir machen Fließbandarbeit auf Luxuslevel. Keine Benzinkosten, keine Staus, keine vergeudete Zeit ... wir haben das TELEFON. Der viel beschworene persönliche Kundenkontakt ist doch eine Mär. Wir waren 24 Stunden sieben Tage die Woche für die Kunden erreichbar – aber eben am Telefon. Die ganze Branche hat's mir irgendwann nachgemacht. Hat ja auch den Vorteil, dass man nicht beschränkt ist auf ein begrenztes Einzugsgebiet, sondern die gesamte Republik bedienen kann.

Früher arbeitete man regional. Heute bin ich um 11 Uhr auf Sylt, um 11:45 in München, um 12 Uhr in Stuttgart und um 13 Uhr in Bielefeld. Um 14 Uhr in Kassel, Currywurst essen, um dann um 16 Uhr in Paris den Chef des DAX30-Konzerns privat krankenzuversichern. Und das alles am TELEFON. Ärzte, Akademiker, selbstständige Unternehmer, höhere Angestellte über der Jahresendgeldgrenze. Unser Klientel arbeitet zehn bis zwölf Stunden am Tag, die wollen nicht um 20 Uhr einen Versicherungsvertreter zu Hause haben. Die wollen einen Profi wie an der Wallstreet am Telefon. Der ruft sie an, der sagt, was Sache ist, sie lassen sich beraten – und dann machen sie's. Kurz, knackig, 20 bis 30 Minuten. Die Leute sind glücklich, die haben keinen Nerv mehr auf Geschwafel. Das sind keine Leute, die 2.000 Euro brutto im Monat verdienen, diese Leute haben Zeit, die anderen nicht. Leitende Angestellte, Unternehmer, die wollen es zackzackzack am Telefon. Göker kommt, Göker berät, Göker schließt ab. Fertig!

Und da haben die Kanaken um ein Mittagessen mit mir gewettet, dass ich in drei Monaten pleite bin. Das schulden die mir heute noch ...Wo sind sie alle, die Besserwisser, die meinten: ›Ja, das geht noch sechs Monate ... noch zwei Monate gut ... blablabla. Ihr könnt mich alle am Arsch lecken!‹ Denen habe ich den Mittelfinger gezeigt. Und dann haben sie über mich gelacht – ich saß bei meiner Freundin anlässlich der Konfirmation ihres kleinen Bruders. Der hat immer *Harry Potter* auf Englisch gelesen. Hab ich mir gedacht: ›Scheiße, ich kann noch nicht einmal heute Harry Potter auf Englisch lesen‹. Ihr kleiner Bruder war damals 13, und ich könnte wetten, er hat irgendwann mal angefangen, *Harry Potter* auf Chinesisch zu lesen – jedenfalls sitze ich neben ihr in der Kirche und da ist etwas passiert. Ich habe mir gesagt: Es ist mir egal, dass sie über mich lachen. Und da ist mir ein Satz eingefallen, der mich von da an begleitet hat: ›Wer heute über mich lacht, über den lache ich morgen!‹ Lass sie lachen, am Ende lache ich. Und so war es jeden Tag. Frag mich mal, wer über mich gelacht hat? Die Antwort: Alle haben gelacht. Der Türke macht sich selbstständig, hahaha.

Ein großer Versicherungskonzern hat am Anfang einer Zusammenarbeit mit mir nicht zugestimmt; ein weiterer hat mich abgelehnt – nur wegen meiner Nationalität, wegen meiner Herkunft. Laut hat das niemand gesagt, aber das war so! Und dann gab es Leute, die mich unterstützt haben. Geld hat mich nie verändert, ich bin immer der Gleiche geblieben. Okay, ich hatte andere Anzüge, andere Autos, aber ich bin nach wie vor in Kassel in die Pizzeria *Piccolo* gefahren, ich bin trotzdem immer mit meinen alten Freunden weggegangen, ich hab trotzdem den Dönerbudenbesitzer besucht und in Fett gebratene, im Ketchup schwimmende Gammlerbrötchen in Helleböhn für 30 Cent gegessen. Ich bin halt mit einem Porsche, einem Ferrari oder einem Rolls-Royce dorthin gefahren. Aber ich konnte mir das auch leisten. Ich habe keine Drogen verkauft, keinen beklaut, keinen bedroht oder umgebracht – ich habe das Geld ehrlich verdient. Jeden Tag, 12 bis 14 Stunden Arbeit. Professionell, kein Alkohol, keine Drogen. Morgens um sieben aufgestanden, 45 Minuten gejoggt durch den Harleshäuser Wald, dann unter die Dusche und ab ins Büro, 12 Stunden durchgezogen. Abends zurück und im Auto klassische Musik gehört (Ich liebe klassische Musik!). Jeden Abend einen Film geschaut: *JFK* mit Kevin Costner, *Rambo, Rocky, Der Pate* oder auch Schnulzen wie *Chocolat* mit Johnny Depp, Kriegsfilme wie *Platoon,* Klassiker aus den Fünfziger- und Sechzigerjahren – ich liebe die komplette Bandbreite. Louis de Funès, Adriano Celentano, Colombo ... dabei konnte ich abschalten. Oder ich hab gelesen. Am liebsten Biografien. Sechs Tage die Woche gearbeitet, aber samstags fing ich erst ab 13 Uhr an, weil die Deutschen bis dahin am Mittagstisch sitzen und nicht gestört werden wollen. Also von 13 bis 17 Uhr gearbeitet. Dann wollen die Deutschen Sportschau gucken – und ich auch! Das habe ich drei Jahre ohne Urlaub so durchgezogen. Und da hatte ich dann die erste Million. Das hat mich gar nicht überrascht, denn sie war eine Folge meiner konsequenten, ordentlichen, fleißigen, disziplinierten Arbeit. Das war im Dezember 2005. Noch mal: Eine Million ist keine Hexerei, eine Million ist die Folge harter Arbeit. Man sagt ja, die erste Million sei die schwierigste – das mag sein, aber noch viel schwieriger ist es, sie zu halten und die zweite zu machen.

Mehmet ist in vielerlei Hinsicht ein wandelndes Lexikon. Sport-Wissen (sehr sehr gut), Fußball-Wissen (beinahe enzyklopädisch!), Film-Wissen (sehr gut! Weniger Arthouse, aber alle Blockbuster, zieht daraus viele Erkenntnisse),

MTV-Wissen (geht so, liebt Klassik und Schlager (!!!), Rock, Pop, Techno, Elektro sind kein Mehmet-Terrain). Buch-Wissen (liest gerne Biografien, da er aus den exemplarischen Lebensgeschichten von Richard Branson, Nelson Mandela, John D. Rockefeller, Dieter Bohlen ... Erkenntnisse zieht), Marken-Wissen (hervorragend, besonders wenn es um die Achtziger und Neunziger geht ...)

Die Versicherer engagierten sich immer mehr. Der Name MEG machte in der Branche die Runde. Ich begann an Bus- und Straßenbahnhaltestellen Werbung zu schalten: »MEG. Es kann nur einen geben«. Es lief alles rund. Eine irre Zeit! Das Geld kam rein, es war genug da.

Das Jahr 2004 beendeten wir mit 16 Mann und einem Umsatz von 1,3 Millionen Euro. Die Stolperfallen, die andere erwähnen – schlechte Beratung, unfähige Steuerberater – alles Bullshit. Ich hab eh alles selbst gemacht. Steuerberater – geh mir weg! Die haben vor mir gezittert. ›Herr Göker, wir wussten das nicht und wir wussten dies nicht‹. Ja, was wissen die denn? Die können eine Pommesbude beraten (nichts gegen Pommesbuden), aber die meisten dieser Herren richten mehr Unheil an, als dass sie Gutes tun. ›Du, Volltrottel, warum wählst du denn diesen Beruf, werd doch Lehrer ...!‹ Oder Rechtsanwälte – ich kenne nur wenige gute, einer davon ist Prof. Dr. Michael Nagel. Die anderen Vertreter dieses Berufsstandes denken zuerst einmal an sich. Sie schützen sich, damit sie aus der Haftung raus sind. Rechtsanwälte sagen: Das ist der Weg! Und wenn sie dann mal Recht haben, klopfen sie sich auf die Schulter und sagen ›Ich bin der Größte!‹ Geht es schief, sagen sie: ›Also, das hab ich noch nie erlebt‹ und tun verwundert. ›Das ist mir noch nie passiert ... also, so einen Richter hab ich noch nie erlebt!‹ Standardsätze dieser Spezies. Wenn sie gewinnen, waren sie es, wenn sie verlieren, dann haben sie so was noch nie erlebt. Ja, danke, aber meine Kohle ist weg. Im Laufe der Zeit habe ich bei MEG etwa zwei Millionen in Rechtsanwälte gesteckt. Hätte ich sie mal schön behalten und zur Seite gelegt, die Kohle. Tolle Beratung. Steuerberater beraten auch in erster Linie nur sich selbst, um mehr einzunehmen und mehr an mir zu verdienen. – Leider brauchte ich Anwälte. Es kamen Drohanrufe, Drohbriefe, ich fand Hakenkreuze in meiner Post zu Hause. Angriffe von den verschiedensten Leuten, denen meine Nase, meine Visage, meine Schnauze nicht gepasst hat. Der Kuchen in einer Branche – egal, ob EDV, Sport, Wirtschaft, Politik – ist immer gleich groß und dann kommt ein Türke und nimmt sich eine Million. Das passt den regionalen Fürsten nicht (überregional spielt 'ne Million keine Rolle). Und dann nimmt er sich drei Millionen und nach zwei Jahren 15 Millionen. Das geht gar nicht. *Impuls* waren immer deutlich größer als die MEG, 50 Millionen Umsatz. Am Anfang haben sie gelacht. Nach sieben Jahren bin ich an ihnen vorbeigezogen und da haben sie geweint. So ist das immer gewesen. Leute, die über mich gelacht haben, hab ich irgendwann mal heulend in der Ecke sitzen sehen. Mich hat mal einer gefragt, ob ich das Wort Nein nicht kenne. Nein, nein kenne ich nicht. Ich habe immer bekommen, was ich wollte. Ich wollte Geld, dann hab ich gearbeitet. Ich wollte ein Auto, ich kaufte es, ich wollte eine größere Villa, beauftrage ich also meinen Makler.

Aber irgendwann hab ich eins bemerkt: Wenn der Chef nicht da ist, tun sich zwei drei aus dem Team zusammen und fangen an ›was zu planen‹. Das ist mir natürlich immer zugetragen worden: Die zwei drei planen was ... Dann sagte ich: »Jungs, alle zusammenkommen, wir sind 16 Mann. Ich möchte eins hier klarstellen. *Hier wird gemacht, was ich sage!* Es ist meine Firma und meine Initialen stehen da drauf.« Das ist natürlich schwer für einen 24-Jährigen, der neu im Business ist, und für den Leute arbeiten, die über 40 sind. »Ich zwinge keinen, hier zu arbeiten. Wer nicht will, der geht! Wir können über alles gemeinsam reden, am Ende entscheide ich.« Damals hatte ich noch einen Partner – Frank –, den ich nach drei vier Monaten dazu geholt habe, weil ich dachte, ich brauche jemanden, der älter ist und Erfahrung hat. Dafür hab ich ihm 50 Prozent an der Firma gegeben. Leider war er mir vertrieblich sehr unterlegen. Der hat geredet, geredet, geredet. Ich habe 100.000 gemacht, er fünf und dann wurde geteilt: 52.500 Euro für jeden. Irgendwann hab ich dann gesagt: Das geht so nicht! Hab die Truppe zusammengetrommelt und gesagt: »Ihr macht euch über mich lustig, weil ich immer den Umsatz mit Frank teilen muss. Wenn diese Firma eine Zukunft haben soll, einen große, dann nur ohne Frank. Ich werde mich morgen von Frank trennen und ihm das mitteilen. Aber er wird seine Anteile *nicht* abgeben. Ich werde morgen die Firma verlassen.« Daraufhin haben alle gesagt: »Das kannst du nicht machen!« – »Doch! Ich werde wieder neu starten ... ich kann mit jemandem, der zum Umsatz unter fünf Prozent beiträgt, nicht weiter zusammenarbeiten.« Wenn er mir lachend erzählt, dass seine Frau aus dem Mallorca-Urlaub angerufen hat und drei Tage länger bleiben will, kostet ja nur schlappe 600 Euro mehr, zahlt ja eh der Göker … DAS GEHT NICHT!

Frank ist ein toller Mensch, und ich habe moralisch viel von ihm gelernt, aber beruflich hat's überhaupt nicht gepasst. Er konnte einfach nicht mit mir mithalten. Wenn das ein Marathon war, dann war ich schon am Ziel und er hatte gerade mal 2.000 Meter zurückgelegt.

Schon vor dem Tag mit den sagenhaften 95.000 hat Frank jeden Monat gut 15 bis 20.000 Euro verdient. Weihnachten stand vor der Tür, ich kaufe Geschenke. Ich selbst will gar keine Geschenke. Freue mich viel mehr über die strahlenden Augen eines Beschenkten als über eigene Geschenke. Was ich will, kauf ich mir eh selbst.

Ich habe eins in meinem Beruf immer richtig gemacht: Ich habe immer zur richtigen Zeit, die Leute ›gekillt‹, die mir im Weg standen. Wenn man das nicht kann, in Politik und Wirtschaft, bist du am falschen Platz. Wenn man nach oben kommen will, muss man seine Ellenbogen einsetzen. Und Frank stand meinem langfristigen Erfolg im Weg, weil er zu schwach war – menschlich und moralisch toll, beruflich schwach.

Samstag, 24. Dezember, kalt, Schnee in Kassel; ich noch mal in der City, kaufe für den Sohn und die Tochter von Frank und für seine Frau Weihnachtsgeschenke. Menschlich, wie gesagt, bewundere ich Frank Weinrich, ein durch und durch guter Mensch. Ich bin bis heute sehr traurig, dass uns beruflich so viel getrennt hat. Denn was er gesagt hat, habe ich in der Praxis gelebt. Er jedoch konnte das nicht umsetzen. Humor, Bildung, ein Mann mit Charme, einfach jemand, mit dem ich gerne zusammen war und Zeit verbracht habe. Aber es ist wie im Fußball. Er konnte perfekt davon sprechen, aber auf dem Platz ging nichts – er spielte Oberliga, ich Champions League. Er konnte nicht mithalten und ich wusste: Ich wollte gewinnen, ich wollte Barcelona schlagen. Und mir wurde klar: Mit ihm würde ich das nicht schaffen! Also musste ich ihn auswechseln. Ich habe ihm einen Backup-Job angeboten, wollte er nicht! War mir vorher klar, wie er reagieren würde. Taktik aufgegangen.

Abends haben wir uns alle bei Patrick Böhme versammelt, und ich habe ihnen meine Strategie dargelegt: »Ich werde morgen Frank Weinrich anbieten, aus der Firma auszusteigen. Das wird er ablehnen. Er wird traurig sein und sagen: ›Nein, Mehmet, bleib doch!‹ Ich werde antworten: ›Nein, ich gehe Frank, ich möchte alleine etwas Neues machen‹. Dann werde ich eine Sitzung einberufen, wo du, Patrick Böhme, du, Björn Kotzan, du, Volker Gerland, Stefan Fischer, Kreso Vidakovic und alle anderen Vertriebler anwesend sein müsst. Ich werde sagen: Ich verlasse die Firma. Frank wird wissen wollen, ob wir uns vorher abgesprochen haben. Das werde ich verneinen, obwohl wir das gerade tun. Jedenfalls müsst ihr dann (wenn ihr das wollt) genau das tun, was ihr gerade eben getan habt. Ihr müsst sagen: ›Wenn du gehst, gehen wir mit!‹ ›Wollt ihr das alle?‹ – ›Jajajajajaja ...!‹ Gut, und dann werde ich Frank anschauen und ihn fragen: ›Wie willst du die 12.000 Euro Fixkosten aufbringen, wenn alle mit mir gehen?‹ Und er wird sagen: ›Wenn das so ist, gehe ich.‹« Am nächsten Tage Konferenz im Glaskasten, so nannten wir den verglasten Konferenzraum. Vierzehn Leute da. »Ich möchte euch mitteilen, dass ich die Firma heute verlasse. Frank Weinrich mag ich, liebe ihn menschlich, aber beruflich passen wir nicht zusammen ...!« Björn steht als Erster auf und sagt: »Der einzige Grund, warum ich hier bin, bist du. Wenn du gehst, gehe ich mit«. Stefan Fischer steht auf, Patrick steht auf, Volker steht auf, Azubi erstes Lehrjahr Arnd Lehmann: »Wenn du gehst ...!« Ich gucke Frank an, musste innerlich schon fast lachen – Regel: Gehe niemals ohne Vorbereitung in ein solches Meeting. Gehe nur in solche Meetings, wenn du den Ausgang kennst. So etwas nennt man Inszenierung und der Einzige im Raum, der von nichts wusste, war der, um den es ging. Hab ich zig Mal in meiner Karriere gehabt und erlebt. Okay, ich hab ja keinen überredet; das kam ja von jedem selbst. Regel: Stell nie eine Frage, deren Antwort du nicht kennst. Mach nie einen Plan, dessen Ausgang du nicht kennst. Wenn ich kämpfe, gewinne ich. Wenn du nicht kämpfen kannst, plane neu und warte solange, bis du kämpfen – und siegen kannst. Das ist ganz wichtig im Business: Kämpfe nur, wenn du weißt, dass du hundertprozentig sicher gewinnst! Wenn du verlieren kannst, kämpfe nicht.

In einem etwa 30-minütigen Vier-Augen-Gespräch haben wir uns dann auf Folgendes geeinigt. Frank verlässt die Firma, gibt mir die Anteile zurück und erhält dafür, als einmalige Abfindung. Er hat unterschrieben, ich habe bezahlt, fertig! Kapitel Frank Weinrich beendet. Es gibt genug Eierlose, die hätten sich darauf eingelassen, degradiert zu werden, vom Kapitän mit fünf Millionen zum Leichtmatrosen mit einer Million, nur um den Job zu behalten. Das war nichts für Frank. Er hatte immer Eier, guter Mann. Aber er hat mir das nie verziehen, nie wieder ein Wort mit mir gewechselt. Ich habe noch Jahre später über unseren EDV-Mann Peter Schmitt, das Gespräch mit ihm gesucht. Ohne Erfolg! Schmitt hat ihm in meinem Auftrag, ein Angebot mit einem Gehalt von 100.000 Euro unterbreitet, denn eines war mir klar: Frank war der geborene Ausbilder. Er kann Leute motivieren, und er ist ethisch-moralisch einfach ein Vorbild für andere Menschen. Aber ich erhielt nie eine Antwort. Frank Weinrich ist ein Mann von Ehre und Stolz. In letzter Konsequenz hat er nicht verstanden, dass es mir nie darum ging, *ihn* zu verletzen, sondern darum *nicht* klein zu bleiben. Wenn er an Risiko gedacht hat, witterte ich Chancen. Das hat uns getrennt. Keine Ahnung, was aus ihm wurde.

Vorwärts ins Jahr 2004, das zweite Jahr von MEG. Wir sind 15, 16 Leute im blauen Gebäude. Wir erhielten immer mehr Aufmerksamkeit. Weil wir bereits der größte Makler in puncto PKV in Kassel waren. 2004 wurden Stefan Fischer und ich zur Weihnachtsfeier eines der Versicherer eingeladen. Man sagte zu mir, wir würden in fünf Jahren zu den fünf größten Versicherungsmaklern in Hessen gehören. In Gedanken antwortete ich: ›In fünf Jahren gehören wir zur Top Three der Versicherungsmakler in Deutschland!‹. Und es kam noch besser: Nach fünf Jahren waren wir die Nummer zwei.

Es ging los mit den Partys. Das Einjährige von MEG im April 2004 haben wir auf dem Dach des *AOK*-Gebäudes gefeiert. Wir haben dort auf dem Parkplatz einen Döner-Stand aufgebaut, Kunden und Freunde eingeladen. Zeitgleich hatte ich Geburtstag und habe mir gesagt. ›Komm, das lassen wir uns mal was kosten!‹ Angesetztes Budget (damals dachte ich noch klein): 1.000 Euro. Am Ende hat es 1.800 Euro gekostet und ich weiß, dass ich schockiert war. 1.800 Euro für eine Firmenfeier? Wahnsinn! (Drei Jahre später hat eine solche Firmenfeier 400.000 Euro gekostet.) Ich habe mich über 1.800 Euro so ernsthaft aufgeregt, dass ich beschloss: Firmenpartys nur noch alle zwei Jahre. An dem Tag dieser Feier bekam ich auch meinen Porsche 911 Cabrio, silber mit roten Sitzen – alle konnten ihn begutachten und mir fielen die ersten neidischen Blicke auf. Bis zum Sommer 2004 steigerten wir den Umsatz auf 1,3 Millionen Euro.

Bei MEG lief also alles prächtig. Wir wurden bekannter, der Umsatz wuchs. Im Sommer 2004 war die MEG-Mannschaft auf 16 Leute angewachsen. Mist, ich hatte einen Drei-Jahres-Vertrag unterschrieben und das blaue AOK-Gebäude war schon wieder voll. Vertriebsarbeit: Ich spreche mit Patrick Böhme, weil der Innendienst immer wieder Rückfragen zu seinen Verträgen hat. Und dann kommt, was immer kommt. Böhme sagt: »Hör mal, ich bin selbstständig, ich mache meine Arbeit so wie ich das für richtig halte.« – »Aha, alles klar. Dann mach mal, danke und raus aus meinem Büro.«

Am Anfang hatten die Außendienstverträge einen Umfang von zwei Seiten, später waren es 13. Warum gibt es Verträge? Ganz einfach – weil es immer welche gibt, die etwas Gutes missbrauchen. Es gäbe keine Todesstrafe oder Lebenslänglich, wenn keiner den anderen töten würde. Aber irgendwann hat's halt einer mal gemacht, Kain z.B., und dann gibt's ein Gesetz. Wenn niemand betrügen würden, könnte man Deals per Handschlag besiegeln. Aber nein, es müssen 13 Seiten werden mit Klauseln und Vertragsstrafen und allem Blödsinn. Je schneller wir wuchsen, je größer wir wurden, desto umfangreicher wurden auch die Verträge.

Sommer 2004. Europameisterschaft. Ich flog das erste Mal nach Dubai. Zehn Tage Urlaub. Das erste Mal im *Burj Al Arab*. Ich war mit dem Zimmer und dem Butler so was von überfordert, dass mir die Tränen kamen. Das Erste, was ich machte, weil ich meine Freude immer teilen will. Ich rief Stefan und Patrick an und sagte: »Ich bin im *Burj Al Arab* – IHR KÖNNT ES EUCH NICHT VORSTELLEN!« Die Reise hatte ich drei Monate im Voraus gebucht, Bertelsmann-Mitglieder kostete das 3.000 Euro für zwei Personen. Ein Schnapper!! Eine Woche, fünf Nächte im *Emirates Tower*, eine im *Burj Al Arab*. Ich war unglaublich geflasht von Dubai und diesem Luxus. In der Minibar im Burj stand eine Dose Cola für sechs Euro. Ich nehme die Dose und sage: »Ich hab noch nie eine Dose Cola für sechs Euro gesehen; die, die ich bei *Rewe* kaufe, kosten 39 Cent. Ich muss wissen, wie 'ne Cola für sechs Euro schmeckt.« Ich öffne die Dose, trinke und, boah ja, schmeckt die gut!!! Völlig anders. Die müssen da Zusatzstoffe reintun.

Ich habe in Dubai das Spiel Deutschland gegen Holland gesehen, 1:1. Da waren sie noch alle in EM-Euphorie. Leider gab es dann Klatschen gegen Rumänien und Litauen (auch ein Unentschieden). Ende vom Lied: Wir sind in der Vorrunde ausgeschieden. Das war das letzte Turnier von Bundestrainer Rudi Völler. Danach übernahm Jürgen Klinsmann. Ribbeck war vor Völler.

Unsere erste Incentive-Reise mit der MEG führte nach Prag. Wir alle ins Hilton. Wie kamen wir dorthin? Im Mai hatte mir Patrick Böhme eine Reise nach Prag ins Hilton zum Geburtstag geschenkt. Damals brauchten wir noch Visa, weil Tschechien noch nicht EU-Mitglied war und das Schengen-Abkommen noch nicht galt. Nur Monate später waren sie Mitglied und Visa waren nicht mehr erforderlich. Jedem, der nach Prag fährt, kann ich einen tollen Club empfehlen, *K5 Relax*. Muss jeder einmal gesehen haben. Diese Tabledance-Bar ist mein Insider-Tipp. Zu der Zeit fand eine Eishockey-WM statt, entsprechend zahlreich waren Eishockeyspieler vertreten. Zudem war das einer der letzten Spieltage der Bundesliga. Es ging um die Meisterschaft. Wir schauten im Hilton das Spiel Bayern München gegen SV Werder Bremen; die Bayern müssen drei Punkte holen. Uli Hoeneß sagt: Wir sind auf jeder Position besser besetzt, aber Werder hat drei Granaten. Torsten Frings im Mittelfeld, Ailton und Miroslav Klose als Stürmer vorne. Ailton macht zwei Buden, Klose eine – Werder gewinnt am 32. Spieltag mit 3:1 in München und wird vorzeitig Deutscher Meister. Beste Saison für die Grün-Weißen – mit 3:2 gewinnen sie gegen Alemania Aachen das DFB-Pokalfinale und holen das Double. Vier Monate später, im September, sind wir wieder in Prag. Meine Mutter ruft an und sagt: »Deine Oma ist schwer gestürzt!« Im Alter von 99 Jahren und zehn Monaten. Ich stehe auf dem Flur und heule, weil es meiner Oma schlecht geht. Aber meine Mutter meint, es gäbe nichts, was man tun kann und man müsse sich auch keine Sorgen machen. Zwei drei Wochen vergehen. Da ruft meine Mutter wieder an und sagt: »Ihr müsst jetzt kommen, eurer Oma geht es nicht gut!« Mein Onkel Abla und ich sind daraufhin nach Izmir geflogen. Gökhan war, soweit ich mich erinnere, auch dabei. Damals habe ich viel Zeit mit meinen Neffen verbracht, da sie alle bei MEG arbeiteten. Vorher hatte jeder seinen Freundeskreis und es gab nicht allzu viele Berührungspunkte. Zuerst kam Gökhan zu MEG und wir wurden beste Freunde, dann kam Cüneyt, dann meine Nichte Berna und schließlich auch meine Schwester – durch MEG rückten wir familiär alle viel näher zusammen. Heute möchte ich dazu noch eines sagen: Ich liebe meine gesamte Familie. Danke.

Wir sind noch im Jahr 2004. Im Dezember habe ich alleine 95.000 Euro netto gemacht, 16.000 Monatsbeiträge, policiert waren 13.600, der Rest kam dann im Januar. Und alles war bezahlt: Miete, Heizung, Datensätze, Innendienst, alles. Und dennoch blieben unterm Strich 95.000 und ein paar Zerquetschte übrig. Da habe ich dann schon ein paar Freudentränen vergossen. Aber mir war bei Weitem nicht klar, was noch alles passieren würde.

Kapitel Sechs

Todesfälle erschüttern die Familie Göker. 2004 ein Schicksalsjahr.

Mein Vater war sehr oft krank. Ich kümmerte mich zeitgleich um die Firma, die Familie und besonders um ihn. Er war inzwischen Rentner. Bereits 2003 hatte ich ein Haus gekauft und jetzt zog die Familie zu mir. Ich werde es nie vergessen: Im Sommer 2003 bin ich zu Banken gegangen und habe gesagt: »Ich hab 100.000 cash, ich brauche einen Kredit.« Eine Bank nach der anderen sagte mir ab, weil ich zu jung sei mit 23 und es die Firma ja erst drei Monate gebe. Meine Einkünfte bei der *DKV* zählten nicht. Machen wir nicht! Aber ich hatte dieses Haus gesehen und wollte es. Und wenn ich etwas will, dann will ich es SOFORT oder gar nicht. Ich konnte nicht warten, bin ausgerastet. Ich gebe nicht auf. Ich will dieses Haus und ich WERDE DIESES HAUS BEKOMMEN. Habe alle Hebel in Bewegung gesetzt. Hab alle, wirklich alle durchtelefoniert. Nichts. Irgendwann rief ich eine letzte Nummer an und sagte: »Ihr habt eine Bausparkasse, du musst mir helfen!« Nach einer Woche kam die Entscheidung, alles klar, die Bausparkasse gibt mir 368.000 Euro dazu. 100.000 hatte ich cash, der Rest war schnell dazuverdient (sparte ich halt ein bisschen, arbeitete ein bisschen mehr) und eine Woche später unterschrieb ich den Kaufvertrag über 500.000 Euro für die Villa. 330 Quadratmeter, 3.000 Quadratmeter Garten, Hallenschwimmbad, Einlieger-Wohnung von 100 Quadratmeter ... Ich wollte unbedingt Vater und Mutter bei mir haben! Ich habe meine Eltern damit überrascht, oder besser: überrumpelt. Sie waren zu der Zeit in der Türkei im Sommerurlaub. Ich rief an und sagte: »Mutter, ich habe ein Haus gekauft. Ihr kommt aus der Mietwohnung in Helleböhn raus, ihr zieht zu mir.« Meine Eltern dachten: Das ist ein Witz. Meine Mutter kam zwei Wochen vor meinem Vater zurück. Ich zeigte ihr das Haus. Sie packte ihre Sachen und zog zu mir. Zwei Wochen später hatte mein Vater – noch in der Türkei – einen leichten Schlaganfall. Er wurde bis nach Çeşme gefahren, von wo aus er nach Italien übersetzte. Das werde ich nie vergessen.

Stefan Fischer ist ohne Zögern mitgekommen, ebenso wie Gökhan Göker und meine damalige Freundin. Wir sind zu viert in meinem 3er Cabrio hin-, und ich bin mit meinem Vater in der C-Klasse zurückgefahren. Meinem Vater ging es verhältnismäßig gut, aber er hätte allein diese 1.000, 1.200 Kilometer nie geschafft. Wir haben ihn in Bari abgeholt. Ganz nebenbei: Die dortige Pizza Schweinfleisch-Salami, war die beste Pizza, die ich je in meinem Leben gegessen habe. Auf dem Rückweg nach Deutschland hielten wir an einer Tankstelle und – ich traute meinen Augen nicht – da gab es Führerwein. Rotwein mit Etiketten, auf denen Adolf Hitlers Konterfei, das Hakenkreuz oder Propaganda-Sprüche (»Ein Reich, ein Volk, ein Führer«) zu sehen waren. Da hab ich gleich drei, vier Flaschen gekauft. Wusste nicht, dass das in Deutschland verboten war, aber die Flaschen haben wir so schnell ausgesoffen, dass die Polizei sie gar nicht erst finden konnte. Ja?! Also bitte, keine falschen Verdächtigungen. Nix Nazi ... aber wo gibt es schon sowas Bekloptes. An einer Tankstelle in Italien Führer-Wein, Duce-Wein, Goebbels-Wein ...

Fragt man mich, was ich wirklich gut kann und wie man das in einem Satz am besten beschreibt, ist die Antwort: Menschen motivieren und Massen bewegen. Genau das kann ich, genau das habe ich gemacht. Mein Job in einem Satz. Sonst kann ich gar nichts. Wenn ich keinen Job gefunden hätte, wo ich meine sprachliche Akrobatik hätte einsetzen können, wäre ich Kellner geworden. Mir ist bewusst, dass das Einzige, was ich kann, ›Verkaufen‹ ist. Außer Verkaufen kann ich gar nix, dafür kann ich das verdammt gut! Sonst hätte ich vielleicht irgendwo den Rasen gemäht.

Ende 2003 verschlechterte sich der Gesundheitszustand meines Vaters. Immer häufiger musste er ins Krankenhaus. Seit dem Tag, an dem er aufgehört hatte zu arbeiten, ging es bergab. Er hatte sein Leben lang gearbeitet, bis er 67 Jahre alt war. Und dann entschloss er sich, den Laden dicht zu machen. Wir hatten eh genug. Finanziell hat es uns an nichts gemangelt. Ich hatte meine Firma, meine Eltern ihre Rente. Sie lebten mietfrei bei mir in der Villa, hatten einen schönen Garten. Ich habe dieses Haus nur für meine Eltern gekauft. Allein hätte ich mir eine Penthouse-Wohnung geholt. Das war mein Traum. Ihr Traum war der Garten. Ich weiß noch, wie wir aus Bari kamen, und ich meinen Vater an der Hand nahm, um ihm das Haus, das Grundstück und den Garten zu zeigen. Seine Klamotten waren schon längst hier. Er fragte mich: »Was ist das?« – Ich: »Das gehört uns. Hab ich gekauft!« – Er: »Wie?« – Ich: »... gekauft!« – Er: »Mit welchem Geld?« – Ich: »100.000 bar, den Rest mit Kredit.« Er: »Wie? Du hast 400.000 Euro Schulden gemacht?« Ich: »Papa, ganz normal, abzahlbar in zehn Jahren.« – Dann sagt mein Vater: »Ja ja, ganz schön hier, und wann können wir zurück nach Helleböhn?« – Ich: »Warum?« – Er: »Ich wohne da schon seit 20 Jahren, lass mich da bleiben!« Mein Vater wollte das Haus nicht! Kein Witz. Und ich: »Papa, ihr wohnt dort nicht mehr auf 67 Quadratmetern. Du und Mutti, Ihr wohnt jetzt hier, gemeinsam mit mir!«

Ich erinnere mich an einen Vorfall in den folgenden Wochen. Da klopft es laut an der Tür. Meine Eltern waren zur Erholung wieder zurück in die Türkei geflogen. Die Villa lag am Glockenblumenweg in Kassel-Harleshausen. Ein Privatweg mit Zugang zu sechs Villen. Das Haus, das ich gekauft hatte, war 1979 von dem Vorbesitzer gebaut worden, war also so alt wie ich. Der Mann war 85, seine Frau war verstorben, für ihn war das zu groß geworden. Als ich es erwarb, war das Objekt in gutem Zustand: drei Stockwerke, mehrere Schlafzimmer, eins davon mit großer Terrasse, Fußbodenheizung, ein alter Flügel ... Ich ließ Granitfußböden verlegen, in Schwarz und in Weiß, sah echt gut aus. Möbel von der deutschen Firma *Interlübke*. Alles vom Feinsten. Beige Couchgarnitur – mir war nichts zu teuer.

Es klopft also an die Haustür, Ich öffne:

»Ja, bitte?«

»Junge, das Schwimmbad ist zu laut ... Sind denn deine Eltern da?«

»Warum das?«

»Ja, ich will mal deine Eltern sprechen?«

»Die sind nicht da, die sind im Urlaub! Denen gehört das Haus ja auch gar nicht.«

»Ja, und wem gehört denn dann das Haus?«

»Mir!«

»Ach so ... aha!?«

Dann fiel diesem 85-jährigen Herrn das Gesicht runter. Ich denke, der kam, weil er der Einzige war, der noch nicht im Rollstuhl saß. Aber ich drosselte als guter Nachbar die Lüftung, denn die ist bei einem Hallenschwimmbad draußen angebracht und wirklich ziemlich laut. Da ich im oberen Stockwerk schlief, ist mir das gar nicht aufgefallen, aber die alten Nachbarn, die weit weg auf dem angrenzenden Grundstück lebten, einem großen weitläufigen Grundstück wohl gemerkt, die haben das natürlich gehört.

Es dauerte nicht lange und die ersten Gerüchte kamen auf. Die Frage, die sie umtrieb: Wie kann sich dieser junge Türke ein solches Haus leisten? Dann hörte ich, dass einige Leute erzählt hätten, ich würde am Wochenende in Diskotheken Drogen verkaufen. Im ersten Moment überlegte ich, ob ich diese Schwätzer wegen Verleumdung anzeigen soll. Aber nachdem der erste Ärger verraucht war, entschied ich mich dagegen. Ich verdiente bis 3.000 Euro am Tag. Diese Menschen anzuzeigen – dabei wäre ein halber Tag draufgegangen. Lass die Leute labern, dachte ich, ich kann nicht wegen Vollidioten meine Zeit verschwenden. Ich wusste ja, dass es nicht so ist und habe ganz normal weitergearbeitet.

Die erste Nacht in diesem Haus, im Juli 2003, werde ich nie vergessen. Mein Traum begann. Ich war mittendrin. Der Traum eines Menschen, der vom Tellerwäscher zum Millionär aufsteigt. Die Tellerwäscher-Nummer hab ich – bis aufs Kellnern – übersprungen. In dieser Nacht empfand ich das unfassbarste Glücksgefühl. Wenn ich mich heute daran zurückerinnere, kommen mir die Tränen. Erster Abend. Ich war in der

Küche, nahm mir eine Scheibe Brot aus dem Brotkasten, schmierte mir ein bisschen Butter drauf, Wurst und Käse draufgelegt. Stand am Küchenfenster und habe in dieses belegte Brot gebissen. Gucke aus dem Fenster, es war 20 Uhr 30, 21 Uhr, Sommer, noch hell. Und da war's – dieses unbeschreibliche Gefühl von Glück, das mich durchströmte. Ich dachte: Hier stehst du, mit 23 Jahren, in deiner eigenen Küche, beißt in ein belegtes Brot und schaust aus dem Küchenfenster in den Garten. Es war still und ich war von diesem Gefühl ganz erfüllt: ›Das hast du alles selbst erreicht!‹ Was für eine innere Zufriedenheit, es war unglaublich. In dieser Nacht habe ich geschlafen wie ein Baby.

Es gab nur ein Gefühl auf dieser Welt, das das getoppt hat. Das war das unglaublichste Gefühl meines Lebens. Ich hatte es nur einmal, niemals zuvor und niemals danach. Ich war 18 Jahre alt und ich war mit Stefan Fischer unterwegs. Ein heißer Sommertag im August 1997. Wir sind zu einem Ereignis gefahren, es war auf einem Platz in Kassel. Und es ist etwas passiert, was ich an diesem Tag erlebt habe. So zum ersten Mal in dieser Form. Ich habe etwas gesehen. Und als das passiert ist, was ich gesehen habe, stieg ein Glücksgefühl in mir auf, wie es vielleicht werdende Mütter erleben, wenn sich das Baby im Bauch bewegt, so ein Gefühl der Freude. So ein Hormonausschuss. Kein Orgasmus gab mir jemals dieses Gefühl, das ich in diesem Augenblick fühlte. Es war UNBESCHREIBLICH – und nicht in Worte zu fassen. Ich versuche immer wieder, dieses Gefühl abzurufen, indem ich dieses Ereignis jedes Wochenende wiederholte. Ich hab's nie selbst gemacht, nein, ich hab's selbst gemacht, aber es gab mir nicht so viel. Wenn ich zugesehen habe, war's unglaublich. Nicht, dass da jemand auf falsche Gedanken kommt. Das hat nichts mit Sex oder perversen Dingen zu tun. Ich habe auch nicht anderen beim Geschlechtsverkehr zugesehen, es war nichts dergleichen. Es war etwas, was jeder Mensch anschauen kann. Aber an diesem Tag kam etwas hinzu, was die Besonderheit ausmachte – ich habe oft versucht, das Gefühl wieder abzurufen und es war auch immer wieder schön, aber so wie beim ersten Mal war es nie wieder. Und jedem erzähle ich diese Geschichte und keiner weiß, um was es geht. Ich werde niemals einem Menschen verraten, was in diesem Augenblick passiert ist und dieses schiere Glücksgefühl in mir auslöste. Vielleicht irgendwann einmal, wenn ich auf dem Sterbebett liege? Bis dahin bleibt das mein Geheimnis: der schönste Augenblick meines Lebens.

Dann kam die Nacht des 10. April 2004. Einen Tag vorher war mein Vater in Kassel ins Kurkrankenhaus in Bad Wildungen, etwa 50 Kilometer von Kassel verlegt worden. Um sieben Uhr morgens klingelt das Telefon. Ich nehme ab. Meine Schwester ist dran, vollkommen aufgelöst. Ich hatte bei meiner Mutter im Schlafzimmer geschlafen. Abla sagt: »Kommt sofort hierher ... Papas Herz schlägt nicht mehr!« In dem Augenblick realisiert man es noch nicht. »Los, Mutter, wir fahren ...« Wir also nach Bad Wildungen gerast. Abla war die Nacht über bei ihm geblieben. Ich hatte keine Orientierung und bin deswegen erst einmal 20 Kilometer in die falsche Richtung gefahren. Hab die Polizei auf einer Raststätte gefragt, wo es nach Bad Wildungen geht. Musste umdrehen. Für eine Strecke von 45 Minuten brauchte ich anderthalb Stunden. Irgendwann um halb neun kamen wir endlich an. »Mein Vater ... wo liegt er?« – Und jetzt kommen so Dinge, die man sein Leben lang nicht mehr vergisst. Wir gehen runter, einen langen Gang entlang, ein Arzt kommt auf uns zu ... um die 60, weiße Haare. Und ich frage diesen Arzt: »Wir suchen meinen Vater, Asim Göker?« Da guckt der Arzt mich an und sagt: »Ihr Vater ist leider verstorben und er liegt hinten rechts!« Man hört die Worte, aber man realisiert es noch immer nicht. Du gehst diesen Flur entlang, biegst rechts ab, nach fünf Metern links und da stand dann ein Bett in einem riesigen Raum. In dem Bett lag mein Vater; meine Schwester daneben in Tränen aufgelöst. Niemand sonst da. Papas Gesicht war mit einer weißen Mullbinde umwickelt, wenn die Totenstarre einsetzt, kann der Mund nicht mehr geschlossen werden. Die Muskeln funktionieren ja nicht mehr. Die Augen waren geschlossen und an der Seite leicht geklebt, damit sie nicht aufgehen. Diese Dinge vergisst man nicht mehr. In dem Augenblick, wo man das sieht, ist einfach alles vorbei, ALLES. Dieses Gefühl – das Schlimmste, was ich bis heute mit meinen 35 Jahren erlebt habe – kann ich nicht beschreiben. Leere, Stillstand. Man möchte in diesem Augenblick sterben, hat keine Lust mehr weiterzuleben. Alles ist wund, alles ist durch, alles ist egal. Du weinst und weinst und weinst. Man denkt immer: Wie kann man nur einen Leichnam anfassen? Aber in diesem Moment denkst du nicht mehr daran. Ich habe meinen Vater umarmt. Eine meine frühesten Kindheitserinnerungen ist, wie mir mein Vater mit seiner Hand den Nacken streichelt. Ich habe seine tote Hand genommen und sie in meinen Nacken gelegt. Man lässt einfach nicht mehr los. Und meine Mutter – komplett aufgelöst. Sie hat es am härtesten getroffen. Wenn du 46 Jahre glücklich verheiratet bist und dich nur zweimal in dieser Zeit gestritten hast, dann zerfetzt dich so etwas. Sie hat Beruhigungsmittel bekommen. Meine Schwester und ich waren nur am Weinen. Kurze Zeit später traf mein Bruder ein, der war auch vollkommen fertig. Und nach und nach war die ganze Familie da. Irgendwann waren 30 Leute in dem Raum, und ich bin sehr aggressiv geworden. Ich weiß noch, dass meine Schwester, mein Bruder und ich am Bett knieten. Einige standen herum und unterhielten sich. Das hat mich unendlich wütend gemacht. »Geht aus diesem Raum. Mein Vater ist gestorben, ohne ihn wären wir gar nicht hier, kniet jetzt nieder oder verlasst den Raum!«, so etwa habe ich empfunden und wohl auch gesagt. Ich war mit der Situation komplett überfordert und weil ich mit ihr nicht klarkam, wurde ich aggressiv. Ich habe ja erwähnt, dass mein Vater immer gesagt hat: »Ich bin nicht dein Freund, ich bin dein Vater.« Aber es war eine *unglaubliche* Liebe. Immer alles von ihm bekommen. Niemals eine Ohrfeige. Er war extrem liebevoll, extrem moralisch. Er schenkte mir mit 15, als ich sitzen geblieben war, einen Fußball: »Hier, du Vollidiot, geh trainieren, aus dir wird ja sowieso nix!«

Als ich mit zwölf Jahren das Wohnzimmer mit Feuerwerkskörpern in Brand gesetzt habe, kommt er nach Hause, sieht das Malheur und erzählt mir eine Geschichte: »Ein Junge soll vom Fluss Wasser holen, das ist eine von den Nasreddin Hoca-Geschichten *[Nasreddin Hoca ist der Name des prominentesten Protagonisten humoristischer Geschichten im gesamten türkisch-islamisch beeinflussten Raum vom Balkan bis zu den Turkvölkern Zentralasiens.]*. Bevor der Junge losgeht, bekommt er von dem Hoca eine Ohrfeige. Er fragt, warum er geohrfeigt worden ist. Der Hoca: ›Weil du auf diese Weise, den Krug nicht zerbrichst. Die Ohrfeige würdest du bekommen, wenn der Krug zerbricht. Das erinnert dich daran und der Krug bleibt heile‹«. Mein Vater sagte: »Du hast keine Ohrfeige von mir bekommen, deswegen ist der Krug zerbrochen bzw. das Wohnzimmer abgebrannt.« Als es anfing zu brennen, bekam ich es mit der Angst und wollte das Feuer löschen. Ich holte den Staubsauger und das Ergebnis war: Die Couch brannte, der Teppichboden und jetzt dann auch noch der Staubsauger. Ich rief in meiner Not meine Schwester an: »Wo ist Mutti?« – Sie: »Auf dem Weg nach Hause!« Ich renne in mein Zimmer, schließe mich ein und denke: ›Ich bin bald tot!‹ Und kurz darauf höre ich den Entsetzensschrei meiner Mutter. Sie trommelt an meine Tür. »Mach die Tür auf, ich bring dich um ... mach die Tür auf!« Ich:

»Nein, niemals, ich akzeptiere jede Strafe, aber nicht töten, nicht töten!!« – »Du kommst jetzt sofort raus!« – »Nein, nicht töten …!« – Sie: »Zur Strafe wirst du heute duschen!« Oh, Mann, denke ich, da bist du ja wieder glimpflich davon gekommen. Meine Mutter hat alles gelöscht und am nächsten Tag erzählte mir mein Vater dann die Geschichte mit der Ohrfeige und dem Wasserkrug. Und bevor wir an der traurigen Stelle weitermachen, noch eine moralische Geschichte. Mein Vater: »Hör mal, Junge, du musst immer deinen eigenen Weg gehen – egal, was andere sagen, egal, was man von dir erwartet. Sobald du auf andere hörst, gibst du die Entscheidungsgewalt ab. Du kannst dir ruhig anhören, was andere dir sagen, aber letztlich entscheiden musst du selbst. Wenn du die Entscheidung abgibst, wirst du auch immer im Leben Entschuldigungen dafür finden, dass du versagt hast. Man kann versagen, aber schieb das dann nie auf andere …« Die Geschichte dazu: Ein Junge geht mit seinem Vater durch die Wüste. Es ist sehr heiß. Sie haben ein Kamel, auf dem der Vater sitzt. Kommt ein Mann vorbei und sagt: ›Schau dir das an, der Alte auf dem Kamel und der arme kleine Junge muss nebenherlaufen. Was für eine Quälerei‹. Daraufhin steigt der Vater ab und setzt den Jungen aufs Kamel. Kommt der Nächste vorbei und sagt: ›Schau dir das an, der junge Bub auf dem Kamel und der arme Alte muss zu Fuß nebenher gehen!‹ Okay, denkt der Vater, der Mann hat recht und setzt sich mit aufs Kamel. Kommt ein dritter Mann vorbei und sagt: ›Schau dir das an, solche Tierquäler. 40 Grad und sie beide auf dem armen Kamel!‹ Denkt der Vater: Er hat recht und beide steigen ab. Kommt der vierte Mann und sagt: ›Schau dir diese Vollidioten an, sie laufen bei 40 Grad neben dem Kamel her‹. Fazit: Du wirst es niemals allen recht machen, deshalb musst du deine eigenen Entscheidungen fällen und dann auch dazu stehen! Das zweite, was er mir mit auf den Weg gegeben hat: ›Gib nie mehr Geld aus, als du hast!‹ Hab ich immer befolgt. Na ja, nicht immer, aber wenn ich das nicht befolgt habe, dann nur, wenn viel Geld im Umlauf war. Auch dazu gab es eine Geschichte: Ein Junge kommt vom Basar nach Hause und sagt: »Papa, ich kann ganz günstig ein Kamel kaufen, kostet nur ein Dinar!« – »Nein«, sagt der Vater, »geht nicht, das Geld haben wir nicht«. Ein Jahr später kommt der Junge wieder vom Bazar und sagt: »Das Kamel kostet jetzt 1.000 Dinar«. Sagt der Vater: »Kauf zehn Kamele!« Egal, wie hoch oder niedrig der Preis ist. Man muss das Geld haben, wenn man etwas kaufen will. Das waren die ersten unternehmerischen Leitsätze, die ich verinnerlicht habe.

Exkurs Ende, zurück ins Jahr 2004, Zoom auf das Krankenhaus in Bad Wildungen, wo wir alle versammelt in diesem Raum mit meinem toten Vater sind. Alle am Boden zerstört, am Weinen, fertig ... Mein Vater hatte schon 25 Jahre vorher seine Grabstätte gekauft, in seinem Geburtsort Cirpi, wo ich später auch mal beerdigt werden möchte. Da liegt sein Vater, Mehmet Göker, und dessen Frau Ayse. Die beiden kannte ich nicht gut, über sie kann ich nicht viel sagen. Aber als ich elf Jahre alt war, habe ich mit einer Sony-Kamera gefilmt, wie Opa ein Schaf geschächtet hat. Dabei wird dem Tier der Hals durchgeschnitten, das Ding hat wie wild gezappelt, aber komischerweise hatte ich gar keinen Schiss. An eine Begebenheit erinnere ich mich: Wir kommen nach Cirpi, und er sitzt mit angewinkelten Armen auf einem Holzstuhl, regungslos, allein, ohne etwas zu tun. Das hat mich sehr traurig gemacht. Er war sehr allein, seine Frau war 1985 gestorben. Ich habe meinen Vater gefragt, warum wir Opa nicht einfach mit nach Deutschland nehmen und er hat mir gesagt, dass Opa nie hier weg wolle. In der Türkei gab es damals keine Pflege, deswegen haben sich die Töchter und mein Vater um Opa gekümmert, ihn gebadet, gepflegt, verköstigt ... Papa hatte drei ältere Schwestern, die inzwischen alle gestorben sind. Meine Mutter hat fünf Geschwister, von denen auch drei verstorben sind – eine Schwester an Krebs, ein Bruder, der in Ulm lebte, an Lungenkrebs, der andere Bruder wurde umgebracht. Von den neun Tanten und Onkeln leben noch zwei, meine Mutter und ein Onkel. Den nennen wir in der Familie nur MacGyver, weil der auch aus einer Streichholzschachtel eine Atombombe bauen kann.

Kommen wir zurück auf den 10. April 2004. Mir wurde dann plötzlich bewusst: Ab jetzt bist du das Oberhaupt der Familie. Ich wusste: Jetzt musst du dich kümmern. Damals in dem Moment allerdings, wollte ich nicht mehr weiterleben. Mein Vater hat mir so unendlich viel bedeutet. Alles, was ich beruflich kann, habe ich von ihm gelernt. ALLES. Er hatte mir alles beigebracht, alle Regeln. Bis ich 14 war, musste ich immer um 20 Uhr zu Hause sein. Auch im Sommer, wenn es bis 22 Uhr hell war, musste ich um acht zu Hause sein. Es gab keine Diskussion. Mit 16 durfte ich draußen bleiben, bis die Laternen angingen, also im Sommer etwa bis zehn Uhr abends. Mit 17 wieder ein bisschen länger und als ich 18 wurde, nahm mich mein Vater zur Seite und sagte: »Du bist jetzt volljährig, auch vor dem Gesetz nun bist du selbst für dein Leben verantwortlich bist. Du kannst entscheiden, wann du nach Hause kommst, du kannst Alkohol trinken. Aber denk dran: Wir sind keine Deutschen! Du bleibst mein Sohn und machst das, was ich dir sage.« Ich: »Kann ich mir jetzt die Haare blond färben?« Er: »Du kannst deine Sachen packen, wenn du das machst. Es liegt jetzt bei dir«. Ich: »Okay, dann nicht!« Einmal hatte ich 5.000 Mark Schulden bei meiner Schwester. Ich ging zu ihm und er sagte: »Dieses eine Mal schenke ich dir die 5.000, aber mach nie wieder Schulden.« Einmal, ich war 19, ging ich zusammen mit Stefan Fischer zu meinem Vater in den Laden, weil ich Geld brauchte. Ich hatte vergessen, die blauen Kontaktlinsen rauszunehmen. Mein Vater sah mich an und sagte: »Esekoglu Esek!« (»Sohn eines Esels«) Und tschüss! Stefan: »Was ist jetzt mit dem Geld?« Ich: »Das wird heute nichts!« Als ich mit neun Jahren am 8.8. 1988 in Izmir beschnitten wurde, sackte er das Geld, das man dann üblicherweise bekommt, ein mit der Bemerkung: »Junge, das reicht noch nicht einmal, um das Fest zu bezahlen!« Das Einzige, was ich behalten durfte, war ein 100-Dollar-Schein von dem reichen Pierre-Cardin-Onkel aus Paris, der später ermordet wurde. Das und 1000 weitere Erlebnisse mit meinem Vater gingen mir durch den Kopf. In diesem Augenblick auf Knien vor dem Bett meines toten Vaters wollte ich nicht mehr. Aber dann sah ich meine Mutter und der ging es noch beschissener. All meine Freunde die meinen Vater auch gekannt hatten, kamen später zu uns nach Hause und trauerten mit. Der 10. April 2004 war der Ostersamstag. Die Straßen waren leer. Ich ging mit meinen Freunden in den Gyros-Laden. Weinte, hörte auf zu weinen, fing wieder an zu weinen ... Sie haben mich nicht alleine gelassen.

Mein Vater hat immer alles geplant, nicht nur die Grabstätte gekauft für sich und seine Frau, nein, er hat auch jeden Monat 100 Euro in einen Bestattungsfond eingezahlt, Geld, mit dem man die Überführung in die Türkei bezahlen kann. Darum musste ich mich jetzt kümmern. Man hat eine Telefonnummer, die man 24 Stunden erreichen kann. Ich rief dort an und fragte, was ich nun tun müsse. »Sie müssen sich um nichts kümmern, sagen sie uns nur die Adresse des Krankenhauses. Wir holen ihn ab, alle Kosten sind gedeckt. Wir bestimmen einen Flug – wohin geht es in der Türkei? Izmir! Okay – und von dort? Cipri ... Okay!« Mein Vater wurde von Izmir in einem Leichenwagen bis Cipri gefahren. Alles war bezahlt. Der Familie entstanden keine Kosten. Ich buchte für die ganze Familie und einige Freunde und meine Freundin Flüge. Wir sind schon am nächsten Tag in die Türkei geflogen, und ich war auch froh wegzukommen. Nach Bad Wildungen wollte ich NIE WIEDER gehen. Ich sagte später sogar ein Fußballspiel, das ich pfeifen sollte, ab, weil ich diesen Ort nie wieder betreten wollte. Das ist ein No-Go-Ort für mich. Ich hatte die ersten Wochen und Monate Angst, Angst von ihm zu träumen. Angst, ihn im Traum tot zu sehen. Zum Glück ist nichts dergleichen passiert und als ich dann später mal von ihm träumte, waren das glückliche und friedliche Träume. Man ist mit manchen Situationen am Anfang wirklich überfordert.

Mehmets Stimme wird brüchig, tränenerstickt. Die Woge der Erinnerung ist gerade über ihm zusammengeschlagen, gerade ist alles wieder da und alles wieder schmerzhaft.

Am nächsten Tag kam der Leichnam in der Türkei an und wurde nach Cipri überführt. Ich war immer noch sehr aggressiv. Ich hab mich um den Grabstein gekümmert, bin zu einem Steinmetz und bestellte dann einen Marmorstein – sehr schön. Die Grabsteine kann man aber erst aufstellen, wenn zwei drei Monate vergangen sind. Denn die Erde setzt sich erst noch und wenn man den Stein früher platzieren wollte, sackt er ein. Die Beerdigung meines Vaters war für mich die erste Beerdigung in der Türkei. Sie fand am 12. oder 13. April statt, ich weiß es nicht mehr genau. Nach islamischem Brauch wird die Leiche nicht in einem Sarg beerdigt, sondern nackt in ein weißes Tuch gehüllt. Vorher, noch im Haus meiner Tante, ist der Hodscha gekommen, um das Totengebet zu lesen.

[Ein Hodscha ist ein Lehrer, speziell ein islamischer Religionsgelehrter. (...) Hodschas brauchen keine spezielle Ausbildung, auch wenn viele heute einen akademischen Abschluss besitzen. Voraussetzung ist die Beherrschung der Gebete in arabischer Sprache und die Fähigkeit, Betende anzuleiten. In den Moscheen leiten sie das Gebet, halten die Freitagspredigt und lehren den Koran.]

Männer und Frauen trauern getrennt. Der deutsche Brauch, sich zum Leichenschmaus zusammenzusetzen, ist für mich schwer nachvollziehbar. Ich hab doch keine Lust, nach der Beerdigung meines Vaters mit Leuten Kaffee zu trinken und Kuchen zu essen. Dafür hätte ich nie Nerven gehabt. Es war ein warmer Tag, 26, 27 Grad. Nach islamischem Brauch tragen die Männer den Sarg von dem Stein, auf dem er aufgebahrt wird, bis zum Grab und wechseln dabei immer die Position, von vorne nach hinten. Ich habe mich geweigert und bin immer vorne geblieben, die anderen haben gewechselt. Zehn links, zehn rechts. Am Grab wird der Leichnam aus dem Sarg gehoben. Ich nahm den Kopf meines Vaters und als ich mich bückte, roch ich es – diesen Leichengeruch. Für diesen Geruch gibt es keine Beschreibung, nicht ekelhaft oder abstoßend, aber auch nicht angenehm. Ein wenig süßlich. Um mich gebührend von meinem Vater zu verabschieden, trug ich einen schwarzen Anzug, weißes Hemd, schwarze Krawatte und schwarze Schuhe. Da stand ich dann in dieser Montur in dem 1,60 Meter tiefen Loch. Zwei andere Männer stiegen zu mir herunter, weil ich das mit dem Leichnam, der unten seitlich gelegt wird, nicht kannte. Ich nahm dann die Schaufel und begann das Grab zuzuschütten. Es hatte vorher geregnet, alles war matschig, und ich lag mit meinem schwarzen Anzug komplett im Dreck. Mir war alles scheißegal, wollte die Schaufel gar nicht mehr loslassen, blieb noch eine Stunde am Grab, als alle schon fort waren, war wie in einer anderen Welt und wollte mit meinem Vater alleine sein. Meiner Mutter ging es sehr schlecht, aber der türkische Arzt wollte ihr kein Beruhigungsmittel geben, er sagte: »Das ist zwar schmerzhaft, aber das gehört zum Leben dazu.« Also keine Medikamente. Und auf dem Rückweg habe ich dann meinen Bruder und meine Schwester beiseite genommen und gesagt: »Dieser Mann hat uns alles im Leben gegeben, ich hatte die beste Kindheit, die man haben konnte …«

Mehmets Stimme bricht erneut. Er muss eine kleine Pause einlegen. Nur schwer kann er die Tränen zurückhalten.

– und deswegen möchte ich nichts von seinem Erbe haben. Seid ihr damit einverstanden, dass wir alles Mama schenken?! Ich kann mir überhaupt nicht vorstellen, wie man mit Genuss das Erbe ausgeben kann, wo der Preis dafür doch der Tod der Eltern ist. Ich kriege etwas dafür, dass die Menschen, die ich am meisten liebe, tot sind? Das kann ich mit meiner Moral nicht vereinbaren. Und meine Geschwister haben sofort zugestimmt. Ein zwei Tage nach der Beerdigung sind wir zum Notar und haben unterschrieben, dass alles, was uns zustünde, meiner Mutter gehört … Ich hätte mir nie etwas mit Spaß kaufen können von einem Geld, das ich nur bekommen habe, weil mein Vater gestorben ist. Das käme mir gar nicht in den Sinn. Außerdem war er ja auch lange genug für uns da und irgendwann ist jeder für sein Leben selbst verantwortlich. Ich war 24 Jahre alt. Zum Glück war er bis dahin für mich da. Ich habe ihn auch gebraucht, bis dahin. Mit 20, 22 ist man als Junge noch ein Kind. Das begreift man nicht, wenn man so alt ist, erst später wird einem bewusst, wie kindlich (nicht kindisch) man oft noch reagiert. Manche werden erst mit 40 erwachsen, manche nie, bei mir kam das so mit 22, 23. Mit der Selbstständigkeit. Und dann wird man (ähnlich wie in der Tierwelt, wenn die Jungen sich von den Alten abnabeln), einfach selbstständiger. Das hat nichts mit Liebe zu tun, die ist ja trotzdem da, aber man kommt in sein eigenes Leben hinein. Verliert man ein Elternteil zu einem früheren Zeitpunkt, dann wird es wirklich extrem schwer. Meine Mutter wäre ja mal fast gestorben, aber ich habe das zu der Zeit – ich war fünf oder sechs Jahre alt – gar nicht realisiert. Ein Sonntag im Sommer, 25 Grad ... meine Mutter ist auf gerader Strecke an einem Waldstück bei der Documenta Urbana von der Straße abgekommen. Mit einem Opel Senator. Mein Vater ist danach, wegen der Sicherheit, auf Mercedes umgestiegen. Am nächsten Tag stand es auf der Titelseite: ›Frau überlebt schwersten Verkehrsunfall‹. Meine Mutter hatte wenig Fahrpraxis und ist danach nie wieder Auto gefahren. Mit 50 km/h ist sie auf einen Baum geprallt. Sie war zum Glück angeschnallt, hatte zahlreiche Blutergüsse. Der Baum hat die gesamte Motorhaube eingedrückt. Die Nase meiner Mutter war zwei geteilt, musste komplett genäht werden. Sie lag mehrere Tage auf der Intensivstation. Ich war im Krankenhaus, Schwester heult, Bruder heult ..., aber an mir ist das vorübergegangen. Am nächsten Tag – es war im August 1986, ich war in der dritten Klasse – hat meine Klassenlehrerin Frau Schulte mich beiseite genommen und da wurde mir die Tragweite der Angelegenheit erst bewusst. Sonntags hat Papa immer gekocht und immer gab es halbes Hähnchen Pommes und zum Nachtisch Milchreis – für mich *Müller Milchreis*, für die anderen den selbst gemachten meines Vaters, den ich scheußlich fand. Gab immer Streit deswegen. »Wie kannst du nur diesen *Müller Milchreis* ...?« – »Lass mich nur in Ruhe mit deinem Milchreis, den kann man doch nicht essen!« Vater holte mich vom Training ab, sonntags war Fußballspielen angesagt, und danach ging es in die Klinik. Wie ein Wunder hat meine Mutter diesen Unfall überlebt. Blessuren ja, Blutergüsse ja, jede Menge, aber nichts gebrochen, keine Organe ernsthaft verletzt.

Durch die Verletzungen, die sie davongetragen hat, hatte meine Mutter fortan ab und zu mit Migräne zu tun.

Ich bin noch eine Woche in der Türkei geblieben, mit meiner Mutter. Dann sind wir zurück. MEG gab es ja schon und die Arbeit rief. In der Familie gab es viele junge Leute und ich habe gesagt: »Aus Respekt vor meinem Vater wird in den nächsten vier Wochen niemand Alkohol trinken oder ausgehen. Wenn ich einen sehe, der das macht, gehört er nicht mehr zur Familie.« Ich habe vier Wochen gebraucht, um halbwegs wieder in Tritt zu kommen. Ich sagte mir: »Du musst jetzt wieder in die Firma, arbeiten, dich um deine Familie und das Geschäft kümmern. DU MUSST JETZT WEITERLEBEN!« An einem Montag bin ich wieder in die Firma, hab versucht, das Erlebnis komplett auszublenden. Kommt ja eh immer wieder. Man sieht einen Film und weint; man hört einen bestimmten Song und weint. Man erinnert sich und weint. Aber ich konnte wieder arbeiten. Aus Respekt habe ich geschworen, dass ich jedes Jahr am 10. April an seinem Grab sein werde. In diesem Jahr war der zehnte Todestag und wie immer stand ich an seinem Grab, mit meiner Mutter – und hinterher sind wir essen gegangen. An seinem Geburtstag gehen wir auch immer an sein Grab – es heißt ja: Solange sich einer an dich erinnert, bist du nicht tot. Die Besuche auf dem Friedhof tun uns gut. Wir lächeln, wenn wir dorthin gehen, denn wir fühlen uns ihm nah. Für mich ist er nicht gestorben. Er lebt in uns weiter – und so habe ich das auch immer anderen gegenüber kommuniziert. Durch das, was wir tun, wie wir leben, was wir sagen, ist er immer noch anwesend. Wenn ich an seinem Grab stehe, dann rede ich mit ihm (und nicht nur dann). Ich kann ihm alles erzählen – von der Geschäftsentwicklung, von dem Mist, den ich wieder einmal gebaut habe. Ich sage ihm, worauf er stolz sein kann, wofür ich getadelt würde (es wären mehr Tadel als Lob) ... habe bedauert, dass er nicht mehr da ist und trotzdem ist er noch immer präsent. So nimmt das Leben seinen Lauf. Jetzt werde ich bald selbst Vater und es tut mir leid, dass der Kleine meinen Vater nicht kennenlernen wird. Es wird ihm gehen wie mir: Wenn ich mit meinem Vater am Grab seines Vaters stand, habe ich nichts empfunden. Hatte meinen Opa ja nur wenige Male gesehen. Fotos und Geschichten können nicht den Menschen und die Gefühle, die man für ihn hegt, ersetzen. Einmal bin ich als Junge gefallen, hab mir das Knie aufgeschlagen. Mein Vater schaut sich die Wunde an und sagt. »Selbst schuld, du

Trottel, wärst du mal richtig gelaufen ...«. Zehn Minuten später schlage ich mir das andere Knie auf und renn damit zu meiner Mutter. Die Reaktion meines Vaters kannte ich ja schon. Es mag für andere schwer nachvollziehbar sein, aber es war Liebe. Bei der Geburt meines Bruders war mein Vater 25, bei der meiner Schwester 28 – und zu jener Zeit ist ihm noch öfter die Hand ausgerutscht, bei mir nie. Er sagte: »Damals war ich selbst noch ein Kind, ich bin erst Ü30 ein Mann geworden.« Und dieser Mann schlägt mich nicht mal, als ich mit 14 besoffen nach Hause komme, sieht er mich an. Am Folgetag sagt er: »Wieviel hast du getrunken?« Darauf ich: »Woher hast du das gewusst?« Er daraufhin: »Ich wusste es.« Daraufhin fing er an zu weinen, was in mir einen unglaublichen Schmerz auslöste. Seine Worte waren: »Das ist nicht dein Versagen als Sohn, sondern mein Versagen als Vater.« Anfangs dachten die Leute immer, meine Schwester sei meine Mutter und mein großer Bruder mein Vater. Ich war ein Nachzügler, das Nesthäkchen.

Durch einen Autounfall in Jugoslawien hatte mein Vater ein kaputtes Knie, das linke. Das linke Bein lag immer auf dem Tisch, fand ich zwar nicht schön, aber ging nicht anders, wenn wir abends zusammen Western geguckt haben. Die Narbe musste jeden Tag eingecremt werden. Er hat dadurch leicht gehumpelt und war in seiner Bewegung eingeschränkt. Er konnte das Knie nicht mehr beugen. Früher war er ein talentierter Fußballer gewesen, hatte in der dritten türkischen Liga gespielt. Dieses Talent hab ich leider nicht von ihm geerbt. Wenn wir Fußball gespielt haben, ging er ins Tor und ich hab geschossen. Radfahren ging auch nicht. Aber wir haben Minigolf gespielt, jeden Mist gemacht. Einmal im Monat machte mein Vater sonntags Buchhaltung und rief mich dazu. »Das musst du mal können, wenn du selbstständig bist.« Meine Antwort: »Okay, dann will ich nicht selbstständig sein.« Ich hatte zum Glück Steuerberater. Rückblickend kann ich sagen, ich hatte eine unfassbar schöne Kindheit in einer Familie, die sehr eng zusammenstand und in der es nie Streit gab. Das ist es, was man Kindern bieten muss.

Fünf Monate nach dem Tod meines Vaters sollte der nächste Schicksalsschlag folgen. Oktober 2004. Meiner Oma ging es schlecht, aber sie ist nicht gestorben. Beim Abschied hat sie mir so intensiv in die Augen geschaut, dass ich wusste, ich würde sie nie mehr wieder sehen. Damals wunderte ich mich nur, erst hinterher habe ich verstanden: So schauen nur Menschen, die wissen, dass sie sterben werden. Sie hatte mich vorher niemals so angeschaut. Sie hielt meine Hand, sagte nichts und schaute mich nur an. Wir fliegen nach Deutschland, landen. Mein Onkel ruft an: Oma geht es wieder schlechter. Wir müssen zurück. Wir schlafen ein paar Stunden und fliegen am nächsten Morgen erneut in die Türkei. Ich komme in ihr Haus, schaue auf den Platz, wo sie immer auf der Couch gesessen hat. Leer. »Wo ist Oma?«, frage ich. Meine Mutter sagt: »Eine Stunde, nachdem ihr gestern aufgebrochen seid, ist deine Oma gestorben!« Und da wusste ich, was der Blick von ihr zu bedeuten hatte. Ich bin raus und durch die Straßen gelaufen und dachte: ›Was für ein schreckliches Jahr! Im April stirbt dein Vater, im Oktober deine Oma.‹ Das waren die beiden Menschen, die mich – neben meiner Mutter und meiner Schwester – am meisten geprägt haben. Oma war meine Ersatzmutter, für die ich immer die Nummer eins gewesen bin. Sie hatte ja noch andere Enkel, aber ich war ihr König. Ich wollte immer bei ihr sein, sie roch so gut nach türkischer Olivenkernseife. Sie sah so gut aus, blaue Augen, dunkles Haar. Die Schönheit kommt von meiner Oma, ist auf meine Mutter, meine Schwester und auf meine Nichte Berna übergegangen.

Das Foto, das bei Mehmet im Flur hängt, wird geholt – eine Schwarz-Weiß-Aufnahme der Familie. Die schöne Mutter, der Bruder Ertugrul, die Schwester (noch klein), der Vater mit Schnurrbart ... Das sei, so Abla, ein Abschiedsbild, geschossen, bevor der Vater in eine ungewisse Zukunft nach Deutschland aufbrach.

So kenne ich meinen Vater, *sagt Mehmet,* mal fünf Kilo mehr, mal fünf weniger, immer mit Schnurrbart. Sein Leben lang! Ich wollte mir auch immer einen wachsen lassen. Bei ihm fand ich das männlich. Ich hab's versucht. Bei mir sah das so scheiße aus, dass ich es gelassen habe. Sein Schnurrbart wurde im Alter schwarz gefärbt.

Vor der Beisetzung meiner Oma wurde ich gefragt, ob ich sie noch einmal sehen möchte. Auf gar keinen Fall. Ich wollte sie so in Erinnerung behalten, wie ich sie zuletzt gesehen hatte. Auch hier: Ich wurde mit unheimlich viel Liebe erzogen. Sie hat mir schon einmal einen Klaps gegeben, aber ich wurde nie ernsthaft geohrfeigt oder sonst wie gezüchtigt.

Ich bin nach der Beerdigung meiner Oma zurück nach Deutschland geflogen und brauchte wieder ein paar Wochen, um damit klarzukommen. Ihren angenehmen Duft werde ich nie vergessen. In meiner Familie gab es nie Schweiß. Klar, meine Eltern schwitzten im Auto auf der Fahrt durch den Balkan, aber sie rochen nie nach Schweiß. Dass es einen Geruch namens Schweiß gibt, hab ich erst im Fitnessstudio gelernt. Bei uns riecht keiner nach Schweiß. In der Firma musste ich mich einmal, als die Klimaanlage ausgefallen war, erbrechen. Ein Mitarbeiter stank so nach Schweiß, dass mir übel geworden war. Der Mitarbeiter wurde ein Deo kaufen geschickt.

Am Tag der Beerdigung von meiner Oma bin ich durch das Dorf gegangen, hab alles noch einmal neu in mich aufgenommen – den Duft, die Warmherzigkeit der Menschen, den Ruf des Muezzin, dieses harmonische Leben, das viel ruhiger und entspannter ist als in Deutschland.

Meine Oma wurde am 29.10.2004 bestattet.

Kapitel Sieben

2005 & 2006 Höhenflug. Niederlassungen werden gegründet. Incentive-Reisen durch die ganze Welt. Umsatzrekorde. Immer mehr, immer mehr. Bonuszahlungen der großen Versicherer. 2006. Auf der Überholspur. Ich will AWD überholen. Kontrollverlust. Dünnes Eis. Gier frisst Hirn.

Zurück in Deutschland habe ich im November 2004 drei Wochen lang in der Samstagsausgabe der *HNA* eine ganze Seite Werbung gebucht. Das erste Mal Marketing wegen der Beitragsanpassung, die am 15. November in Kraft trat. Da stand drin: Öffnungszeiten Samstag Sonntag von bis. Einstiegs-, Mittelsegment-, Luxus-Tarif. Fallbeispiele für ambulante Behandlung, Zahnersatz kostete 6.000 Euro. Wir waren sechs sieben Vertriebler – und statt teure Leads zu kaufen, machten wir diese Anzeige. Von zehn in der Früh bis acht Uhr abends hockten wir alle zusammen im Büro und hatten eine grandiose Zeit. Frühstückten, aßen zu Mittag ... Wir brauchten nur 60 Menschen, die auf die Anzeige reagieren, dann hätten wir den Breakeven erreicht. Es riefen 200 Leute an. Der Samstag war der Hammer, da riefen 150 an und selbst sonntags waren es noch 50 bis 60 Kunden. Besser ging es nicht! Keiner hat damals offensiv Werbung gemacht. Aber der Erfolg gab uns recht. Zeitweise mussten wir die Anrufer in die Warteschleife legen: ›Zurzeit sind wir alle in der Beratung. Bitte haben Sie einen Moment Geduld!‹ Die Idee ist voll aufgegangen. Ich hatte alle Hände voll zu tun, kaufte, verteilte Datensätze, reklamierte fehlerhafte, kümmerte mich um den Innendienst und schrieb dennoch in diesem November 12.000 MB. Jeden Tag arbeitete ich gut vierzehn

Stunden. Das mit der Anzeige haben wir noch zweimal gemacht, aber es wurde dann weniger. Mitte Dezember hatten wir noch 60 Leute an einem Wochenende. »Das reicht dann!«, haben wir gesagt. Das Büro lag ernährungstechnisch in einem Bermuda-Dreieck. Döner? Big Mac? Whopper? Alles vor der Tür. Was essen wir heute?

Ich wollte nicht so schnell wachsen, aber es passierte. 1,3 Millionen Umsatz. Geld bis zum Abwinken. Ich fuhr mit meinem Porsche Cabrio zum Stadtfest und hab hinter dem Kaufhof geparkt. Sagt einer zu mir: »Wie alt bist du?« – »24.« – »Wie kommt man mit 24 an ein Porsche Cabrio?« – »Arbeit, Arbeit, Arbeit!« Hat dieser Typ gelacht. IDIOT. Ich habe den Blick immer nach vorne gerichtet. Wenn ich ein leer stehendes Bürogebäude sehe, denke ich nicht an Pleite, sondern: Da ist einer schnell gewachsen. Wer an Pleiten denkt, denkt sie herbei. Denkst du an Wachstum, kommt Wachstum. Wichtige Regel: DU BIST, WAS DU LEBST! Wer sich mit negativen Menschen umgibt, wird nie Kraft haben, etwas Positives zu machen. Negative Menschen ziehen dich mit runter. Es ist zwar letztlich einfacher, positive Gedanken zu haben, aber gerade für die muss man kämpfen und arbeiten. Schwache Gedanken kommen durch Nichtstun. Wer nichts tut, erreicht auch nichts. Müßiggang ist aller Laster Anfang. Zufriedenheit ist der erste Schritt zum Rückschritt. Du darfst beruflich niemals zufrieden sein. Man muss etwas wollen, Veränderung wollen. Aber Arbeit riecht nach Mühsal, nach Blaumann, das wollen die wenigsten.

Ende 2004 gehe ich mit Jeans und T-Shirt durch die Innenstadt von Kassel und schaue mich um. Wir brauchen ein größeres Büro. Ich sitze mit meinen Freunden im Dönerladen *Arkadas* gegenüber vom *New York Club*. Kommt ein Typ rein, Anzug, Krawatte. Zwei drei Jahre jünger als ich. Er spricht mich an:

»Bist du Mehmet Göker?«

»Ja!«

»Ich bin in der Finanzdienstleistung ...«

»Und weil du so viel tust und so beschäftigt bist, läufst du samstags im Anzug rum?«

»Stimmt es, dass du Porsche fährst?«

»Ja, warum?«

»Und dann bist du so locker angezogen?«

»Klar, ich trage Anzug und Krawatte fünf Tage die Woche und da brauch ich das nicht auch noch am Wochenende. Und erzähl du mir nicht, du seist Finanzdienstleister, der samstags in voller Montur rumläuft.«

»Stimmt, du bist der Erste, der das rausbekommen hat. Ich versuche gerade in dieser Branche Fuß zu fassen, aber ich schaffe das nicht ganz. Wie arbeitest du denn?«

»Hier ist meine Karte, komm Montag ins Büro, dann zeige ich dir, wie ich arbeite.«

Montags steht der Typ bei mir im Büro. Ich erkläre ihm das System mit den Datensätzen. »Hm, ja«, sagt er. Mal kommt er zur Arbeit, mal kommt er nicht. Er ist ein bisschen seltsam. Er erzählt seiner Mutter, dass er jetzt in einer geilen Firma arbeite, stellt mich als Chef vor. Nach zwei Monaten frage ich die Abteilungsleiter, wer ihn gerne in seinem Team hätte. Großes Schweigen.

»Mehmet, der kommt, wann er will, der geht, wann er will. Er ist ein faules Stück Scheiße.«

Ich: »Er wird der Beste!«

Die Regel war: Jeder Mitarbeiter musste 1.500 MB schreiben, dann geht es gut. Ich nehme mir den Mann zur Brust: »Pass mal auf, du bist jetzt seit gut vier Monaten dabei, frisst dich durch, Weihnachtsfeier, Partys ... und hast bisher nur zwei Krankenversicherungen geschrieben!«

Er sagt, er warte auf den Umzug in die größere Villa, dann lege er los. Ich stelle ihm ein Ultimatum: »Jetzt ist April ... Wenn du bis Ende des Monats nicht 1.500 MB geschrieben hast, bist du raus, kapiert?!« Mitte April lag dieser Typ bei 2.500 MB. »Hab ich es euch nicht gesagt? Der Mann hat Talent!«, sagte ich in die Runde. Hab ihn Kotzan regelrecht aufgedrängt, und dann hat er sich dumm und dämlich verdient an diesem Kerl. Ende 2004 habe ich die Organisationsdirektoren zusammengerufen und ihnen eröffnet, dass ich die Firma als e.K. (eingetragener Kaufmann) umfirmieren möchte, denn MEG war ja eigentlich ein Scheinname bis dahin. Die Firma heißt so wie der, der sie einträgt. Aber MEG e.K. – das ging. Außerdem wollte ich Stellen ausschreiben und den Vertrieb vergrößern. Ich hatte mich entschieden: Ich wollte was Großes aus meinem Leben machen. Risiko. Damals trat auch der Nachfolger des ersten Porsche-Verkäufers auf den Plan. Meinen ersten Porsche habe ich nach einem Jahr an die Wand gefahren, bin dann zum Händler und habe mir den 911er Black Series 4 S, Porno-Porsche, bestellt. Schwarzer Lack, schwarze Reifen, beige Ledersitze, 4S Carrera Cabrio. Für 115.000 Scheine hab ich mir den geholt.

Die erste MEG-Broschüre erschien. Wer Orga-Direktor sein wollte, musste selbst 1.500 MB schreiben und drei neue Vertriebler bringen. Vertriebsdirektor, 1.500 MB im Schnitt und sechs Leute akquirieren. Die Broschüren habe ich bei der Weihnachtsfeier 2004 verteilt, im *Herbsthäuschen*. Es war die erste Party der MEG, zwei Leute, deren Namen nichts zur Sache tun, haben das mitgebracht, und ich kam damals das erste Mal mit dem kolumbianischen Marschierpulver in Berührung. Vorher war ich ein Maschinengewehr, danach war ich Chuck Norris. Ein Laberflash ohnegleichen war die Folge von dem Zeug. Aber: Es war eines der seltenen Erlebnisse. Gerne und öfter wurde erzählt, dass es bei MEG ständig schneie – Bullshit. Mit Drogen ginge das Geschäft gar nicht. Man könnte keine Rede halten, keinen Kunden überzeugen. Nichts. Alles andere ist Hollywood-Gerede. Das Thema hieß Wachstum. Und aus neun Mann wurde eine Mannschaft mit 33 Vertrieblern. Der Umsatz stieg von 1,3 Millionen auf 2,5 Millionen. Die Details aus dem Jahr 2005, die Geschichte, wie wir ins Sportsponsoring einstiegen und wie das Ding durch die Decke ging, erzähle ich dann später.

Datensätze waren mein Doping. Ich war immer gut, aber diese Datensätze haben mich nach oben katapultiert. Immer mit einem sehr großen unternehmerischen Risiko. 2007/2008 habe ich dafür im Monat zwei Millionen Euro ausgegeben. Zu einer gewissen Zeit habe ich fast alle Datensätze, die am Markt waren, gekauft. Das Risiko war natürlich bei mir allein. Wenn ein Mitarbeiter trotz teurer Datensätze nicht erfolgreich beraten hat, bekam er trotzdem sein Grundgehalt in Höhe von 1.500 bis 5.000 Euro, je nach Dauer seiner Zugehörigkeit zur MEG, aber mich hat es richtig Geld gekostet. Mich hat es in doppelter Hinsicht Geld gekostet: das Gehalt des Vertrieblers und nicht vorhandene Einnahmen aus Leads, die ebenfalls pro Vertriebler im Monat 5.000 Euro gekostet haben. Ab Ende 2007 wurden die Datensätze den Vertrieblern nicht in Rechnung gestellt, da alle angestellt waren. Ich habe den Markt leer gekauft, aber es hat trotzdem nicht gereicht.

Eines Tages, ich mal wieder auf den Malediven, liege im Wasser und denke: ›Scheiße, was mach ich? Was mach ich?‹ Als Unternehmer musst du immer in Lösungen denken, niemals in Problemen! Das unterscheidet einen erfolgreichen von einem weniger erfolgreichen Unternehmer. Während sich der Gewinner auf die Lösung eines Problems konzentriert, ist der Verlierer nur mit den Problemen seines Geschäfts beschäftigt. ›Ich hab nur 500 Leads, brauche aber 1.000. Was soll ich machen?‹ Und dann hab ich die Lösung gefunden. Ich gründe einfach eine Firma mit 200 Angestellten, die MEG Service GmbH, und lasse selber Leads generieren. Die Angestellten müssen über Kaltakquise jeden Tag drei Leads generieren. Es wurden Filialen in Kassel, Göttingen und Fulda gegründet. Die MEG Service GmbH war ein hundertprozentiges Tochterunternehmen meiner Firma. So konnte ich Leads für nur 20 Prozent des marktüblichen Preises produzieren. Der Plan ging auf! Somit hatte ich also meine 1.000 Datensätze täglich und riss auch diese Mauer ein, die zwischen mir und meinen Träumen stand.

2005. Das Jahr begann mit einem Umzug, dem dritten in wenigen Jahren. Wir zogen in die MEG-Villa, in Citynähe. Sie bot auf 600 Quadratmetern Platz für circa 33 Mitarbeiter. Stefan Fischer wurde Innendienstleiter. Das Backoffice bestand aus sechs Personen – aus eben jenem Stefan

Fischer, meinen Neffen Gökhan und Cüneyt und drei Azubis. Diese Mitarbeiter betreuten circa 27 Vertriebsleute. Roman Fleischmann, den ich bei Porsche abwarb, kam zu uns. Ein Super-Verkäufer! Roman war ein sehr angenehmer und witziger Zeitgenosse, von dem ich mir in puncto Verkauf noch etwas abschauen konnte. Unser Ende war nicht ganz so glücklich, aber ich spreche immer noch in höchsten Tönen von ihm, wie man sieht. Danke, Roman, du hast mein Leben bereichert!

Roman kam aus Essen. Er hatte schon früh seine große Liebe kennengelernt. Es lohnt sich, etwas mehr über ihn zu erzählen, denn, Roman, du bist schon ein ›töfte Jung‹. Diesen Begriff habe ich von ihm übernommen – jeder, der mit ihm in Berührung kam, kannte ab da den Ausdruck ›töfte‹. Die Anekdoten und Erlebnisse mit Roman würden ganze Kapitel füllen. Ich hielt eine Rede bei seiner Hochzeit mit Andrea. Roman hatte eine böse Schwiegermutter, aber sehr nette Eltern. Sein Vater lieferte Koks aus, die schwarzen Kohlen, nicht das, was ihr denkt. Mutter, sehr nett. Habe ich beide kennenlernen dürfen, tolle Menschen. Irgendwann sprach er mich an und sagte: »Deine Geschäfte laufen sehr gut, oder?« Ich habe ihn und seine Freundin daraufhin nach Paris eingeladen und eins führte zum anderen. Roman kündigte bei *Porsche* (Topvertriebler, Jahresgehalt etwa 80.000 Euro), Andrea bei der *Gmündner Ersatzkasse*. Roman war und ist ein herausragender Verkäufer und entwickelte sich zu einer sehr guten Führungskraft. Roman war von 2005 bis 2009 MEGler, dann haben wir uns aus beruflichen Gründen getrennt, denn wir konnten uns, was die Zukunft und die Ausrichtung der MEG anging, nicht einigen. Es gab keine Schlammschlacht, es war einfach so. Andrea war auch eine hervorragende Verkäuferin. Sie wusste, was sie wollte und hat immer gesagt, was sie dachte. Das habe ich sehr an ihr geschätzt. Von Roman kannte ich das Wort ›Tiefpreisgarantie‹. Damit hat die MEG immer geworben, aber er hat mir erklärt, was es bedeutet. Roman war übrigens der Meister im Umgang mit Schicksalsschlägen. Seine Jugendliebe betrog ihn mit dem besten Freund. Er arbeitete – noch vor Porsche – als Florist bei ihren Eltern, bei denen er auch wohnte. Das Bild, das er für die Situation benutzte, war: ›Stell dir vor, du sitzt auf einem Stuhl und alle Beine brechen zeitgleich ab!‹ Er war joblos, arbeitslos, wohnungslos, Frau los. Roman wusste nicht mehr weiter und zog zu einem Freund. Der sagte: »Roman, du bist doch ein guter Verkäufer, ich kenne den Chef von Opel Stuttgart, die suchen gerade jemanden.« Roman zieht von Essen nach Stuttgart. Roman und die große weite Welt. Er war attraktiv, schlank, gut gebaut, sympathisch, tolles Lachen, er konnte Menschen für sich einnehmen und erzählte tolle Geschichten. Mir ging es genau so, darum denke ich gerne an diese Zeit zurück. Es gibt auf dieser Welt so viele Langweiler, Roman Fleischmann gehört nicht dazu. Im Gegenteil! In Stuttgart bei Opel wird er binnen Kurzem einer der besten Verkäufer. Und jetzt kommt's – die Tiefpreisgarantie. Sie besagt, dass der Anbieter einem Kunden die Differenz erstattet, falls er dasselbe Modell, das identische Angebot woanders billiger, bzw. preiswerter findet. »Aber das findest du nirgends«, erklärte mir Roman. »Finden Sie woanders diesen Opel günstiger, erstatten wir Ihnen den Differenzbetrag!« Aber genau diesen grünen Opel Astra, Baujahr 97, Kilometerstand: 86.711 und mit elektrischen Fensterhebern – wo willst du den finden? So was gibt es nicht! Sehr clever!

Roman Fleischmann ist durch einen Freund, der bei *Porsche* Geschäftsführer war, von Stuttgart nach Kassel gekommen. Und weil er der Nachbar von Patrick Böhme war, haben wir uns öfter gesehen und kennengelernt. So entstanden eine Freundschaft und später auch eine herausragende Zusammenarbeit. In ihren besten Monaten haben Roman und seine Frau 30.000 bzw. 20.000 Euro verdient. Es war eine Win-Win-Situation für alle Beteiligten. Die 100.000 Euro, die er bei Porsche gemacht hat, hat er bei mir verdoppelt.

In diesem Zusammenhang: Selbst bei einem Pedram Dadgar, der mir immer nur schaden wollte, möchte ich mich an dieser Stelle bedanken. Denn durch ihn habe ich Vincent Ho kennengelernt, einen unersetzbaren Freund und Menschen in meinem Leben.

Weiter: 2005 war auch das Jahr mit neuen Provisionsvereinbarungen! Ein neuer Partner, gab uns pro Abschluss zehn MB. Das war eine neue Größenordnung: zehn Monatsbeiträge. Ein weiterer Partner, wo ich nicht mehr mit dem Vertriebsdirektor verhandelte, sondern direkt mit der Geschäftsleitung, stieg auch um auf zehn MB. Zu dieser Zeit hatten wir die Krankenversicherer von unserer Leistung überzeugt. Unsere Stornoquote bei 15 Vertrieblern lag bei drei bis zehn Prozent. Im Durchschnitt beträgt sie zwischen sechs und neun Prozent – das war also deutlich unter der Quote der Mitbewerber. Wir hatten nach zwei Jahren die Versicherer davon überzeugt, in uns zu investieren. Die MEG war auf einem guten Weg. Das waren zu jener Zeit meine vier besten Partner. Bedeutete für die MEG: Wir konnten unsere Provisionen nach nur zwei Jahren um 50 Prozent steigern. Disziplin und harte Arbeit machten sich jetzt positiv bemerkbar und trugen finanziell Früchte, die Qualität unserer Abschlüsse überzeugte unsere Partner. Wenn ich einen Vertrag mit einem Angestellten schrieb, der 500 Euro Krankenversicherung bezahlte, bekam ich vorher 3.500, jetzt 5.000 Euro. Wenn einer meiner Leute den Abschluss machte, erhielt er von den zehn MB sieben, drei MB blieben bei mir hängen. Anfang 2005 produzierte ich im Schnitt 4.000 MB. So kam ich durch meine eigene Arbeit auf etwa 40.000 Euro. Bei 12 aktiven Vertrieblern, die jeweils 1.500 MB schrieben und mir davon drei MB abgaben, kam ich dann noch einmal auf 45.000 bis 50.000 Euro. Also: 2005 verdiente ich im Schnitt 90.000 bis 100.000 Euro im Monat. Ich war 25 Jahre alt. Wir reden bei diesen Summen immer von Einnahmen vor Steuer. Netto hatte ich in diesem Jahr 1,2 Millionen. Bar. Beiseite ... Dass ich Ende 2005 Millionär sein würde, war mir Anfang 2005 nicht klar.

Im Sommer erfüllte ich mir einen Kindheitstraum, ging zu Ferrari und kaufte mir einen silbernen 550 Maranello, mit dem ich das erste Mal in meinem Leben 340 km/h auf der Autobahn von Kassel nach Hamburg gefahren bin. Ich bekam eine Flasche Schampus geschenkt, darauf stand: ›Herzlichen Glückwunsch, lieber Mehmet Göker, zum Kauf des Ferrari 550 Maranello, Dein Ferrari-Team Eberlein, Kassel, 13. 7. 2005‹. An diesem Tag wurde mir das Auto in die Firma gebracht.

Wie sah unser Arbeitsalltag aus. Montags um neun Uhr fand das Wochenstartmeeting statt. Zwischen neun und zehn war Arbeitsbeginn, Ende zwischen 19 und 21 Uhr. Jeder Vertriebler nach seiner Fasson. Das wurde nicht überprüft, vorausgesetzt die Umsatzzahlen stimmten. Die Regel war: 1.500 MB pro Kopf in einem Monat. Das war die Marge, bei der selbst der schlechteste Mitarbeiter an meiner Seite 70.000 im Jahr machte. 2005 gab es die ersten Firmenwagen – Björn Kotzan und Patrick Böhme bekamen jeweils einen 5er BMW. Darauf war ich stolz. War ja nicht ein Fiesta oder Polo, sondern eben BMW. Unser Image besserte sich dadurch enorm auf: Mitarbeiter der MEG fahren 5er BMW.

Im Schnelldurchlauf: Umzug in die Villa am 1. Februar. Zweijahresfeier am 1. April mit Freunden und Familie in der *Bar Marth* an der Wilhelmshöher Allee. Im Sommer der Ferrari.

Vier einschneidende Ereignisse fanden 2005 statt: Das erste Ereignis war ein Telefonat mit einem Top-Vertriebler im Oktober. Er war Top-Verkäufer und Niederlassungsleiter für die *Impuls*, ein Wettbewerber aus Bielefeld. Er sagte mir, er habe zehn Mann, die allesamt bei *Impuls* unzufrieden seien, und ob wir uns nicht treffen könnten? Er würde gerne über Wechselmodalitäten sprechen. Zusammen mit seiner Frau und seinem Sohn, beide ebenfalls im Vertrieb, ging es um 13 Verkäufer. Die MEG hatte zu diesem Zeitpunkt etwa 20 Mann, 16 Verkäufer plus Backoffice. Wir gingen also mit ihm und Frau sowie Patrick Böhme und Frau zum Nobel-Italiener. Wir saßen in einem Separee im oberen Stockwerk und waren ungestört. Obwohl es ein etwas wärmerer Oktoberabend war, trug ich einen Mantel aus Fohlenfell, den ich mir gerade gekauft hatte. Ich fühlte mich gut, sehr selbstbewusst, sehr stark. Aber, Achtung, der Typ war ein Top-Verkäufer und 20 Jahre älter als ich. Was würde mich erwarten? Es ging ja nicht darum, MEG um einen weiteren Einzelkämpfer zu verstärken, es ging hier um ein ganzes Team.

Ich wusste durch die unzähligen Marketingbücher, die ich verschlungen hatte, dass man bei Teams vorsichtig sein musste. Über jeden Einzelnen, den ich zu mir holte, hatte ich ja so etwas wie eine Hausmacht – entweder er funktioniert so, wie ich es ihm sage, oder er geht. Aber holst du einen Mann mit 12 Gefolgsleuten, dann birgt das Gefahren. Man wird in gewisser Hinsicht erpressbar, denn ich muss ja seine Wünsche erfüllen. Wenn er geht, geht er nicht alleine. Denn es sind seine und nicht *meine* Leute. Es ging also vor allem um Vertrauen. Bei diesen Überlegungen habe ich aber eines nicht berücksichtigt. Meine Fähigkeit, Menschen an mich zu binden. Beim Abendessen in dieser Fünfer-Runde fanden wir einen gemeinsamen Nenner und entschlossen uns zum 1. November eine Niederlassung in Bielefeld zu eröffnen. Unser neuer Mann sollte Niederlassungsleiter sein, Patrick Böhme als dessen Chef war mein Mann vor Ort, meine Schnittstelle. Gesagt, getan. Büro angemietet direkt gegenüber von *Ikea* am Autobahnzubringer nach Bielefeld. Später, unter dem neuen

Niederlassungsleiter, sollte Bielefeld unter den 14 Dependancen der MEG eine herausragende Stellung einnehmen.

Im Dezember 2005 erhielt der Typ eine Überweisung in Höhe von knapp 60.000 Euro netto. Was machte der am nächsten Tag? Erzählt wurde mir: Er lief durch die Niederlassung und sammelte von jedem zwei Euro Kaffeegeld ein, damit er den Kaffee nicht alleine bezahlen musste. Diese Aktion war der Anfang vom Ende unserer Zusammenarbeit. Vier Monate später, also Anfang 2006, trennte ich mich von ihm, mit seinem Geiz und seiner ständigen Unzufriedenheit und Nörgelei war er mir gehörig auf die Nerven gegangen. Damit konnte ich mich nicht identifizieren. Wenn mein Handy klingelte und im Display sein Name erschien, wusste ich: Er wollte sich mal wieder über Patrick Böhme beschweren. Der machte seine Arbeit nicht überragend, aber es war okay. Doch er hatte meiner Ansicht nach an allem etwas auszusetzen. Zugegeben, Patrick hatte, in puncto Menschenführung und Sensibilität, Schwächen. Er wirkte oft arrogant und überheblich – Eigenschaften, die ihm später bei MEG zum Verhängnis werden sollten. Aber so schlecht, wie der tat, war er nicht.

Das zweite Ereignis war ein Anruf von der *Halleschen* im November – am Apparat: Jörg. Dieser Anruf sollte die Vertriebswelt der deutschen Privatkrankenversicherer nachhaltig verändern. Er fragte mich: »Mehmet, was traust Du Dir als Makler zu, welchen Anteil Deiner Produktion nächstes Jahr zur *Hallesche* zu bringen?« Ich sagte ihm, dass ich 2003 zusammen mit Patrick Böhme 80.000 MB in neun Monaten geschrieben hatte – netto, neu policiert, stornobereinigt. 2004 mit sechs Vertrieblern hatten wir 180.000 MB. 2005 knackten wir die 300.000 MB-Marke, am Ende waren's 322.000, wovon 100.000 allein im Dezember geschrieben wurden. Auf Basis dieser Erfahrungen sagte ich voraus, dass wir 2006 wohl 600.000 MB produzieren könnten, davon würden etwa 250.000 MB an die *Alte Leipziger/Hallesche* gehen. Um das zu vertiefen, wurde ich vom Vorstand der *Halleschen* nach Stuttgart eingeladen. Dort in der Hauptverwaltung empfing mich Frau Wiltrud Pekarek und es begannen rege Verhandlungen. Morgens stiegen Jörg und ich in Kassel Wilhelmshöhe in den ICE, und ich legte mir während der Fahrt meine Taktik zurecht. Ich hatte die Umsatzzahlen von den Jahren 2003, 2004 und 2005 dabei, die belegten, dass die MEG gigantische Zuwächse zu verzeichnen hatte. Ich hatte mir die Stornoquoten ausdrucken lassen, auch die waren hervorragend. Und so fuhr ich voller Selbstbewusstsein Richtung Stuttgart. Das Angebot, das man uns unterbreitete, überstieg meine kühnsten Erwartungen, wenn wir 250.000 MB schreiben würden. Wir reden hier von einer Summe von rund XX Millionen Euro. Allein durch ein Unternehmen!!! Dazu muss man wissen, dass der Gesamtumsatz der MEG in 2003 etwa 800.000 Euro betrug, 2004 schon 1,3 Millionen und 2005 sogar 2,5 Millionen Euro. Das erneut zu verdoppeln war also nicht ganz unrealistisch. Ende 2005 wurden es jedoch circa 14 Millionen Euro. Wir versechsfachten den Umsatz fast. Mein Ziel für die MEG war: Ich wollte sieben Millionen Euro Umsatz machen, eine Verdreifachung. Und am besten die Hälfte durch die *Hallesche*. Die Verhandlung verlief besser, als ich es mir erträumt hatte. Alle meine Wünsche wurden bedingungslos erfüllt. Ab diesem Zeitpunkt wusste ich: Ich kann nicht nur exzellent verkaufen, ich kann auch exzellent verhandeln.

Das Jahresendgeschäft lief gigantisch, wir schrieben 105.000 MB netto neu. Ende Dezember, kurz vor oder nach Weihnachten, war ich in der *Bar Marth*. Vorher bin ich noch zum Geldautomaten der Kasseler Sparkasse. Jemand fragte mich: »Wie viel ist denn auf deinem Konto drauf?« – »Keine Ahnung, ich schau mal nach!« Ich hob 1.000 Euro ab und drückte dann auf Kontostand. Und es war ein Anblick für die Götter, es sah einfach geil aus. Ich hatte 1,2 Millionen Euro auf dem Konto. Beiseite, cash. Jemand fragte mich, was das für ein Gefühl sei. »Normal«, sagte ich, »ich hab's ja nicht im Lotto gewonnen, nicht geklaut. Am Anfang des Jahres stand da 15.000, dann 50.000, 150.000, 300.000 und jetzt steht es bei einer Million. Diese Summe ist die Folge meiner Arbeit.«

Um meine Mutter von den Ereignissen des Jahres 2004 etwas abzulenken, war ich mit ihr und meiner Freundin über Silvester nach Bali geflogen, *Sheraton Western Resort* auf Nusa Dua. Zwölf unvergessliche Tage. Als wir abflogen, *Singapore Airlines*, bin ich am Flughafen zum Schalter und habe gefragt, was denn ein Upgrade von Economy in die Business Class kosten würde. Die Dame am Schalter: »4.000 Euro.« – »Huiuuuih ... das ist aber ganz schön happig.« Ich zu meiner Mutter: »Mutter, was meinst du, sollen wir das machen, 4.000 Euro für das Upgrade für uns alle vier?« Und schon stand ich wieder am Schalter und hab gesagt: »Gilt das auch für den Rückflug?« – »Nein!« – »Okay, dann machen wir das für die Hinreise.« – »Schön«, sagte die freundliche Dame, »dann krieg ich 16.000 Euro!« – »Aber Sie haben doch gesagt 4.000 Euro ...?« – »Sicher, 4.000 pro Person!« – »ALSO HIN UND ZURÜCK 32.000 EURO? DAFÜR KANN MAN SICH JA EINEN 3ER BMW KAUFEN! VERGESSEN SIE ES, WIR FLIEGEN ECONOMY.« So viel zu meinem ersten angestrebten Business-Class-Flug. Später hab ich bei *Emirates* alle 16 Plätze in der Business Class gebucht. Nach dem Motto: ›Lacoste die Welt?‹.

2005 markierte den Durchbruch. MEG war inzwischen der beste Vertrieb in Hessen, der *BBKK* (Bayerische Beamten Krankenkasse AG) und *UKV* (Union Krankenversicherung). Patrick Böhme und ich wurden zum Skilaufen eingeladen. Vier schöne Tage. Langsam begannen wir das Leben zu genießen. Wir bekamen immer mehr Anerkennung. Ich erweiterte das Team in dem festen Glauben, dass wir an etwas Großem arbeiteten. Was sich ja dann auch bestätigte. Rückblickend war 2005 das letzte ruhige, fast langweilige Jahr meines Lebens.

Das Jahr 2006 sollte in vielerlei Hinsicht anders werden als die vorangegangenen. 2005 hatten wir den Umsatz im Vergleich zum Vorjahr verdoppelt, auf 2,5 Millionen Euro. 2006 war eine Verdreifachung vorgesehen. Wir schafften es nicht – wir versechsfachten den Umsatz! Der Türke machte in 2006 15 Millionen Euro.

2006 trat eine neue Frau in mein Leben. In die verliebte ich mich sehr. Stefanie Schwarz. Sie hat zu mir gesagt: »Wenn mir mal einer gesagt hätte, dass ich mit einem vorbestraften (wegen der Tagessätze), tätowierten Türken zusammen bin, ich hätte es nicht geglaubt, und mein Vater hätte mich hochkant rausgeschmissen. Aber dich mag er sehr!« Stefanies Vater war übrigens Polizeihauptkommissar und die Tatsache, dass er mich mochte, hing wohl auch damit zusammen, dass ich seinerzeit in Kassel als »gute Partie« galt.

1. Februar 2006: Die MEG zieht zum dritten Mal um. In die Falderbaumstraße, in das blaue Gebäude, das später durch die Razzia bundesweit bekannt wurde. Drei von fünf Stockwerken miete ich an, die Miete steigt von 3.500 auf 15.000 Euro im Monat. Mit der Niederlassung Bielefeld hatte

1981: Meine Schwester
und ich

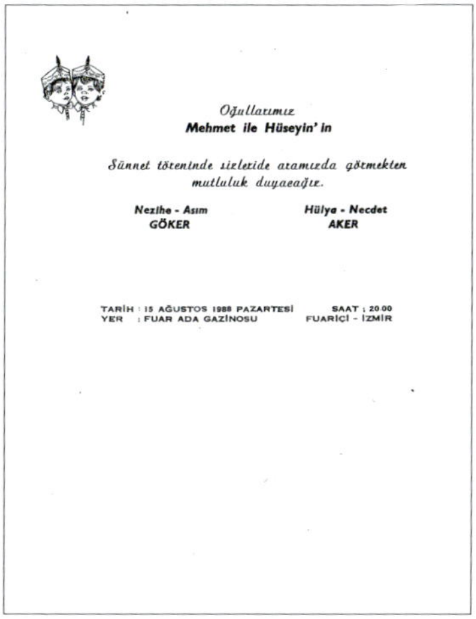

Oğullarımız
Mehmet ile Hüseyin' in

Sünnet töreninde sizleride aramızda görmekten
mutluluk duyacağız.

Nezihe - Asım
GÖKER

Hülya - Necdet
AKER

TARİH : 15 AĞUSTOS 1988 PAZARTESİ SAAT : 20.00
YER : FUAR ADA GAZİNOSU FUARİÇİ - İZMİR

Die Einladung zu meinem
Beschneidungsfest

Ca. 1990 in Kassel Helleböhn.
»Die Gökers«: Meine Neffen Asim,
Gökhan, ich und Cüneyt

1989: Ich auf dem Sportplatz
VFB Süsterfeld

Mein Vater bei der Arbeit

Die Familie Göker bei der Beschneidung meines Neffen Cüneyt

Mein erstes Büro, 2003, 80 m², 490 Euro warm*

Eingang zu meiner Suite im *Burj al Arab* in den Jahren 2003 –2014. Insgesamt waren es 15 Besuche

2006–2010:
MEG-Headquarter in Kassel

Mai 2006:
Kurz vor der WM in Deutschland mit Ronaldo im *Burj al Arab* in Dubai

Sommer 2006:
Bis auf die Reservebank von Real Madrid habe ich es geschafft, leider wurde ich nie eingewechselt

2006:
Meine Familie und ich im Privatjet auf dem Weg von Deutschland in die Türkei

Dr. Guido Westerwelle und ich

2006: Mein Arbeitsplatz im MEG-Headquarter*

Sommer 2007: Modenschau in Kassel. Auch ich durfte mal auf den Laufsteg – war etwas anderes

Bijan Pakzad, der exklusivste Modedesigner für Herren am Beverly Hills Rodeo Drive, mit meinem Namen im Schaufenster

August 2007: Familienbesuch in Cirpi

2007:
Guter Umsatz,
gute Laune*

Jubiläum: 4 Jahre MEG*

November 2007: Geldübergabe an die Top-Vertriebler – 1,25 Millionen an die Besten

2007: Tanz in den Mai bei MEG mit Costa Cordalis*

2008: MEG-Party in der *Bar Marth**

2008:
Im Business-Outfit

Mai 2009:
Urlaub im *One and Only Resort* auf den Malediven. Von links: Ich, Andre Kämpfer, Thorsten Krug und Seckin Ütkur

Mai 2008: MEG-Gala White Night in Kuşadası mit 130 Mitarbeitern

Juli 2010:
Ich beim Militär

April 2012:
Ich, »Elvis« und Tekin in Las Vegas

September 2011:
Mein Fitness-Comeback

New York November 2011:
MEG-Incentive-Reise

Dubai 2012:
MEGler in der Wüste – da, wo uns einige gerne sehen würden ... Ahmet, Salah, Karim, Vincent und ich

Kuşadası September 2012: Meine bezaubernde Nichte Berna Göker und ich auf der Hochzeit von Ercan Bati

Dubai August 2012:
Pearl Bar Le Méridien

Januar 2013:
Berna Göker und ich

Zypern Silvester 2013:
Ich mit Serhat Tok, meinem Neffen Cüneyt und meinem albanischen Freund Gazmend

Februar 2013:
315. Trainingseinheit. Lasst euch im Leben nie von anderen sagen, was möglich ist – euer Leben, eure Zukunft – wartet nicht auf eure Chance – holt sie euch

Cenker M. Kaptan und ich

Türkei 2013:
Alleine auf meinem
Roadtrip durch die Türkei

Die besten Ideen entstehen
in der Einsamkeit

September 2014: Mein 7er BMW
nach einer nächtlichen Spritztour
von Cenker M. Kaptan

Sommer 2014:
Meine Residenz

Zypern Silvester 2014:
Die coolste Frau im
Club – Mama

Ich mit Zigarre

Türkei 2014:
MEG-Headquarter

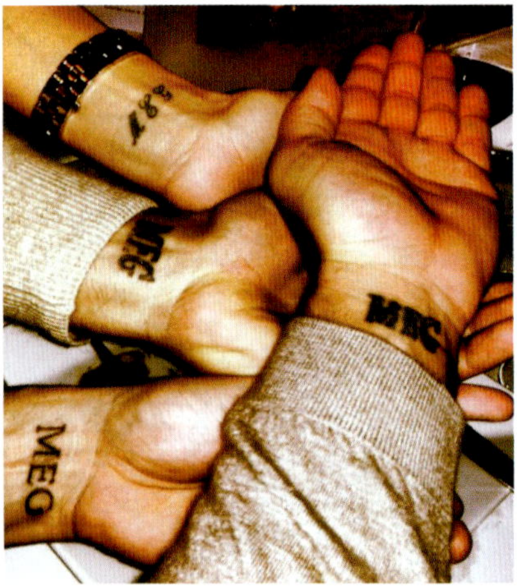

Februar 2015:
Noch Fragen? Besser nicht!

2014:
Ein Geburtstagsgeschenk von Freunden, ein Jetski

War eine gute Entscheidung vor sieben Jahren, mein Logo in den Pool einarbeiten zu lassen

Mein Rolls-Royce Drophead Cabrio

5 von 13 Ferraris in meinem Fuhrpark*

Drei Generationen der Familie Göker. Von links: Berna, meine Schwester und Mutti

2013:
Roadtrip Türkei – Ankara

Meine Mutter und ich

2015:
Mein Sohn Eron
Prometheus

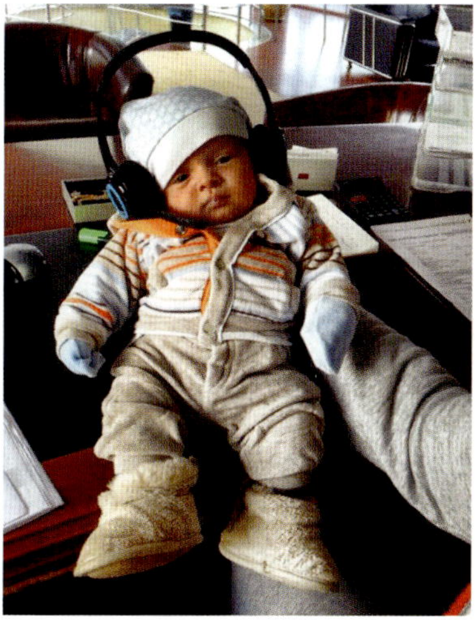

Mein Sohn, mein Stolz,
mein Nachfolger

Mein Sohn und ich

Darf ich vorstellen, unser
neuer Konzernchef der MEG –
Aras Göker

Ich und Klaus Stern im Bali-Kino in Kassel bei meiner eigenen Filmpremiere*

Von rechts nach links: Rabia, Gökan, Berna und ich beim Lieblingsessen der Gökers

Residenz, Sommer 2014: Said Daftari, mehr als ein Freund, und ich

Beim Kochen

ich einen Kostenapparat von roundabout 20.000 Euro. Es gab inzwischen keine Stoff-Handtücher mehr, die bei Mutti gewaschen wurden, sondern Papier-Handtücher zum Abreißen und einen Reinigungsservice. Die Nostalgie war der Professionalität gewichen. 2006 war das Schlüsseljahr in puncto Professionalisierung. Ich riskierte mal wieder ALLES. 2006 war das Jahr für einen Mann mit eisernen Nerven. Hätte ich die nicht gehabt, hätten wir dieses Jahr nicht überlebt. Am Ende gewann ich mehr, als ich mir jemals erträumt hatte.

Im selben Jahr lernte ich in der *Bar Marth* den neuen KSV-Trainer Matthias Hamann kennen. Die Mannschaft schaffte es unter seiner Führung in einem dramatischen Finale den *FSV Frankfurt* zu überflügeln und durch ein Tor von Thorsten Bauer in Frankfurt Oberliga-Hessenmeister zu werden. Der *KSV* war in der dritten Liga, in der neu gegründeten Regionalliga Süd. Das war die Wende, der Aufstieg. Wir tranken unser Bierchen und Hamann sagte zu mir: »Mensch, Mehmet, wieso wirst du eigentlich nicht Sponsor bei uns?« Meine Antwort: »Matthias, wenn ich das mache, dann aber richtig: Sekt oder Selters. Dann Trikotwerbung!« Seit 1997 war die Kasseler Brauerei *Martini Edelpils* der Sponsor des *KSV*. Für die Saison 2006/2007 bot ich 30.000 Euro an. Wir einigten uns auf folgendes Paket: Banden- und Trikotwerbung plus zehn Haupttribüne-Karten für 40.000 Euro. Es gab einen großen Empfang mit Trainer und der ganzen Mannschaft. Ein Bundestagsabgeordneter der CDU/CSU, gab sich die Ehre. Ich wurde ihm vorgestellt mit den Worten: »Das ist Göker!« Er schüttelte mir die Hand und sagte: »Aha, Sie sind also der Göker ... wo ist denn ihr Vater?« – »Warum denn mein Vater?« – »Ja, Sie sind doch der Junior, oder?! Wo ist denn der Chef?« – »Mein Vater ist vor zwei Jahren gestorben. Ich bin der, der die Firma gegründet hat und dem sie gehört.« Und ich dachte bei mir: ›Was für ein Amateur, hat sich noch nicht einmal im Vorfeld erkundigt, mit wem er es zu tun hat ...!‹ Die Situation war ihm sichtlich unangenehm. Der KSV Hessen Kassel bedankte sich beim neuen Haupt- und Trikotsponsor, und ich gab vor der Presse eine meiner Geschichten zum Besten. Ich erzählte, wie ich als Kind unter dem Zaun durchgekrochen bin, um sechs Mark zu sparen. Heute konnte ich das in Gold und Silber zurückgeben. Das Gesamtsponsoring sollte drei Jahre laufen. Im nächsten Jahr erhöhte ich auf 100.000, im Folgejahr auf 300.000 Euro. Insgesamt steckte ich in den *KSV Hessen Kassel* 440.000 Euro.

2006 begann großartig, ich freute mich auf dieses Jahr. Es standen mehrere Ereignisse auf dem Programm. Einmal die Fußball-Weltmeisterschaft in Deutschland, zum anderen die erste große MEG-Incentive-Reise im Mai nach Dubai, vier Wochen vor der WM. Dann eine weitere und meine erste Amerikareise, im Oktober. Ich freute mich schon darauf, die USA kennenzulernen. Die Dubai-Reise war Belohnung und Ansporn für die Top-Eight-Verkäufer der MEG aus dem Jahr 2005, der New York-Trip galt den Top Acht aus dem ersten Halbjahr 2006. Eine Woche Dubai, davon fünf Nächte in den *Emirate Towers* und eine Nacht im *Burj Al Arab*. Zwei Jahre vorher hatte ich Stefan versprochen, mit ihm gemeinsam noch einmal dorthin zu reisen, und ich hielt mein Versprechen – Stefan bekam eine Wild Card und hat in Dubai seiner späteren Frau Claudia einen Heiratsantrag gemacht. Ich erinnere mich sogar an den Tag, es war ein Mittwoch und wir saßen gemeinsam in einer Sports Bar im *Emirates Tower* und schauten das Champions-League-Finale zwischen *Arsenal London* mit Jens Lehmann im Tor (›Er bekam in der 18. Minute wegen einer Notbremse die rote Karte, diese Dumpfbacke!‹) gegen *FC Barcelona,* damals noch gecoacht von Frank Rijkaard, der den ersten von drei CL-Titel holte.

2006 war auch ein Jahr voller Überraschungen. Unsere Qualität hatte sich herumgesprochen: Von einer Versicherung bekamen wir 14 MB und sogar von einer sonst recht konservativen erhielten wir zwölf MB. Von allen Seiten hagelte es tolle Angebote. ALLE WOLLTEN MIT UNS ARBEITEN. Mein Ziel war 250.000 MB zu schreiben. Ich war mir nicht sicher, ob wir das schaffen würden, aber wenn es 200.000 MB würden, mein Gott, damit könnten wir auch alle gut leben. Es gab nirgendwo mehr Stornoreserven, die erste Million hatte ich beiseitegelegt, einen Ferrari unterm Arsch, einen Mondeo als Zweitwagen, eine bereits abbezahlte Villa mit Hallenschwimmbad, 3.000 Quadratmeter Garten und kleinem Fußballfeld. 2005 war bis dahin das beste Jahr meines Lebens. Und das Schärfste daran: Ich war erst 25 Jahre alt. Meine Frauen wechselten – so wie das Wetter in Deutschland. Zu der Million auf meinem Konto Ende 2005 gesellten sich Anfang 2006 weitere 500.000 kleine Freunde – der BKZ (Bürokostenzuschuss) für die MEG war geboren, 12 MB standen im Vertrag, zwei MB überwies man mir vorab, cash and carry, auf zu erwartende Gewinne im Jahr 2006. Juchhu!!!! Ende Januar 2006 waren circa 1,6 Millionen auf meinem Konto. Was sollte mich jetzt noch aufhalten?! Ich dachte, ich wär der Größte.

Im ersten Quartal 2006 forcierte ich weiter das Wachstum der MEG, schaltete Stellenanzeigen, machte Öffentlichkeitsarbeit, hielt die Firma im Gespräch. Die Reaktion der Menschen war sehr bezeichnend. Szenen aus einem Kasseler Club ... da fragte mich einer:

»Sind Sie Herr Göker?«

»Ja, warum?«

»Fahren Sie einen Ferrari?«

»Ja, warum?«

»Was machen Sie beruflich?«

»Ich bin Versicherungsmakler!«

»Jaja, ist klar.«

Lächelnd gingen diese neugierigen Frager ab. Ein anderes Mal im selben Club:

»Sind Sie Göker?«

»Ja!«

»Sie fahren einen Ferrari?«

»Ja!«

»Was machen Sie beruflich?«

»Ich mache in Drogen und Nutten!«

»Echt??? Krass!!!!«

Wenn du eine Kanake bist und mit 25 Ferrari fährst und Geld hast und sagst, du seist Versicherungsmakler, lachen die Leute und sagen »Ist klar!«, aber wenn du als Beruf Dealer und Zuhälter angibst, finden sie das stimmig.

Die NL (Niederlassung) Bielefeld lief gut. Aber mit steigendem Umsatz stieg auch mein Unmut wegen des Leiters. Mein Telefon klingelte täglich in regelmäßigen Abständen und er beschwerte sich: »Patrick Böhme macht dies, Patrick Böhme macht das, Patrick Böhme macht dies und jenes, meistens nichts ....« Irgendwann mal fragte ich Böhme: »Bist du schwerbehindert, dass du Bielefeld nicht in den Griff bekommst?« Ich merkte, dass die Leute dort ihn nicht ernst nahmen. Ich machte Ende März, Anfang April meine regelmäßigen Inspektionen. Nachdem der Typ schon im zweiten Monat bei mir sehr gut verdient hatte und ich das erste Mal den Hauptmitbewerber, *Impuls*, ein bisschen hatte ärgern können, kannte die deutsche Vertriebswelt, zumindest im Bereich ›private Krankenversicherungen‹, den Türken Mehmet E. Göker. Mein Name war ein Begriff. Die Besuche in Bielefeld machten mir Spaß, weil ich in der Mittagspause immer rüber zu *Ikea* bin, um die leckeren Hot Dogs für einen Euro zu essen. Vincent stürzte sich auf die Köttbullar, ich auf die Hot Dogs. Sechs bis zehn Hot Dogs waren für mich durchaus nicht unüblich. In Bielefeld überraschte ich ein ums andere Mal durch meine lockere Art. Da mich die Mitarbeiter bis dahin nur vom Hörensagen kannten, dachten sie, der Türke sei eher konservativ und spießig. Aber da ich mit ihnen abends zum Mexikaner oder sonst wohin essen ging, entstand bald eine recht freundliche Atmosphäre. Zwei Männer fielen mir besonders ins Auge: die rechte Hand des Niederlassungsleiters (ein Top-Vertriebler, der beachtlichen Umsatz gemacht hatte), und ein weiterer. Jung, zielstrebig, gut aussehend, voller Power und mit dem eisernen Willen, etwas aus seinem Leben zu machen. Wir funkten direkt auf einer Wellenlänge.

Irgendwann nahmen die Beschwerden überhand. »Guck mal, du hast im Dezember 60.000 Euro gemacht und bist dann noch so unverschämt, von jedem Mitarbeiter im Büro zwei Euro für die Kaffeekasse einzusammeln. Die 25 Euro hättest du ruhig mal aus deiner Tasche berappen können. Dann hätten sie vielleicht gesagt: ›Toller Chef!‹ Es ist letztendlich deine Sache, aber es ist falsch. So bringst du mit deinem Geiz alle gegen dich auf.« Er wollte es nicht einsehen. Ich zahlte in Bielefeld knapp 3.000 Euro Miete, hatte auf drei Jahre gemietet. Das waren für die Laufzeit rund 100.000 Miete, und für Möbel und Computer hatte ich on top noch einmal 40.000 investiert – mein Risiko, mein Laden, alles klar. Den Spaß hatte ich mir gegönnt. Ich glaubte an Bielefeld. Ich wollte immer expandieren und nicht nur in Kassel sein. Diese Niederlassung brachte 30 Prozent des Umsatzes bei 45 Prozent des Personals. Kein Wunder, denn das Wunder – ich – saß ja in Kassel. Dennoch – alles lief gut, machte Spaß, alle verdienten Geld. Wir waren insgesamt 30 Verkäufer, hatten ein gutes Backoffice, alles prima. Aber diese ständigen Beschwerden zermürbten mich. Der Typ war ein Top-Verkäufer mit monatlich 8.000 MB – aber das war mir scheißegal, denn zum ersten Mal störte mich mein Beruf. Die Anrufe nervten mich kolossal. Ich redete einmal mit ihm, zweimal – ich fand kein Gehör, kein Verständnis. Ich wusste, ich musste noch einen Batzen Miete zahlen, aber scheiß auf das Geld, scheiß auf die Miete – ich möchte nicht mehr, ich werde die Zusammenarbeit beenden. Diese Entscheidung traf ich Mitte März, vier Monate nach Beginn der Kooperation. Mein Wohl, meine Lebensqualität waren mir wichtiger als das Geld. Die täglichen Beschwerdeanrufe hatte ich dicke. Also: Der Entschluss stand fest. Ich würde die Zusammenarbeit zum 31.3. beenden. Kündigen ist so ein hartes Wort ... Ich wusste, ich gehe ein Risiko ein, denn die Leute waren alle mit ihm gekommen, seine Mannschaft. Aber ich wusste auch, dass ich inzwischen – vor allem bei den jüngeren Mitarbeitern – einen Stein im Brett hatte und hohe Sympathien genoss.

Nichtsdestotrotz – von den 13 Mann war einer sein Sohn, einer sein bester Freund und einer seine Frau. Meine Kalkulation: Ich würde mindestens vier Mann verlieren. Könnte aber neun gewinnen und Bielefeld groß machen. Oder ich verliere alle 13 Mann und werde auf der für den Rest der drei Jahre noch zu zahlenden Miete hängen bleiben. War es mir das wert? In der Tat. Ich beraumte für den nächsten Tag eine Konferenz an und informierte die Niederlassungsleiter darüber, dass wir mit einem Team aus Kassel anreisen würden. Im Vorfeld rief ich den guten Kumpel des Leiters und zweitbesten Mann an. Aus einem der zig Marketingbücher, die ich gelesen hatte, wusste ich: Baue niemals in deiner Firma eine wichtige Position auf, die nicht doppelt besetzt ist, NIEMALS. Denn wenn man sich von einer Person abhängig macht, dann wird sie das in einem für dich ungünstigen Moment ausnutzen und gegen dich ausspielen. Wichtige Positionen also immer doppelt besetzen. Dadurch gewährleistet man, dass es nahtlos weitergeht, wenn jemand Wichtiges kündigt. Es darf keine Verzögerung geben und die gibt es nicht, wenn ein Stellvertreter da ist.

Ich brauchte einen Schlachtplan. Was vor zwei Jahren geklappt hatte, sollte jetzt wieder klappen. Du kannst nur Karriere machen mit Ellenbogen, wenn du unbarmherzig vorgehst und deine und die Interessen der Firma an erste Stelle setzt und das einzelne Individuum, das persönliche Schicksal, vernachlässigst. Anders geht es nicht! Zumindest nicht, wenn man seine Firma zum Erfolg führen will. Es gibt deswegen zwei Mehmet Göker – die Privatperson und den Businessmann. Und dann turnt da noch der Sportfanatiker herum. Ich rief also Joe Fleckenstein an.

»Hallo, hier spricht Mehmet Göker ...«

»Ja, hallo, wie geht's?«

Smalltalk ist eigentlich nicht meine Sache ... Mein Standardsatz bei Beginn von diesem sinnlosen Herumgerede war und ist: »Laber mich nicht voll, komm auf den Punkt ... was gibt's?!« Einer sagte mal, wenn man am Tag mit mir drei Minuten gesprochen hat, war das ein langes Gespräch. Meine Zeit war kostbar, denn ich hatte fast keine. Dieses eine Mal ließ ich mich widerwillig darauf ein ... Es war sehr einfach, ihn zu überzeugen. Ich hatte mit wesentlich mehr Widerstand gerechnet. Ich sagte ihm offen, was ich vorhatte und wusste, wenn er nicht dichthält, habe ich das Spiel verloren. Aber ich traute meinen Instinkten.

»Ich brauche ab morgen einen neuen Niederlassungsleiter. Damit es nicht jeder direkt bemerkt ... dieses Gespräch hat nie stattgefunden, ist das klar?«

»Ja, Mehmet!«

»Zweitens: Du wirst ab morgen Niederlassungsleiter, vorerst kommissarisch und nächste Woche dann offiziell. Du wirst deinen Anteil an jedem

MB, der in Bielefeld geschrieben wird, erhalten. Bei 18.000 MB im Monat, wird das ein nettes Sümmchen werden. Drittens: Du erhältst einen Firmenwagen, einen 5er oder 7er BMW. Viertens: Du wirst sehen, dass es, nachdem dein Chef weg ist, keine weiteren Abgänge geben wird. Und wenn alle gehen, dann kümmere ich mich um ein komplett neues Team. Bist du dabei? Mit der Bitte um eine klare Antwort ...«

»Ja, ich bin dein Mann!«

Ich denke: Den hast du aber preiswert eingekauft. So schnell verrät man einen Freund für Geld. Danke! Meine Lektion: Wer einen langjährigen Freund so schnell fallen lässt, dessen Loyalität mir gegenüber wird sich, wenn es hart auf hart kommt, in Grenzen halten. Ich sollte recht behalten. Aber in dieser Situation ging es nicht darum, Charakter zu kaufen, sondern den Umsatz zu garantieren. Darauf muss ein Profi achten!

Am nächsten Tag dann die Konferenz. Der Chef sitzt dekadent in seinem Sessel, eben wie ein Mann, der 50.000 Euro verdient. Ich wusste, dass er in mir nur den kleinen Jungen sieht, den Türken, den er im Griff hat. Jetzt sollte sich das ändern. Er war so selbstbewusst, weil er glaubte, nicht ersetzbar und unantastbar zu sein. Auch das sollte sich ändern. Er war – nach mir – der zweitbeste Verkäufer und konnte sich nicht vorstellen, dass ihm etwas passiert. Nur ein wahnsinniger Türke würde den zweitbesten Mitarbeiter, der auch noch Niederlassungsleiter ist, schassen und Gefahr laufen, auf 85.000 Euro Miete sitzen zu bleiben. Das Problem von ihm war: Im Gegensatz zu ihm war mir mein Seelenfrieden wichtiger als das Scheißgeld. Ich gehe rein:

»Na, alles klar?«

»Jo ...!«

»Ich hab mir alles durch den Kopf gehen lassen. So wie die Zusammenarbeit läuft, wird es nicht weitergehen. Es wird heute eine Veränderung geben.«

Er lächelt großkotzig und sagt:

»Was willst du denn machen?«

Und ich sage:

»Dich entlassen, du fettes Schwein!«

In dem Augenblick war das Lächeln weg und ›das fette Schwein‹ habe ich nur gedacht, nicht gesagt! Das Gesicht verzog sich.

»Bist du dir sicher?«

»Ja!‹

»Du weißt, du zahlst hier die Miete?«

»Ja! Ich werde das jetzt den Mitarbeitern mitteilen – und wer mit dir gehen will, geht. Und wenn ich auf der Scheiße hocken bleibe, ist mir das auch egal. Lieber zahle ich jeden Monat 3.000 Euro und bin dich dafür los, als weiter deine Nörgelanrufe zu ertragen. Ich kann mit dir nicht zusammenarbeiten, denn du bist ein Miesepeter, ein Geizhals und obendrein unfreundlich. Hier ist der Auflösungsvertrag zum 31.3. – wenn du den unterschreibst, garantiere ich dir, dass du deine Provisionen vollumfänglich erhältst.« Er unterschrieb und fertig war die Laube.

Danach beorderte ich die ganze Mannschaft, 13 Leute und mein Getreuer Patrick Böhme, in den Konferenzraum. Stellte mich hin und sagte: »So, meine Damen und Herren, heute haben wir eine Veränderung. Euer Chef und ich verstehen uns nicht, das wird sich auch in Zukunft nicht mehr ändern. Daher ist er mit sofortiger Wirkung seiner Aufgaben entbunden. Er ist nicht mehr für die MEG tätig. Wer möchte, kann JETZT aufstehen und mit ihm mitgehen.« Und wie ich es mir gedacht hatte: seine Frau, sein Sohn und sein bester Freund stehen auf. Zur neuen Nr. 1 sagte ich:

»Bleibst du an meiner Seite?«

»Ja, Mehmet!«

»Bist du bereit, kommissarisch das Amt des Niederlassungsleiters ...?«

»Gerne, Mehmet!«

Und ich sah, wie der bisherige Chef ein zweites Mal an diesem Tag innerlich zusammenbrach. Sein langjähriger Freund, der mit ihm von *Impuls* gekommen war, ließ ihn hier vor allen Leuten fallen. ›Tja‹, dachte ich mir, › das nächste Mal schaust du dir besser an, mit wem du dich anlegst!‹ Was ich damals nicht wusste: In diesem Raum saß bereits ein einzigartiger Vertriebler, ein Power-Verkäufer, später Mitglied des MEG-Vorstandes. Er machte an meiner Seite Karriere und hat in Spitzenzeiten 300.000 im Jahr verdient.

März 2006. Ich habe mich von dem Niederlassungsleiter getrennt. Es geht wie folgt weiter: Habe viel Geld investiert, nicht nur in die Niederlassungen, sondern auch in meinen Lebensstil. Habe mir einen zweiten Ferrari gegönnt. Habe artig investiert und mir einen 360 geholt, für 180.000 Euro. In Rot mit schwarzen Ledersitzen. Zwei Ferrari, drei Porsche, das Leben läuft. Einnahmen indes kommen nicht wie gewünscht. Das Geschäft hakt ein bisschen. Wir stehen vor dem dreijährigen Firmenjubiläum. Als ich anfing, mit der *Curatel* Geschäfte zu machen, habe ich mir vorgestellt, sie seien riesig, weil sie ein AG sind. Das ist natürlich Blödsinn. Jeder, der 50.000 Euro Kapital hat, kann eine AG gründen. Keine Ich-AG, sondern eine richtige – und für alle meine türkischen Freunde, die mitlesen – eine solche Aktiengesellschaft ist eine eigene juristische Person. Im Gegensatz zu mir: Ich bin eine natürliche Person. Bei der Firmenkonstruktion sollte meinem Steuerberater ein folgenschwerer Fehler unterlaufen: Alles sollte von der juristischen auf die natürliche Person übertragen werden. Was das bedeutete, sollte man später bei der Razzia sehen. Nichts Gutes auf jeden Fall.

Cut: der 1. April 2006. Eine pompöse Feier zum Dreijährigen. Mit vielen Gästen. Es kamen 200 Mitarbeiter, Partner, Gäste und Freunde. Die meisten aus der Versicherungswirtschaft und der Kasseler Society (bitte an dieser Stelle nicht lachen). Die Feier sollte etwas ganz Besonderes sein. Ich wusste, wenn ich aus der e.K. eine AG mache, verbessert das die Außendarstellung. Eine MEG AG macht verkäuferisch mehr her als eine MEG e.K. ›Ooh‹, denkt der Kunde, ›eine AG, toll!‹ Was gibt eine AG dem Kunden? Sicherheit! Was machte es mir leichter? Ich konnte leichter Mitarbeiter anwerben. Denn wir waren zwar dieselbe Firma, aber in Deutschland (und ich schätze, das gilt weltweit), zählt die Verpackung immer mehr als der Inhalt. Die Verpackung war sexy, die Verpackung war hot, die Verpackung war ... ich.

Einen Tag vor dem Firmenjubiläum gab ich der *HNA* ein Interview, mein erstes, dreiviertel Seite. Ich hatte es nach landläufigen Begriffen geschafft. Die Überschrift: »Einnahmen im Minutentakt«. Wir waren in Nordhessen bekannt, toller Bericht. Ich traf Viktor Deutsch, den späteren Chefredakteur des *Extra Tip*, der den Titel »Porsche, Parties, Provisionen« kreieren sollte, auf dem Gang und sagte: »Na, Viktor, schon den Bericht in der *HNA* gesehen, ist doch toll, oder?!« Viktor in seiner üblichen einsilbigen Art: »Nö!« ›Na‹, hab ich gedacht, ›wir werden sehen!‹ Viktor, liebe Grüße an dich! Ich möchte an dieser Stelle mal etwas zu der Berichterstattung in der *HNA* und dem *Extra Tip* sagen. Ich hatte immer ein professionelles Verhältnis zu beiden Publikationen. Es wurde behauptet, dass es da Kungeleien gäbe und sie mich hofieren würden – einen Scheiß haben sie gemacht! Sie haben als regionale Medien eine Firma, die so viel Mitarbeiter hat und so viel Umsatz generiert, positiv begleitet, aber natürlich auch kritisch berichtet. Aber auch bei den für mich negativen Artikeln – und davon gab es genug – haben *HNA* und *Extra Tip* ebenfalls sachlich berichtet. Verantwortlich dafür: der eben erwähnten Viktor Deutsch und Ulf Schaumlöffel. Horst Seidenfaden, der Chef der *HNA*, hat uns auch jahrelang besprochen, aber nicht nur wohlwollend, sondern auch kritisch. Mit diesem Journalismus kann ich sehr gut leben, denn er war nicht gegen mich gerichtet, sondern hat das Unternehmen und seine Ziele kritisch hinterfragt. Danke für eure Unterstützung und eure Kritik, die mich immer weiter gebracht hat. Es gab allerdings ein Arschloch bei der *HNA*, der nicht kritisch war, sondern persönlich wurde und das über Jahre. Wie hieß dieser Kerl noch mal?

Mehmet ruft Ulf Schaumlöffel an und fragt nach der besagten Person ... und lacht, als Ulf sagt: »Wie kann dir denn dieser Name nicht einfallen?« Ulf weiß sofort, wer gemeint ist.

Fritz T. *(Name von der Redaktion geändert)* war ein neidisches Arschloch, das nichts von kritischem Journalismus verstand. Mit den drei anderen Herren war es ein Geben und Nehmen, und ich konnte sachliche Kritik auch stets einstecken. Das ist der Stadt und der Region stets zugutegekommen. Aber Fritz T. ging es nach der Insolvenz nur darum, mir persönlich einen reinzuwürgen – und das jeden Tag. Er hat Aussagen in Interviews verdreht, er hat auch gelogen. Ein Beispiel: Er fragte mich, warum ich ein *Eintracht-Frankfurt*-Trikot trage und ich sagte ihm, weil ich als Junge Fan dieses Vereins gewesen war. Er schrieb, ich trage ein Frankfurt-Trikot, weil *Hessen Kassel* nur viertklassig sei. So eine gottverdammte Lüge. Das wollte ich immer schon einmal klarstellen. Ein anderes Mal schrieb er, ich sei tief gefallen. Mein Antwort in den sozialen Medien war: »Mag ja sein, dass ich tief gefallen bin, aber ich stehe immer noch hoch genug, um von hier aus auf Ihren Kopf zu spucken, Herr T.!«

Mehmet ist jetzt voll in seinem Element. Ulf Schaumlöffel hat seine Abrechnung über ein laut gestelltes iPhone mithören können. Noch einmal betont er, dass die anderen drei Herren immer fair waren, durchaus kritisch, aber eben fair. Es hält ihn nicht mehr auf seinem Stuhl. Er steht auf und spricht mit Ulf Schaumlöffel, erinnert an die Episode, wo er (Mehmet) die Extra Tip-*Journalisten von den* Hessen-Kassel-*Spielen ausschließen wollte – und von Viktor Deutsch eines Besseren belehrt wurde. Lobhudelei habe er gar nicht verlangt, aber Fairness. Mehmet berichtet vom Fortgang des Buches, Ulf ist ›gespannt, was da rauskommt‹. – ›Wie hieß noch mal die Journalistin, die ... ach ja, Martina Wewetzer. Ulf, danke, wir grüßen dich und halt heute Abend zu Deutschland!‹*

Martina Wewetzer, ja, so hieß sie, war die Wirtschaftsjournalistin der *HNA*. *Extra Tip* kommt mittwochs und sonntags, eine Wurfsendungszeitschrift, steckt in jedem Briefkasten und wird von den Feuilletonisten etwas belächelt. Aber, gemach, sie machen ihre Sache gut und sind sehr schnell. Als Brad Pitt anlässlich der Documenta Kassel besuchte, war er schon auf dem Cover von *Extra Tip*, da wusste die HNA noch gar nicht, dass er da ist. Ulf Schaumlöffel mit Evander Holyfield, Ulf Schaumlöffel mit George Forman – die sind immer ganz weit vorn. Die *HNA* schläft. So – Martina Wewetzer möchte ich danken. Sie war eine seriöse, professionelle Journalistin, die den ersten Bericht über uns verfasst hat. Danke, Frau Wewetzer.

Also:

1. April 2006. Ein Fest für 125.000 Euro. Alle da, in feinem Zwirn, die Damen in Abendkleidern, die Männer im Smoking. In dieser Nacht werden neue Führungskräfte gelobt, an diesem Abend halte ich eine flammende Rede auf die Zukunft der MEG. An diesem Abend habe ich zwei Ehrengäste – einen Vertriebsvorstand und einen der führenden plastischen Chirurgen Deutschlands, der in seiner Rede an die Mitarbeiter der MEG appellierte und darauf hinwies, dass man gemeinsam mehr erreichen kann. Toller Mensch, toller Chirurg, toller Redner ... Die neuen Vertriebler waren unsere Ehrengäste – einer von ihnen, ein Top-Typ. Das Einstellungsgespräch mit diesem Top-Verkäufer werde ich nie vergessen. Er ist väterlicherseits nigerianischer Abstammung, seine Mutter Deutsche. Kleine, geballte African Power.

Sitzt vor mir und sagt: »Herr Göker, ich hab Handys verkauft ...«

Ich: »Ich sehe in Ihnen viel mehr!«

Er: »Herr Göker, ich möchte bei Ihnen arbeiten ...!«

Ich: »Wie kommen Sie auf uns?«

Er: »Leute, die bei Ihnen arbeiten, haben gesagt: Bei Göker verdienst du gutes Geld. Aber es gibt ein Problem: Er nimmt nur die Besten. Die meisten Bewerber lehnt er ab. Und als ich das gehört habe, habe ich gedacht: Ich will dazu gehören, denn ich bin einer der Besten.«

Er sagte gleich von vorneherein, dass es in seinem Führungszeugnis ein Problem gäbe. Mein Antwort: »Mich interessiert nicht ihre Vergangenheit, mich interessiert ihre Zukunft. Und wenn Sie mir sagen, dass Sie so etwas in Zukunft nicht mehr machen werden, dann Schwamm drüber, lassen Sie uns gemeinsam, Geld verdienen.«

Wir schlugen ein und er war angestellt. In den nächsten Tagen haben mich sehr viele Menschen vor diesem schwarzen Mann gewarnt. Mir, einem Türken, wurde abgeraten, einen schwarzen Mann, einzustellen.

Welch eine Ironie. Wie oft habe ich dieses »Ich hab's doch gewusst ... ich hab dir's doch gesagt« gehört, aber der war eine Granate, ein Volltreffer. Hat sich hochgearbeitet. Habe ich nie bereut.

Der Jubiläumsabend, der übrigens in einer umgebauten Kirche stattfand, lief folgendermaßen ab: 19 Uhr Einlass für die 200 Gäste. Zum Auftakt sang ein italienischer Tenor, später – zum Abzappeln – legte ein DJ auf. Es gab ein Sechs-Gänge-Menü, angerichtet wie immer von unserem Haus- und Hof-Caterer. Dieser Gastronom (der eigentlich die größere Attraktion Nordhessens darstellt als der Herkules) liefert das Beste vom Besten: beste Currywurst, beste Schnitzel, bestes Fleisch, bestes Wild zu Weihnachten, alles nur vom Feinsten. Eine Anekdote am Rande. Eigentlich wollte ich Dieter Bohlen buchen, aber der wollte damals 15.000 Euro. War mir zu viel. Der Event-Veranstalter bot mir daraufhin Naddel und Cora Schumacher für 5.000 an. War mir auch zu viel. Der Veranstalter: »Na gut, 4.000.« – »Kapierst du es nicht: ICH WILL SIE NICHT, WEDER FÜR 5.000 NOCH FÜR 4.000. DIE KANNST DU MIR VOR DEN BAUCH BINDEN, NEIN, DANKE. ICH WÜRDE SIE NICHT EINMAL NEHMEN, WENN DU MIR 5.000 GEBEN WÜRDEST!« Zwischen den Gängen immer volle Action:

NEUER ORGANISATIONSDIREKTOR – DIRK FREUDENSTEIN ...

NEUER ORGANISATIONSDIREKTOR – ROMAN FLEISCHMANN ...

Diese Beförderungen fanden ja auf der Bühne statt und wurden zelebriert, mit eigener Marschmusik. »Ich brauche mal eine Musik von dir«, sagte ich. Da wusste dann der Gefragte: Heute könnte was passieren. Franco Martina trat zum Beispiel immer mit der italienischen Nationalhymne auf. Einmal bin ich in der Schweiz, italienischer Teil, von Bullen angehalten worden und die quatschten mich voll. In meiner Not rief ich Franco an und bat ihn zu dolmetschen. Franco: »Ab'r, Mehmet, isch spräche doch garr kain Italienisch!« – »Was, du hast bei der WM 2006 zu Italien gehalten, nutzt als Einlaufmusik die italienische Hymne und kannst die Sprache nicht, du Pseudo-Italo?« Dann hab ich aufgelegt und Dominique T. angerufen, die konnte neben Kokainisch auch Italienisch. Die Bullen quasselten was von 300 km/h, wo 120 erlaubt waren und wollten 1.000

Euro für vier Ferraris. »Hier, haste 2.000, wir kommen den gleichen Weg wieder zurück!«

Ein paar Sekunden vor Mitternacht begann der finale Countdown ... ten, nine, eight, seven zu dem Song von *Europe* und Punkt zwölf gab es ein Feuerwerk und die MEG-Fahne wurde von mir persönlich gehisst, mit dem AG-Schriftzug. AB JETZT WAR DIE MEG EINE AKTIENGESELLSCHAFT. ICH KRIEGE GÄNSEHAUT, WENN ICH DARÜBER REDE! NEUER VORSTANDSVORSITZENDER MEHMET E. GÖKER. MITGLIED DES VORSTANDS BJÖRN KOTZAN. AUFSICHTSRATSVORSITZENDER JÖRG SCHMIDT. Wir begannen gemeinsam an unserer Zukunft zu arbeiten.

An diesem Abend fiel mir Nosa Idehen besonders auf – er hatte das Glühen in den Augen, er hatte das Tigerauge. Und ich sah in die Tigeraugen von Nosa, und er sagte zu mir: »Mehmet, das ist das erste und letzte Mal, dass ich nicht da oben auf der Bühne bei den Besten stehe und geehrt werde. Ab dem heutigen Tag werde ich Karriere machen und zu denen da oben gehören.«

Die neuen Vorstände und Generalvertriebsdirektoren wurden immer öffentlich ausgelobt, auf der Bühne, denn sie sollten nicht nur gutes Geld verdienen, sondern auch das bekommen, was ihnen zusteht und in der Wirtschaft wichtig ist – Respekt und Anerkennung. Und das gab ich jedem, der es sich erarbeitet hatte, der es verdiente, der es wollte. Bei mir bekam jeder das, was er verdient – Anerkennung und Geld oder was auf die Fresse.

Alle Frisöre in Kassel waren einen Tag vor und am Tag des MEG-Jubiläums ausgebucht und Heinsius & Sander, der Edelklamottenladen, verdiente ein Scheißgeld. Während der MEG-Zeit hatten die ein Dauerhoch, inzwischen sind sie pleite.

Der Marth kündigte mich an, ich moderierte. »Meine Freunde, hier ist – UNSER CHEF, UNSER FREUND ... MEHMET E. G Ö K E R.« Dafür bekam der im Monat 10.000 Euro. Er hatte gar keinen fest umrissenen Job. 10.000 und einen Porsche 911 Carrera, silber, schwarze Ledersitze – keine schlechte Entlohnung für diese Arbeit. »Marth, kannst du nicht mal bei

Mehmet vorsprechen...?« – »Marth, kannst de mal zum Göker gehen, es soll nicht zu deinem Schaden sein ...?!« – »Marth, du bist doch ein guter Verkäufer!« – »Spinnst du, ich geh doch nicht in den Verkauf und verscherze es mir mit Göker, das kannste vergessen!« Marth ist witzig, hat Humor, kann über sich selbst lachen und andere zum Lachen bringen. Er kann Geschichten erzählen wie kein anderer. Er ist gebildet und charmant und hat ein überdurchschnittliches Allgemeinwissen. Und das konnte er als Entertainer so umsetzen, dass man mit ihm, über ihn und über andere lacht und sich gut dabei fühlt. Seine Sprüche sind legendär und kamen immer punktgenau: »Das kann uns keiner mehr nehmen!« Und wie er aß! Er schaute sich das Essen über den Brillenrand an (er hatte 17 Dioptrien, flaschenbodendicke Gläser), beäugte den Bissen und schob ihn sich dann in den Mund. Er hatte für jeden einen netten Spruch parat. Zu meiner Mutter sagte er immer: »Frau Göker, am Wochenende komme ich vorbei, dann essen wir beide Schwarzwälder Kirschtorte!« Er ist nicht einmal vorbeigekommen. Außerdem hatte Marth ein phänomenales Gedächtnis und, wie ich, ein Faible für Filme. Wir hatten viel Spaß miteinander, waren am politischen Tagesgeschehen interessiert, lasen beide viel Zeitung ... Er war sechs Jahre lang an meiner Seite, die ersten drei Jahre locker, drei Jahre lang dann auch auf der Payroll, als persönlicher Assistent des Vorstandsvorsitzenden. Marth konnte man zu jedem High-Class-Meeting mitnehmen. Er konnte repräsentieren, mit jedem ein Gesprächsthema finden, er kleidete sich exzellent. Wenn ich mit ihm den Vertriebschef der *Allianz* besuchte, den zweitwichtigsten Mann dieses Welt-Unternehmens, dann war Marth einer von uns. Einer von der Branche. Der Marth hat eine Fähigkeit, die ich auch besitze. Er geht zu einem alten Kumpel, der eine Pommesbude hat und unterhält sich den ganzen Abend auf Pommesbudenniveau (nichts gegen Pommesbuden, ich liebe sie). Und am nächsten Tag trifft er sich mit dem Vizekanzler Guido Westerwelle und parliert auf dessen Niveau. Das können nur wenige Menschen. Er ist weder arrogant, noch abgehoben. Auf seine Weise jedoch sehr eitel, aber nicht auf arrogante Weise. Er achtet auf seine Gesundheit, geht ins Fitnessstudio. ›Hui, da habe ich einen kleinen Ausschlag bekommen, da muss aber jetzt sofort die teuerste Creme her.‹ Zweimal die Woche Massage. Vom PKV-Geschäft hatte er meiner Meinung nach inhaltlich keine Ahnung. Einmal kam er zu mir und fragte ob es unserer Firma noch gut gehe. Als er fest angestellt war, hat er ganz normal von morgens zehn bis 20 Uhr gearbeitet. Er hat sämtliches Marketing gemacht. Er ist ein Organisationsgenie. Er flog zum Beispiel zwei Tage vor uns nach Jamaika, damit dort alles reibungslos und perfekt ablief, wenn wir mit 60 Leuten dort ankamen. Die Schlüssel mussten bereitliegen, die Essenszeiten waren festgelegt, Freizeitprogramm, alles .... Das hat er sehr gut gemacht – und das heißt was, wenn ich als Perfektionist das sage.

Das Verhältnis ging zu Ende, als ich im Dezember 2009 in die Türkei fuhr.

Wenn er heute käme und würde mich umarmen, könnte er direkt wieder bei mir einziehen, aber was er gemacht hat, bleibt falsch. Ich hab diesem Mann 10.000 Euro im Monat bezahlt, einen Porsche dazu, er war bei jeder Reise dabei – macht man so was bei einem Freund, der gerade ganz tief in der Scheiße hängt? NEIN! Aber ich bin nicht nachtragend.

Die Vorstände haben mir immer gesagt: »Göker, wenn wir nach ihren Gala-Events die Feste anderer Makler und Unternehmen besuchen, dann sehen wir erst, was das für Amateure sind. Bei denen gibts Budderbrote und die Getränke muss man selbst zahlen. Keine Unterhaltung, kein Entertainment, keine Musik, nichts. Biedermann und Bummelmeier.« Und meine Antwort war: »Wisst ihr, ich bin gar nicht so gut, der Rest ist nur so schlecht!«

Und ich möchte an dieser Stelle mal mit gängigen Vorurteilen aufräumen. Es gab an diesen Abenden weder Nutten noch Koks, das ist alles *Wolf of Wall Street*-Gequatsche, Wunschdenken. In der Realität geht das an einem solchen Abend gar nicht. Vielleicht hatten einzelne Menschen etwas dabei, keine Ahnung, aber die, die durch die Show führen mussten, die moderieren mussten, waren sauber. No drugs! Bei dieser Veranstaltung, wir waren ja noch klein, wurden circa zehn Leute befördert. Das zog sich ganz schön und dann wurde gefeiert, bis der Arzt kam.

Nach der Feier zum Dreijährigen am 1.4. 2006 besuchte ich am 10. April 2006, dem Jahrestag seines Todes, das Grab meines Vaters. Das hatte ich mir ja geschworen. Zusammen mit meinem Freund Frank Marth, der am

11. April Geburtstag hat und wie ich ein durchtriebener Widder ist. Ein paar Tage danach flog ich mit einer Freundin auf die Seychellen im Indischen Ozean. Luxusurlaub, wie man ihn sonst nur aus dem Fernsehen kennt. Zehn Tage im *Beachcomber Sainte Anne Resort*. Luxus pur. Motto: »Dream is a serious thing!« So also lebten die Reichen und Schönen, es war unbeschreiblich. Wir leisteten uns für Hin- und Rückflug Business Class. Und dann: zehn Tage Paradies. Eines Abends, wir sitzen beim Essen, sehe ich ihn. ›NÄ, DER HIER?! DEN QUATSCH ICH AN!‹ »Hallo, Herr Krug, ich war selbst mal Schiedsrichter. Es ist mir einen große Freude und Ehre, Sie kennenzulernen. Ich weiß noch genau, wie Sie 1998 das Champions-League-Finale in Amsterdam vor 50.000 Menschen *Real Madrid* gegen *Juventus Turin* gepfiffen haben ...« Da stand er vor mir: Hellmut Krug, der Mann mit der eisernen Pfeife. So nannte ich ihn. Klasse Typ. Wir unterhielten uns sehr lange, gingen gemeinsam mit unseren Frauen zum Abendessen und tranken das ein oder andere Pils an der Bar. Ein Jahr später war ich mit den fünf besten LV- und KV-Verkäufern wieder auf den Seychellen. Mit Aufsichtsrat und Vorstand waren wir zehn Personen. Sommer 2007. Wir saßen am Tisch, aßen und redeten sehr laut. Und da kommt einer um die Ecke und sagt: »Göker, das hätte ich mir denken können, entweder ist das ein Essener Kegelklub oder der Göker.« – »Mensch, Herr Krug, auch wieder hier, das freut mich aber.« Ich fragte mich allerdings, wie ein ehemaliger Schiedsrichter, pardon, Weltklasse-Schiedsrichter, sich das leisten konnte, pro Person ist man mit Hin- und Rückflug für so einen Trip gut und gerne 5.000 Euro los. Neugierig wie ich bin, fragte ich dann Krug selbst. »Tja«, sagte er mit einem Lächeln, »meine Frau arbeitet in einem Reisebüro und uns kostet das pro Nase nur 1.500 statt 5.000 Euro.« Toller Typ. Ich habe ihn gefragt, wie das ist, wenn man vor 50.000 Menschen in eine Arena einläuft und ein solch hochklassiges CL-Finale pfeift – mit Zidane, Ronaldo, Beckham ...? Seine Antwort: »Ich weiß nicht, wie das ist. Ab einem gewissen Punkt sieht man keine Zuschauer mehr, keine Namen mehr. Du fokussierst dich, wenn du auf den Platz läufst, und siehst nur die Rückennummern. Ob das ein Zidane, ein Ronaldo oder ein Beckham ist, ist vollkommen wurscht. Du siehst und beurteilst nur, was diese Leute machen.« Das wäre, so sagt er, seine große Stärke: fokussieren und den Rest ausblenden. Ob 50, 500 oder 50.000 Leute – das interessiert alles nicht. Wie gesagt, ich bin ein großer Hellmut-Krug-Fan!

Die Sonntage gehörten meiner Familie. Sonntags also zu Mama. Ich kaufte meinem Bruder und meinen Neffen eine C-Klasse. Der Neffe, der bei mir im Vertrieb arbeitete, bekam einen CLK 63 AMG, rot, Cabrio, beige Ledersitze, brutal ... Meine Nichten bekamen einen Polo, meine Schwester einen Polo und ein Einfamilienhaus mit knapp 200 Quadratmetern. Meine Mutter wollte kein Auto, die hatte ihre Villa. Es hieß, ich kümmerte mich aufopferungsvoll um meine Familie. Mir ging es nur darum, dass wir zusammenhalten. Mittlerweile arbeiteten ja auch alle sechs Nichten und Neffen bei mir. Andere Türken haben eine Dönerbude, in der alle mitarbeiten, ich hatte halt eine Versicherungsbude. Was solls? Alle hatten genug Geld, ich fuhr oft auf Reisen. Nahm die Familie oft mit. Zu meinen beiden Großneffen, die jeweils fünf Jahre jünger sind als ich, hatte ich nicht nur ein familiäres, sondern irgendwann ein echt freundschaftliches Verhältnis.

Im Mai 2006 stand die nächste Reise nach Dubai an. Tolles Essen, tolle Location, das *Al Mahara* im *Burj Al Arab*, Unterwasser-Restaurant, exquisite Speisen. Einfach Weltklasse! Zack wieder zurück in der Welt nach zehn Tagen. Göker am Malochen. Die nächste Reise im August. Ich fahre mit dem Ferrari quer durch Europa in die Türkei. Zwei Ex-Freundinnen an meiner Seite, beide haben sich gigantisch verstanden. Beide studierten BWL und Französisch an der Uni Bayreuth und nachdem ich mit jeder circa drei Jahre zusammen war, wurden sie beste Freundinnen und ich ein guter Freund. Wir haben alle im Strandhaus meiner Eltern geschlafen. Mit einer von beiden, Julia, bin ich 2004 schon einmal, damals in dem 911er Porsche, in die Türkei gefahren. Sie hatte die Angewohnheit, beim Fahrerwechsel immer in dem Auto von einer auf die andere Seite zu klettern. Fürchterlich! Bei einem nächtlichen Tankstopp in Kroatien komme ich von der Kasse und sehe, dass sie schwitzt.

»Was ist los mit dir, du bist so ruhig und schwitzt?!«

»Nichts, nichts, lass uns weiterfahren!«

»Okay ... ist wirklich alles in Ordnung?«

»Jaja, alles okay!«

Ein halbes Jahr später sehen wir uns bei einem Straßenfest in Kassel wieder und sie beichtet mir, dass sie vom Fahrer- auf den Beifahrersitz geklettert ist, anstatt – wie es sich gehört – auszusteigen und ums Auto zu gehen. Bei der Aktion kam sie mit dem Knie an eine volle Dose *Red Bull*, deren Inhalt sich auf den Beifahrersitz ergoss. »Ich sehe, wie du aus dem Kassenhäuschen kommst und setze mich in die *Red-Bull*-Pfütze, alles nass, meine Hose, mein Po, alles – und ich habe nur gefleht: Bitte, lass es ihn nicht merken, er bringt mich um!«

In Dubai sah ich einen Rolls-Royce Phantom und war fasziniert. Bei jeder Incentive-Reise mussten die Mitarbeiter einen Wunsch aufschreiben, den sie durch die Stadt, ein Erlebnis, einen Anblick bekommen hatten. Was will der Mitarbeiter erreichen, ein konkretes Ziel. Dieser Zettel wird eingerahmt auf den Arbeitsplatz gestellt. Zeit bis zur Erreichung des Ziels: ein Jahr. Ich schrieb für mich auf: Will binnen einem Jahr einen Rolls-Royce Phantom. Das war meine Inspiration, das wollte ich mir leisten. Schon nach sieben Monaten erfüllte sich mein Traum: Ich kaufte mir für 368.000 Euro einen niegelnagelneuen Rolls-Royce Phantom 550, oben Silber, an den Seiten schwarz. Zu der Zeit hatte ich 2,5 Millionen auf meinem Konto und sagte mir, dann kannste auch mal so viel für ein Traumauto ausgeben. Ich hatte den Wagen von 440.000 auf 368.000 runtergehandelt. »Ist das nicht geil?«, fragte ich Frank Marth. »Klar«, sagte der, »ich würde auch mal gerne soviel Geld ausgeben, um 72.000 Euro zu sparen!«

Der Sommer 2006 hatte aber auch noch ein paar böse Überraschungen in petto. Finanzielle Probleme, das erste Mal in meinem Leben. Wir leben am Anschlag. Das Konto zeigt minus 200.000 Euro. Dispo ausgereizt. Es kommt Geld rein, aber nicht so schnell, wie Kosten entstehen. Reisen, Reisen, ich investiere in Mitarbeiter, in Sponsoring. Einer der Versicherer ruft an. Allah ist gnädig.

Man bot mit eine Premium-Partnerschaft an. Die Vorstandsvorsitzenden besuchten mich in Kassel und verhandelten eine Partnerschaft. Ich freue mich. Morgens um zehn Uhr in Kassel, ein heißer Sommertag. Es hängt sehr viel von dem Gespräch ab. Die Rechnungen brennen schon lichterloh. Das WM-Achtelfinale steht an, Brasilien gegen Ghana. Ich hatte ein Kino angemietet – draußen grillen, drinnen gucken. Eine Zentnerlast liegt auf meinen Schultern – werde ich die Firma heute retten oder wird es massive finanzielle Probleme geben, die eventuell zu einem Aus führen können? Das kam mir wie gerufen, scheiß auf Plan B. Das war's, was ich brauchte. Ich führte die Herren durch die komplette Firma, erläutere ihnen mein Konzept. Die *AXA* wollte einen Teil des MEG-Kuchens, ich versprach den Herren, dass die MEG bis Ende des Jahres 250.000 Monatsbeiträge für sie schreiben würde. Ich fragte also meine Vertriebler – und am diesem Tag waren sie alle da, auch die von der NL Bielefeld und Stuttgart: »Schaffen wir 250.000, wenn ich euch NEUN MB gebe?« Neun bekam der Verkäufer, ein MB ging an die Führungskräfte, vier blieben bei mir. Von einem der Versicherer bekamen wir bereits 14 MB pro Abschluss. Man stelle sich vor: Ein Verkäufer macht im Monat 40.000 MB. Heißt mal vier: 160.000 für den Türken. Und das Ganze zweimal – von zwei Premiumpartnern. ICH WAR WIEDER BEREIT, DIE WELT ZU EROBERN. WENN INTERESSIERTE ES SCHON, DASS DER DISPO BIS ZUM ANSCHLAG AUSGEREIZT WAR. ICH MACHTE, WAS ICH AM BESTEN KONNTE – INVESTIEREN UND DANN DAS GELD WIEDER REINHOLEN. Am Abend machten wir den Vertrag per Handschlag klar – 12 MB flossen offiziell und 500.000 kamen als WKZ am nächsten Tag cash. 48 Stunden später: Göker machte aus Minus 200.000 ein Plus von 300.000. Von der Million ins Minus gerutscht und bis Ende des Jahres aus den 300.000 2, 5 Millionen gemacht. Ich sah mich als Genie. Ich war dem geschäftlichen Tod noch einmal von der Schippe gesprungen. 2,5 MILLIONEN EURO, EINE TOLLE TRUPPE HINTER MIR – WAS SOLLTE MICH JETZT NOCH AUFHALTEN? Aber Staatsanwalt Töppel ließ nicht mehr lange auf sich warten.

Die Reise ging weiter und mit an Bord war ein neuer Mann – Marinko Neimarevic, Thai-Box-Weltmeister im Superschwergewicht. Ich sah damals eigentlich keine Notwendigkeit für einen Sicherheitsbeamten, aber das sollte sich ändern. Beim Einstellungsgespräch hatte er mir gesagt, er sei loyal und immer im Hintergrund. Loyal war er, solange es mich gab. Nach dem Ende der MEG war er nicht mehr loyal, sonst wäre er nicht im Film aufgetreten und hätte sich selbst gedemütigt [Mehmet spielt auf den Auftritt Neimarevics in Klaus Steins Film *Der Versicherungsvertreter* an]. Aber eins wurde schnell klar: »im Hintergrund bleiben«, das war bei Gott nicht seine Sache. Er wollte stets im Vordergrund stehen. Das war sein

Problem. Wir hatten einmal eine Geldübergabe inszeniert. Marinko und ich holten 1,2 Millionen Euro von der Bank und ich habe auf der Bühne dann allen Mitarbeitern meinen Dank ausgesprochen und eine Bargeldübergabe gemacht. Das war toll. 10.000, 20.000 ... Dafür hatte ich bei der Deutschen Zentralbank 5-Euro-Scheine besorgt. ICH ÜBERGAB BIS ZU 40.000 EURO CASH AN DIE BESTEN. Ich bedankte mich beim Innendienst, bei allen. Und hinterher zog Marinko ein Gesicht. »Cheffe, du bedankst dich bei Innendienst, Vertribler, bei allen, nurr Sischerhait bedankst du niacht, warum?« [»Wär toll, wenn das ein Hörbuch wäre ...«, sagt Mehmet und legt dann los.] »MARINKO, HAST DU SCHON MAL GESEHEN, DASS SICH GEORGE BUSH ODER ANGELA MERKEL BEI IHREM SICHERHEITSPERSONAL BEDANKEN. ICH DANKE DEM AMERIKANISCHEN VOLK, UNSEREN SOLDATEN UND GANZ BESONDERS DEM SECRET SERVICE, DASS ICH NOCH LEBE ... Und jetzt willst du immer Anerkennung?« Marinko wollte nur Geld und Anerkennung. Er fing an mit einem Gehalt von 2.000 Euro. Nach wenigen Wochen 3.000, nach einigen Monaten 5.000, dann 10.000, die letzten neun Monate bekam er 17.000 Euro Gehalt und hatte nach der S-Klasse am Schluss auch noch einen Porsche Panamera. Ich habe seiner Mutter 5.000 Euro für eine OP gegeben, die die Krankenkasse nicht bezahlen wollte. Ich hab Marinko wirklich unterstützt. Und er war hundert Prozent loyal und hat seine Sache sehr gut gemacht. Am Ende, nachdem ich in die Türkei gegangen bin, hat er ein paar Dinge getan, die sich einfach nicht gehören – aber das wissen nur er, ich und der liebe Gott.

Der Grund, diesen stabilen Mann einzustellen, war denkbar einfach: Es gab Drohungen von außen, rechtsradikale Drohungen. Drohbriefe in der Post, anonyme Anrufe mit Ansagen wie »Wir wissen, wo der Göker wohnt ... wir wissen, wo er zu Mittag isst.« Zeitungsausschnitte von mir mit Hakenkreuzen verunziert – das war an der Tagesordnung. Einmal kam ein Brief an meine Mutter: ein Foto von mir mit Hakenkreuz drauf und dem Spruch: »Wenn er Präsident wird, wird es seine Familie büßen«. Und ab dem Zeitpunkt, wo Marinko da war, hörte das auf. Ich weiß nicht, ob Marinko der Stärkste war, aber Fakt ist: Er hatte eine starke Ausstrahlung. Physisch wie psychisch. Er löste Probleme durch seine reine Anwesenheit. Er war ein Mann, mit dem ich mich immer verstanden habe: Denn er wusste: Solange es Mehmet Göker gut geht, solange wird es auch mir gut gehen.

Marinko war seriös, loyal und hilfsbereit – ich kann über ihn in der Zeit an meiner Seite kein böses Wort sagen. Beide – Marinko und Frank – haben viel verdient, und ich habs ihnen gerne gegeben, weil sie einen tollen Job gemacht haben. Das am Ende einiges bei beiden aus dem Ruder lief, ist eine andere Sache. Das hätten sie sich sparen können. Alles, was ich für sie getan habe, wurde am Ende von beiden mit Füßen getreten. Zu Marinko: Seine Erfolge – und das gilt ja für alle Sicherheitsleute – waren nicht messbar. Nur wenn was schiefgeht, nur ein Misserfolg wird messbar. Das ist die Krux dieser Leute. Bei Marinko ist nie was passiert.

Oktober 2006: MEG goes to America. Wieder einmal flogen wir mit den Besten der Besten nach Amerika. Wir stiegen ab im *W*, einem Hotel von Cindy-Crawford-Ehemann Rande Gerber, direkt am Times Square. Eine neue Welt, eine Welt, die mich faszinierte, eine Welt, die mich trug. Eine Welt voller Vertrieb! In New York roch es nach Geld, roch es nach Gewinnern. Einer Statistik zufolge ist jeder Vierzigste in New York Millionär. Jeder Zweihundertste ist zehnfacher Millionär. New York ist das Paradies, die Mutter, die Hauptstadt des Kapitalismus. Dort zu sein, dort auszugehen, war echt eine Erfahrung. Wir waren natürlich im *Smith & Wollensky* in Midtown Manhattan. Toller Wein, tolles Steak, der Spinat in den kleinen weißen Schüsselchen. Unser Kellner war Kroate und hatte sieben Sterne an seiner Schürze. »Was bedeutet das?«, wollte ich wissen. »Sieben Jahre bei *Smith & Wollensky*«, antwortete er. Neugierig wie ich bin, sprach ich mit Taxifahrern, Housekeepern, mit jedem, der mir über den Weg lief. Ich wollte wissen, wie es ist – das Leben in New York und ich bekam nur positive Reaktionen. Wir überfielen *Wempe*. Ich kaufte dort Uhren für 50.000 Dollar – *Rolex, Molex, Audemars Piquet* ... Wir mieteten uns Wagen und fuhren in die Hamptons, wir gingen zu dem Spiel der *New York Rangers* gegen die *Boston Bruins*. Saisoneröffnung NHL, *National Hockey League*. Und wer spielte? Jaromír Jágr. Und wer machte das erste Goal? Genau – dieser Jaromir Jágr. Für alle Eishockey Banausen: Er ist der drittbeste Spieler der Welt, nach meinen beiden Superheroen Wayne Gretzky und Mario Lemieux. Der damalige deutsche Eishockeymeister waren die *Adler Mannheim* – die hatten für einen 20-Mann-Kader einen Etat von sechs Millionen Euro. Jaromir Jágr allein verdiente bei den Go Rangers Go zwölf Millionen Dollar, also doppelt so viel wie das komplette Team von *Adler Mannheim*. Das erste Mal im *Madison Square*

Garden, ein unglaubliches Erlebnis. Zwei weitere Spiele der Rangers sah ich dort bei späteren New-York-Besuchen. Die *New York Knickerbockers* gegen Dirk Nowitzkis *Dallas Mavericks*. Und dann habe ich den Kampf Wladimir Klitschko gegen Ruslan Chagaev um alle vier Gürtel gesehen, dort, wo es noch nach dem Schweiß von Muhammad Ali roch. »Wo wollt ihr hin?«, fragte mich der Cabdriver. »In den *Madison Square Garden* zum Kampf von Klitschko«, antwortete ich. Der Taxifahrer sah mich an und fragte: »Wer ist Klitschko?« So viel zum Bekanntheitsgrad von Wladimir. Und richtig, die Halle war nur zu drei Viertel ausverkauft. Der Russe hatte keine Chance gegen Wladimir. Die leeren Stellen in der Halle haben die Kameras nicht gezeigt.

Das schönste Amerika-Erlebnis: Wir gingen in einem dieser riesigen Supermärkte mit riesigen Einkaufswagen einkaufen. Ich kam mir nicht vor wie einer aus Deutschland, ich kam mir vor wie einer aus Afrika, der zum ersten Mal das Schlaraffenland betritt. Diese Auswahl, diese gigantischen Cola-Flaschen, die sackartigen Chipstüten – es war unglaublich. Ich kaufte ein wie ein Wahnsinniger. Und dann kam der schönste Teil der Amerikareise. Wir beluden die vier angemieteten SUV und fuhren in die Hamptons. Ein SUV voller Salat, einer voller Fleisch, einer voller Getränke, einer voller Nachtisch. After table, würde Otto Waalkes sagen. Dieses Picknick am offenen Meer, das werden dir alle Beteiligten bestätigen, war das schönste, günstigste und beste Abendessen, das man sich vorstellen kann. Kein *Smith & Wollensky*, kein Bums & Rudenzki – nichts reichte an diesen Abend heran. Dankeschön 2006. Das Jahr endete mit meiner zweiten Amerikareise nach Viva Las Vegas. Ich feierte aus einem gigantischen 2006 in ein neues Jahr hinein – in Las Vegas. Wo ich *Brioni* schließen ließ und für 36.000 Dollar einkaufte, wo ich im Black Jack 25.000 Dollar gewann und wo wir im Hotel *Bellagio* – im dortigen Restaurant *Picasso* hängen acht echte Picassos – essen waren. Warum dort? Ist doch klar: Das *Bellagio* war der Hauptschauplatz von *Ocean's Eleven*.

Das war 2006. Bei der *Halleschen* deklassierten wir den Zweiten (*MLP*). Machten insgesamt circa 15 Millionen Umsatz und schrieben 542.000 MB. Wir waren der Liebling unserer Premiumpartner. Das war ein bewegtes Jahr mit vielen Reisen – New York, Las Vegas, Athen, Dubai, Seychellen (mit meiner neuen Freundin Stefanie Schwarz), Türkei, Malediven,

Hotel One & Only Reethie Rah, Washington DC, mit einem Privatjet zur Hochzeit eines Freundes nach Banja Luka in Bosnien und Herzegowina. Wir arbeiteten wie die Tiere und lebten wie die Könige. Wir feierten, wie man feiern musste und wir arbeiteten, wie man arbeiten musste. Die Welt stand mir offen. Ich hatte alles, was ich mir als Kind nicht hatte vorstellen können.

2006 hatte es in sich, aber wartet mal ab: 2007, 2008, 2009 – da ging es erst richtig los. 2006 begann der Höhenflug. Die Versicherungsbranche lag mir zu Füßen. Wenn ich nur mit dem Hintern wackelte, standen sie schon bereit, um mir den Arsch zu küssen.

Kapitel Acht

Die Jahre 2007 und 2008.
Die erfolgreichste Zeit der MEG.

Das Schöne am Geld ist, dass man es hat. Eigentlich interessiert mich Geld nicht. Mich faszinieren aber die Möglichkeiten, die aus Geld entstehen – Reisen, Kultur, Bildung, Automobile. Neid. MAN KAUFT SICH NEID. DIE LEUTE KOTZEN, WENN DER TÜRKE MIT DEM FERRARI VORFÄHRT. Das fasziniert mich. Ich liebe es zu reisen, tolle Hotels. Björn Kotzan sagte mal über mich und das trifft es: »Wenn du einem Mehmet Göker ein Geschenk machen willst, musst du drei Dinge berücksichtigen. Es muss eine Reise sein. Die Reise muss luxuriös sein. Und in einer Gruppe mit Freunden.« Was hat er mir geschenkt? Drei Tage Amsterdam mit 30 Freunden. Mit einem Bus nach Amsterdam, Luxushotel, zwei Tage, drei Nächte und dann das Derby in einer VIP-Lounge mit der ganzen Mischpoke: *Ajax* gegen *PSV Eindhoven*. Der hat verstanden, worum es geht. Danke, Björn Kotzan.

Januar 2007. So wie das letzte Jahr geendet ist, so beginnt das neue Jahr – überaus erfolgreich! 2007 war das Jahr, in dem ich sehr viel lernen sollte, über Unternehmensführung und Vertriebsaufbau und über … Marketing. Viele Reisen, viele Erfolge, viele neue Rekorde – die MEG wuchs, wuchs und wuchs. Wir haben in ganz Deutschland unsere Niederlassungen aufgebaut. Anfang 2007 hatte die MEG 200 Mitarbeiter, Ende des Jahres waren es 400. Vertrieb und Betrieb wurden also um 100 Prozent ausgebaut, der Umsatz stieg nicht entsprechend. 2006 haben wir 12 Millionen gemacht, 2007 45 Millionen, eine Steigerung um knapp 300 Prozent. Noch einmal wurden die Strukturen verbessert. Wir holten den *TÜV Nord* in die Firma, der zur Qualitätssicherung in den Bereichen Kunden-Management, -Betreuung und -Zufriedenheit beitrug. In allen Belangen erhielten wir Topnoten. Wichtig ist: Die Kunden-Zufriedenheit nach der Beratung. Während der Beratung kann man durch Beschönigungen und Verkürzungen den Kunden zufrieden reden, aber nach drei, sechs oder neun Monaten entscheidet sich, wie zufrieden der Kunde wirklich ist. Da erreichten wir eine Quote von 90 Prozent, das ist enorm! Das bescherte uns ein *TÜV-Nord*-Zertifikat damit haben wir dann später geworben. Wir etablierten uns bei immer mehr Versicherern und unsere Umsätze stiegen ...

Das Jahr 2007 war auch das Jahr der Incentive-Reisen. Was bedeutet das? In 2006 hatte ich acht große Premium-Partnerschaften und dazu folgendes Modell: Die acht besten Verkäufer für die *DBV Winterthur* flogen für eine Woche nach Shanghai. Die Top-Ten-Verkäufer der *AXA* fliegen eine Woche nach Jamaika. Die Top-Ten-Verkäufer einer anderen Gesellschaft fliegen eine Woche auf die Malediven, Seychellen, Las Vegas ... what not. Ich lenkte also den Umsatz nicht nur durch Provisionen, sondern auch durch die Incentive-Reisen. Die Provisionen waren in der Regel – von einzelnen Boni abgesehen – einheitlich, da erhielt also ein schwächerer Verkäufer, der hauptsächlich für die *Hanse Merkur* schrieb, dasselbe wie sein stärkerer Kollege. Aber durch die Wettbewerbssituation stachelte ich den schwächeren Verkäufer an, besser zu werden. Denn wenn er nur für die kleineren Gesellschaften abschloss, kam er niemals in den Genuss der Incentive-Reisen. Diese Reisen waren also mein Werkzeug, den Umsatz zu steigern, indem ich Begehrlichkeiten bei den Mitarbeitern weckte. Verkäufer aus dem unteren und mittleren Segment schrieben plötzlich nur noch KV für die *DBV Winterthur*, um endlich auch einmal zu den Top Ten zu gehören. Die Shanghai-Reise war eine der langweiligsten, die ich jemals mitgemacht habe – nicht weil die Reise an sich langweilig war, aber weil die Top-Verkäufer fehlten, die Wahnsinnigen. 50 Prozent der Gruppe waren Durchschnittsverkäufer, die gut die Hälfte der *DBV Winterthur*-Abschlüsse gemacht hatten, um endlich auch einmal dabei zu sein ... Das Ziel für die Versicherung war erreicht. Ohne den Durchschnittsverkäufer hätten wir die Vorgaben nicht erfüllt und die Leute wären nicht so glücklich gewesen. Also hatte ich beide Ziele erreicht: *Winterthur* glücklich, Mitarbeiter happy.

Es gab ein Hindernis auf dem Weg zum Erfolg. Ich musste dieses Problem lösen, um langfristig erfolgreich zu bleiben. Das Problem ist ein strukturelles. Viele Top-Verkäufer ruhen sich im ersten Quartal eines neuen Jahres aus, weil normalerweise die meisten Abschlüsse im letzten Quartal, beim Jahresendgeschäft, getätigt werden. In den letzten drei Monaten verdient man circa 50 Prozent seines Jahresgehalts. Für einen Top-Verkäufer sieht das so aus: Er macht 150.000 in den ersten drei Quartalen von Januar bis September und 150.000 in den Monaten Oktober bis Dezember. Die Folge: Die Umsätze im ersten Quartal sinken deutlich (um nicht von Einbruch zu sprechen), denn die Verkäufer aus dem Mittelsegment und die Hinterbänkler können nicht das auffangen, was die Top-Verkäufer (die sich ja ausruhen) sonst einbringen. Wie konnte ich diese Branchenkrankheit begegnen? Ich habe eine Formel erfunden mit dem schönen Namen ›MEG Golden Club‹. Im Jahr 2007 habe ich die Incentive-Reisen auf vier gedrosselt. Zum Golden Club – eingeführt 2006 – zählten die fünf besten Verkäufer in Sachen PK und LV auf der Basis ihres Gehalts. Wer dreimal hintereinander oder fünfmal in loser Reihenfolge zum Golden Club zählte, war ewiges Mitglied und in Zukunft (also solange er einen Arbeitsvertrag hatte) immer auf den Malediven dabei. Der Golden Club war eine Elite innerhalb der MEG, die war oft bei mir zu Hause, wir haben viel zusammen unternommen. In dieser Konstellation reisten wir auf die Malediven. Eine Woche im teuersten Resort, pro Person circa 12.000 Euro und für den letzten Tag mieteten wir eine Jacht, die *Sultans Of The Seas,* die auch noch mal 12.000 Euro kostete. Und der Wettbewerbssieger durfte an diesem Abschlusstag eine Rede halten – manche von diesen Reden war so phänomenal, das man in der Firma noch zwei Jahre später davon sprach, andere so grottenschlecht, dass man sich fragte, warum dieser Typ überhaupt dabei war. Eine legendäre Abschlussrede hat ein Top-Vertriebler auf Jamaika gehalten, das war die beste, die ich jemals gehört habe, einfach unfassbar gut. Und die schlechteste hat ein weiterer gehalten, ebenfalls auf Jamaika, dafür die Goldene Zitrone.

Kleine Anekdote: Ich sehe den Top-Vertriebler am Schreibtisch im Hotel, wo er sich auf seine Rede vorbereitet, akribisch, wie es seine Art ist und wie es sich gehört. Als er mich sieht, sagt er:

»Mehmet, ich hab da mal ne Frage – wo sind wir hier?«

»Wir sind hier im *Ritz Carlton*!«

»Nee, nee, wie heißt das hier?«

»Was meinst du …?«

»Na, wo wir hier sind?«

»Montego Bay!«

»Nein, die Insel …?«

»Meinst du … Jamaika?«

»Ja!!!«

Ich denke: ›OMG‹. Man muss nun mal nicht intelligent sein, um eine phänomenale Rede zu halten. Jetzt könnte man sagen: Das kann ja mal passieren. Zwei Stunden später gehe ich wieder an der Lobby vorbei und Alexander sitzt immer noch an seinem Schreibtisch. Wenn ich lüge, soll ich tot umfallen.

»Mehmet, kannst du mir noch mal sagen, wo wir hier genau sind?«

»Auf Jamaika!«

»Ah, danke!«

Kein Witz. Wenn es das erste Mal grotesk war, dann wars beim zweiten Mal Zombieland pur.

Auf Jamaika haben wir viel erlebt, wie soll ich es formulieren? Es war eine ausschweifende Reise, aber was dort in der Karibik geschah, das bleibt auch in der Karibik. Ich kann nur sagen: Wir waren eine irre Truppe. Bei der ersten Reise 2007 waren es 20 Personen, bei der zweiten Reise waren wir 62 Leute. Alexander, Johannes und Dimitri durften nicht mit der *Condor* zurückfliegen. Sie hatten auf der Hinreise so dem Alkohol zugesprochen, dass Alex Rentnerinnen aus Deutschland anmachte. Die Damen waren entrüstet und beschwerten sich bei der Cabin Crew. Alex – ein Jahr Flugverbot bei der *Condor*. Bei Johannes und Dimitri waren es nicht die anzüglichen Bemerkungen, sondern nur der übermäßige Alkoholkonsum. Nachdem man ihnen bereits auf dem Flug ein Alkoholverbot ausgesprochen hatte, bedienten sie sich bei Dritten – was den Service-Leuten natürlich auch nicht verborgen blieb. Das Schärfste an der Sache war: Dieses Trio infernale war so betrunken gewesen, dass sie von dem Flugverbot gar nichts mitbekommen hatten. Sie hatten es in ihrem Rausch einfach nicht wahrgenommen. Als sie nun die Rückreise antreten wollten, gab es ein böses Erwachen. Auch das eigens mit dem Kapitän angesetzte Gespräch änderte daran nichts. Sie durften nicht mit. Also flogen die drei Delinquenten von Kuba aus nach Miami und von dort aus weiter nach Frankfurt – mit einer anderen Airline.. Die Firma übernahm diese Passage nicht. Das sind Erlebnisse ... irre.

Eins muss ich mal feststellen: Je konservativer die Menschen, mit denen ich arbeitete, aus gutem Hause, betucht, wohl erzogen, deutsche Staatsbürger – und je älter sie waren – ich spreche hier von Ü50-Fraktion unserer Vertriebsmannschaft –, umso verdorbener, versauter, ja hemmungsloser waren deren Partys in einem Land, wo ihre Frauen nicht zugegen waren. Dagegen waren die 20- bis 40-Jährigen ein Scheiß. Diese ›Alten‹ kamen nicht ins Bett, kamen nicht ins Hotel, die hat man nach drei Tagen irgendwo an der Straßenecke gefunden. 50-Jährige, wie Lords angezogen, fünf Kinder zu Hause, immer nur in feinsten Restaurants gespeist, aber auf Jamaika kam dann ALLES raus. Da zerrte der Schweinehund mächtig an der Kette. Jamaika ist ja kein Dritte-Welt-, wohl aber ein Entwicklungsland, und das *Ritz Carlton*, in dem wir logierten, ist das einzige All-inclusive-Hotel dieser Kette. Anders geht es dort nicht, anders hätten sie sich gegen die Konkurrenz nicht durchsetzen können.

Wie muss man sich diese Aufenthalte vorstellen? Außer dem Spaß und den Partys gab es jeden Tag nach dem Mittagessen ein Meeting mit allen 60 Teilnehmern. Wir saßen alle zusammen direkt am Meer, und haben besprochen, was auf der Agenda stand: die Leistung eines jeden Verkäufers, die Zusammenarbeit zwischen den einzelnen Firmenteilen, was es bedeutet, eine ständig wachsende Firma zu führen ... alles kam auf den Tisch.

Die Verkäufer kamen ja aus ganz Deutschland. Die Kasseler Zentrale stellte Jahr für Jahr circa ein Drittel der Truppe, aber es waren natürlich auch Leute von den Niederlassungen in Würzburg, Bielefeld, Hamburg, Stuttgart usw. dabei. Kassel war mit Abstand die erfolgreichste Niederlassung, steigende Umsatzzahlen, die besten Abschlüsse, die geringste Fluktuation. Das lag, so munkelte man, an mir. Es braucht halt Personality, um so eine Mannschaft zusammenzuhalten. Ähnlich gut war es in Bielefeld und in Berlin. Das waren die Stützen der MEG AG. Der Rest mischt auch mit – mal mehr, mal weniger. Die NL Würzburg und die NL München waren eine Katastrophe, das lag an den Führungskräften, der Fisch stinkt nun mal vom Kopf her. Cottbus hatte auch keine guten Zahlen vorzuweisen, aber der Chef vor Ort ist ein Super-Verkäufer und seine Truppe hat sich den Arsch aufgerissen. Aber der Osten ist schwierig. Und in Cottbus gute Leute zu finden, ist halt schwierig.

Wir landen in Jamaika und das erste, was mich ein Einheimischer fragte, war: »Do you want Marihuana?« Ich verneinte. Aber ein gewisser Mitarbeiter wollte was und der Jamaikaner sagte zu ihm: »If you trust me, follow me, man!« Es heißt ja immer, die Menschen mit Migrationshintergrund sind die großen Kiffer. Stimmt in meinem Fall überhaupt nicht. Ich habe zwar auch viel Mist gemacht, aber Grass habe ich nie geraucht. Das waren immer die Bleichgesichter, die Deutschen. Wir waren, was diese Substanz angeht, drüber. All die Gerüchte über Drogenpartys und wilde Kokainnächte sind nichts als das – Gerüchte. Soll mir doch jemand Fotos zeigen oder Videoaufnahmen – das gab es auf keiner MEG-Reise. Was einzelne Leute privat machen, geht mich nichts an. In meiner Anwesenheit ist das nie geschehen.

Im Februar 2007 erfüllte mir ein Freund, dessen Name ich bewusst nicht erwähne, einen Traum. Nicht ganz, aber immerhin. Ich wollte schon immer mal ein Premier League-Spiel *FC Liverpool* gegen *Manchester United* sehen. Der Freund lud mich nach London ein zu einem Spiel *FC Arsenal* gegen *Manchester United*. Das Match endete 2:1 für Manchester, beide Tore schoss Wayne Rooney. Wir verbrachten drei wunderschöne Tage in London und schlossen den Besuch mit einem Gang durchs Imperial War Museum ab. Davon war ich schlichtweg begeistert. Da mich London so angefixt hatte, beschloss ich am nächsten Wochenende noch einmal zu kommen – mit 28 Freunden fuhren wir Freitag früh von Kassel nach Hannover und flogen von dort aus über Frankfurt am Main nach London. Übernachtung in einem ausgezeichneten Fünf-Sterne-Hotel. Dort hielt ich einen Vortrag über Vertrieb, Firmen-Aufbau, Marketing, Mitarbeiterführung ... Danach DVD-Abend. Ich hatte einen Film zum Thema Vertrieb ausgesucht, großes Kino ... Samstagabend besuchten wir einen Club und aßen asiatisch, ›pan-asiatisch‹, wie Frank Marth präzisierte. Dazu trank man Wodka. Dieses Essen ging in die MEG-Annalen ein, denn es war das teuerste, das ich jemals bezahlt habe: 18.000 Euro für 28 Leute. Das war Rekord. In der Regel hatte Marth Firmenkreditkarten dabei, um solche Summen zu zahlen. Zu meinem Stab gehörten damals Frank Marth und Sylvia Könneker. Sie hat den Jamaika-Trip organisiert, nachdem ich Marth mit Reise-Entzug gedroht hatte. In London hatte Marth versagt: Der DVD-Player funktionierte nicht, und wir konnten den Film, den ich mir gewünscht hatte, nicht sehen. Ich schimpfte: »Marth, du baust nur Scheiße ..., was soll das? Du kriegst Incentive-Reise-Verbot!« Danach hat er sich um 180 Grad gedreht und alles lief wieder professionell. Zur Unterstützung habe ich ihm Sylvia an die Seite gestellt. Sylvia sorgte für Konkurrenz. Ich fragte: »Wie sieht es aus mit dem Tennisplatz auf meinem Grundstück?« Marth: »Ist bis zu Deinem Geburtstag im April 2008 unmöglich!« Sagt Sylvia: »Ich habe mit dem Referenten des Bürgermeisters gesprochen, das ist sehr wohl möglich!« Frank zu mir: »Guck mal, Mehmet, die Sylvia erzählt dir jeden Scheiß, nur um sich bei dir einzuschleimen, einen Scheiß kriegt die hin ...!« Sylvia *[Mehmet imitiert eine hohe Frauenstimme]*: »Natürlich krieg ich das hin!« Ich sage: »Sylvia, ich vertraue dir, und Marth, du bist einfach inkompetent ...«. Am 2. April kommt Marth und fragt Sylvia: »Soll ich dir links oder lieber rechts eine verpassen? Erinnerst du dich noch an die verbale Abreibung, die ich vor drei Monaten von Mehmet bekommen habe – wo ist denn der Scheiß-Tennisplatz?« Ich: »Sylvia, der Marth hat recht. Du bist einen Schwätzerin und Lügnerin und hast Frank Marth vor mir diskreditiert. Du bist es, die bald Incentive-Reise-Verbot bekommt, klar?!« Marth hatte recht, es hat nicht geklappt. Aber es ist gut, wenn man nach dem alten Machiavelli-Prinzip »Teile und herrsche« zwei Leute hat, die man gegeneinander antreten lassen kann.

Die zweite London-Reise hat mir so gut gefallen, dass ich eine Woche später entschied, erneut hin zu fliegen. Same procedure as every year: Freitags in der Früh hingeflogen, abends Party im berühmten *Nobu*. Wir logierten im *Hotel Ritz* und sorgten für Aufsehen. Diesmal waren wir nur zehn Leute, ein elitärer Führungskreis, Vorstände und Vertriebsdirektoren. Sie sagten uns: »Vor zwei Wochen war die Queen hier und jetzt die krasseste Vertriebstruppe, die wir je erlebt haben!« Unsere erste Frage: »Wo ist denn der Spa-Bereich?« – Antwort: »Es gibt keinen Spa-Bereich im *Ritz*!« Frage: »Wo ist denn das Gym?« – Antwort: »Es gibt kein Gym im *Ritz*!« Alles sehr gediegen: Um 16 Uhr »tea time« mit Gurkensandwiches und Scones. Genau das Richtige für eine Horde verrückter Vertriebler. Kein Spa, kein Fitnessraum, kein Gym, aber horrende Preise. Ich hatte eine geile Suite mit einem Bett, das direkt aus Englands glorreicher Kolonialzeit zu stammen schien. Ich kaufte mir mein erstes Vertu-Luxus-Mobiltelefon, lernte die Millionaires und die Bond Street kennen und realisierte, dass man eine Kreditkarte mit einem Verfügungsrahmen von 400.000 Euro schneller aufbrauchen als aufladen kann. Wir kauften viele Uhren. Wenn man mit einem Trainingsanzug bei *Rolex* reingeht (wie ich es getan habe) und nach dem Preis der *Rolex Daytona* fragt, schaut einen der Verkäufer erst einmal schief an. Ist ja auch ein Prachtstück mit braunem Krokolederarmband; in Deutschland hat man Wartezeiten, wenn man dieses Ding kaufen möchte. Kostenpunkt normalerweise: 15.000 Euro, mit Perlmutt-Zifferblatt noch einmal tausend Euro mehr.

Ich frage: »Was kostet denn die?«

Verkäufer: »16.000 Euro.«

»Okay, is it possible to get this nice watch for 12.000 Euro!«

Verkäufer: »No, this is not possible!«

Ich zücke meine Kreditkarte und lege sie vor ihm auf den Tresen.

»I pay 12.000 Euro for this Rolex, now!«

Verkäufer: »One moment, please!« Ringringring: Er telefoniert mit einem Vorgesetzten ... kommt zurück und sagt: »Okay!«

Eigentlich ein Unding , aber ich habe die Uhr tatsächlich für 12.000 Euro bekommen. Vielleicht brauchten die gerade mal Geld. Ich habs versucht, es hat geklappt, fragen kostet ja nix! So etwas Ähnliches habe ich schon einmal in Madrid erlebt.

Im Jahr 2005. Ich in den Laden rein und mir die *Bulgari*-Uhr angeschaut. Ich hatte Anfang 2005 ungefähr 15.000 Euro auf dem Konto; von der Million, die ich am Ende des Jahres hatte, wusste ich noch nichts. Ich sagte zu dem Verkäufer: »I give you 10.000« und hoffte inständig, er würde nicht nicken. Ich wollte nur mal den Molli machen und war mir sicher, dass er gar nicht darauf einging. Aber der Verkäufer nahm sich einen Taschenrechner und tippte Zahlen ein. Schweiß auf der Stirn (auch bei mir). Dann sagte er: »12.000!« Ich schüttelte den Kopf, sagte »No« und machte mich schnell vom Acker. Hätte er 10.000 aufgerufen, hätte ich die Uhr gekauft. Dann wäre zwar meine eiserne Reserve weg gewesen, aber ich hätte es mit meiner Ehre nicht vereinbaren können, dann kleinlaut zuzugeben, dass ich nur den Dicken markieren wollte. ›Boah‹, dachte ich, ›haste noch mal Glück gehabt, dass er nicht weiter runter gegangen ist ..!‹

Nach dem dritten Wochenende hatte ich von London erst einmal genug. Zurück in Kassel entwickelte ich eine Idee, wie ich die Top-Verkäufer noch mehr anspornen und den Umsatz noch weiter steigern konnte. Das Modell der ›4-Incenctive-Reisen‹. Erste Reise: Bahamas *Ocean Club*, wo der erste James Bond mit Daniel Craig gedreht worden ist. Lieblingsresort aller superreichen Amerikaner. Zweite Reise: Jamaika, *Ritz Carlton*. Dritte Reise: Dubai, *Burj Al Arab*. Reise vier: Las Vegas. Das Ganze sortiert nach Firmen. Das passte ...

Du hast bei MEG nicht nur die Möglichkeit, geiles Geld zu verdienen, nein, du kommst auch, je nach Leistung nach Jamaika, Dubai oder Las Vegas. Wie kriege ich die Top-Verkäufer dazu, Vollgas zu geben? Wie macht man das? Diese Leute verdienen in drei Monaten 150.000 Euro, die sind satt. Ich kann sie ja nicht schlagen – also wie motiviere ich sie? Die Top-Leute sagen sich: »Wenn ich im April Mai loslege, reicht das noch immer und ich hänge den Durchschnitt locker ab.« Ganz klar, ich habe eine Schikane eingebaut, ein Handikap. Im ersten Quartal galt der Faktor vier. Wer 5.000 MB verkaufte, mal vier, hatte 20.000 Punkte. Für das zweite

Quartal galt Faktor drei, fürs dritte Faktor zwei und im vierten (meist entscheidenden) Quartal galt Faktor eins. Durch diesen, nennen wir es mal, Trick, fingen alle, auch die Top-Verkäufer, bereits im Februar an zu verkaufen. Das war die wirkmächtigste Idee, die ich bis dahin hatte, um den Verkauf anzukurbeln. Es stützte die schwächeren Verkäufer und bewog die Top-Leute früher in den Wettkampf einzusteigen. Damit hatte ich – zumindest MEG intern – die alte Vertriebskrankheit (schlechte Verkäufe im ersten Quartal, weil die Guten eine ruhige Kugel schieben) ausgemerzt. Keine Revolution, aber firmenintern setzte das neue System Maßstäbe, weil die Schwächeren, die fleißig waren und im März 8.000 MB (mit Faktor vier) schrieben, den Granaten-Verkäufern enteilen konnten.

Durch einen Werbekampagne konnte ich die Mitarbeiterzahl im Laufe des Jahres 2007 auf 300 steigern. Die Büros der Hauptverwaltung in der Falderbaumstraße in Kassel umfassten inzwischen eine Fläche von knapp 8.000 Quadratmetern, summa summarum 50.000 Euro Monatsmiete. Das Backoffice hatte ich ausgegliedert und in einen hinteren Gebäudeteil verlegt. Das ist im nationalen Vergleich sensationell preiswert, nahezu geschenkt. Die Vermieter wollten mir das Gebäude für vier Millionen Euro verkaufen. Habe ich nicht gemacht, weil ich flüssige Mittel brauchte, denn die Kosten für die Datensätze stiegen erheblich auf monatlich circa 500.000 Euro. Der Fuhrpark wurde weiter ausgebaut. Die Incentive-Reisen kosteten extra ... das war ja mein Versprechen: »Liebe MEGler, wir werden die ganze Welt sehen!«

Es gibt im Vertrieb zwei entscheidende Faktoren. Dazu gehört nicht – da darf man überrascht sein – Intelligenz. Ich habe zig Rechtsanwälte und Ärzte scheitern sehen. Intelligenz ist ein Vorteil, aber nicht entscheidend. Als Rechtsanwalt, der beide Examina geschafft und vielleicht noch seinen Doktortitel gemacht hat, bist du ja in der Regel keine Dumpfbacke, der nur bei einer Scripted-Reality-Doku-Soap wie »Mitten im Leben« von RTL auftreten kann. Nein, da musst du ja was draufhaben. Aber alle diese Typen sind im Vertrieb gescheitert und manche sind als ›Hartzer‹ geendet – und ich spreche hier nicht von dem Käse. Warum? Weil es ihnen an zwei Dingen mangelte, die man im Vertrieb braucht – zum einen Talent ... wenn du kein Talent dafür hast, brauchst du nicht in den Verkauf gehen, wenn du kein Talent hast, brauchst du auch kein Fußballer werden, brauchst du auch nicht Prostituierte werden. Bei allem, was du tust, brauchst du Talent. KEIN TALENT, KEIN ERFOLG! Betrachten wir den zweiten Faktor, der eng mit dem ersten verknüpft ist: Messi und Ronaldo haben von Haus aus mehr Talent als Lothar Matthäus, aber auch der hat auf Weltniveau gespielt. Boris Becker hat mal in einem Interview gesagt, er habe nicht über das Talent eines Michael Stich verfügt, aber ... Und um dieses Aber geht es. Matthäus und Becker haben neben dem Talent noch diese wertvolle Mischung aus Selbstdisziplin und Leidenschaft, ohne die nämlich auch nichts geht. Wille macht Weltmeister. Selbstdisziplin und Ehrgeiz (ein anderes Wort für Wille) sind der Schlüssel zu ALLEM. Sie machen den Unterschied aus, sie entscheiden darüber, ob du im Monat 2.000, 20.000 oder zwei Millionen verdienst. Man muss sich natürlich die Voraussetzungen schaffen, um erfolgreich zu sein. Ein kleiner Schalterbeamter bei der Bank kann nicht erwarten, dass er in dieser Position irgendwann einmal zwei Millionen macht. Das ist nicht möglich. Also muss ich schon bei der Berufswahl wissen, was ich und wohin ich will. Als ich an diesem Scheideweg stand, kamen drei Berufe in Frage: Kommissar, Banker und Verkäufer. In den ersten beiden Berufen hätte ich – aus den unterschiedlichsten Gründen – nie mehr als 50.000 im Jahr gemacht. Aber als Verkäufer schon. Deswegen habe ich mit 19 entschieden – das ist mein Weg. Diese Entscheidung habe ich meiner Spürnase zu verdanken, den Rest meinem Talent, meinem Ehrgeiz und meiner Disziplin. Und damit meine ich, dass ich im Alter von 20 Jahren jeden Morgen, wirklich JEDEN MORGEN um sieben Uhr aufgestanden bin und nach dem Jogging um neun die Firma aufgeschlossen habe, um zwölf bis 14 Stunden zu arbeiten. Andere Jungs in dem Alter (und mit 20 ist man eigentlich noch ein Junge) haben da ganz andere Dinge im Kopf. Jeden Samstag fünf Stunden gearbeitet. Ich kannte keine Ferien, kein Wochenende – ich wollte nur eins: erfolgreich werden! Und wenn ich Geld verdient habe, hat mir das nicht gereicht. Ich gehöre zu den Menschen, die nicht nach ihrem Kontostand arbeiten. Ich arbeite weiter, ob mein Konto Null anzeigt oder zehn Millionen. Ich mache weiter, weil mir mein Job Spaß macht. Und Spaß macht mir der Job, weil ich außerordentlich gut in ihm bin. Es spielt keine Rolle, ob du 1.000 Euro verdienst oder 800 Rupien in Indien oder zehn Millionen in Amerika – wenn du *nicht* auf die Uhr guckst, sondern das machst, was du gerne machst, spielt Geld erst einmal keine Rolle.

Nur – Geld ist im Vertrieb ein Gradmesser für Erfolg. Es gibt im Verkauf keinen anderen Gradmesser als Geld.

Ich kam 2007 das erste Mal nach Stockholm. Was an dieser Stadt unvergesslich bleibt, das muss man einfach sagen, sind die blonden Damen. Ich glaube, es gibt kein Land, das solch attraktive Frauen hat wie Schweden. Tatsächlich ist mir an einem Abend auch eine blonde Schwedin in die Arme gefallen – nicht, weil sie mich so UMWERFEND fand, sondern, weil sie das getan hat, was nahezu alle Schweden am Wochenende tun: sich besinnungslos betrinken. Ich kann euch nur sagen: Wer auf blauäugige blonde Schwedinnen steht, ab in den Flieger nach Stockholm. Sie sind nicht nur schön, sondern auch alle besoffen – von Freitagabends bis Sonntagmorgens. Ich habe besagte Dame, die mir in die Arme fiel, der Polizei übergeben, denn sie konnte nicht mehr reden. Und ehe sie mich vollkotzt, hab ich gedacht, gibst du sie lieber in die Obhut der Polizei. Das Besondere an Schweden im August – es hatte angenehme 25 bis 26 Grad: Es ist immer hell. Um Mitternacht ist es so hell wie an einem sonnigen Nachmittag in Deutschland. Etwa um zwei Uhr nachts geht die Sonne unter, um anderthalb Stunden später wieder aufzugehen. Man hat also nur 90 Minuten Dunkelheit. Als ich nach dieser nächtlichen Runde um vier in mein Zimmer kam, war mit Schlafen sense, denn der Körper versteht es nicht. Daran muss man sich gewöhnen, aber ansonsten: Tolles Land, drei wunderbare Tage dort verlebt, kann ich jedem nur empfehlen.

Anfang 2007 wurde ich eingeladen – als Dank für die Arbeit der MEG, die einer der erfolgreichsten Partner für diese Versicherung in Deutschland war. Wo ging's hin? Wir flogen nach Rovaniemi mit einem Zwischenstopp in Helsinki. Wenn irgendwann einmal der Begriff ›Busen der Natur‹ seine natürliche Entsprechung sucht, dort findet man sie. Ich hatte eine Sauerstoff-Vergiftung, denn es gab keine Abgase, keine Raucher, nur frische Luft. Und Bäume und Schnee, Bäume und Schnee, Bäume und Schnee … Rovaniemi ist 50 Kilometer weg vom Weihnachtsmann-Dorf mit seinen Souvenirshops und dem Postamt, wo alle Briefe ankommen, die man an den Weihnachtsmann adressiert. Deswegen trifft man dort auch sehr viele Japaner, die Unsummen bezahlen, um das Weihnachtsmanndorf zu besuchen und dort die zahlreichen Sternschnuppen zu bewundern. Die scheinen in Japan Mangelware zu sein. Ich als gläubiger Moslem war beim Weihnachtsmann. War doll. Dann sind wir dort Motorschlitten gefahren. So wie Jetski, nur auf Schnee. Die anderen Teilnehmer waren so zwischen 50 und 60 Jahre alt und beäugten mich, den 27-jährigen Türken und erfolgreichsten Partner argwöhnisch. Keiner gab sich mit mir ab. Ich saß immer allein in der Ecke – die einzigen, die mir Gesellschaft leisteten, waren die netten Vorstände und Führungskräfte. Kein Witz! Ich ließ es mir gut gehen bei einem Glas *Moet & Chandon*. Ich war der Erste, der abbrach. Konnte mich an der ziel- und sinnlosen Rumraserei auf den Motorski-Schlitten bei minus 15 Grad nicht ergötzen. Der Spaß hat sich mir nicht erschlossen. Darum bin ich als Einziger mit dem Bus frühzeitig zurück ins Hotel. Ich zog mich, wie jeden Abend, in mein Hotelzimmer zurück. Am zweiten oder dritten Tag stand Iglu-Bauen auf dem Programm. Während ich mich tagtäglich nach den Umsatzzahlen in Deutschland erkundigte und aus der Ferne mit meiner Firma Kontakt hielt, freuten sich diese Ü50-Männer, dass sie endlich mal einen Iglu bauen durften. Ich dachte, mich knutscht ein Elch. Damals lief es auch nicht so gut, deswegen ließen mir die Umsatzzahlen keine Ruhe. Ich suchte nach einer Möglichkeit, die Hölle von Rovaniemi zwei Tage früher zu verlassen. Man stelle sich vor: Der Göker mit einer Horde von 40 deutschen Rentnern am Busen der Natur, besser: am A ... der Welt, um ein Iglu zu bauen.

Also *ERGO*-Lustreisen gab es bei mir nie. Man muss ja nicht einmal selbst dabei sein. Es reicht, wenn man so etwas erlaubt oder zulässt. Dass das geschehen konnte und dann auch noch an die Öffentlichkeit gelangte, ist mir bis heute unerklärlich. Keine Ahnung, solche Dinge wie Lustreisen gab es bei der MEG nicht, macht einen ja auch erpressbar.

Im März April 2007 flog ich auf die Malediven. Dafür mietete ich die gesamte Business Class der *Emirates Airlines* für meine 16-köpfige kleine Familie, zu der meine Mutter, meine Schwester, Nichten und Neffen, Onkel und Tanten gehörten. Ziel: *One & Only Reethi Rah*, Luxusresort auf den Malediven. Was ich schön fand: Die gesamte Türkenfamilie in ihren Trainingsanzügen hockte in der Business Class. Wir durften zuerst in den Flieger einsteigen, dann kamen die betuchten Deutschen, die mit ungläubigem Blick an uns vorbei marschierten. ›Mensch‹, haben die wohl gedacht, ›Türken in Trainingsanzügen sieht man doch normalerweise nur an einer Haltestelle in Berlin Zoo – was machen die in der Business Class der

Emirates Airlines?!‹ So haben sie jedenfalls geschaut. Tja, der Türke macht es möglich. Die Gesamtkosten der Reise pro Nase pro Tag 1.000, zehn Tage ... macht also 10.000 pro Person, das mal 16 kommt man auf schnöde 160.000 Euro, die dieser Spaß gekostet hat. Das *Alltours*-Reisebüro, mit dem ich zusammengearbeitet habe, hat viel Geld an mir verdient.

Das Powershopping in Dubai, wo für Mama, Schwester und mich eine *Bulgari* abfiel, vernachlässige ich hier einmal. (Warum übrigens *Bulgari* und nicht *Rolex*? Ganz einfach: Warum soll ich mir eine Uhr kaufen, die eh jeder kennt und jeder kauft, der Geld hat? Ich wollte eine schöne, außergewöhnliche Uhrenmarke tragen, die nicht so bekannt, aber luxuriös und glamourös sein sollte. Irgendwann sah ich eine *Bulgari* und war hin und weg. Seitdem ist das meine Lieblingsuhrenmarke. Ich hab mittlerweile acht oder neun Stück. Limited Edition, Stahl-*Bulgari*, Nicht-Stahl, alle möglichen Modelle. Ich liebe sie!)

Nach dem Zwischenstopp in Dubai kamen wir also in unserem Resort an. Wir bekamen alle unsere Pfahl-Bungalows mit Steg zugewiesen. Ich mietete wieder die Jacht *Sultan of the Seas*. Wir lieferten uns mit den Strandbuggies Rennen, gingen schwimmen, schnorcheln, lagen in der Sonne. Es war ein Traum. Wir aßen nie im Restaurant, sondern immer vor dem Strandbungalow meiner Mutter (sie wollte nicht auf dem Wasser wohnen). Diese Bungalows mit separatem Wohn- und Schlafbereich umfassten circa 150 Quadratmeter, wirklich überragend, alles vom Allerfeinsten. Jeden Abend wurden dort vor ihrem Bungalow Teppiche ausgelegt, Tische aufgebaut, weiß eingedeckt, mit Kerzen und Rosen dekoriert, klassische Musik dazu und dann gabs einen Riesengrill – und Bratwürstchen, bis der Arzt kommt. So nannte ich den Hummer, den wir dort verzehrten. Warum? Irgendwann war ich mit Marth unterwegs, ein Jahr vorher und der wollte, dass ich mal Hummer esse. »Nä«, maulte ich. Marth ließ nicht locker. »Wie schmeckt denn das?«, fragte ich. – »Na so wie Bratwürstchen, nur besser!«, sagte Marth. Seitdem nenn ich den Hummer »Bratwürstchen«. Davon gab es also jeden Abend reichlich. So ein Gelage kostete im Schnitt wohl einen Fünfer. Nicht Euro. Die Währung auf den Malediven ist der Dollar, also 5.000 Dollar. Nach dem Essen setzten wir uns auf die Teppiche und jeder bekam eine Shisha. So ließen wir die Nächte unter einem prächtigen Sternenhimmel ausklingen. Auf der Insel waren vielleicht noch 30 40 andere Personen, ansonsten war's einsam wie im Paradies.

Eine weitere Reise, die erste mit dem MEG Golden Club, führte uns auf die Seychellen, wo ich zum zweiten Mal den Schiedsrichter Hellmut Krug traf. Er kam zu unserem Tisch klopfte auf die Platte und sagte: »Ach, der Göker ....«. Aber das Thema hatten wir ja schon. Mein Urlaub sollte gute drei Wochen dauern, denn ich bin von den Seychellen direkt weiter nach Dubai geflogen. Von den zehn Seychellen-Kollegen flogen vier nach Hause und sechs mit mir ins *Burj Al Arab*. Dort hatte ich ein außergewöhnliches Erlebnis. Wir veranstalteten Champagnerpartys mit *Moet* und *Dom Perignon* im Pool und haben fast den Rekord einer russischen Reisegruppe in puncto ›*Budweiser* Bier vernichten‹ eingestellt. Die Russkis hatten – das erfuhr ich beim Unterzeichnen der Rechnung – 68 Dosen *Budweiser* getrunken, wir nur 62. Hätten wir das gewusst, wir hätten diese Marke locker geknackt. Man muss dazu wissen – es war heiß, 46 Grad. Zehn zwölf Jungs, heißt: Pro Nase etwa sechs Dosen über drei vier Stunden verteilt. Zwei Liter, 0,33er Dosen. Das geht schon, das Bier verdunstet man.

An einem anderen Abend fuhren wir Quad-Bike. Ich geh steil hoch auf eine Düne, seh nix und denke, es geht oben gerade weiter. Und da mir als Indiana ›Mehmet‹ Jones, Mehmet Türk das Abenteuer im Blut steckt, geb ich halt Vollgas. Aber danach ging es direkt wieder runter. Es war nur die Spitze. Ich steige mit dem Bike in die Luft, gut fünf Meter. Sehe, wie meine Sonnenbrille in hohem Bogen und Zeitlupe von mir wegfliegt, schaue mich um und sehe, wie das Bike von hinten auf mich zurast, drehe mich in der Luft und lande – peng – platt auf dem Rücken auf der Sanddüne. Abends hat es in Dubai immer noch über 30 Grad. Es war so 21 Uhr. Ein paar Leute haben den Unfall mitbekommen. Sie drehen um und kommen zu mir. Die ersten paar Minuten konnte ich mich nicht bewegen. Das Erste, was mir durch den Kopf geht: ›Scheiße, jetzt bist du querschnittsgelähmt!‹ Nach zehn Sekunden konnte ich meine Beine und Zehen wieder bewegen. Alles paletti. Aber vorne und hinten waren meine Beine von dem Sand total aufgerissen, Haut abgeschürft, als hätte man mich mit grobem Schmirgelpapier bearbeitet. »Hol mir jetzt mal einer eine Dose Bier«, sagte ich. Ich bekam ein *Budweiser*, habs geext, die Dose zerquetscht und geschrien: »JAAAA, ICH BIN UNKAPUTTBAR!« Dann sind wir zurück ins Hotel, wo die Schmerzen erst richtig anfingen, als der Doktor ordentlich Jod auf die offenen Wunden schmierte. Der Arzt empfahl mir folgende Rosskur: »Geh morgen ins Meer, das wird dann noch einmal so richtig fackeln wegen des Salzwassers, aber dann ist es auch gut.« Und genau so hab ich es gemacht. Weg war es ...

Nachdem wir so ziemlich alles in Dubai gesehen und gemacht haben, veranstaltete ich einen *Terminator*-Abend bei mir auf der Suite. Hatte die Box dabei, wir gucken *Terminator 2*. Burger bestellt, Dosenbier, Arnold geguckt. In dem Augenblick ist mir bewusst geworden, was für ein krasses Leben wir doch führen – man hockt mit Kumpels im *Burj Al Arab* und schaut Schwarzenegger auf einem Gold umrandeten Fernsehgerät. Einfach geil! Man kann das auch in Kassel machen, aber geiler ist es schon im *Burj Al Arab*.

Ich hab viele Fußballturniere in Dubai gesehen. Das erste war die EM 2004. Dann das CL-Finale 2006 *FC Arsenal* gegen *FC Barcelona*. Einige Spiele der EM 2008 und der WM 2010 hab ich in Dubai angeschaut. Das war in den Unterwasser-Suiten des Hotel *Atlantis* mit riesigen Panorama-Glasscheiben. Die EM 2012 habe ich ebenfalls zu großen Teilen in Dubai gesehen.

Wenn man das so liest, könnte man den Eindruck bekommen, ich sei nur auf Reisen gewesen. Das stimmt nicht ganz, aber ich war schon viel unterwegs. Unter anderem zum zweiten Mal in New York. Das ist für mich die faszinierendste Stadt der Welt. Big Apple.

Und 2007/2008 feierte ich den Jahreswechsel schon zum zweiten Mal in Las Vegas im *Hotel Bellagio*. Wie schon im Jahr zuvor flogen wir mit einem Tross von circa 25 Leuten am 29. Dezember los und verbrachten fünf Tage in der Glitzerstadt. Am 2. Januar mieteten wir sechs von diesen SUV-Ochsen Grand Voyager und machten uns auf den Weg nach Los Angeles, wo wir vier Tage im *Beverly Wilshire Hotel* verbrachten, berühmt geworden als Drehort von *Pretty Woman*, verbrachten. L.A. ist eine irre Stadt – und wenn ich in den Staaten wohnen würde, wüsste ich nicht, was mir besser gefiele: Los Angeles oder New York. Am besten wäre wohl, man hätte in beiden Metropolen einen Wohnsitz. Die Entfernung zwischen diesen

Städten, das muss man sich mal vorstellen, entspricht ungefähr der Distanz zwischen Hamburg und Moskau.

Wie man im Schlaf Geld verdient, das zeigten mir während dieser acht Tage in Amerika die Umsatzzahlen, die mir aus Deutschland übermittelt wurden. Fantastisch!

Als wir den Rückflug antreten mussten, hatte die Maschine einen Defekt. Auf Kosten von *American Airlines* wurden wir mit einer anderen Maschine nach Washington DC geflogen und hatten dort, ebenfalls auf Kosten von *AA*, einen Tag Aufenthalt vor dem Weiterflug nach ›Fränkförd‹. Wir logierten im *Hilton* und ich als erklärter Kulturbanause nutzte die 24 Stunden, um mir die wichtigsten Gebäude und Sehenswürdigkeiten von Washington anzuschauen. Wann immer ich in einer Stadt wie New York, London oder Paris war, habe ich mit großer Neugier die Kulturdenkmäler besichtigt. Ich war bestimmt sieben- oder achtmal in Paris und mein erster Weg führte mich immer in den *Louvre*, aber jedes Mal war die orientalische Abteilung geschlossen. Ob das was zu bedeuten hat? Mein Rekordbesuch im *Louvre* dauerte acht Stunden, von zehn bis 18 Uhr. Die sind wie im Flug vergangen und hinterher wusste ich: Ich hatte noch nicht die Hälfte gesehen ... gewaltig. Ich hab mir angeschaut, wo Marie Antoinette guillotiniert wurde, bin raus nach Versailles gefahren zum Schloss des Sonnenkönigs, hab mir die Prunksäle, die Unterkünfte, den Garten zeigen lassen. In New York hab ich mir Little Italy angesehen, das sind nur noch zwei Straßen, der Rest drum herum ist Chinatown. Aber auf den beiden Straßen erlebt man das alte New York – mit rot-weißen Tischdecken, die beste Pizza. Wenn ich müde wurde, bin ich für eine 20-minütige Massage kurz nach Chinatown und dann wieder zurück, weiter essen in Little Italy.

Für Anfang Januar 2008 hatte ich eine Einladung zur Hochzeit meines Freundes Kresoa Vidakovic in Slavonski Brod im Nordosten von Kroatien. Wir reisten in einem eigens dafür angemieteten Privatjet. Kresoa war ein Ur-MEGler und mir war die Reise wert. In Banja Luka landeten wir und ich fragte den mitgereisten Marinko: »Wie kommen wir von hier nach Slavonski Brod? Antwort: »Cheffe, ich organisiere ...«. Er rief wohl irgendeinen Mafiaboss oder Zuhälter an, jedenfalls kam eine porno-weiße Stretchlimo, in die acht Typen in Brioni-Anzügen einstiegen. Ab nach

Slavonski Brod, wo wir in einem ordentlichen Drei-Sterne-Hotel untergebracht waren. Abends saßen wir auf rauen Holzbänken, deren Splitter den feinen Brioni-Anzügen nicht gut taten während mir die kroatische Küche nicht so recht gut tat. Sah aus, wie etwas, was ich noch nie gesehen hatte, schmeckte auch so. Zum Glück gab es in der Nähe einen *McDonald's*. Nach drei Tagen ging es zurück nach Kassel. Wir sind ganz unmerklich ins Jahr 2008 rüber gerutscht.

Ende 2007 kam es zu der berühmten MEG-Tattoo-Episode. Irgendwann im September Oktober kam Püdra T. auf mich zu. »Ich will mich tätowieren lassen, du hast unser Leben verändert, blablabla ...! Ich und 32 andere wollen ein MEG-Tattoo.«

Die Gerüchte, die besagen, man musste das machen, wenn man bei MEG Karriere machen wollte, sind frei erfunden. Dazu muss man wissen, dass ich ein erklärter Gegner von jeder Art von Piercing, Ohrringen oder Tattoos bin. Das geht auf meine konservative Erziehung zurück. Mein Vater hätte mich UMGEBRACHT, wenn ich mit so etwas aufgetaucht wäre. Püdra hat das Ganze initiiert und war hinterher der Erste, der es geleugnet hat. Am folgenden Tag ließen sich ungefähr 32 Menschen die MEG-Initialen auf den Unterarm tätowieren. Kostenpunkt: 50 Euro. Bis zum heutigen Tag haben wohl 40 Menschen dieses Tattoo. Man munkelt, dass Marinko, den ich angeblich zu diesem Schritt gezwungen habe, das Tattoo hinterher habe wegmachen lassen. Ich fuhr während dieser Stech-Orgie mit dem Fahrstuhl runter, Marinko kam mir entgegen und fragte, was die da oben machen würden. – Ich sagte: »Marinko, die lassen sich alle die MEG-Initialen tätowieren, die sind verrückt geworden!« Ich geriet dadurch allerdings in Zugzwang. Wenn sich 30 Verrückte deine Initialen tätowieren lassen, dann muss man es selbst wohl auch tun. Ich bin wie gesagt ein Gegner von Tattoos. Bei der MEG gab es wenig Regeln, aber eine besagte, dass Männer mit sichtbaren Tattoos, Piercings oder Ohrringen nicht bei MEG arbeiten durften. Bei Frauen gingen Ohrringe, aber sonst auch kein permanenter Körperschmuck. Marinko fing wieder mit dem Geschwafel an, dass, wie wir inzwischen wissen, ihm am Ende einen Scheiß bedeutet hat. Er hat im Film *(Der Versicherungsvertreter)* glatt gelogen, als er sagte: »Chef fragte: Willst du auch Tattoo machen? Wollte ihm nicht in den

Rücken fallen (was ich ja dafür jetzt im Film mache) und habe mir das Tattoo stechen lassen und im selben Moment bereut.« SCHWACHSINN! Er ist hoch. Ich habe gesagt: »Mach es nicht!« Er: »Bla und blub ...«.

Am 2. Juni flog ich im Privatjet zum 62. Geburtstag meiner Mutter. Ich lud dazu fünf Freunde ein, charterte einen Jet, und während des Fluges pokerten wir, rauchten Zigarren und tranken Bier. Als die Kiste auf halber Strecke alle war, fragte ich den Piloten, wo wir seien. »20 Minuten vor Belgrad«, war seine Antwort. »Okay, landen, Kiste Bier holen, weiterfliegen«, sagte ich. »Ist das Ihr Ernst?«, wollte der Pilot wissen. – »Seh ich aus, als würde ich Witze machen: landen, Bier holen, weiter ...«. So wurde es gemacht. Gegen 23 Uhr waren wir in Kuşadası und kurz vor Mitternacht klopfte ich bei meiner Mutter an der Tür. Sie öffnete und ich sagte: »Alles Gute zum Geburtstag!« Sie hatte sich schon gewundert, warum ich noch nicht angerufen hatte: ›Hat der Junge etwa meinen Geburtstag vergessen?‹ Ich blieb drei Tage im Haus meiner Mutter, die Jungs waren im Hotel einquartiert. Seinerzeit suchte ich nach einer Strandvilla, um öfter in der Nähe meiner Mutter sein zu können. Dabei stießen wir auf die Residenz. Der Bauherr, mit dem ich eine Begehung machte, wollte für eine Villa 150.000 Euro. Bekam er. Es existierten weitere 11 Villen. Und am gleichen Abend feierten wir dort. Am nächsten Morgen sagte Marth: »Tolles Haus, tolle Residenz, aber ab nächstes Jahr werden wir hier nicht mehr feiern können!« – »Warum das?« – »Ist doch klar, wenn nächstes Jahr die anderen Häuser verkauft sind, dann können wir hier nicht mehr Party machen ... !« – »Stimmt!«, sagte ich, »ruf den Bauherren an, wir kaufen alle Villen!« Die waren damals noch nicht eingerichtet und standen leer. Ich kaufte also die gesamte Residenz und wir fuhren mit einem Rolls und drei Ferraris zu einem Möbelhaus, räumten den ganzen Laden leer und richteten die elf leer stehenden Häuser ein. Ich handelte ein bisschen und bezahlte für das gesamte Anwesen und die Einrichtung der Häuser schließlich rund 1,5 Millionen Euro.

Im Sommer 2007 machten wir eine Cannonball-Fahrt. Cannonball ist ein halblegales Rennen, das quer durch die USA, von der Ost- zur Westküste führt und von einem Motorradfahrer namens Erwin George Baker ins Leben gerufen wurde. Er trat seinerzeit in circa 100 Rennen gegen Schnellzüge an und stellte beim Durchqueren des Kontinents Rekorde auf. [»Die wichtige Ost-West-Verbindung nach Los Angeles wurde dann im Jahre 1926 als Route 66 ausgewiesen. Im Jahre 1933 fuhr Erwin »Cannonball« Baker u. a. auf dieser neuen Straße mit einem »Graham-Paige« von New York nach Los Angeles in der Zeit von 53 Stunden, d. h. mit einem Schnitt von fast 100 km/h, obwohl die Strecke damals noch durch Ortschaften führte und nicht durchgehend asphaltiert war. Dieser »Rekord« hatte circa vier Jahrzehnte Bestand«. Quelle: Wikipedia] Unsere ›Cannonball-Fahrt‹ hatten wir Frank Marth zu verdanken Eines Tages meinte er: »Wäre es nicht eine geile Idee, wenn wir auf unsere Autos Cannonball-Rennen drauf schrieben?« – »Aber, Marth, wir machen doch gar keine Cannonball-Rennen?!« – »Ist doch egal, das kommt gut!« Ich habe natürlich diesen Schwachsinnsvorschlag aufgegriffen und prompt bekamen wir die Abreibung in der Presse: »Göker macht Cannonball-Rennen?« Das journalistische Fragezeichen am Ende liest natürlich keiner. Nach 100 Kilometern werden wir das erste Mal angehalten. »Cannonball-Rennen sind verboten«, sagte man uns. »Wir machen ja gar kein Cannonball-Rennen!«, war unsere Antwort. »Wieso steht es dann auf den Wagen?« – »Ist es etwa verboten, sich so etwas aufs Auto zu schreiben???« Danke MAAAARTH!! Später sagte er: »War wohl doch keine so gute Idee.« Aber weil es prima lief, haben wir es 2008 gleich noch einmal gemacht, ein Cannonball-Rennen. Der Tross bestand aus vier Ferrari F 430, zwei CLK 63 AMG, einem Q7 als Materialfahrzeug, mit Ersatzreifen für die Ferraris und Mercedes, dem Rolls-Royce Phantom, in dem Marth hinten mit einer Burger King-Krone saß, einem R8, einem Porsche Turbo, einem 7er BMW, einem 911er *Porsche* und einem Audi A8. Es waren 13 Fahrzeuge und im Schnitt 2,5 Personen pro Auto, wir waren also roundabout 30 Personen. Wohin gings? Von Kassel nach Kuşadası in die Residenz. 2.800 Kilometer. Sieger dieses Cannonball-Rennens, das ja keines war, sollte der sein, der zuerst durch das Tor der Residenz fuhr. Ich wurde Erster, durch eine List. Als andere in Führung lagen, funkte ich durch: »Wir halten in Selçuk an und essen was gemeinsam.« Und als alle dort anhielten, bin ich einfach weitergefahren. Alter Rennfahrerspruch: »To win, first you have to finish.« HAHAHA. Ich hatte durch meinen Trick einen Vorsprung von ungefähr zehn Minuten, uneinholbar. Der Letzte kam mit einer Verspätung von zwei drei Stunden an. Wir verbrachten zwei schöne Wochen und cannonballten wieder zurück. Kaum in Kassel angekommen, hielt uns ein Bulle an und sagte: »Hier ist das Rennen jetzt vorbei!« Er hatte recht.

Die Cannonball-Idee kam wie gesagt aus Amerika, aber auch die europäische Variante war illegal. Keine Regeln. Betuchte Menschen fahren von Hamburg nach Moskau. Es gibt Tagesetappen wie Hamburg–München. Da wird die Zeit gestoppt. Jeder hat genug Cash dabei, um alle Knollen in allen Währungen direkt zu zahlen und wer als Erster ankommt, kriegt eine Million. Nur was für Bekloppte, die 50.000 Euro zu viel haben. Diese Rennen gibt es jedes Jahr und jeder fährt mit seinem eigenen Wagen.

Im Jahr 2007 lief mir ein ganz besonderer Mensch über den Weg, einer, der mich bis heute begleitet: Vincent Ho. Und dann begegnete mir noch ein besonderer Mensch: Farid Aminzadeh. Diese beiden sollten im Laufe der nächsten sieben Jahre meine engsten Freunde werden, mit denen ich bis heute durch dick und dünn gehe. Farid und Vincent begannen im März 2007 beide als Rookies bei der MEG. Der einzig wirkliche Verdienst von Pedram Dagdar bestand darin, dass er mich auf Vincent aufmerksam machte. Er sagte, da gebe es einen Neuen, 21 Jahre alt, aus München, einen der besten Vertriebler, die er je kennengelernt hat. Ich gehe abends in die *Bar Marth* und da steht Vincent. Zurückgegelte Haare, sah aus wie ein Top-Modell und hatte einen braunen, total perversen Pelzmantel an. ›Wo kommt denn dieser Snob her?‹, dachte ich, ›jetzt haben wir noch mehr Wettbewerb in diesem Laden!‹ Vincent stellt sich mir vor und rasselte runter, was er schon alles gemacht hatte. Wann bloß, er war doch erst 21, hatte aber bereits die letzten fünf Jahre im Vertrieb gearbeitet. Geiler Typ. Der passte perfekt in unsere Mannschaft. Farid stellte sich bei der üblichen Montagssitzung vor. 120 Vertriebsleute im Konferenzraum und Farid hatte alle Lacher direkt auf seiner Seite. Er habe vorher Promotion gemacht, sagte er, käme aus Göttingen, und er habe dies und jenes gemacht, natürlich immer erfolgreich – klar war: Farid ist ein Entertainer und verbreitete rund herum gute Laune. Farid stand da, was sage ich: Von stehen kann man ja bei Farid nicht reden. Das ist so, wie wenn andere sitzen. Er hat bestimmt auch bei der Promotion gesessen und die anderen arbeiten lassen, aber kassiert hat er. In Stuttgart hatte er das erste Mal von der MEG gehört und sich auf den Weg gemacht ... Und er sagte: Ich möchte auch dabei sein. Er hat das so einnehmend und gewinnend erzählt und alle waren gut drauf. Ich sagte: »Herr Aminzadeh, Sie werden eine Granate.« So kann man sich täuschen. Drei vier Monate ziehen ins Land, und ich denke: ›Was ist eigentlich aus diesem irren Iraner geworden, der nach seiner Vorstellung doch alle anderen in Grund und Boden hätte verkaufen müssen?« Ich schaue in welcher Gruppe er arbeitet und gehe auf ihn zu: »Hallo, Farid, was ist denn los? In drei Monaten nur ein Vertrag? Du verdienst ja bei uns gar kein Geld. Das macht doch für dich gar keinen Sinn, hier zu arbeiten?!« Und dann gab Farid mir eine Antwort, die mich aufhorchen ließ. Ich dachte: ›Geiler Typ, solche Menschen musst du an die Firma binden. Die sind loyal, gut und erzeugen ein positives Klima.‹ Farid sagte: »Mehmet, schau mal ... das stimmt. Ich habe nur einen Vertrag abgeschlossen, aber ich brauche auch nicht viel, habe geringe Fixkosten von nur 500 Euro im Monat. Aber ich habe hier so viele Freunde gefunden und möchte unbedingt dabei sein. Das ist für mich die Hauptsache!« Ich denke ›super‹, aber selbst die 500 pro Monat kann der bei seinem Verkaufsstil vergessen. Ich also: »Farid, was hältst du davon, wenn du im Innendienst arbeitest? Einstiegsgehalt 30.000 im Jahr und du kriegst für die Fahrten zwischen Göttingen und Kassel einen Audi A4?« Farid hat sich über dieses Angebot riesig gefreut und aus den 30.000 wurden im Laufe der nächsten zwei Jahre 54.000 Euro Jahresgehalt. Er machte im Innendienst einen Super-Job, war bei allen angesehen und beliebt, arbeitete sich hoch zum Abteilungsleiter und alle waren glücklich! Das ist die Geschichte von Farid.

Die Geschichte von Vincent Ho verlief ähnlich erfolgreich. Er hatte die beiden Eigenschaften, die man im Vertrieb braucht, um über die Maßen erfolgreich zu sein. Eine Selbstdisziplin, wie ich sie noch bei keinem Menschen zuvor und danach jemals kennengelernt habe. Wenn andere noch im Bett legen und sich für eine weitere Viertelstunde umdrehen, war Ho schon am Arbeiten. Ich kann mich an keinen Tag erinnern, an dem Vincent nicht schon um halb acht in der Firma war. Er hatte alle Eigenschaften eines Vertrieblers – er war trinkfest, konnte feiern bis in die Puppen, stand auf Frauen. Aber egal wie spät es wurde, morgens war er am Start und das alles in Kombination mit positiven Unternehmereigenschaften wie Selbstdisziplin, extremer Erfolgswillen, Hang zur Perfektion. Während andere froh waren, ihre Anträge abzugeben, gab Ho immer nur Antrag und Annahme zeitgleich ab. Einzigartig in der Vertriebsgeschichte, und das mit 21 Jahren. Er ist nach nur neun Monaten Organisationsdirektor geworden. Das schürte den Neid, denn er übernahm den Posten von seinem früheren Chef, einem Mann, der 20 Jahre älter war und den ich entlassen habe. Den Job machte er exzellent, leitete zuerst ein Team von zehn bis 15 jungen Leuten, später bestand seine Gruppe aus 30 Mann. Dann wurde er Vertriebsdirektor und machte einige kleine Fehler, wie z.B. sonntags Meetings anzusetzen. Ich sagte ihm, dass das nicht ginge, denn er hatte 50-Jährige in seinem Team, gestandene Familienväter mit Frau und drei Kindern. Die würden zwar kommen, weil er der Chef sei, aber innerlich würden sie ihn verfluchen. Wenn solche Menschen sonntagmorgens um zehn Uhr 50 Kilometer fahren müssen, um zu einer Orga-Sitzung zu kommen, dann halten sie zwar die Schnauze, weil sie bei uns angestellt sind, aber innerlich kotzen sie ab. Er hat immer direkt gelernt und Anregungen eins zu eins umgesetzt. Im Laufe der Zeit hat Vincent die Unterstützung seines Teams verloren. Man hat gegen ihn gemeutert. Selbst seine engsten Vertrauten waren gegen ihn. Er hatte sie zwar in die Firma gebracht, aber sie wollten seinen Job. Denn sie wussten: Vincent verdient mit 23 Jahren im Monat 18.000 bis 19.000 Euro. Und das weckt Begehrlichkeiten. Und bei uns war es immer so, dass beim Ausscheiden des Teamchefs der zweitbeste den Job kriegt. Das war bei mir Prinzip, weil ich nicht zwei gute Leute auf einmal verlieren wollte. Und egal, wie loyal die Nummer zwei gegenüber dem direkten Vorgesetzten war, biete ihr den Job an und aus ists mit der Loyalität. Gewissensbisse? Nö!!! Ich habe es noch nie anders erlebt.

Nach der Meuterei gegen Ho holte ich ihn als Generalbevollmächtigten des Innendienstes in den Betrieb. Er war also direkt unter dem Vorstand angesiedelt und bildete mit Kotzan eine Achse, die den mittlerweile aus 400 Menschen bestehenden Innendienst leitete. Wobei Ho ganz klar der kompetentere der beiden war.

Vincent und Farid, im Laufe des Jahres entwickelten sich beide zu außergewöhnlich wichtigen Mitarbeitern, und abgesehen von ihren Fähigkeiten, waren sie auch meine Augen und meine Ohren.

Farid sollte eigentlich die Stelle von Sonja Pleyer übernehmen. Sie war die Geschäftsführerin von der MEG Service GmbH und leitete die Call Center in Fulda, Göttingen und Kassel. Als wir uns zerstritten haben, machte ich Farid, dem ich inzwischen voll vertraute, ein 144.000-Euro-Angebot, das er nicht ausschlagen konnte. Sechsstelliges Jahresgehalt plus Q 7 als

Geschäftsführer der MEG Service GmbH, einer 100-prozentigen Tochter der AG. Das war im August 2009, kurz vor dem Verkauf und deswegen kam es letztlich nie dazu. Ich hatte dem neuen Besitzer Farid in dieser Position vorgeschlagen – und es wäre auch dazu gekommen –, aber dann hat die *Aragon* ja Insolvenz angemeldet. Das Schöne an diesem Job wäre gewesen: Farid als Chef von 200 Frauen, Studentinnen und Teilzeitkräften. Leider nur die Lust des Konjunktivs. Diese Ladys, 120 in Kassel und je 40 in Göttingen und Fulda, produzierten am Tag circa 500 Leads. Und das wäre Farids Job gewesen: Diese Zahl von Leads zu generieren bzw. die Zahl zu steigern.

Thema: Sportsponsoring.

MEG wurde 2007 Hauptsponsor von Arthur Abraham. Unser Logo war auf dem Rücken. Das war die beste Investition, die ich bis dahin in diesem Bereich getätigt habe. Dasselbe gilt für das Sponsoring von *KSV Hessen Kassel*. Ich habe auf einer Hauptversammlung gesagt: »Wenn ich hier eine Million reinstecke, dann ist das ein Hobby. Ich erwarte nicht, dass das Geld zurückkommt, denn *Hessen Kassel* ist eine Geldverbrennungsmaschine!« Ich nutze die Gelegenheit und sage hier und heute: Ich habe keinen Cent, den ich investiert habe, bereut. Ich bin, seit ich klein war, *Hessen-Kassel*-Fan und ich weiß nicht, was mich damals geritten hat. Aber diese Aussage war falsch. Ich hatte dieses Wort einen Tag zuvor aufgeschnappt – und zwar im Gespräch mit Andreas Fehr, der seit dem Tod seines Vaters Heinz dem Lohfeldener Abfall-Unternehmen vorstand und ebenfalls den *KSV* unterstützte. Sein Vater hat mich aus dem Krankenhaus angerufen und gesagt: »Mehmet, mach das mit dem Sponsoring!« Gott ist mein Zeuge. Daraufhin habe ich Andreas angerufen und gesagt: »Sie eine Million, ich eine Million und eine Million von den Kleinsponsoren – und mit den drei Millionen können wir dann mit *Hessen Kassel* in die Zweite Liga aufsteigen.« Damals stand *Hessen Kassel* mit einem Etat von 1,2 Millionen Euro im Mittelfeld der dritten Liga. Um den Aufstieg zu gewährleisten, brauchte man mindestens 2 plus x Millionen. Unser Glück war, dass *Hessen Kassel* in der günstigeren der beiden Regionalligen war. Dort, wo *Preußen Münster* und die Kölner Clubs *Victoria* und *Fortuna*, Wuppertal, *Rot-Weiß-Essen* etc. drin waren, hätte man auch mit den drei Millionen keine Chance gehabt. Wir gehörten zur Regionalliga Süd mit Bayern, Baden-Württemberg, Hessen und Rheinland-Pfalz und dem Saarland. Andreas Fehr sagte in dem Telefonat mit mir sinngemäß: »Ich weiß nicht, ob ich da eine Million reinstecken soll, denn der Verein ist eine Geldvernichtungsanlage.« Ich widersprach dem zwar und sagte, *Hessen Kassel* sei ein Traditionsverein und das Sponsoring notwendig, aber da hatte ich das Wort aufgeschnappt. Ich möchte noch einmal betonen: Ich gönne dem Verein wirklich alles. Das Problem sind nicht die Fans, die Spieler, sondern die Führungsriege. *Hessen Kassel* gehört ins obere Drittel der Zweiten Liga. Selbst BL-Vereine wie Freiburg haben nicht so ein Stadion wie der KSV. Mein Spruch war immer: Wenn Cottbus es schafft, in die zweite oder gar erste Liga aufzusteigen, muss *Hessen Kassel* das auch schaffen. Aber leider war dem nicht so. Durch Missmanagement ist der Verein in die Viertklassigkeit abgerutscht. Wenn mir irgendetwas leid tut, dann dass ich den Verein als Geldverbrennungsmaschine bezeichnet habe. Das ist der *KSV Hessen Kassel* beileibe nicht. Danke, Andreas Fehr, dass du die Traute hattest zu sagen, von wem der Begriff eigentlich stammte. Ich hab dafür von der Presse ordentlich eins drauf bekommen.

Noch einmal zur Erinnerung: Die MEG ist 2006 mit 40.000 Euro eingestiegen beim *KSV*, 2007 habe ich auf 300.000 erhöht und 2008 wollte ich als Präsident eine Million anlegen. Das habe ich aber dann nicht gemacht, weil es, selbst gegen meine Mutter, rassistische Anfeindungen gab. 2007 sind wir als Haupt- und Trikotsponsor bei dem Handballverein *Rhein-Neckar Löwen* eingestiegen. 180.000 Euro für Trikotwerbung auf dem Ärmel und digitale Bandenwerbung mit Loge für 12 Mann bei den Heimspielen in der *SAP-Arena*. In drei Jahren und bei 51 Heimspielen war ich einmal da. Hauptsponsoren waren eine Bank, der Bauunternehmer Hader (*SAP* und MEG). Dann auch bei *Arminia Bielefeld* mit eigener VIP-Loge, die 40.000 (Zweite Liga) und 50.000 Euro (Erste Liga) kostete. Es gab zehn Plätze. Dann gründete ich ein eigenes MEG AG Rennradteam mit einem Budget von 30.000 Euro im Jahr. Das Team hat regional und überregional einige Erfolge eingefahren. Wir sind sogar in den Benelux-Ländern international gestartet. Das war schon ein großer Erfolg. Der Promotioneffekt war ebenfalls toll, denn das Radteam war das Erste aus Kassel und darüber wurde lang und breit berichtet. Ich bin ein echter Radrennsport-Fan und deswegen sogar einmal zum Prolog der *Tour de France* nach Paris gefahren, um mein Idol Lance Armstrong zu erleben. Es war toll zu sehen, wie das geht. Die ersten Fahrer starten alleine, dann auf Position 218, schon mit Team und Kamerawagen, George Hincapie und auf 219 Jan Ullrich mit Gefolge. Und dann zuallerletzt kam der Sieger des Vorjahres, Lance Armstrong. Einen Tag *Tour de France* habe ich mir mal gegönnt. Die finanziellen Dimensionen der Tour wollen wir hier gar nicht erörtern. Die MEG stieg als Sponsor bei dem Handballverein *SVH Kassel*, Sportvereinigung Harleshausen Kassel 1945 e.V., ein. Der Name sollte später in MEG Kassel umgewandelt werden. Landesligameister, Oberligameister, Dritte Liga. Ich habe zwei Trainer entlassen, habe einen Bundesligatorwart geholt und hatte einen Etat von 500.000 Euro für die Mission ›Aufstieg‹. Sportdirektor war Michael Kopeinigg. Im Kader waren Nationalmannschaftsspieler aus Weißrussland und Island, die man für Pflichtspiele immer freistellen musste. Ich kaufte auch ein Basketballteam, die *MEG Göttingen*, vormals BG Göttingen. Erstes Spiel der *MEG Göttingen* gegen den Rekordmeister *Alba Berlin* – Sieg!

Fast hätte ich es vergessen: Ich sponsorte natürlich auch meinen Verein Süsterfeld und mit einem Etat von 150.000 Euro. In der Bezirksliga stieg der Verein direkt in die Bezirks-Oberliga auf. Nach einem Relegationsspiel sind wir in die Verbandsliga aufgestiegen, aber ich hatte keinen Bock mehr auf halbherzige Spiele mit Unentschieden und Niederlagen und halbherziger Politik. Wir haben dann mit einem 600.000-Euro-Etat einen Luxuskader zusammengestellt – mit dem bundesligaerfahrenen Trainer Karsten Hutwelker (früher *VfL Bochum*), Spielern aus der ehemaligen U21-Nationalmannschaft, vom *HSV*, von *Rosenborg Trontheim*, einen Drittligatorwart, einen Stürmer vom *SV Waldhof Mannheim*, Julio Cesar (der hieß echt so) von einem polnischen Zweiligisten usw. usf. Trainingslager in Kuşadası hinter der Firma. Beim ersten Spieltag der Verbandsliga (damals fünfte Liga) haben wir 10:0 gegen *Borussia Fulda* in Fulda gewonnen. Alles weggeputzt. Aufstieg in die Oberliga und dann kam leider die MEG-Insolvenz.

2008 machte ich Gladbach ein Angebot über sechs Millionen Euro für die Namensrechte an dem Stadion, das ich MEG Kolosseum nennen wollte. Eine Arena hat jeder – man kennt die wichtigsten Spielstätten wie *Allianz Arena, Signal Iduna Park* – aber Kolosseum, das hätte alles weggerissen. Gladbach lehnte mein Angebot ebenso ab wie das über 15 Millionen von der *Postbank*. Die *Postbank* wollte ihre Farben, Gladbach wollte die eigenen Vereinsfarben behalten. Ich erhöhte auf sieben Millionen, Gladbach kam mir entgegen bis auf zehn Millionen. Mein letztes Angebot waren acht Millionen Euro über fünf Jahre mit progressiver Steigerung: 1,5 ... 1,7 ... 1,8 usw. Gladbach lehnte ab. Der Deal scheiterte letztendlich daran, dass Mönchengladbach zwar von 15 auf zehn Millionen runter- und ich von fünf auf acht Millionen für fünf Jahre hochging, aber da war mein Budget erschöpft. Ansonsten hätte sich ganz Deutschland ab Sommer 2008 am MEG Kolosseum erfreuen können. Besser vielleicht, dass es nicht so kam, denn das Geschrei wäre sicherlich groß gewesen, wenn nach einem Jahr der Name wieder hätte zurückgenommen werden müssen, weil es die MEG dann nicht mehr gab.

Im Jahr 2007 hat die MEG für Sportsponsoring ungefähr 1,5 Millionen ausgegeben. Klar, die Trikot- und Bandenwerbung penetrierte den Namen, aber der Nutzen dieser Investition hält sich in Grenzen. Der Werbeeffekt ist nicht messbar, aber es bringt Distinktionsgewinn. Die Marke MEG gewann an Popularität. Sportsponsoring schafft Vertrauen, aber ich hätte mit dem gezielten Einsatz von 250.000 sicherlich mehr erreicht.

Was noch? Ach ja: Im September 2007 die Razzia. Die MEG hatte 400 Mitarbeiter. Trotz Razzia stieg der Umsatz, von 12 auf 45 Millionen Euro. Wir waren größer als je zuvor. 2007 sollte das beste Jahr der MEG sein – und bleiben. Man lese bitte noch einmal Kapitel eins.

Jahreswechsel 2007 und 2008 in Las Vegas. Darüber haben wir ja in früheren Kapiteln ausführlich berichtet: ausschweifende Partys, tolle Frauen und alles, was man sonst noch braucht. Nach drei vier Tagen Vegas fuhren wir von Nevada nach Kalifornien, Ziel: Los Angeles.

Das Jahr 2007 haben wir mit einem Umsatz von knapp 45 Millionen Euro abgeschlossen. Das war die ›bench mark‹, die es 2008 zu knacken galt. Wir schafften noch einmal eine Steigerung um 50 Prozent auf 65 Millionen Euro. Schlagt mich nicht, wenn die Summe um 500.000 rauf oder runter variiert, aber ich war so sehr mit dem Geldausgeben beschäftigt, dass ich keine Zeit hatte, noch auf die Einnahmen zu achten. Spaß beiseite!

2008 handelte ich mit den Versicherern bestimmte Ziele aus – z.B. eine Million. Dazu muss man wissen, dass der Rekord bei 700.000 MB lag. Diesen Rekord wollte ich einstellen. Ich wollte den Mitbewerber deklassieren. Bei einer weiteren Versicherung war das Ziel, 750.000 MB zu schreiben. Hohe Ziele hatten wir auch für die *Central* (um eine Million), die *BB-KK* (um 200.000), die *Inter* und *Allianz* (zwischen 50.000 und 100.000). Die Provisionen stiegen 2008 ins Unermessliche. Ich handelte eine Provision von 14 MB aus. Bei diesen Provisionsverhandlungen kam es – ich möchte mal sagen – zu einem Zwischenfall. Man könnte es wohl Bestechung nennen – und dann vielleicht doch wieder nicht. Einige Tage nach Abschluss der Provisionsgespräche kam einer von den hohen Tieren zu mir. Er redete irgendwas von Steuern und dass man 200.000 Euro dafür von der Provision abziehen müsse. Oder: Ich würde ihm 70.000 geben und die Sache sei erledigt. Wir reden hier von dem erklärten Ziel, 250.000 MB für sie zu schreiben bei 14 MB Provision. Es war wie in einem miesen Mafiafilm. Ich rufe bei der Finanzabteilung an und sage: »Hallo, ich brauch mal eben 70.000 Euro cash ...!« Dann dauerte das ein paar Minuten und das Geld lag in einem weißen Briefumschlag auf meinem Tisch. Und während man über Sonne, Mond und Sterne spricht, schiebt man – ohne seinen Gegenüber anzuschauen – den Umschlag über den Tisch. Und der andere, der gerade über einen gelungenen Witz lacht, nimmt die 70.000 und steckt sie ein. So geht das in der Realität. Das war keine Forderung, nur eine höfliche Bitte, der ich gerne nachgekommen bin, denn ›manus manum lavat‹, eine Hand wäscht die andere. Bei den Provisionsverhandlungen war von diesen 70.000 nie die Rede gewesen, aber es war üblich, dass ich den Vorständen horrend teure Geschenke machte. Keramik-*Chanel*-Uhren, 10.000 Euro teure Reisen nach Las Vegas oder Italien – das war alles üblich und gelebte Praxis. Manche nahmen die Geschenke an, manche nicht. Bei der *Allianz* war man in diesen Dingen sehr rigoros. Vorstände, so die Regel, durften keine Geschenke irgendwelcher Art annehmen. Die *Central* war total konsequent, egal ob Vertriebschef oder Vorstandsvorsitzender – die Geschenke kamen immer retour. Andere Vorstände nahmen die Geschenke ohne Skrupel an: Eintrittskarten für die Fußball-WM, Wochenendtrips, Luxusreisen, Uhren ...

Auch in puncto Provisionen fielen 2008 Rekorde. Eine Versicherung gab mir – bei einer Zielvorgabe von einer Million zu schreibenden MB – 15,5

MB Provision. Eine weitere gab mir 16 MB plus einen Bonus von 500 Euro pro Kunde bei Erreichen des Umsatzzieles. Das waren, wenn man es zu Ende denkt, 18 MB. Danke schön! Die Vereinbarung mit einer bestimmten Krankenversicherung sprengte alle Grenzen. Ich saß auf den Malediven und dachte: ›Du kannst ja trotz Urlaub vielleicht auch mal ein bisschen Geld verdienen und mit den Versicherern telefonisch verhandeln!‹ Ich nannte eine vollkommen utopische Zahl – 22 MB. Und erhielt die Antwort: »Das überlegen wir uns!« Es war einfach irre: Ziel waren 800.000 MB und bei 22 MB Provision kann man da schon mal pokern. Zwei drei Wochen später war ich bei *Borussia Mönchengladbach,* um wegen der Namensrechte am Stadion zu verhandeln – der Bökelberg sollte in MEG Kolosseum umbenannt werden. Während dieses Gesprächs mit Rolf Königs, dem Präsidenten von Mönchengladbach, und Max Eberl, damals einer der Führungskräfte, riefen die an und bestätigten ein Angebot von 20 MB. Ich sagte: »Schön! Aber kann ich nicht akzeptieren. Ich brauche mindestens 21.« Nach einer kurzen Rücksprache wurde das akzeptiert. Eine Woche später war der Vertrag da. Wir machten erst einmal ein Ziel von 500.000 MB aus. 18 MB flossen jeden Monat und 3 MB gabs vorab, sprich: 1,5 Millionen wanderten auf mein Konto. Eine Million gesellten sich von einer weiteren Versicherung dazu. Von einem Versicherer kam sogar die Rekordsumme von sechs Millionen Euro vorab. Das Ganze wurde getoppt von der XX, da waren wir bei 14 MB und das Ziel lautete zwei Millionen MB im Jahr. Zehn MB wurden monatlich bezahlt und der ›Rest‹ belief sich auf ACHT MILLIONEN EURO.

Die erste Zahlung der XX betrug 8.000 Euro. Komisch! Als ich anrief, sagte man mir: »Oh, das war ein Computerfehler«, und am nächsten Tag kamen weitere 7.992.000 Euro. Als verantwortungsbewusster Unternehmer stockte ich erst einmal meinen Fuhrpark auf, fuhr zu Hammer nach Köln, gab ihnen den Rolls, den ich hatte, in Zahlung, legte 120.000 Euro drauf und fuhr mit einem Rolls-Royce Phantom Cabriolet vom Hof. Man teilte mir mit, dass genau zwei Personen diese just auf den Markt gekommene Cabriolet-Version des Phantom besitzen. Zum einen eine nette Dame älteren Baujahrs aus London, immer mit Hut auf dem Kopf und Queen genannt, und zum anderen ein Versicherungsvertreter aus Kassel mit Namen Göker. So viel hatten wir also schon mal gemeinsam. Das Phantom-Cabriolet kostete 510.000, ich handelte sie runter auf 460.000 Euro.

Das Jahr 2008, so viel schon einmal vorab, war das beste meiner Karriere. Nie geahnte Umsatzrekorde, nie geahnte Erfolge, ein nie geahntes Standing für die MEG. Und die war mehr als ein Unternehmen. MEG war Familie, eine Philosophie, eine Lebensweise, die auf Leidenschaft, Selbstdisziplin, Ordnung und Fleiß gründete. Angeführt von unserer Schulungsabteilung, angeführt von ebenso leidenschaftlichen wie loyalen Abteilungsleitern im Betrieb, angeführt von einem Generalbevollmächtigten wie Vincent Ho, einem Betriebsschulungsleiter, angeführt von außergewöhnlichen Führungskräften. Mit diesem Team konnte man die hoch gesteckten Ziele erfüllen.

Mit 65 Millionen Umsatz war 2008 eines der besten MEG-Jahre. Das Zwei-Millionen-Ziel bei der XX schafften wir. Das Eine-Million-Ziel bei einer weiteren Versicherung verdoppelten wir auf knapp zwei Millionen MB. Wir stellten nach der *DVAG* den besten Umsatz in der Geschichte des Versicherers auf. Wir verdreifachten den Rekord einer weiteren Versicherung von 700.000 auf zwei Millionen MB. Man muss sich vorstellen: Diese Branche gibt es seit circa 100 Jahren und dann kommt eine MEG und bricht innerhalb von sechs Jahren sämtliche Rekorde bei allen Versicherern. Wir waren die Nummer eins – abgesehen von der *DVAG* – bei der *Central,* bei der *AXA*, bei der *Halleschen, Inter, BBKK, UKV* und unter den Top Three bei der *Allianz*. Ich war die Vorschüsse wert. Alles lief nach Plan. 2008 war ein mehr als erfolgreiches Jahr, denn wir bekamen noch Geld nachgeschossen, weil wir mehr geschrieben hatten, als im Vorfeld vereinbart war. Die Versicherer waren zufrieden. Wir bekamen Geschenke, Anerkennung, Reisen. Eine Versicherung lud mich nach Paris ein, um den Vorstandsvorsitzenden des Weltkonzerns kennenzulernen – als Anerkennung für dieses UNFASSBARE, EINZIGARTIGE ERGEBNIS. Bei denen machten die Nummer zwei bis zehn genau so viel Umsatz wie die MEG alleine. Noch Fragen? Und das nach nur fünf Jahren.

Fantastische Ergebnisse in einem fantastischen Jahr mit fantastischen Rekorden. Der Zusammenhalt innerhalb der MEG war im Vergleich zu anderen Firmen groß, die Fluktuation gering. Das machte mich stolz. Wir eröffneten zahlreiche Niederlassungen. Ende 2008 hatte die MEG AG über 1.000 sozialversicherungspflichtige Angestellte. Anfang des Jahres waren das noch 400 gewesen. Das war die Nachwirkung der Razzia aus dem Jahr 2007. Ich musste alle Außendienstler fest anstellen und hatte dadurch eine monatliche Mehrbelastung von circa 500.000 Euro. Eine Zumutung – und letztendlich auch der Grund für den Niedergang der MEG. Vielen Dank, Herr Staatsanwalt! Mein Strafverteidiger Professor Dr. Nagel und ich behalten uns eine Klage gegen diesen Herrn vor, denn er hat ein kerngesundes mittelständisches Unternehmen ruiniert.

Die Umstellung – aus selbstständigen (nach Ansicht des Staatsanwalts scheinselbstständigen) wurden festangestellte, sozialversicherte Mitarbeiter – lief wie folgt ab. Professor Dr. Nagel, einer der besten Strafverteidiger des Landes, u.a. auch der Rechtsbeistand von unserem ehemaligen Bundespräsidenten Christian Wulff, versicherte mir, dass wir im Recht seien und nichts zu befürchten hätten. Ich hatte ja bereits vier Millionen Euro als Sicherheit für zu zahlende Sozialversicherungsbeiträge hinterlegt und Anwaltskosten im hohen sechsstelligen Bereich gezahlt – also fünf Millionen standen da schon zu Buche. Ich glaube nicht, dass viele junge Firmen eine solch unberechtigte Razzia überlebt hätten. Jeder Versicherungskonzern in Deutschland hat Außendienstler, die als Selbstständige geführt werden. Nur die MEG musste alle zu Angestellten machen. Ich wurde angerufen und zu einem Gespräch gebeten mit einem Vertreter der Sozialkasse, des Finanzamtes und der Staatsanwaltschaft. Ich durfte einen Finanzberater aus der Wirtschaftskanzlei, aber ausdrücklich nicht meinen Anwalt mitbringen. »Ich komme gerne mit meinem Anwalt!« – »Nein!« Das war im Juli 2008 und fand hier in Deutschland statt – nicht in Afrika, nicht in Russland oder irgendeinem anderen Land, in dem das Recht gebeugt oder gebrochen werden darf. Man stellte mich vor die Wahl: Entweder sie kommen ohne Anwalt oder es wird kein Treffen und auch keine Einigung geben. Dann werden Sie massive Probleme bekommen. Wie nennt man das? Ich nenne das Erpressung. Oder Sie kommen zu diesem UNVERBINDLICHEN GESPRÄCH ohne Anwalt ... Auch die Beschwerden meines Anwalts haben nicht gefruchtet. Ich war GEZWUNGEN, ohne Rechtsbeistand zu diesem Treffen zu gehen, denn das musste aus der Welt geschafft werden. Die Gespräche mit der Sozialversicherung stand für Ende des Jahres auf dem Terminkalender. Durch die Razzia hatte ich zwei drei Gesellschaften als Partner verloren. Zum Glück gab es aber neue Partner – so z.B. die *Gothaer*, die 2008 bei uns einstieg mit einem Ziel von

250.000 MB bei 14 MB Provision. Also auch von der *Gothaer* kam vorab eine Million.

Mein Anwalt riet mir dringend ab von diesem Treffen, aber was sollte ich machen? Diese Sache musste geklärt werden. Ich bin kein Mensch, der gerne wartet. Ich suche immer nach einer schnellen Lösung. Denn eigentlich gibt es keine Probleme, sondern nur Lösungen. Ich ging also zu diesem Treffen. Wir saßen da bei Kaffee und Kuchen. Wären wir alle 60-jährige Frauen gewesen, hätte man denken können, es handele sich um einen Kaffeeklatsch, aber es ging um ein ernstes Thema – um Millionen. Meine Millionen. Mir wurde gesagt, dass ich zwei Möglichkeiten hätte. Erstens: Ich nehme das Angebot der Staatsanwaltschaft an, akzeptiere zwei Jahre auf Bewährung. Es wird zu keiner Gerichtsverhandlung kommen. Ich könnte ab morgen ganz normal weiter arbeiten und der Fall sei geschlossen. Oder zweitens – ich kann, ebenso wie mein Anwalt, auf eine Gerichtsverhandlung pochen. Der Prozessbeginn wird sicherlich erst in drei Jahren sein. Bedeutet: Die Sozialkassen wollen als Sicherheit die Sozialversicherungsbeiträge für diese drei Jahre im Voraus. Bei einer Truppe von 1.000 Mann, die ich ja hatte, setze man vier Millionen pro Jahr an. Ich müsse also noch einmal binnen einer Woche zwölf Millionen hinterlegen, wenn ich auf das erste Angebot nicht eingehe. Ich fragte sie, wie sie sich das vorstellten, wo ich denn zwölf Millionen hernehmen solle. Gar nicht, antworteten sie. Nehmen Sie unser Angebot an: Zwei Jahre auf Bewährung. »Auf gar keinen Fall«, sagte ich. »Das kann ich nicht akzeptieren, ich habe nichts Unrechtes getan. Machen Sie mir einen anderen Vorschlag.« Daraufhin wurde mit dem Staatsanwalt telefoniert, Herrn Töppel. Sein neues Angebot: Okay, dann eine Geldstrafe von 720.000 Euro. Dafür würde man die Bewährungsstrafe fallen lassen. – »Nein, bezahle ich nicht.« – »Was wollen Sie denn zahlen?« – »360.000 Euro.« – Dann wurde wieder mit dem Staatsanwalt telefoniert. Der ließ sich nicht aufs Handeln ein – entweder zwei Jahre auf Bewährung oder eine Geldstrafe von 720.000 Euro. Dann doch lieber die Geldstrafe. Das Verfahren wäre beendet, ich gelte als vorbestraft, kann aber in Ruhe weiter arbeiten. Den Verlauf dieses Gespräches (!) habe ich ja schon einmal geschildert. Es war Erpressung.

»Entweder so oder sie hinterlegen die zwölf Millionen und warten auf den Prozess.« – »Was, wenn ich das nicht kann? Sie wissen, dass ich das Geld nicht habe.« – »Ja, dann kommen wir morgen in ihre Firma und holen alle Rechner ab. Dann können sie nicht mehr arbeiten und müssen den Laden schließen!« Ich hatte also die Wahl zwischen Pest und Cholera. Okay, ich habe dann (weil es für mich etwas anderes ist als eine Bewährungsstrafe) die Geldstrafe akzeptiert. Mein Anwalt hat Zeter und Mordio geschrien ob dieser Erpressung. Aber so kam dieser Deal zustande. Im August wurde das Ausgehandelte schriftlich fixiert, und ich zahlte monatlich eine Rate von 10.000 Euro. Also bis zur Insolvenz der MEG habe ich 13 Raten gezahlt, ergo 130.000. Die hätten mir nichts gekonnt, aber ich habe weitere 590.000 Euro von der Türkei aus beglichen, nicht weil ich es musste, sondern weil ich es wollte.

Es ist in Deutschland gang und gäbe, dass Außendienstler als Selbstständige geführt werden. Das ist bei der *DVAG* so, bei der *AWD, MLP,* bei der *Allianz* und der *DKV*. Professor Nagel hat das mit zig Fachleuten besprochen – der Vorwurf der Scheinselbstständigkeit war unbegründet. Wir hätten vor Gericht gewonnen, haben wir aber nicht, weil ich die zwölf Millionen nicht hinterlegen konnte. Ich weiß, es ist ein schmaler Grat, aber Tatsache ist: Die Außendienstler bezahlten drei Prozent von ihrem Gewinn für den Arbeitsplatz, sprich: Backoffice und Bürokosten, zahlten für die Datensätze, hatten ihr eigenes unternehmerisches Risiko und mussten selbstständig ihre Steuern abführen. Jeder Außendienstler konnte kommen und gehen, wann er wollte; Urlaub machen, wann er wollte ... sie waren selbstständig. Jeder von ihnen bekam am Ende des Monats eine Abrechnung über seine Provisionen, wie bei jedem anderen Versicherer auch. Das sind deine Einnahmen, das deine Kosten, versteuern musst du selbst! Ich habe die Büros zur Verfügung gestellt, um Gemeinschaftsgefühl herzustellen, ohne das die MEG nicht erreicht hätte, was sie erreicht hat.

Als ich die Leute anstellen musste, sah das so aus: Die ersten zwölf Wochen bekamen neue Mitarbeiter 1.100 Euro, nach drei Monaten Firmenzugehörigkeit – und wenn derjenige die Prüfung geschafft hatte – erhielten sie 2.000, nach einem Jahr 4.000, ab dem zweiten Jahr 5.000 Euro brutto. Plus Provision und Firmenfahrzeug zwischen C- und S-Klasse. Das konnte die Firma für alle Mitarbeiter nicht tragen.

2008 war auch das Jahr verrückter Incentive-Reisen. Wir waren auf Jamaika, in Las Vegas, in Dubai und New York. Mit 130 Mitarbeitern flogen wir in einer gecharterten *Condor*-Maschine für 250.000 Euro nach Kuşadası und logierten vier Tage im Fünf-Sterne-Hotel *Alkoçlar Adakule*. Ich war in London, Paris, Athen, Istanbul und Mailand. Mallorca. Zum Formel1-Rennen nach Monaco, zum Klitschko-Kampf nach New York.

Das Fest zum fünfjährigen Jubiläum – die Versicherer überschlugen sich mit Geschenken. Die Top-Verkäufer bekamen von einer Versicherung ein halbes MB oben drauf, von einer anderen Mountain Bikes oder eine Jamaika-Reise. Jeder Versicherer buhlte um meine Gunst, jeder wollte die Nummer eins bei mir sein. Göker war gefragter denn je. Ich kaufte den Basketballklub *BG Göttingen* und benannte ihn in *MEG Göttingen* um. Die Mannschaft war erstklassig und stand im Finale des Europacups. Überall prangte das MEG-Logo. Zum Fünfjährigen kamen Ralf Möller, Boney M., Costa Cordalis, Roberto Blanco, Jürgen Drews und für die Comedy war Serdar Somuncu zuständig. Zur Familie Cordalis – Sohn Lucas, Tochter Kiki – entwickelte sich eine Freundschaft. Tolle Menschen. Auch nach dem Ende von MEG erkundigten sie sich nach meinem Wohlergehen und luden mich ein, sie auf Mallorca auf ihrer Finca zu besuchen. Das konnte ich bislang nicht wahrnehmen, aber ein herzliches Dankeschön an Costa und seine Familie. Im Gegensatz zu vielen anderen waren sie loyal. Sonst gilt: ›Ist die Kohle aus dem Haus, fliegt die Freundschaft aus dem Fenster raus!‹

Ich besorgte mir einen Helikopter – nicht wie andere dachten, weil ich größenwahnsinnig war, sondern um schneller zu sein. Um halb neun konnte ich in Kassel beim Meeting sein, um zehn in Bielefeld, um halb zwölf in Stuttgart und um 13:30 in München. Auf diese Art konnte ich an einem Tag vier Niederlassungen besuchen, das Personal schulen, alles erledigen und war abends wieder in Kassel. Der Aufwand war im Vergleich zum Nutzen erträglich. Für das Leasing des Helikopters inklusive einer gewissen Spritmenge und zwei Piloten bezahlte die MEG 20.000 Euro im Monat. Dafür holten wir aber 200.000 mehr rein. Der Aufwand war also gerechtfertigt. Der Heli stand mit einer Vorglühzeit von 60 Minuten permanent zur Verfügung. Die holten mich am Flughafen Kassel-Calden ab, der nur circa 20 Autominuten von unserem Büro entfernt liegt.

2008 war auch das Jahr der Europameisterschaft. Am 15. Juni flog ich mit Vincent Ho und einigen Freunden nach Genf, wo wir im *Stade de Genève* das Spiel Türkei gegen Tschechien sahen. Dritter Spieltag, entscheidendes Gruppenmatch mit »Endspiel-Charakter«: 1:0 Tschechien, 2:0 Tschechien. Die machen richtig Druck. Ich habe die Schnauze voll und verlasse das Stadion, großer Fehler. In der 67. Minute – Tor, 2:1. Ich will zurück ins Stadion. Geht nicht. Einmal draußen, ist man draußen. Wir sitzen im Taxi. Erneut ein Tor der Türkei, Ausgleich, 2:2. Ich gehe in einen Pub: 3:2 für die Türkei. Die Moral von der Geschicht: Egal, wie es steht, gebe niemals auf. Niemals! Verlasse nie das Stadion vor dem Abpfiff. Die Türkei zog ins Viertelfinale ein. Aus Schmach, weil ich so früh das Stadion verlassen hatte, und für den Ärger, den ich meinen Kumpels bereitet hatte, lud ich 60 Freunde aus der Firma ein, um das Viertelfinalspiel Kroatien gegen Türkei am 20. Juni anzuschauen: 50 türkische, drei kroatische und sieben neutrale deutsche Mitarbeiter. Wir charterten eine *Lufthansa*-Maschine und flogen nach Wien, von dort aus mit dem Bus zum *Ernst-Happel-Stadion*. Dort erlebten wir eines der verrücktesten Spiele, die ich jemals gesehen habe. Die reguläre Spielzeit endete Null zu Null. Die Kroaten machten in der Nachspielzeit Druck und in der vorletzten Minute schossen sie ein Tor. Wir rechneten nicht einmal mehr mit einem erneuten Anstoß. Was dann geschah, war das Verrückteste, was ich live jemals erlebte habe. Semih Şentürk schoss in der 120. Minute den Anschlusstreffer. Ich war so außer Rand und Band, dass ich mich an der Brüstung verletzte. Blaue Flecken am Ellenbogen. Jeder wusste: Das ist durch. Den psychologischen Vorteil, den ein solcher Ausgleich darstellt, konnte die Türkei im Elfmeterschießen für sich nutzen und zog ins Halbfinale ein – gegen Deutschland!

Diesmal musste ich gar nicht selbst bezahlen, um das Spiel Türkei gegen Deutschland zu sehen (3:2 für Deutschland). Eine Versicherung war so freundlich, mich und zwei weitere Vorstandsmitglieder der MEG einzuladen. Außer den beiden Vorständen war noch der Direktor eines Zoos zugegen. Warum ich mich so genau daran erinnere? Ich habe eine ausgeprägte Abneigung gegen Zoologische Gärten. Warum? Weil das für mich eine Form der Tierquälerei ist. Es kann keinen artgerechten Zoo auf dieser Welt geben. Zoo ist ein euphemistischer Begriff für »Gefängnis für Tiere«. Einen Gorilla in einen Käfig zu sperren, ist Tierquälerei. Man sollte diese armen Tiere dann besser erschießen. Ich hatte eine lange, unfruchtbare Diskussion mit dem Herrn, der die artgerechte Haltung der Tiere und den Verdienst der zoologischen Gärten für die Erhaltung gefährdeter Arten betonte. Diese Tiere gab es vor den Menschen und es wird sie auch nach den Menschen noch geben. Der Mensch ist nur Gast auf dieser Erde. Ich kann nur an jeden appellieren: Betretet keinen Zoo. Unterstützt nicht diese Tierquälerei. Wenn ihr Geld über habt, reist nach Afrika und schaut euch die Tiere in ihrem natürlichen Habitat an oder macht es wie meine Eltern: Kauft euren Kids Tier-Dokus auf DVD.

Im Jahr 2008 flog ich nach Abu Dabi ins *Emirates Palace,* zweitteuerstes Hotel der Welt nach dem *Burj Al Arab.* Ich flog zum ersten Mal *first class* mit der *Etiad.* Ein Erlebnis. Man bekam eigene Bettwäsche, einen Pyjama, hatte einen 50 Zoll-Fernseher, bekam *Dom Perignon* – also all den Scheiß, den man nicht braucht, der aber das Leben einen Ticken angenehmer macht. Auf dem Flug lernte ich Wolfgang Joop kennen. Er war ausgesucht höflich und wurde nach der Landung direkt von einer S-Klasse mit Abu-Dabi-Kennzeichen abgeholt.

Eine kleine Überraschung erlebte ich beim Besuch von *Bijan* (ein luxuriöser Herrenausstatter, einzigartig auf der Welt in Beverly Hills am Rodeo Drive). Draußen auf dem Schaufenster sind seine Premiumkunden gelistet. Da stand Benjamin Netanjahu, Arnold Schwarzenegger, Tom Cruise und daneben Mehmet Göker. Wenn man bei ihm in einer Stunde 200.000 Dollar lässt, kommt man also aufs Schaufenster in die Liste der Top-Kunden.

Das war 2008. Das letzte unbeschwerte Jahr, mit Verkaufsrekorden, tollen Reisen und großen Erfolgen. Es endete wie immer in Las Vegas. Und dann geschah etwas, was ich mir nie hatte vorstellen wollen und können. 2009 kommt es zum Treffen mit Carsten Maschmeyer, zu dem Wertgutachten eines Wirtschaftsprüfers, der die Firma auf 235 Millionen taxiert und zu Verhandlungen mit der *AXA.*

Kapitel Neun

2009 und 2010. Die *Aragon* übernimmt MEG für einen Euro. Dazu ein Millionen-Euro-Berater-Vertrag für mich. Nach vier Wochen Insolvenz. Staatsanwaltschaft. Ermittlungen. Der tiefe Fall.

Sätze wie Gewehrsalven, Sätze wie Peitschenhiebe, Sätze wie wenn sich ein großes Orchester einstimmt. Sätze so wuchtig wie die Gitarrenriffs von Rammstein. Sätze mit blutigem Rand und derber Rabulistik. Göker spielt mit der Lautstärke seines Theaterorgans wie seinerzeit der böse Mann aus Braunau – von einem leisen Flüstern steigert er sich bis zu einem nur noch in Großbuchstaben darzustellenden Gebrüll, in ein Crescendo der Anmaßung und Entrüstung, des ›An-meinen Worten-gibt es-nicht-den-geringsten-Zweifel‹. Treffende Pointen werden direkt wiederholt, eingehämmert ins Gedächtnis. Penetriert! Göker versteht sich auf die Kunst der ›Dopplung mit leichter Variation‹. Wenn etwas passt, sagt er es gleich noch einmal mit anderem Ende, anderer Färbung, anderer Tonalität. Mal türmt er rauschartig Wortkaskaden aufeinander, mal vernuschelt er ganze Nebensätze bis zur Unkenntlichkeit, mal sucht er die kurze knappe Formel, das Beschwörungs-Mantra. Wenn die Macht der Worte ausgereizt ist, schlägt er – um dem Gesagten letzten Nachdruck zu verleihen – mit der Faust auf den Tisch, dass die Gläser tanzen. Der Mann ist ein rhetorischer Muhammad Ali, ein exzellenter Motivator, der große DIKTATOR. Wenn er spricht, haben die anderen bitteschön das Maul zu halten. Ein später Nachmittag Ende August in Davutlur. Das Band läuft. Wir hören …

Im Jahr 2008 habe ich mit einer Werbekampagne für Aufsehen gesorgt. Ich buchte zeitgleich eine Seite in der *BILD am Sonntag*, der *Financial Times* und eine Seite in einer regionalen Zeitung. Das hat uns

200.000 Euro gekostet. Die Idee zu dieser Kampagne hatte ich von VW, die seinerzeit ›500 mal 500‹ hieß. Ich machte daraus ›400 mal 4.000‹. Die Message war: MEG sucht 400 Verkäufer für ein monatliches Fixum von 4.000 Euro. Wie lief das ab, wenn sich Leute meldeten? Ich hatte zu dieser Zeit ein eigenes ›Recruiting Center‹. Von dort aus wurden Versicherungsvertreter angerufen, die MEG wurde vorgestellt und dann wurden die Kandidaten zu deutschlandweit stattfindenden Recruiting-Seminaren eingeladen, die von den sieben MEG-Vorständen abgehalten wurden. Zwischen 2008 und 2009 hatten wir im Schnitt und im Quartal bis zu 3.000 Bewerber, in der Summe ungefähr 20.000. Und das, obwohl mich fast keiner kannte. Deswegen wollte ich ja unbedingt die Namensrechte am Gladbach-Stadion. Seriöser Verein, seriöses Umfeld. Damit kann man sich identifizieren. Das Ansehen von Borussia Mönchengladbach, die Tradition und Bedeutung dieses Vereins wären auf die MEG übertragen worden. Das war der Gedanke. Zweitens wäre ich mitten im Pott gewesen, nicht in München, nicht in Berlin, nicht in Bremen oder Hamburg, sondern im Pott, mit 17 Millionen Menschen das größte Ballungsgebiet Deutschlands. Deswegen wollte ich unbedingt da rein. Aber das hat ja nicht geklappt – und alle anderen Stadionnamen, egal ob von Köln, Schalke oder Dortmund waren schon vergeben. Jede Werbeidee, so auch diese mit dem Stadionnamen, stammte von mir. Nicht von Marketingleuten oder PR-Spezialisten, alles Eigengewächse.

Zurück zu den Bewerbern. Man konnte bei uns immer zum Quartal anfangen, also 1.1., 1.4., 1.7. und 1.10. Die Seminare fanden im Quartal statt, die Endrunden dann kurz vor dem jeweils neuen Quartalsbeginn. Von 3.000 Bewerbern kamen circa 300 in die Finalrunde, die in Kassel stattfand. Das kann man sich in etwa so wie bei *DSDS* vorstellen. Die 3.000 Bewerber ›singen‹ den Vorständen vor, das ist das Casting. Und dann gibt es den Recall in Kassel. Diese 300 haben dann etwa einen halben Tag Zeit, sich vorzustellen. Für 50 Personen brauchte man etwa eine Stunde. Und das lief dann so ab. Ich sagte: »Stellen Sie sich doch mal bitte vor!« Und danach stellte ich den Bewerbern immer eine Frage: »Warum möchten Sie bei MEG arbeiten und warum sollten wir Sie an der MEG-Familie und unserem Geldtopf teilhaben lassen … welchen Mehrwert bieten Sie unserer Firma?« Man hätte das aufzeichnen sollen. Da gab es Szenen, die waren ebenso herzerweichend wie brüllkomisch. Millionen hätten das geguckt.

Und ich war Dieter Bohlen hoch zehn. *[Imitiert einen schleppenden Tonfall]:* »Jooo, Heeerr Göööker ...«. – »Okay, kannst dich gleich wieder setzen. So wie du anfängst, kommste nicht mal durch die Eingangstür. Danke und tschüss!« Drei serbische Jungs aus Stuttgart sind mir noch in lebhafter Erinnerung. Einer von ihnen Tomislav Cekic wurde später ein guter Freund von mir. Guter Mensch, gutes Herz. Immer zuverlässig, immer loyal. Er stellte sich in dieser Rookie-Runde im Jahr 2008 vor. Ich hatte sofort einen Top-Eindruck von ihm – witzig, charmant, einnehmendes Wesen. Man erkennt die Qualität eines Verkäufers schon an seinen ersten Worten. Ich kenne den Einwand: ›Wie will denn der Göker anhand einer Vorstellung wissen, ob der Vogel pfeifen kann oder nicht?!‹ Richtig, das geht eigentlich nicht. Aber ich habe da besondere Antennen, eine Art angeborene Intuition. Ich sehe jemanden, habe einen Eindruck. Wie zieht der sich an? Wie tritt er auf? Wie verkauft er sich? Jeder, der es in diese Endrunde geschafft hat, weiß doch: Ich bin hier bei einem der Top-Versicherungsmakler Deutschlands und muss mich präsentieren. Wenn also einer mit schmutzigen Schuhen und schlampig angezogen daherkommt, dann legt er auf diesen Job wohl keinen gesteigerten Wert. Passt aber der erste Eindruck, dann geht es weiter – wie steht er auf? Steht er auf wie eine Schlaftablette oder ist da Energie dahinter? Und dann: Wie spricht er? Was sind seine ersten Worte? Ich empfehle zur Begrüßung. »Einen wunderschönen guten Tag!« Wichtig ist, seinem Gegenüber in die Augen zu schauen. Wichtig ist auch der Händedruck. Lasch? Zart? Kräftig? Es muss ein Mittelmaß sein zwischen sanft und fest. Gerade stehen, selbstbewusst auftreten, dem anderen in die Augen schauen und dann: »Einen wunderschönen guten Tag, meine Name ist Göker, Mehmet Göker.« Das ist die Bond-Vorstellung. Mein Name ist Bond, James Bond. Das kennt man, das prägt sich ein. Das sitzt. Man muss Respekt äußern für seinen Gesprächspartner: »Herr Schommers, es ist mir eine große Freude ...«. Respekt bezeugen, ohne arschkriecherisch zu sein. Denn das merken die Leute sofort. »Herr Schommers, es ist mir eine große Freude, heute hier zu sein. Ich möchte bei der MEG dabei sein, um meinen Beitrag zum Wachstum der Firma zu leisten und von Ihren Erfolgen zu profitieren. Ich bin hier, um zur MEG-Familie zu gehören! Wenn ich Delfine retten wollte, wäre ich zum Delfinarium gegangen oder zu *Green Peace*. Ich bin hier, weil ich Geld verdienen will. Und ich habe gehört, dass man in Ihrer Firma viel Geld verdienen kann, wenn man fleißig und diszipliniert ist und genau deswegen bin ich hergekommen. Ich will Teil der MEG sein. Nehmen Sie mich und Sie werden diese Entscheidung niemals bereuen.« ICH WÜNSCHTE NUR EINMAL HÄTTE SICH EINER SO VORGESTELLT. ICH HÄTTE IHM DIE FÜSSE GEKÜSST. Wie sieht die Realität aus? Bescheiden!

Da es in den MEG-Büros keinen Raum gab, in den all diese Bewerber hinein passten, mieteten wir für den Recall einen Saal im Rathaus von Lohfelden, einem Vorort von Kassel. Dort saßen also 200 bis 300 gewaschene, geschniegelte, herausgeputzte Bewerber. Im Schnitt betrug der Frauenanteil etwa 15 Prozent. Altersmäßig war alles vertreten – von den 21- bis zu den 55-Jährigen. Also 300 Menschen in dem Saal. Ich rufe den ersten Bewerber auf. Er imitiert den langsamen Rüdiger-Hoffmann-Tonfall: »Ja, hallo erst mal! Herr Gööker, ich bin so ... aufgeregt!« – »Hallo, Herr Göker, mein Name ist Cecic, Tomislav Cecic.« Oder Marcello Cupari. Der saß in der ersten Reihe und stellte sich so selbstbewusst vor, dass es mir eine Freude war. »Du musst kein Wort sagen«, teilte ich ihm mit. »Setz dich, es ist mir eine große Freude, dass du bei uns bist. Wenn du auf dem Teppich bleibst, wirst du an meiner Seite viel Geld verdienen. Du wirst eine Maschine!« Cupari hat vorher bei der Lufthansa gearbeitet für 50.000 im Jahr. Bei uns machte er 200.000 Euro. Ich kann niemandem garantieren, dass er 100.000 im Jahr verdient, aber ich sehe, ob jemand es drauf hat oder nicht. Ich erkenne Talent. Wenn ich aber einen Bewerber ablehne, dann weil ich sehe: Er kann es nicht. DAS ERKENNE ICH! Irrtum (fast) ausgeschlossen. Die schwächsten Verkäufer haben bei mir 60.000, die stärksten 300.000 Euro im Jahr verdient. Wenn einer die 60.000er Marke nicht schafft, lohnt es sich nicht. Dafür ist der Job zu stressig. In der Mitte liegt die Wahrheit: Jeder dritte MEG-Verkäufer hat 100.000 Euro plus x verdient. Es sollte so sein wie bei *Goldman Sachs*. Wenn man dort arbeitet, das weiß jeder, verdienst du mindestens 100.000 Dollar im Jahr. Dahin wollte ich die MEG bringen. Mein Ziel war es, dass es den Mitarbeitern so gut geht wie irgend möglich. Ob man es mir glaubt oder nicht – ich habe niemals gewinnorientiert, sondern stets mitarbeiterorientiert gehandelt. Ich hatte ja eh meine Autos, mein Spielzeug – das Ganze war eine Art Spieleparadies für mich. Andere gehen in den Baumarkt. Ich hatte MEG. Das war mein Spielplatz. Andere sammeln Matchbox-Autos, ich Ferraris. Als ich in *Beverly Hills Cops* einen Oldsmobile gesehen habe, rief ich meinen Automann Thomas Herwig an und hab gesagt: »Ich will auch so einen Beverly Hills Cop-Wagen!« Das war mein Spiel. Und zack kam aus New York so ein Schlitten. Alles Spiel, nur der Einsatz unterscheidet sich.

Bei dem Recall wurde ungefähr die Hälfte der Bewerber ausgesiebt. Und der eingangs schon erwähnte Tomislav Cecic wurde zusammen mit einem anderen eingestellt. Da stand er auf und sagte: »Können Sie bitte diesen Mann auch nehmen. Er war gerade aufgeregt und deswegen sehr schlecht. Aber er ist ein sehr guter, Herr Göker.« – Meine Antwort war: »Nein, ich nehme ihn nicht. Ich habe keinen guten Eindruck von ihm. Und wer sich hier nicht verkaufen kann, der kann auch später den Kunden nichts verkaufen.« Ich erstickte seinen Einwand: »Nein, DAS GANZE LEBEN IST EIN VERKAUF. Du verkaufst dich von dem Zeitpunkt, wo du aufstehst bis zu dem Moment, wo du ins Bett gehst. Sieben Tage die Woche, 30 Tage im Monat, 365 Tage im Jahr. DU VERKAUFST DICH DEIN LEBEN LANG. Und er hatte gerade seine Chance und hat sie nicht genutzt.« – Tomislav darauf: »Bitte, Herr Göker, geben Sie ihm eine Chance?!« – »Okay, aber unter einer Bedingung. Wenn ihr beiden so sehr an ihn glaubt, dann binde ich euer Schicksal an seines. Wenn er es nicht packt und gehen muss, geht ihr mit. Akzeptieren Sie das?« Die beiden nickten und alle drei haben sich in der Firma durchgesetzt.

Normalerweise lag ich mit meinem Instinkt immer goldrichtig. Wenn ich gesagt habe, er packt das nicht, dann hat er es auch nicht gepackt. Im Laufe der Zeit musste ich wohl 2.000 Menschen sagen, dass sie es nicht schaffen. Und alle haben mich beschworen: »Nein, Herr Göker, ich pack das, ich pack das ...!« Ich habe diesen Wackelkandidaten dann folgenden Vorschlag unterbreitet: Geh zu einer anderen Firma, MEG ist ja nicht der einzige Finanzdienstleister, es gibt Hunderte. Mach woanders viel Geld, ich bin ja blöd und erkenne dein Talent nicht und wenn du woanders toll da stehst, dann schickst du mir eine Postkarte: »Ätschibätsch, du hast keine Ahnung, ich hab's gepackt!« Bis heute habe ich nicht eine Postkarte dieser Art bekommen. Das ist so, wie wenn ein Fußballtrainer Talent entdeckt und fördert und die, die es nicht packen, aussortiert. Ich habe im Schnitt von den 300 Bewerbern die Hälfte eingestellt. Von dieser Hälfte schaffen es am Ende 25 bis 30 Prozent. Warum? 75 Mann packen die Probezeit nicht. Die ersten drei Monate sind der Zeitraum, wo man in diesem Geschäft merkt, er schafft es oder er schafft es nicht. 25 scheitern im Laufe der ersten zwei Jahre. Es gibt im Maklerbusiness eine Drei-Jahres-Regel: Das erste Jahr ist das einfachste. Wer verkaufen kann, packt das erste Jahr locker. Es ist wie eine 300-Meter-Bahn. Die erste Teilstrecke legst du locker zurück. Aber dann brauchst du die Puste für die zweiten 100 Meter. Und da ist es nicht nur die Strecke, sondern du musst jetzt auch gegen Wellen, hohe Wellen ankämpfen. Du kämpfst mit Stornierungen. Je sauberer du schwimmst, desto besser. Schwimmst du nicht sauber, schlagen die Wellen über dir zusammen. Du produzierst immer mehr Stornierungen. Jetzt Statistik IHK: 80 Prozent der Deutschen, die sich in der Versicherungsbranche selbstständig machen, scheitern bereits im ersten Jahr. Heißt: 80 Prozent ertrinken auf den ersten 100 Metern. Bei noch ruhiger See und Sonnenschein. Weitere zehn Prozent ertrinken auf den zweiten 100 Metern. Zehn Prozent bleiben übrig. Noch einmal die 100-Meter-Strecke. Du weißt, wenn du die schaffst, hast du freie Bahn. Und weißt du, was dir da entgegenkommt? Die Monsterwelle, aufgepeitscht von einem Taifun. Und auf diesem bösen Tropensturm steht ganz groß drauf: FINANZAMT. Die Herren kommen spätestens im dritten Jahr.

»So, Herr Müller, was haben wir denn da? Die Prognose fürs erste Jahr war Null. Im zweiten Jahr hatten Sie ja viele Stornos, aber jetzt wollen wir die Bücher sehen ...«

Durchs Finanzamt gehen dann noch einmal drei Prozent über die Wupper. Also: Nach drei Jahren sind von 100 Mann, die an den Start gingen, noch sieben am Leben. Die anderen 93 sind ertrunken, durch eine Welle ums Leben gekommen oder der Taifun hat sie verschluckt. DAS IST VERTRIEB! Und das gilt nicht nur die KV-Branche, sondern für alle Formen des Vertriebs und jede Branche. Ein Selbstständiger lebt von heute auf morgen, von der Hand im Mund. Ich kenne auf jeden Fall kaum Selbstständige, die 20.000 Euro aufs Konto kriegen und dann denken: »Oh, ich sollte doch mal 6.000 oder 7.000 fürs Finanzamt zurücklegen.« Was sagt man in der Branche: Wer ein guter Verkäufer ist, verdient leicht Geld. Leicht verdientes Geld hat einen Nachteil. Man gibt es auch leicht wieder aus! Wenn man Geld zu leicht verdient, verliert man den Bezug dazu. Genau das ist mir passiert. Wobei ich in den 78 Monaten des Bestehens der MEG 28 Millionen an Steuern und Sozialabgaben bezahlt habe. Und zehn

Millionen, knapp die Hälfte davon, habe ich in den letzten sechzehn Monaten zahlen müssen wegen der festangestellten, angeblich scheinselbstständigen Außendienstler. Das hat mir das Genick gebrochen.

Durch die Einigung mit der Staatsanwaltschaft musste ich Ende 2007 neben den fest angestellten Innendienstlern, Azubis und Vorständen mehrere Hundert Außendienstler, die bis dahin als selbstständig galten, ebenfalls fest anstellen. Das hat die MEG im Jahr circa sechs Millionen Euro an Sozialabgaben und Lohnsteuer gekostet. Und in den sechs Jahren und sechs Monaten ihres Bestehens – von April 2003 bis Oktober 2008 – war eins immer klar gewesen: Jeder Mitarbeiter bekam pünktlich am Dreißigsten jeden Monats sein Geld. Ein 50-Jähriger, der bei uns arbeitete, hat mir mal gesagt, er habe nur einmal in seinem Leben sein Geld so pünktlich bekommen wie bei der MEG. Das war während seiner Zeit bei der Bundeswehr. Gerade in der Versicherungsbranche kam und kommt es häufig vor, dass das Geld mal mit vier, mal mit acht Wochen Verspätung oder auch mal gar nicht kommt. Das hat es bei MEG nie gegeben: Immer pünktlich war das Motto. Das hat 76 Monate geklappt, leider im 77. und 78. Monat nicht. Aufgrund der finanziellen Schieflage waren Pünktlichkeit und Verlässlichkeit leider nicht mehr gegeben.

Im Laufe der Jahre habe ich knapp anderthalb Millionen Euro für Anwälte ausgegeben. Ich hatte zeitweise drei fest angestellte Anwälte – alles Nichtsnutze, Taugenichtse, für nicht zu gebrauchen. Die Kohle hätte ich mir auch sparen können. Ich nehme Professor Dr. Nagel hier ausdrücklich aus, der Mann ist ein Koryphäe. Die fest angestellten Rechtsverdreher waren nur für eins gut. Ich fragte sie nach ihrer Meinung und habe dann genau das Gegenteil von dem getan, wozu sie mir rieten. Dann konnte nichts schief gehen. Anwälte und Unternehmensberater sind für mich beide gleich schlimm. Sie kommen in eine Firma, die ihnen nicht gehört, sie wissen alles besser, sie beraten dich, wie du alles machen sollst und tragen dabei keine Verantwortung und null Risiko. Aber, egal wie es ausgeht, sie kriegen auf jeden Fall ihr Honorar. Und wenn es gut läuft, dann natürlich aufgrund ihrer Beratung. Dann setzen sie sich den Lorbeerkranz auf. Wenn's beschissen läuft, kommt bei einem Unternehmensberater und bei einem Anwalt immer die gleiche Aussage: »Also, so etwas habe ich noch nie erlebt!« Das wird gebetsmühlenartig wiederholt. Wer also einen Job sucht mit minimaler Verantwortung und maximaler Ausbeute – werd Anwalt, mein Bester! Take the money and run. Ich habe zu den Unternehmensberatern immer gesagt: »Wenn das alles so einfach ist, dann mach den Scheiß doch selbst!«

2008 war ein wichtiges Jahr für mich, weil die wichtigsten Verhandlungen mit den Versicherern ins Haus standen. Die Krankenversicherer wollten nur eins: mehr Umsatz! Umsatz bedeutet Geld. Geld bedeutet Macht. Ich habe oft Fragen gehört wie diese: »Mensch, Göker, du hast so viel Geld, schöne Frauen, schnelle Autos – wie geht das?« Der liebe Gott hat mir ein Talent gegeben, ein Verkaufstalent. Die Frage ist: Was macht man daraus? Um auf das Casting zurückzukommen: Warum packen es nur 40 bis 50 von 150 Kandidaten? Ich kann erkennen, ob jemand Talent hat, aber es gibt noch zwei andere wichtige Faktoren, die ich nicht oder nur marginal beeinflussen kann. Ehrgeiz und Selbstdisziplin. Wenn diese beiden Faktoren nicht vorhanden sind, und der Kandidat auch nicht bereit ist, sich von mir Hilfestellung geben zu lassen, nützt das schönste Talent nichts. Dann habe ich keine Chance, diesen Menschen erfolgreich zu machen. Aber die, die meine Hilfestellung annehmen und sich erklären lassen, dass Talent ›nur‹ die Grundlage ist, die können es packen. Jedes Talent ohne Ordnung, ohne Ehrgeiz und Disziplin, ist einfach nur die Vergeudung desselben.

Ich führe in diesem Zusammenhang immer ein Beispiel an. Es gab mal zwei junge Fußballer, nämlich Armin Veh und Lothar Matthäus. Beide A-Jugend Gladbach. Berti Vogts, damals Kapitän bei Gladbach, hat gesagt: »Der eine wird mal ein Weltstar, der andere ... mein Gott, der kann vielleicht Durchschnitt in der Bundesliga werden.« Weltstar wird – so Vogts – Armin Veh und Durchschnitt Matthäus. Nach der Verteilung des Talents. Veh hat sich selbst mal dazu geäußert und sinngemäß gesagt, dass er mehr Talent hatte als Matthäus. Aber der Letztgenannte hatte 120 Länderspiele, Veh 20 Bundesligaspiele. Der Grund: »Wenn ich feiern ging, hat Lothar Freistöße geübt und wenn ich vom Feiern nach Hause kam, absolvierte der schon wieder das erste Lauftraining. Ich bin selbst schuld. Aber dafür bin ich der bessere Trainer!« Boris Becker hat wohl auch mal gesagt, dass Michael Stich der deutlich talentiertere Tennisspieler ist, aber ihm fehlte der krankhafte Ehrgeiz, dieser Wahnsinn von Becker. Hinter jedem großen Erfolg steckt großer Ehrgeiz, große Selbstdisziplin – und Talent. Wenn nur eine Komponente in dieser Dreier-Formel fehlt, wirst du es nicht in die Spitze schaffen und nicht langfristig erfolgreich sein. Wenn du kein Talent hast, wirst du immer unten bleiben. Wenn du keine Selbstdisziplin hast, wird dein Erfolg nur von temporärer Natur sein. Wenn dir der Ehrgeiz fehlt, wirst du immer irgendwann aufgeben. Ich habe in meinem Leben Fehler gemacht, da, wo gearbeitet wird, werden immer Fehler gemacht (das ist das Normalste der Welt), aber eins habe ich nie getan: ICH HABE NIE AUFGEGEBEN! Egal, was passiert, ich gebe nicht auf. Der Tag, an dem ich aufgebe, ist der Tag, an dem ich tot bin. ICH GEBE NICHT AUF. DAS IST DAS LEBEN! Viele Menschen können gar nicht und gar nichts aufgeben, weil sie nie begonnen haben ... sie wollen nichts!!!! Das gilt für 98 Prozent der Menschen.

Im Vertrieb spielt es überhaupt keine Rolle, ob du Hauptschüler, Realschüler, Gymnasiast, Abiturient, Student, Doktor oder Professor bist. Und genau deswegen ist der Neidfaktor so groß. Da studiert einer Medizin, wird Arzt, malocht, malocht, malocht und verdient 55.000 Euro brutto im Jahr. Und dann kommt der Thorsten von nebenan, hat gerade mal so seinen Hauptschulabschluss geschafft und fährt einen nagelneuen Porsche. Weil der Typ verkaufen kann!!! Und weil eine Firma wie die MEG in ihm den Ehrgeiz geweckt hat und weil er gesehen hat, dass er durch Erfolg aus seinem Leben mehr machen kann, hat er an Selbstdisziplin dazu gewonnen. Und verdient im Jahr 150.000 Euro. Die Schulausbildung hat mich so was von NICHT interessiert, weil sie im Verkauf keine Rolle spielt. Was will ich? Will ich eine Ansammlung von Doktoren, die Leute tot schwätzen oder will ich Vollblut-Vertriebler?? Intelligenz ist im Verkauf immer förderlich. Allgemeinwissen ebenso. Aber ich habe Vertriebler mit einem IQ auf dem Niveau eines Knäckebrots gesehen. Und Vertriebler mit einen Doktortitel. Der Knäckebrot-Vertriebler hat in der Theorie keine Chance gegen den Doktor, aber verkäuferisch hat das Knäckebrot den Bildungsbürger vernichtet, deklassiert. Bei der MEG gab es wirklich mal einen Arzt, türkischer Mitbürger, der mit seinem Gehalt von 4.500 Euro unzufrieden war und den ich bei jedem Wehwehchen konsultiert habe. Aber auch wenn er dir alles erklären konnte – weil er ein bisschen steif war, nicht so charmant –, schlief der Kunde im Verlaufe des Verkaufsgespräches irgendwann ein. Der Knäckebrot-Verkäufer hingegen, Typ Lukas

Podolski, war charmant, jovial, sprach die Sprache des Kunden. »Gucken Sie mal, Sie sind gesetzlich versichert, das ist super. Aber stellen Sie sich vor, Sie liegen in einem Sechs-Bett-Zimmer nach einer Krebs-OP und da ist auch ein Türke mit auf dem Zimmer. Dessen Kopftuch-Familie kommt also 20 Mann hoch zu Besuch: die Oma, die Tanten, Aishe und Ali ... und weil's so schön warm ist, wollen sie draußen auf dem Balkon grillen. Knoblauch-Wurst und Zwiebeln – und das müssen Sie dann den ganzen Tag riechen. Als Privatpatient liegen Sie alleine, wie im Fünf-Sterne-Hotel. Und« – das ist jetzt nicht meine Ansprache, sondern die des Knäckebrots: »wenn die in ihren Darm schauen wollen, steckt man Ihnen ein Schlauch rein, beim Privatpatient gibt's den viel netteren Ultraschall ...« Er spielte mit den Ängsten der Patienten und war verkäuferisch weitaus besser als der klügere Herr Doktor. Der wies die Menschen auf ihr Widerrufsrecht hin und riet ihnen, die Entscheidung noch einmal zu überschlafen. Beruf verfehlt. Du wirst nie ein guter Verkäufer. Verkaufen ist aber nur ein Beruf von Tausenden. Wenn du den nicht beherrschst, heißt das nicht, dass du nicht anderswo Großes leisten kannst. Werd Bäcker. Die Leute haben alle bei dem Knäckebrot gekauft. Wenn man etwas mit Leidenschaft macht, kann man auch mit Müllverbrennung viel Geld machen. Was ist dein Hobby? Was würdest du auch unentgeltlich machen? MACH DAS! Mit 100 Prozent Einsatz und Leidenschaft und du wirst damit Geld verdienen und glücklich sein.

So in etwa waren meine Erwägungen bei den Einstellungsgesprächen der MEG. Es gab bei uns gewisse Kriterien: Wann darf einer bleiben? Wann muss einer gehen? Ich habe ein Vertriebssystem aufgebaut, das Kündigungen überflüssig machte. Die entsprechenden Kandidaten sind von selbst gegangen. Ich mag es auch nicht, jemandem zu kündigen. Es ist nämlich nicht schön, seinen Job zu verlieren. Ich stelle gern ein, aber kündige nicht gern – außer, jemand hat mir geschadet. Aber es war ja klar, dass wir kein Sozialamt sind. Bei der MEG gab es Angestelltengehälter von 2.500 bis 5.000 brutto plus Provision und Firmenwagen. Dafür muss aber die Leistung auch stimmen. Ab einer gewissen Größe kann es sich eine Firma leisten, einige wenige Mitarbeiter, die nicht so toll sind, mitzuziehen. Es gibt halt Mitarbeiter, die das Pulver nicht erfunden haben. Die verdienen im Jahr dann nur 40.000 Euro. Solange sie loyal sind und sie nicht mehr als zehn Prozent der Mannschaft ausmachen, kann man die mitschleppen. Wenn ich weiß, dass ein solcher Kandidat seinen Job gewissenhaft und seriös macht und 100 Prozent gibt, dann habe ich ihn nicht im Stich gelassen. Wir hatten da mal einen aus Österreich, der war nie auffällig, nie laut, 100 Prozent seriös, total loyal. Gerade deswegen ist er mir aufgefallen. Ein feiner Mensch, der mit seinen 30.000 im Jahr glücklich war. Und soll ich ihn dafür bestrafen, dass er nicht mehr Talent hat? Ich könnte mich ja von ihm trennen, aber jemand, der loyal ist, zuverlässig und alles aus sich rausholt, ist mir hundertmal lieber als einer, der mir das Zehnfache an Profit bringt, nur miese Stimmung macht und gegen mich intrigiert. Ein Tom Starke beim *FC Bayern München*. Brauchen die den von der Leistung her? Nein! Warum zahlen sie ihm zweieinhalb Millionen und lassen ihn nicht gehen? Weil er gut ist für die Stimmung! Er ist ein positiver Mensch, der anderen hilft, die im Verein sind. Solche Leute braucht man in einer Firma – das sind halt nicht die Besten, aber solche Leute braucht jede Firma. Aber es gab auch Gegenbeispiele. Die haben bei der MEG AG so viel verdient, wie niemals zuvor und wie niemals danach. Davor gelbe Seiten und danach gelbe Seiten. Der eine war zum Vorstellungsgespräch bei mir und hat gebettelt, bei uns arbeiten zu dürfen. Und ich habe gesagt: »Nein, klipp und klar nein!« Warum? Er war illoyal seinen früheren Arbeitgebern gegenüber. Er kam zu mir und sagte sinngemäß: »Ja, Mehmet, ich war beim *AWD*, da war es scheiße. Ich bin bei der *DVAG*, da ist es auch scheiße ... aber bei der MEG wird es super!« – Mein Antwort: »In sechs Monaten wirst du woanders hingehen und sagen: MEG war scheiße. Nicht *AWD* und *DVAG* sind scheiße, sorry, aber das Einzige, was hier scheiße ist, bist du!« Ein paar Wochen später. Kassel, Februar, kalt, Rosenmontag – ich ziehe mit ein zwei Freunden durch die Stadt und treffe ihn. »He, Mehmet, bist ein geiler Typ. Schade, dass du mich nicht genommen hast ... möchte noch einmal eins sagen: Ich bin auf MEG so geil wie auf eine schöne Frau. Die hat sich schon ausgezogen, liegt einladend da, macht die Beine breit ... aber in dem Augenblick, wo du dich auf sie drauflegen willst, geht die Tür zu und nichts geht mehr. Wenn nur ein Wort von dem, was ich gerade gesagt habe, gelogen ist, soll mich der Schlag treffen. Kann ich nicht doch ...?« – »Okay, du kriegst Deine Chance, kannst morgen kommen!« So kam der Typ für zwei Jahre zur MEG und hat dann das gezeigt, was ich immer wusste: Er war nicht loyal. Dabei hat er verdient wie nie zuvor: 5.000, 8.000 im Monat, im Schnitt 70.000 Euro im Jahr. Er hat sich einen nagelneuen Ford

Mustang gekauft, aber immer nur miese Stimmung verbreitet. Irgendwann habe ich ihn mir zur Seite genommen und gesagt: »Guck mal, ich erwarte keine Lobhudelei, aber wenn dir hier so vieles nicht passt, warum arbeitest du hier? DU hast um diesen Job gebettelt! Habe ich dich gezwungen, zur MEG zu kommen? Nein! Wenn's dir nicht passt, kannst du gerne gehen. Wer mit mir arbeitet, arbeitet gerne – oder gar nicht. Ich will keine langen Fressen sehen. Keine Miesepeter! Verkauf bedeutet: Gut drauf sein, lachen, glücklich sein!«

Er hat dann so rumgedruckst. Papperlapapp: »Es geht nicht, dass du monatlich bis zu 8.000 Euro verdienst und dann sagst: ›Eigentlich ist es ein Scheißladen!‹ Wenn die MEG ein Scheißladen ist, dann geh doch!« Nach dieser Ansprache ging es ein paar Monate gut, aber dann fing es wieder an. Daraufhin wurde er entlassen – und wollte partout nicht gehen. Er hat gesagt: »Ich gehe nicht!« Dann kam der Sicherheitsbeauftragte und hat ihn hinausbegleitet. Und dieser Typ stellt sich dann hin und labert was von Gehirnwäsche. Junge, du hast gebettelt, um rein zu kommen, und hast geflennt, als du gehen musstest. Man erinnere sich: *AWD* war scheiße, *DVAG* war scheiße, MEG war scheiße ... Nichts war scheiße außer diesem Herrn.

Wie immer beginnen Ende 2008 die Provisionsverhandlungen mit den Versicherern. Das bedeutet: Es wird festgelegt, wie viel MB schreiben wir für wen und wie viel Euro kriegen wir dafür von wem? Es wurden wieder Rekord- und Millionenziele vereinbart mit den großen Häusern. Ganz vorne wieder die *Central* und die *AXA*. Die Verhandlungen mit der *Central* verliefen schwieriger als im Vorjahr. Die fuhren soweit ich mich erinnere bundesweit die Provisionen runter. Diese Regelung sollte zudem nach einem halben Jahr gesenkt werden, da es massive Beschwerden wegen der Höhe dieser Provision gab.

Ich verhandelte zum ersten Mal auch Provisionen für Lebensversicherungen, ein Bereich, in dem ich langfristig Fuß fassen wollte. Ich machte einen Mega-Deal mit der *AXA*. Branchenüblich sind 30 bis 40 Promille. Bei der *Hamburg-Mannheimer* bekam man 27 Promille. Aber ich handelte einen unfassbar guten Deal aus. Wenn ein Kunde 100.000 Euro in seine Alterssicherung investiert, was ja schnell zusammen kommt, dann hieß das für uns: 300 Euro im Monat, sind 3.600 im Jahr, mal 30 Jahre, macht 108.000 Euro .... Dafür bekam man im Schnitt 3.500 Euro an Provision. Die MEG bekam einen dicken Batzen mehr, sofort. Natürlich mit einem fünfjährigen Stornovorbehalt. Das war normal. Mein Ziel für die *AXA Leben* war: Vermittlung von Kunden, die über die Laufzeit ihrer Verträge 100 Millionen Euro zahlen.

Die Versicherer überwiesen einen Teil vorab und so häuften sich mal wieder ganz schnell knapp 20 Milliönchen auf meinem Konto, sechs von der einen, acht von der anderen. Wenn ich, was ja gerne behauptet wird, ein Betrüger gewesen wäre, dann hätte ich mir die 20 Millionen gepackt und wäre in die Türkei abgehauen. Hab ich aber nicht, denn weder die MEG noch ich haben jemals betrogen. Das Gegenteil ist der Fall. Ich habe alles für die Firma gegeben und sogar mit meinem Privatvermögen gehaftet. Die meisten Menschen denken, ich sei 2009 mit einem dicken Geldkoffer in die Türkei gereist. Schwachsinn! Ich hatte 36.000 Euro – mehr nicht. Und damit hab ich wieder ganz von vorne angefangen. Und hatte 17 Millionen Miese auf dem Buckel. 17 Millionen, von denen ich 60 Prozent durch Vergleiche und Verhandlungen abgetragen habe. Ich habe circa 500.000 in diese Vergleiche gesteckt. Vor Gericht habe ich zwei Millionen, die die *AXA* forderte, erlassen bekommen. Fakt ist: Von Forderungen in Höhe von 17 Millionen sind neun Millionen getilgt. Diese Forderungen bestehen nicht mehr. Dann habe ich 590.000 Euro an die deutsche Staatsanwaltschaft überwiesen – aus der Türkei, die nicht ausliefert. Bis 2009 hatte ich 130.000 Euro von meiner Geldstrafe in Höhe von 720.000 bezahlt und den Rest dann von hier. Kein Betrüger würde das machen! Das hätte ich auch gar nicht machen müssen, aber das sind die Fakten, das ist die Wahrheit.

Ich bin niemals wegen Betruges oder Fehlberatung angeklagt worden, obwohl das gerne kolportiert wird.

Zurück zu den Verhandlungen mit den Versicherern. Alles wieder im Rekordbereich. Man sitzt zusammen. Ich will 16, sie 15 MB – dann eignet man sich in der Mitte bei 15,5 MB. Ziel war: zwei Millionen MB. »Herr Göker, dann machen wir sechs Millionen vorab, das heißt – bei dem Ziel von zwei Millionen à 15,5, MB werden zwei MB vorab gezahlt. Bei jedem

Vertragsabschluss kommen demnach noch 12,5 MB zur Auszahlung.« War das üblich? Nein! Das habe ich ausgehandelt. Warum haben die Versicherer sich darauf eingelassen? Ganz einfach: Sie wollten mich und sie erhöhten durch die Vorabzahlungen natürlich den Druck auf mich und meine Mitarbeiter. Keiner will Geld, das er bekommen hat, am Ende des Jahres zurückgeben. Folgerichtig tut man alles, damit das Geld auch bei einem bleibt. Deswegen und nur deswegen ...

Einmal sprach mich der Vorstand eines großen Versicherers an und sagte: »Herr Göker, mein Sohn hat eine Computerfirma und meinte, Ihr Internet-Auftritt sei verbesserungswürdig.« – »»Okay«, antwortete ich, »dann soll sich Ihr Sohn doch mal bei uns melden, Herr Punkt Punkt Punkt.« Am nächsten Tag meldet sich der Sohn:

»Herr Göker, mein Vater hat gesagt ... blablabla.«

Ich: »Was soll denn das kosten?«

Sohn: »So 20.000!«

Ich: »Das geht aber. Ich mache Ihnen ein Angebot: Sie kriegen das Doppelte, aber es soll richtig gut werden!«

Sohn: »Wow, Wahnsinn, super, 40.000 Euro.«

Wieder einen Tag später ruft der Herr Papa an und sagt: »Mein Sohn hat sich so gefreut. Ich weiß gar nicht, wie ich mich erkenntlich zeigen soll?!« Ich sage: »Vergessen Sie es nicht bei den nächsten Provisionsverhandlungen! Denken Sie einfach an mich!«

Alle meine Wünsche gingen bei den Verhandlungen in Erfüllung. Wenn ich zu diesen Meetings ging, waren das keine zähen Verhandlungen, sondern vergleichsweise lockere Zusammenkünfte. Warum? Versicherer und Makler sitzen in einem Boot, ziehen an einem Strang. Sie wollen beide dasselbe.

Ich: »Was wollt ihr?«

Versicherer: »Was brauchst du?«

Ich: »Ihr wollt also 100 Millionen Leben, ich brauche dafür die Summe X. Geht das?«

Versicherer: »Das geht!«

Bei der nächsten Versicherung:

Ich: »Was wollt ihr?«

Versicherer: »Zwei Millionen MB?!«

Ich: »Zwei Millionen MB für 14? Das geht nicht! Ich kriege ja überall 16, 17 oder sogar 18 MB. Das kann ich nicht machen!«

Versicherer: »Sind Sie sicher? Wie sieht es aus, wenn es acht Millionen vorab gibt?«

Ich: »Uuuuieh, das ändert die Lage schon ein wenig. Acht Millionen vorab. Zehn MB nachgeschossen bei jedem Vertrag. Alles klar, so kommen wir ins Geschäft.«

Der eine wollte dies, der andere jenes. Zu diesem Zeitpunkt, wo man ja schon zusammen sehr gute Jahre erlebt hatte, liefen die Verhandlungen recht entspannt, ja, ich würde sagen, fast familiär ab. Die Frage war: Was wollt ihr und was will ich dafür. Ein *AXA*-Vermittler, der Ausschließlichkeitsvertreter bei denen war und einen Vertrieb aufbauen wollte, bekam bei der Frage nach Unterstützung Folgendes zu hören: »Wir brauchen keinen Vertriebsaufbau, für Wachstum haben wir Göker!«

Warum haben die mir so hohe Provisionen bezahlt? Ganz einfach! Die MEG mit 100 Mann, die den Markt kannten und nur geprüfte Verträge weiterleiteten, ersetzten 700 Makler. Der Versicherer konnte ein Millionengeschäft mit sehr geringem Personaleinsatz machen. Zwei drei Leute im Innendienst, ein Fax-Gerät und eine Maklerfirma wie die MEG, von der die Verträge kamen. Basta! Das war's. Stell dir vor, du als Versicherer brauchst zwei Millionen MB. Ein guter Makler bringt dir 3.000 MB im Jahr. Zehn bringen 30.000 MB, 100 Makler 300.000 MB – ergo brauchst du circa 700 gute Makler, um zwei Millionen zu machen. Dazu die Maklerbetreuer, Backoffice und was nicht alles. Das wäre ein riesiger Kostenapparat und Aufwand gewesen – mit 700 Maklern Verträge zu machen, die Kunden zu betreuen, Bestandsboni zu zahlen, Bücher zu führen etc. pp. Oder man hat einen Einzigen, von dem alles kommt: Göker. Ein Betreuer, drei Leute im Innendienst und gut ist es gewesen. So rechnet sich das für die Versicherer und erklärt auch die Höhe der Provisionen. Ich habe mit einer Firma das gemacht, wofür sie sonst 700 Verkäufer gebraucht hätten. Deswegen habe ich diese Provisionen bekommen. Für die Versicherer war das ein Mehrwert: weniger Kosten, geballte Einnahmen – und wenn mal Stornierungen kamen, ein Ansprechpartner und nicht 700 Krauter, denen man hinterhertelefonieren musste. Ich habe das Geschäft gebündelt, qualitativ hochwertig rübergebracht und fertig. Ich habe immer mit den Vorständen verhandelt. Darunter auch mit einem Vertriebsvorstand. Einer der besten Leute in der Branche. Top-Mann. Anfang 60, graue Eminenz. Ein Vollblut-Vertriebler, dem diese Firma viel zu verdanken hat. 100 Prozent zuverlässig, 100 Prozent loyal, hat auch in schlechten Zeiten zur MEG gehalten. Ein Mann, mit dem ich nicht nur gute Geschäfte gemacht habe, sondern vor dem ich auch als Mensch den Hut ziehe. Er hat mir selbst Jahre nach der Insolvenz zum Geburtstag gratuliert. Danke!

Ein Vorstandsvorsitzender hat zum Fünfjährigen der MEG vor laufenden Kameras sinngemäß gesagt: »Herr Göker, Sie sind ein Genie in dieser Branche. Sie sind das Beste, was uns passieren konnte. Das, was Sie geschafft haben, hat es in dieser Branche noch nicht gegeben … Danke für Ihre Leistung!« Das waren seine Worte. Ein Jahr später, als wir in Schieflage geraten waren, sagte derselbe Typ: »Den Göker muss man aus dieser Branche e-l-i-m-i-n-i-e-r-e-n!« Das hat mir der Vorstand eines anderen Versicherers gesteckt. »So denkt der jetzt über Sie, Herr Göker.« Zugegeben – zwischen Genie und Wahnsinn, zwischen Größe und Größenwahn liegt manchmal nur eine hauchdünne Linie.

Die MEG wurde im Sommer 2008 von einem Berliner Wirtschaftsunternehmen geprüft, zwei Wochen haben sie den Laden auf den Kopf gestellt und dann kam ein Gutachten, das den Wert der MEG auf 235 Millionen

Euro taxierte. Da die Firma ja zu 100 Prozent mir gehörte, verfügte ich mit 28 Jahren über ein Vermögen von circa 250 Millionen Euro, wenn man das Bargeld, meine Häuser und den Fuhrpark dazu rechnete. Damit hätte ich es fast in die Forbes-Liste geschafft – aber eben nur fast. Solche Schätzungen sind, wie wir ja alle wissen, Papiertiger. Wenn es heißt, diese oder jene Firma hat einen Wert von sechs Milliarden, dann nur auf dem Papier. Die Leute dahinter haben dieses Geld ja nicht auf der Bank, sondern im Unternehmen, in Form von Aktien, Human Resources, Mitarbeitern, Gewinnprognosen, Gerätschaften, Firmenwerten usw.

Ein Versicherer wollte zu dieser Zeit für zwölf Millionen Euro Anteile an der MEG kaufen, aber das internationale Board gab 2008 aufgrund der Wirtschaftskrise die Losung aus: Keine Beteiligungen. Auch mit der *BBKK* konnten wir uns, was eine Beteiligung anging, aus den verschiedensten Gründen nicht einigen. Und dies, obwohl die *BBKK* mit meinen Geschäften meines Erachtens immer zufrieden war. Mit Thorsten Pulli stand dort auch ein absolut kompetenter Mann an der Spitze. Genau so war es auch bei der *Halleschen*, mit deren leider viel zu früh verstorbenem Vertriebsvorstand Peter ich sogar per du war. »Glauben Sie an ihre Idee«, sagte er im Film. Mit Peter habe ich viele Reisen unternommen. Ich habe mich mit diesen Vorständen durch die Bank weg sehr gut verstanden, obwohl Altersunterschiede von 15 bis 35 Jahren bestanden. Als nach dem Crash die anderen Makler sagten: »Wie konntet ihr nur mit dem Göker zusammen arbeiten?«, hat Jörg, seinerzeit Bezirksdirektor bei der *Halleschen*, sinngemäß geantwortet: »Heute habt ihr alle leicht reden, denn das Kind ist in den Brunnen gefallen. Aber wenn ihr den Göker damals erlebt hättet – sein Feuer, seine Leidenschaft, seine Energie, seine Ideen –, dann hättet ihr auch mit ihm arbeiten wollen. Göker war der beste Vertriebler. Das Problem war nur: zu schnell, zu groß, die falschen Leute.« Recht hat er, der gute Jörg. Aber wer hat die Vertriebler reingeholt? Ich – und deswegen trage ich auch die Verantwortung dafür. In der Kurzform: Ich habe vieles richtig gemacht, aber am Schluss auf die falschen Leute gesetzt. Und diese Leute haben mein Geld fehlinvestiert und meine Firma ruiniert. Tragen sie die Verantwortung? Nein! Trage ich die Verantwortung? Ja! Warum? Weil ich sie eingestellt habe. Warum habe ich das getan? Weil ich noch mehr Geld machen wollte. Es ist schiefgegangen.

Konkret: Ich habe eine Niederlassung in Würzburg aufgemacht. Ein Michael B. sagte: »Mehmet, vertrau mir!« Ich unterschrieb einen Mietvertrag, investierte in die Büroausstattung – insgesamt ein Kostenpaket von 500.000 Euro. Nach drei Monaten war die NL Würzburg tot. Ich hatte diesem Mann vertraut. Er hat es nicht geschafft. Meine Schuld. Ich wollte ja nicht 500.000 Euro aus dem Fenster rauswerfen, sondern 2,5 Millionen da rausholen. Dasselbe Debakel in München, Stuttgart, Hamburg – das summiert sich. Wo lag der Fehler? Zum einen fehlten die geeigneten Führungskräfte und zum anderen blieb dadurch der langfristige Erfolg aus. Kurzfristig geht immer was, aber es geht um nachhaltigen Erfolg. Wo hatte die MEG konstant und langfristig Erfolg? In Kassel – dort war der Pro-Kopf-Umsatz am höchsten. Sehr gut lief es auch in Bielefeld und Berlin. Warum? Da gab es die Führer, die Macher, den Leader, der voran geht. Nach dem Motto: Mach mit, mach's nach, mach's besser. Wenn keiner mit und nach macht, macht's auch keiner besser. Das waren meine Fehler: auf falsche Führungskräfte gesetzt, die falschen Leute an Bord geholt und die Expansion zu weit getrieben. Da sind Millionen weggeflossen und das war mein unternehmerischer Fehler, der mich den Kopf gekostet hat. Im Laufe des Jahres 2009 habe ich gemerkt: Es wird eng. Und da hab ich noch einmal auf die Tube gedrückt, weil ich ja nie aufgebe. Ich krieg die Kurve ja immer, ich krieg sie immer ... nur 2009, da hat's mich rausgetragen. Das endete dann mit dem Verkauf der MEG an die *Aragon*.

Aber bevor wir dazu kommen, kommt noch die »Episode Carsten Maschmeyer.« Es ist ein Novembertag 2008. Abends, es war schon dunkel, sitze ich in meinem 400.000-Euro-Büro, das ich im Mai habe renovieren lassen. Dafür wurden ein paar Wände herausgerissen; ein Bad eingebaut (eins zu eins nach einem Vorbild aus dem *Burj Al Arab*); ein Samsung-Fernseher, der wie ein UFO aus dem Schrank kam, installiert. Für das Geld, das dieser Umbau gekostet hat, hätte man sich locker eine Villa kaufen können. Aber so eine Armada von Innenarchitekten ist halt teuer.

Apropos Villa. 2008 gönnte ich mir dann auch eine neue Villa. Ich habe lange nach einem passenden Objekt gesucht. Die 330 Quadratmeter waren mir zu eng geworden. Ich wollte mehr Freiheit. Was Großes und Standesgemäßes. Der erste Eindruck war und ist wichtig, denn der ist bei einer Immobilie alternativlos. Irgendwann hab ich dann etwas Passendes gefunden. Sah ein bisschen aus wie das Haus von Beckenbauer in Kitzbühel. Man musste 100 Meter die Treppen hinaufgehen ...

Ich sitze also an jenem Novembertag in meinem Büro. Ich hatte immer wieder versucht Carsten Maschmeyer zu erreichen, da klingelt meine Assistentin durch und sagt: »Ich hätte jetzt endlich Herrn Maschmeyer am Telefon.« Ich denke: »Oh, mein Gott ... jetzt ganz ruhig.« Ich atme einmal tief durch und geh ran: »Hallo, Herr Maschmeyer ...«. – »Hallo, Herr Göker ...«. Powerstimme, ein Gewinner, erkennt man sofort. – Das Gespräch endete damit, dass wir zwei weitere Treffen abmachten – eines in Hannover, eins in Kassel. Irgendwann fahre ich dann zu ihm nach Hannover. Ich habe ihm sehr gerne zugehört, sehr beeindruckende Persönlichkeit, Top-Mann. Ich habe allergrößten Respekt vor Carsten Maschmeyer.

Das letzte Treffen findet in Zürich im *The Dolder Grand* statt. Ich landete mit meinem Privatjet in Zürich Kloten, fuhr mit dem Taxi zum Dolder Grand. Taxifahrten in der Schweiz kosten ein Vermögen, davon kann man sich in Deutschland ein Auto kaufen. Dort verdienen Taxifahrer mehr als bei uns Bankdirektoren: 6.000 bis 10.000 Fränkli netto. »Wissen Sie, was das hier ist?«, fragt der Fahrer: »Armut! Ich bezahle 2.000 Franken Miete, 1.000 Franken für einen Kindergartenplatz, dann bleiben noch 3.000 Franken übrig. Das ist nichts!« Und er hat Recht. Ich war auf einem Wochenmarkt und habe ein bisschen Wurst und Käse gekauft – 300 Franken. In der Schweiz ist viel Geld, aber es kostet auch alles enorm viel ...

Wir reden und reden und reden. Das war's.

Was mir immer in Erinnerung bleiben wird, ist seine unfassbare Höflichkeit. Und als ich ihm das erste Mal die Hand gegeben habe, durchzuckte es mich: Milliardär. Das ist noch einmal eine andere Liga. Aufgewachsen ohne Vater mit einer allein erziehenden Mutter. Einfachste Verhältnisse. Bei Null angefangen und dann einer der reichsten Männer Deutschlands. Talent, Stil, Ehrgeiz, Selbstdisziplin. Vertriebler trinken, deswegen keine Termine vor zehn Uhr. Da ist Maschmeyer aber schon gelaufen.

Carsten Maschmeyer hatte immer Klasse. Es gibt ja Menschen, die verdienen 10.000 Euro und denken, sie seien die Größten. Denen empfehle ich immer die Dubai-Therapie. Dort kriegt man einen Bentley geschenkt, wenn man vier Felgen aus Gold kauft, die mit Diamanten besetzt sind. Kostenpunkt: eine Million pro Felge. Dann schenkt man dir den Bentley. Kein Witz. Mit 10.000 Euro, so die Moral der Dubai-Therapie, bist du nicht mal Tick, Trick und Track. Du bist NICHTS.

Im Hintergrund hört man den Gesang des Muezzin, der zum Gebet ruft. Mehmet überlegt noch, ob er die Geschichte erzählen soll. Tut's dann aber.

Im Sommer 2009 lerne ich beim Formel1-Rennen am Nürburgring ein Grid-Girl kennen, Karla. Bildhübsch. Ich war mit ihr drei Jahre zusammen. Sie hat mich durch die komplette Insolvenz begleitet und war auch da, als ich nur noch ein paar Lire in der Tasche hatte. Ihre Mutter sieht original aus wie Sharon Stone, der Vater ist ein Michael-Douglas-Typ. Sie waren häufig hier in der Türkei zu Besuch und dann gab es herzerfrischende Szenen.

Und jetzt kommt eine Lektion in Sachen: Was ist Schicksal?! Schicksal ist, wenn man zum Geburtstag zwei Karten für das Formel1-Rennen auf dem Nürburgring bekommt. Das war 2008. Zu zweit ist doof, denke ich und frage in die Runde: »Wer will noch mit?« Schließlich sind wir neun Mann und fahren im Konvoi – Rolls, Ferrari … – zum *Steigenberger Grandhotel* Petersberg, jenem Hotel, das die Bonner Regierung oft als Gästehaus genutzt hat. Dort steige ich immer ab, wenn ich in der Gegend bin. Samstags fahren wir nach Köln. Links die Türken, rechts die Homosexuellen. Ich sage: »Marth, wir essen 'ne Bratwurst und fahren wieder zurück ins Hotel. Das ist mir hier zu viel Realität für ein Wochenende.« Wir zurück und Marth holt sich an der Rezeption einen *BILD*-Zeitung. Wir sind auf meiner Suite, toller Blick auf den Rhein. »Was machen wir heute Abend?« – »Lass uns doch irgendwo essen gehen! – »Okay!« Marth geht in sein Zimmer, um sich umzuziehen und lässt die *BILD* liegen. Dort sehe ich im Fernsehprogramm die Ankündigung: *ZDF*, 22:30 Uhr, Felix Sturm live aus der Nürburgringhalle im Kampf um den WBA-Titel gegen Khoren Gevor. Geil, scheiß aufs Essengehen, wir holen uns was bei McDoof und fahren zum Kampf. »Marth, besorg neun VIP-Karten. Nur VIP-Sport ist wahrer Sport«, sage ich immer. Wer sich schon mal bei Minustemperaturen den Arsch in einem Stadion abgefroren hat, der weiß, wovon ich rede.

Also, wir neun Mann hoch zum Nürburgring. Zwischendurch haben wir bei einem *McDonald's* Drive-In angehalten. Ich mit dem Rolls übern Rasen, weil die Durchfahrt zu eng ist. Lady am Schalter: »Warum fahren Sie nicht wie alle anderen Leute vor?« – »Meine Liebe, wie viele Rolls fahren denn hier täglich vor?« – »Keine!« – »Sehen Sie, das geht nämlich auch nicht, weil die Durchfahrt für so ein Auto zu eng ist. Kann ich jetzt meine Bestellung aufgeben, wir haben es eilig. Ich nehme drei Big Mac, das und das, große Cola, Pommes ... Wer will, wer hat noch nicht?« Und dann sind wir zum Nürburgring gedüst. Wir in die Halle und da sehe ich sie. Sofort. Nach dem Boxkampf haben wir geredet. Sie sei auf Einladung von *RTL* da, weil sie morgen mit ihrer Freundin als Grid-Girl fungiere. Sie kommt aus Mannheim, ich komme aus Assel. Sie wusste nichts von mir, ich nichts von ihr. Sie hatte gerade Abitur gemacht und wollte mit dem Studium beginnen. Sie 20, ich 28. So haben wir uns kennengelernt. Am nächsten Tag haben wir sechs Stunden telefoniert und uns für Montag verabredet. Karla machte in der Nähe von Köln ein Praktikum bei einer Marketingagentur. Ich zu Marth: »Mach den Helikopter klar! Und Sylvia – ruf den Bürgermeister von diesem Nest bei Köln an, ich brauche eine Landeerlaubnis.« Da gab es einen Sportplatz, wo wir landen konnten. Ich cool gestylt: schwarzer *Gucci*-Anzug, schwarze Krawatte, weißes Einstecktuch, *Prada*-Schuhe – und ab geht's. Ich zu Marth: »Mach den besten Italiener in Köln klar, ich will alleine in dem Laden sein, nur mit ihr.« Marth verzweifelt: »Weißt du, was das kostet?« – »Marth, bist du zu blöd mein Geld auszugeben? Hat mich das schon irgendwann interessiert, was was kostet? Ist mir doch scheißegal. Mach das klar jetzt!« Er telefoniert rum und sagt: ›Der Restaurantbesitzer bietet einen Kompromiss an: Ihr drinnen, allein, und die anderen Gäste draußen‹. Es war Sommer. »Okay, das geht! Haben die einen Klavierspieler?« »Haben sie!« »Gut! Als Hauptgang muss es lauwarme Nudeln mit Pesto geben, ihr Lieblingsessen. Zum Nachtisch Erdbeeren mit Sahne, Dom Perignon eisgekühlt muss ausreichend da sein. Das muss alles sitzen!« Marth zu mir: »Du bist verrückt!« Ich: »Ich weiß, erzähl mir was Neues!« Mein Neffe Arsan fährt, während ich sie mit dem Helikopter abhole, zum Flughafen Köln/Bonn. Als wir auf dem Fußballplatz landen, sehe ich einen Audi A 3. Sie ruft an: »Wo bist du?« – »Siehst du den Helikopter?« – Sie: »Oh, mein Gott!« Sie kommt, hat schweißnasse Hände. Sie: »Was ist das hier?« Ich: »Vertrau mir, das ist eine Überraschung. Wir machen einen kleinen Ausflug!«

Ab mit dem Helikopter zum Flughafen. Dort wartet Arsan mit meinem blauen Ferrari 430. MEG-Kennzeichen. »Bitte, hier geht es weiter, steig ein ...!« Als sie sich ins Auto setzt, läuft im Radio der Bonnie-Tyler-Song »Holding Out For A Hero«. He, das ist die Einlaufmusik für MEG. Später hat sie mir gesagt: »Ich dachte, der hat sie nicht mehr alle!« Wir fahren nach Köln, checken in ein Hotel ein. Getrennte Zimmer. Dann gehen wir essen. Alles genau so, wie ich es beschrieben habe. Eine Flasche Dom Perignon, zwei, drei Flaschen Dom Perignon. Wir reden, flirten, essen. Von acht bis zwölf Uhr. Alles top. Scheiß aufs Hotel. Ich rufe Arsan an: »Ich kann den Ferrari nicht fahren, bin besoffen. Du holst uns ab!« – »Onkel, ich hab nur einen Polo!« – »Egal, das passt schon: Helikopter, Ferrari, Polo ...«. Mit der Kiste um Null Uhr von Köln nach Kassel, mit einem Sektkübel, zwei Flöten und einer Flasche Dom, die uns der Besitzer mitgegeben hat. Um halb drei kommen wir in Kassel an. Villa. Tür auf. »Ich muss mal für kleine Türken!«, sage ich. Sie sitzt alleine auf der Couch und denkt: ›Ach du Scheiße, was ist heute passiert?‹ Sie kam, wie sie mir später gestanden hat, gar nicht damit klar. Und ich hatte erreicht, was ich wollte. SIE WAR BEEINDRUCKT. Von dem Tag an waren wir drei Jahre zusammen. Und es ging hier in Davutlar zu Ende. Sie ist ein toller Mensch, hat mich drei Jahre durch dick und dünn begleitet. 100 Prozent loyal. Das war das Ende und von da an hatten wir nie wieder Kontakt.

Wenn ich auf den Malediven war, habe ich am ersten Tag die komplette Speisekarte bestellt, alles durchprobiert und das, was mir geschmeckt hat, hab ich am nächsten Tag noch einmal bestellt. Das Gesicht der Kellner, wenn man sagt, dass man alles nimmt, was auf der Karte steht, ist einfach göttlich. Ja, wir nehmen alles, ALLES. Sich alles zu nehmen – das war so etwas wie mein Lebensmotto. Einmal, als ich in London war, habe ich bei *Dolce & Gabbana* ein Portemonnaie gesehen, 150 Euro. War schön, feines Leder, gut verarbeitet, längliche Form.

Ich zum Verkäufer: »Haben Sie davon 120 Stück?«

Verkäufer: »Wie 120 Stück?«

Ich: »Ja, ich hab 120 Vertriebler und würde gerne jedem eines mitbringen ...!«

Dann holten die eine große Tüte, und ich bekam 80 *Dolce & Gabbana*- und 40 Etro-Geldbörsen. Von jeder Reise habe ich meinen Mitarbeitern etwas mitgebracht. »Hey, Männer, antreten zum Geschenke-in-Empfang-nehmen.« In China bin ich in einen *Bulgari*-Laden und fand eine Uhr, die mir gefiel. »Was kostet die?«, fragte ich. 5.000 Euro! Das ist gut, gefällt mir. Habe dann fünf Exemplare davon gekauft, für die Jungs. Die Buchhaltung zu Hause rief mich an. Sie hätten meine Firmenkreditkarte geprüft und da sei ein Fehler bei *Bulgari* unterlaufen. Sie hätten den Preis für die gleiche Uhr fünfmal abgezogen. »Neinneinnein«, sagte ich, »ich habe die gleiche Uhr fünfmal gekauft.« Ach so! Im *Burj Al Arab* in Dubai habe ich Seidenhemden von Stefano Ricci gekauft, Stück für 1.100 Dollar. Insgesamt 12 gekauft, elf bezahlt, also noch ein Schnäppchen gemacht. Drei waren für mich, die anderen für meine Mitarbeiter. In Dubai fand ich auch eine sehr schöne *De Grisogono*-Uhr. »Gefällt mir, was kostet die?« Antwort: »72.000 Euro.« Ich bot ihm 40.000. Er ...tipp tipp tipp ... auf dem Taschenrechner. »Okay, 42.000 Euro.« Gebongt, nehme ich zusammen mit dem *Chanel*-Stift. Abends hab ich dann noch, passend zur Uhr, einen Ring gekauft. Sollte 20.000 kosten, habe 10.000 geboten. Deal! Luxusgegenstände im Wert von 92.000 für 52.000 erworben. 40.000 gespart. Einmal Verkäufer, immer Verkäufer.

Irgendwann fuhr ich mit Vincent zu Ford Richter in Kassel. Ich hatte schon als Kind immer ein Faible für den Ford Mondeo. Hatte die tollsten Karossen in der Garage, aber der fehlte noch in meiner Sammlung. Ich gehe also da rein und sage: »Ich hätte gerne diesen Wagen.« Draußen steht mein 7er BMW. Sie gucken und fragen mich dann, wie ich bezahlen will? Bar! Der Verkäufer entfernt sich, geht ins Büro, kommt zurück, drei vier andere Verkäufer schauen neugierig hinaus, tuscheln. Tür geht wieder zu.

Der Verkäufer: »Sind Sie der Göker von MEG?«

Ich: »Ja, der bin ich!«

Verkäufer: »Sagen Sie das doch gleich, wollen Sie das Auto jetzt direkt mitnehmen?«

Ich: »Ich muss Ihnen das Geld überweisen, das sollte dann morgen auf Ihrem Konto sein!«

Verkäufer: »Kein Problem, Herr Göker!«

Vier Stunden später bekam ich meinen Ford Mondeo, zugelassen auf meinen Namen, mit allen Papieren, ohne auch nur einen Cent bezahlt zu haben. Diesen Ruf hatte ich mir in Kassel erarbeitet. Ein Autohaus gibt mir einen nagelneuen Wagen mit Fahrzeugbrief und -schein, weil sie wissen: Das Geld ist morgen auf ihrem Konto. Normalerweise kriegt man bei Barzahlung ja zehn Prozent Skonto. Ich zahlte immer den »Göker-Preis«, zehn Prozent mehr. Der Aufschlag für Leute mit Geld.

Was hat der Göker denn so verdient? Ich liebe diese Abrechnungen, wo man sieht, was direkt ans Finanzamt fließt. Als Vorstandsvorsitzender der MEG AG bezahlte ich monatlich knapp 60.000 Euro Einkommenssteuer. Nicht schlecht, oder? Das heißt in den Jahren 2007 bis 2009 habe ich roundabout zwei Millionen Euro Einkommenssteuer abgedrückt, als natürliche Person. Was ich verdient habe, war weniger, als ich verdient hätte. Achtung: Wortspiel! Als Firmengründer, Vorstandsvorsitzender und Vertriebsvorstand erhielt ich ein Grundgehalt von 120.000 Euro im Monat. Dazu kamen diverse Bonuszahlungen plus Fuhrpark (Ferrari, Rolls-Royce ...) plus Handy. Meine monatlichen Telefonkosten beliefen sich auf circa 10.000 Euro. Die zahlte die Firma. Die Bonuszahlungen betrugen im Jahr eine bis anderthalb Millionen Euro, je nach Ergebnis. Und mir war ein Urlaub mit Familie von zehn Tagen auf Firmenkosten vertraglich zugesichert. Malediven für 160.000, also nichts Wildes.

Das deutsche Firmengesetz sieht vor, dass ein Aufsichtsrat den Vorstand kontrolliert, damit der nicht macht, nicht machen kann, was er will. Der Aufsichtsrat (ein Vorsitzender, zwei Beisitzer) wird überprüft und kontrolliert von den Aktionären. Wenn der Aufsichtsrat keinen guten Job macht und die Aktionäre ihm die Entlastung verweigern, kann der auch gehen. Also nehmen wir mal an, der Aufsichtsrat der MEG hätte gesagt: »Göker, du machst einen Scheißjob!«, dann hätten sie mich entlassen können und ich hätte mich fügen müssen. Aber nur, um im nächsten Moment eine Aktionärsversammlung einzuberufen und alle Aktionäre einzuladen, also mich. Denn ich war Alleinaktionär und hielt 100 Prozent. In dieser Funktion hätte ich dann den Aufsichtsrat entlassen. Im Anschluss hätte der Göker einen neuen Aufsichtsrat berufen können und natürlich drei Herren genommen, die ihm wohl gesonnen sind, und ihn am nächsten Tag wieder einstellen. Der Aufsichtsrat hat also seine Kontrollfunktion mir gegenüber gar nicht ausüben können. So konnte ich bei der MEG AG dieses Gesetz umgehen und schalten und walten, wie es mir beliebte. Und in jeder Firma in Deutschland, wo der Vorstandsvorsitzende gleichzeitig Mehrheitsaktionär ist, gibt es keine Kontrollfunktion bzw. man kann diese aushebeln. Das ist in dieser Konstellation eine echte Gesetzeslücke. Aber die MEG war ja meine Firma, gegründet von mir, aufgebaut von mir und ausgerichtet von mir. Das System ist – selbst wenn es zahlreiche unterschiedliche Aktionäre gibt – nicht koscher. Der Aufsichtsrat, der sich hinterher – für den Fall, dass es schief gegangen ist – gerne hinstellt und kritisiert, hat oft nur eine Feigenblatt-Funktion. Warum? Weil die, die es hinterher alle gewusst haben wollen, bei laufendem Geschäft nur zu gerne die Schnauze halten und mitmachen. DENN ES GIBT JA GELD! Der Aufsichtsrat der MEG setzte sich zusammen aus Jörg Schmitt (Vorsitzender), der eine eigene Werbeagentur betrieb, dem jüngsten Professor Deutschlands für Strafrecht von der Uni Bochum und einem dritten Mann …

Wenn man Erfolg hat, hat man Geld. Wenn man Erfolg und Geld hat, macht das einen für die Frauen sexy. Und wenn du dann nicht ganz so hässlich bist, zu dem Cash noch Schirm, Charme und Melone hast, Ausstrahlung oder, wie Dieter Bohlen mal sagte, ein Profil wie ein Bridgestone-Reifen, dann kommen die Frauen von ganz alleine. Eine Freundin von mir hat mal die Drohung ausgestoßen, wenn noch einmal eine Frau sage, sie suche einen erfolgreichen Mann, würde sie ihr mit Anlauf auf die Nase hauen. Denn diese Frauen wüssten nämlich nicht, wie es ist, mit einem erfolgreichen Mann zusammen zu sein. Man hat ihn niemals alleine. Er ist ständig unterwegs. Das bedeute es, einen erfolgreichen Mann zu haben. Man glaubt es nicht, aber selbst über soziale Netzwerke habe ich Anfragen bekommen: »Hallo, ich bin noch Jungfrau, finde Dich nett und würde das erste Mal gerne mit Dir …«. Es war manchmal schon bizarr. Eines kann ich garantieren: Jede dieser Anfragen habe ich abgelehnt.

Im Jahr 2009 wurde der Vertrieb weiter ausgebaut. Die Bilanz des Vorjahres: 65 Millionen Umsatz mit rund 1.000 Mitarbeitern. Das laufende Jahr endete für die MEG im September. Zu diesem Zeitpunkt belief sich der Umsatz auf 50 Millionen Euro mit knapp 1.400 sozialversicherungspflichtigen

Festangestellten. Wir waren seinerzeit der größte Ausbildungsbetrieb im Bereich Finanzen und Versicherungen in Hessen, mit mehr als 100 Azubis. Die MEG allein machte vier Klassen bei der Berufsschule voll. Auf eine gute Ausbildung legte ich gesteigerten Wert. Denn in diesem Beruf arbeiten viele Söldner ohne klare Ausbildung und Berufsbild.

Unter den MEG-Azubis gab es Spitzenverdiener, die im zweiten Lehrjahr 100.000 bis 150.000 Euro verdienten, Porsche und SL fuhren. Wir hatten circa 60 Azubis und ich ging mit dieser Truppe – 60 Prozent aus dem Verkauf, 40 Prozent aus dem Betrieb (Buchhaltung, EDV, Sachbearbeitung) – jeden Montag zu einem Luxusitaliener in der Kasseler Innenstadt. Rückblickend betrachtet, war das vielleicht ein bisschen übertrieben, aber wir hatten die loyalsten und besten Azubis aller Zeiten. Wir haben uns alle geduzt. Ich Vorstandvorsitzender mit 29 und sie um die Zwanzig.

Ab dem Jahr 2008 habe ich viel in den Fußball investiert. 2006 ist Süsterfeld in die Bezirksoberliga aufgestiegen, 2007 in die Verbandsliga. Zu diesem Zeitpunkt hatte Süsterfeld einen Etat von 200.000 Euro. Mein Ziel war es im Aue-Stadion des großen *KSV Hessen Kassel* zu spielen – mit Süsterfeld. Der Oberbürgermeister von Kassel hatte mir im Gespräch avisiert, dass wir das Aue-Stadion zu den gleichen Konditionen nutzen dürften, sollte Süsterfeld zu Hessen Kassel aufschließen und in der Regionalliga spielen. Das war für mich etwas ganz Besonderes. Ich wollte, dass wir im Aue-Stadion ein Heimspiel absolvieren und die Spieler von *Hessen Kassel* sich in den Gäste-Kabinen umziehen müssen. So ähnlich ist es wohl Uli Hoeneß ergangen bei den Heimspielen von *1860 München* in der *Allianz-Arena*. Kam leider nicht dazu; alle hatten recht: Der Größenwahnsinnige hat es nicht geschafft. Juchhu und klatscht in die Hände. Aber: Ich habe es probiert und werde es weiter probieren. Ich lebe, weil ich solche Träume habe – was habt Ihr?

Mit den 200.000 Euro, die zur Verfügung standen, verstärkten wir uns, aber wir wurden hinter *Adler Weidenhausen* in der Saison 2007 nur Vizemeister. Ich war not amused. Es ging in die Relegation. Erstes Spiel – gewonnen. Zweites Spiel – unentschieden. Wir mussten das letzte Spiel zu Hause gewinnen. Eugen-Richter-Straße in Süsterfeld: Zweieinhalbtausend Zuschauer. 2.000 waren nur da, um uns verlieren und den Göker an der Seitenlinie schön an seiner Zigarre ersticken zu sehen. Aber nicht mit mir. Ich vor dem Spiel in die Kabine. War mit dem Trainer und dem Sportdirektor abgesprochen. »Jetzt ist Ruhe«, sagte ich, »jetzt hört ihr mir mal zu! Wir haben im Kader 18 Mann, hier sind 18 500-Euro-Scheine ...«. Die habe ich an die Wand der Kabine genagelt. »Nach dem Spiel, wenn wir gewonnen haben, kann sich jeder hier einen der Scheine nehmen!« Applaus, Gejohle. Wir waren klarer Favorit. Hatten mit dem Geld eine Supermannschaft zusammengekauft. »Und wenn wir verlieren«, sagte ich, »seid ihr alle entlassen, alle!« Es ist totenstill in der Kabine. Ich drehe mich um und gehe, ohne mich noch einmal umzudrehen, hinaus; schließe langsam die Tür. Danach liefen sie aufs Spielfeld. Die Besten im Kader hatten gut dotierte Verträge für die Bezirksoberliga. Wir sprechen von 40.000 Euro für die Profis. Ein anderer 30.000. Der schlechteste der Amateurspieler hat immer noch 6.000 Euro nebenher verdient. Das will man nicht verlieren. So war die Ausgangssituation für den Red-Bull-Club *MEG Süsterfeld*.

2006 stand der Verein vor der Insolvenz. Sie riefen mich an und ich bin sofort hin. Man eröffnete mir, dass der Verein 60.000 Euro Schulden habe. »Wer ist für die Scheiße verantwortlich?« Man zeigte mir die Herren ... der, der und der! Ich sagte: »Alles klar, ich bezahle das. Was braucht Ihr morgen, damit die Liquidität gesichert ist? Noch einmal 15.000 Euro? Okay!« Ich rufe in der Buchhaltung an und ordne die Überweisung von 15.000 Euro an. Dieser Verein hat mir viel gegeben und verhindert, dass ich auf die schiefe Bahn gekommen bin. Alle meine Jugendfreunde habe ich dort kennengelernt. 1987, mit sieben Jahren, bin ich dem Verein beigetreten und war dort 14 Jahre aktiver Spieler, mit 16 in der zweiten, mit 17 in der ersten Mannschaft, Herausgeber des Stadion-Magazins, dann sechs Jahre Schiedsrichter, Stadionsprecher – hab alles mitgemacht. Süsterfeld war mein Leben – keine Drogen, keine Zigaretten, kein Alkohol. Tolle Trainer, tolle Jugendleiter. Alles ehrenamtliche Überzeugungstäter wie Thomas Herwig, der viel Zeit damit verbracht hat, Jugendlichen wie mir eine bessere Perspektive aufzuzeigen. »Okay«, sagte ich bei Krisensitzung, »die drei Herren, denen wir die Scheiße verdanken, sind raus.« Und da alle vor Ort waren, haben wir gleich alles geregelt: »Ich werde Präsident, ich suche mir einen neuen Schatzmeister aus. Ich bestimme einen neuen sportlichen Leiter und einen neuen Trainer.« Alles wird erneuert.

An diesem Abend habe ich den Verein übernommen – und um es mit den Worten meines Lieblingssportfunktionärs Jean Löring von *Fortuna Köln* zu sagen: »Ich als der Verein musste entscheiden!« Das habe ich getan. Vorstände raus, neue rein. Mein Stellvertreter wurde derselbe wie in der Firma, Björn Kotzan. Schatzmeister wurde Tim Wagner. Thomas Herwig wurde neuer sportlicher Leiter usw. usf. Drei Tage später kam die *HNA* ins MEG-Büro. Süsterfeld betreibt außer dem Fußballverein auch eine Jedermann-Sportabteilung z.B. für Senioren über 60. Im Sommer treffen die sich zum Wandern, im Winter mieten sie eine Turnhalle und lassen den Hula-Hoop-Reifen kreisen. Sport für Jedermann! 80 oder 100 Mitglieder, die einen Jahresbeitrag von 40 Euro berappen. Und in dieser Abteilung brodelte es: »Nee, wenn der Göker das jetzt übernimmt, dann treten wir aus.« Der Vorsitzende hielt mir 80 Kündigungen aus dieser Abteilung unter die Nase, die ich dankend und mit Freude »in Empfang« nahm. »Vor drei Tagen, als es darum ging, den Verein zu retten, war von Euch Jedermännern keiner da. Keiner hat auch nur einen Euro gegeben. Euch war der Verein doch scheißegal. Aber heute, wo der Göker die Liquidität gesichert hat, kommt ihr, flankiert von Zeitungsleuten, hierher, damit ihr auch alle einmal im Leben, in der Zeitung zu sehen seid. Wo wart Ihr denn vor drei Tagen?«, fragte ich demonstrativ in die Runde. Absolute Ruhe, keiner sagte etwas. »Okay, gebt mir die Kündigungen. Ich als der Verein bedanke mich für eure langjährige Mitgliedschaft. Aber auch ohne euren Mitgliedsbeitrag von 40 Euro im Jahr, mal 80 macht 3.200 Euro, kriegen wir das hin. Die lege ich auch noch aus. Danke und auf Wiedersehen.«

Noch einmal so eine Scheiß-Saison mit Vizemeister und Relegation – darauf hatte ich keinen Bock. Dann bin ich also auf Shoppingtour. Vom *Vfl Oldenburg*, Oberligameister von Niedersachsen, damals Vierte Liga, holte ich den Kapitän Andreas Mayer, der mit *Rosenborg Trondheim* sechs Jahre lang Champions League und gegen Größen wie Zinédine Zidane und David Beckham gespielt hatte. Zack! Aus der ersten österreichischen Bundesliga rekrutierte ich Spielertrainer Karsten Hutwelker, UEFA-Cup mit *Vfl Bochum* gespielt. Zack! Für die Abwehr: Stephan Kling, zwei Jahre als Profi beim *HSV* gespielt, U21-Nationalspieler, in der Bayern-Jugend ausgebildet. Beim österreichischen Bundesligisten *SCR Altach* wurde ich ebenfalls fündig und entführte einen Jugendnationalspieler. Dann habe ich Julio Cesar aus der polnischen zweiten Liga geholt, einen Torwart vom Oberligisten *KSV Baunatal*, einen Spieler vom *SSV Reutlingen 05*, einen Stürmer von *Viktoria Aschaffenburg* mit dem schönen Namen Nima Latifiahvas. Ich habe für Verbandsliga-Verhältnisse eine wirklich super schlagkräftige Mannschaft zusammengekauft. Erster Spieltag. Ich gucke in der Türkei Live-Ticker – VfB *Süsterfeld* gegen *Borussia Fulda*. Die waren aus der Oberliga Hessen abgestiegen und *VfB Süsterfeld* aus der Bezirksoberliga aufgestiegen. Wir hatten in der Verbandsliga einen Etat von 500.000 Euro. Ich hatte immer alle Entscheidungen mit dem Trainer und dem sportlichen Leiter abgesprochen, aber es war mein Geld und das letzte Wort hatte ich. Ich mische mich nicht in die Aufstellung und die Transfers ein. Wir waren dran an André Breitenreiter, heute Trainer beim *FC Schalke 04*. War schon fast da, knapp gescheitert. Dasselbe gilt für Uwe Bein, Weltmeister 1990. Frank Greiner vom *VfL Wolfsburg* wollte bei uns spielen, kam, wollte einen hohen Betrag, den bekam er nicht und gab am nächsten Tag ein wütendes Interview in der *HNA*. Sinngemäß sagte er: »Göker hat so viel Ahnung von Fußball wie ich von Versicherungen.« Mein Replik: »Ich hätte nie gedacht, dass Frank Greiner ein solch genialer Versicherungsspezialist ist.« Die Jungs von der *HNA* schmunzelten, denn sie wussten: Ich habe ein bisschen Ahnung vom Fußball. Frank Greiner, kleines Licht, großen Molli gemacht. Uwe Bein ist da ein ganz anderes Kaliber. Sehr höflich, sehr sympathisch, scheiterte aber auch leider an den finanziellen Vorstellungen.

DER SAISONSTART VERLIEF NACH MASS: FULDA NULL, SÜSTERFELD 10. Zweites Spiel 6:0, drittes Spiel 5:0, viertes Spiel 7:1. So hatte ich mir das vorgestellt. Nach vier Spieltagen hatten wir 12 Punkte und – was weiß ich – 30 zu 2 Tore. Dann das erste Stadtderby gegen Lohfelden. Ich war in der Türkei und sprach mit dem sportlicher Leiter. »Die haben einen Etat von 50.000 Euro, wir haben 500.000! Also bitte, ich will nicht, dass die ganze Stadt lacht und sagt: Haha, wir haben es dem Krösus Göker gezeigt. Geht konzentriert in das Spiel rein. Die werden kämpfen, spucken und kratzen. Die haben nichts zu verlieren.« Es war das fünfte Spiel und – wie ich es befürchtet hatte, verbuchten wir den ersten Punktverlust: 0:0, das ist in diesem Fall eine Niederlage. Ich rief Thomas Herwig an und sagte: »Hallo, Thomas, kannst jetzt Osman Doglu, dem Trainer, sagen: Er ist entlassen!« Ich bin nicht wie Beiersdorfer, der sich das wochenlang anschaut, sondern ein entschlussfreudiger Mensch. Thomas darauf: »Mehmet, bist du sicher? Wir haben sechs Spiele hintereinander gewonnen und 30:2 Tore und ...« – »Es bleibt dabei: Osman ist entlassen! Wir haben in der Verbandsliga einen Etat von einer halben Million – und dieser Trainer ist nicht in der Lage, mit den gegebenen Mitteln Lohfelden zu besiegen. Mit unserem Budget sind meine Ansprüche höher. Wir brauchen jemanden, der das Optimum aus der Mannschaft herausholt.«

Wenn man sich beim *HSV* über einen Platz im unteren Drittel freut, dann wundere ich mich. Denn mit dem sechstgrößten Etat der ersten deutschen Liga muss die Vorgabe Platz sechs heißen. Was habe ich dann geschafft? Nichts Außergewöhnliches. Denn ich habe den Verein nur gemäß seiner Mittel positioniert. Würde man Platz fünf erreichen, sähe das schon anders aus, denn dann hätte man mindestens einen Verein, der einen größeren Etat hat, hinter sich gelassen. Mit weniger mehr erreichen, bedeutet eine gute sportliche Leistung. Außergewöhnlich ist das immer noch nicht. Bayern ist das Paradebeispiel: größter Etat und jedes Jahr, na ja, fast jedes Jahr Meister. Die gehen nicht in die Saison, um Zweiter zu werden. DIE WOLLEN SIEGEN. »You don't win silver, you loose gold.« *Borussia Dortmund* muss demnach Zweiter werden, Schalke dritter, das entspräche der Staffelung der Etats. Wenn also ein *Hamburger SV* mit einem 75-Millionen-Etat immer nur gegen den Abstieg kämpft, ist das eine Blamage. Wenn ein kleinerer Verein wie Mainz oben mitmischt, dann ist das eine Sensation und zeigt, wie man mit beschränkten Mittel das Maximum erreicht. Diesen Lorbeer kann sich dann die sportliche Leitung ans Revers heften. Und deswegen wurde Osman entlassen. Neuer Trainer wurde Karsten Hutwelker und wir haben – mit einer Ausnahme – alle weiteren Spiele gewonnen. Es wurde alles weggerammelt. Wir wurden schneller Verbandsligameister als *Bayern* Deutscher Meister. Meines Wissens nach war nach 24 Spieltagen alles entschieden. Ich glaube wir haben 150 Buden gemacht, weiß es nicht mehr genau. Kader weiter aufgestockt ... leider kam dann die Insolvenz der MEG. Und um die Eingangsgeschichte zu Ende zu bringen. Das legendäre Relegationsspiel stand nach der ersten Halbzeit 0:0. Die 18 500-Euro-Scheine klebten noch immer an der Kabinenwand. Am Ende hat Süsterfeld 2:1 gewonnen und alles standen Kopf. Das war der Aufstieg von der Verbandsliga in die Oberliga. Und dort waren wir von Anfang an Tabellenführer. Wir wären ganz, ganz knapp in die Regionalliga aufgestiegen, wenn das Wörtchen ›Insolvenz‹ nicht wäre. Die Saison wurde zu Ende gespielt, die teuren Profispieler wurden mit Versprechungen bei der Stange gehalten, bekamen aber ihr Gehalt nicht. Wie auch, ich musste vier Wochen nach Saisonbeginn die Zahlungen einstellen. Und das war das Ende. Die Saison wurde mit geringem Budget beendet, irgendwo auf einem Platz im Mittelfeld. Im Winter 2009/2010 brach die Mannschaft dann auseinander. Der Verein, der mein Zuhause gewesen ist von frühester Jugend an, war pleite. Aus dem *VfB* wurde dann nach Wiedergründung 2012 der *VfR Süsterfeld.* »3. Liga wäre erreichbar gewesen«, stand seinerzeit im FuPa.net, »Höhenflug und Absturz des *VfB (VfR) Süsterfeld.*«

Irgendwann im Februar oder März 2009 rief die Sparkasse an, meine Assistentin stellte durch. ›Mensch‹, denke ich, ›auf dem Konto sind aktuell so 15 Millionen Euro, was wollen die? Wollen die mir gratulieren dafür, dass ich so ein geiler Typ bin?‹ Nein, dass wollten sie nicht. Sie wollten dem geilen Typen nur mitteilen, dass das Finanzamt Geld abgebucht hatte. »Wie viel denn?«, fragte ich. »Och, so 1,6 Millionen! Wussten Sie das?« – »Nein, das wusste ich nicht! Danke für die Information. Wird schon seine Richtigkeit haben!« Ich rufe den Steuerberater an und will wissen, was da abgeht. Der sagt: »Jo, das stimmt. Nachzahlung für 2004, 2005 und 2006!« Musste mehr Gewinne versteuern. Eine solche Nachzahlung ist eigentlich nichts Wildes für drei rasant gute Jahre. Ich habe vom Finanzamt schon oft Klagen gehört, aber noch nie ein Dankeschön. Komisch. Zum Glück war ja genug da und die Bank wollte mich nur informieren. Das Finanzamt hatte eine EZ, eine Einzugsermächtigung, die konnten jeden Tag auf das Konto zugreifen.

Das erste Länderspiel nach der gewonnenen WM 2014 startet. Eine Pause wird eingelegt. Béla Réthy kommentiert das »WM-Finale reloaded«, Deutschland gegen Argentinien. Die deutsche Mannschaft, anders als in Brasilien, mit einem 4-2-3-1-System. Messi musste wegen einer Adduktoren-Verletzung absagen. Höwedes greift gerade ins Spielgeschehen ein … Am Ende verliert Deutschland dieses Freundschaftsspiel gegen den Vize-Weltmeister gerade noch so mit 2:4. In der Presse spricht man von einer »Klatsche«.

Ab Mai 2009 gab es erste finanzielle Probleme. Wir hatten in den letzten zwölf Monaten rund 400 Mitarbeiter eingestellt und die schrieben in den ersten drei Monaten im Höchstfall fünf oder sechs Verträge. Ursprünglich waren es 600 gewesen. 200 warfen nach wenigen Wochen das Handtuch und die 400, die blieben, schrieben nicht genug, um nachhaltig erfolgreich zu sein. Wie immer sahen sie die Schuld nicht bei sich, sondern bei der Firma. Was machten sie? Sie nahmen die Verträge, für die sie bereits Provisionen erhalten hatten, mit und deckten sie zu anderen Versicherern um. Ich erläutere das mal anhand von Zahlen. 400 abgängige Mitarbeiter, die in den drei Monaten Firmenzugehörigkeit natürlich ihr Gehalt kassierten in Höhe von 2.500 Euro, macht auf Firmenseite 5.000 Euro x 400 x 3 ist gleich 6 Millionen. Dann nehmen sie die Provisionen für die ungedeckten Verträge mit, macht 400 x 1.500 x 3 (Verträge) ist gleich 1,8 Millionen. So waren mal zackzack 7,8 Millionen weg. Dann habe ich, wie schon erwähnt, falschen Führungskräften vertraut und in Immobilien, Datensätze, Mietverträge investiert. In Stuttgart, München, Hamburg und Würzburg musste ich langfristige Mietverträge unterschreiben und verlor sehr viel Geld, weil nur die Hauptverwaltung in Kassel und die Niederlassungen in Bielefeld und Berlin richtig funktionierten. Das nennt man Fehlinvestition. Am Anfang hat Hamburg auch Rendite gemacht. Dort war ein Freund mein NL-Leiter. Aber seine Hingabe und sein Ehrgeiz waren leider größer als sein Talent – und deswegen war auch Hamburg nicht nachhaltig. Toller Mensch. Hundert Prozent loyal. Ein MEG-Extremist, der kein böses Wort auf mich oder die Firma kommen ließ, aber was nützt die schönste beiderseitige Loyalität, wenn der Laden nicht läuft. Das ist übrigens auch ein Grund für den Niedergang der MEG – ich war viel zu lange viel zu loyal und diese fast rigoros zu nennende Loyalität versperrte mir den Blick auf die Realität. Wenn sich gute Mitarbeiter in Hamburg über ihn beschwerten, schlug ich diese ›Warnungen‹ in den Wind. Zu viel Herz und zu wenig Verstand führen zu Fehleinschätzungen. Das ist tödlich. Was man in einem Laden, der – wie wir 2009 – einen Umsatz von 100 Millionen anpeilt, braucht, ist ein kühler, ein ganz kühler Kopf. Herz und Gefühl haben da nichts verloren. Ich war wie besoffen von dieser MEG-Familien-Idee und hielt viel zu lange an loyalen, aber schwachen Mitarbeitern fest. Mein Fehler: Denn ich habe das Schicksal eines Einzelnen, dem ich freundschaftlich verbunden war und den ich nicht degradieren wollte, über das Schicksal der Firma gestellt. Den Preis für diese unternehmerische Dummheit mussten dann alle bezahlen. Andersherum wird ein Leitsatz daraus: Zuerst kommen alle, dann kommt der Einzelne.

Darum hat der Satz »Auf Einzelschicksale kann keine Rücksicht genommen werden« für Unternehmer auch einen guten Klang.

Was passierte? Der Kontostand sank und sank. Das wurde mir zum ersten Mal so richtig im April bewusst. Ich war auf Jamaika. Als wir losfuhren, stand das Konto bei zehn Millionen, nur eine knappe Woche später bei sechs Millionen. Anderthalb Millionen von dieser Summe wurden für Datensätze ausgegeben. Da wusste ich: So geht es nicht. So können wir nicht weitermachen. Es fehlte an qualifizierten Vertrieblern, die diese Investition wieder zu Geld machen konnten.

Dann kam der Deal mit einem der Versicherer, der wieder anderthalb Millionen in die Kasse spülte. Eine weitere Versicherung überwies viereinhalb Millionen. Ende Mai sah alles wieder gut aus. Finanzvorstand Michael Kopeinigg gewährte sich – vom Board abgesegnet – ein Darlehen. Alles eitel Sonnenschein. Mitte Juli und viele Stornos später führten wir, Michael und ich, das erste ernste Gespräch wegen der Finanzlage. Das fand auf meiner Terrasse statt und danach wusste ich, dass es nicht ganz so gut aussieht. Wir konnten alles bezahlen, es bestand keine Insolvenzverschleppung. Aber die nächste Rookie-Runde musste sitzen. Noch einmal ein Beispiel aus dem Fußball. Man dümpelt auf Platz 15, hat 100 Millionen Euro Schulden, kriegt aber noch einmal zehn Millionen für einen Spielerkauf, einen Transfer. Wenn der Kauf sich als Fehlinvestition entpuppt, steigt man ab. Man hat nur diesen einen Schuss. Unsere letzte Rookie-Runde im Sommer 2009 war eine totale Fehlinvestition. Viele Kosten, zu viele Stornos, keinen Ertrag. Kurzum: eine Katastrophe. Es war mir bisher immer gelungen, das Ruder herum zu reißen – im Sommer 2006, 2007 und 2008. Immer konnte ich negative Tendenzen umdrehen und am Ende Rekorde verbuchen. Auch da hatte es schon Krisen und finanzielle Engpässe gegeben. Warum ist das in der Versicherungsbranche so? Ganz einfach, weil man die ersten sechs Monate nur 20 Prozent, die letzten sechs Monate 80 Prozent seiner Jahreseinnahmen tätigt. Deswegen waren auch die Vorschüsse der Versicherer so wichtig. Anders könnte man gar nicht überleben, denn durch Vertragslaufzeiten und andere Regeln kamen immer Ende Mai Anfang Juni Engpässe zustande. Das Jahresendgeschäft sorgte dann meist für ein Lächeln auf dem Gesicht. Diesmal nicht! Ich hatte zu viel investiert und zu wenig Ertrag rausgeholt. Bis dahin war ich der Größte, ab jetzt wurde ich der Größenwahnsinnige. Bis dahin galt Vertrauen, ab Sommer 2009 herrschte Misstrauen. Einige Ratten verließen das sinkende Schiff.

Wie immer veranstaltete die MEG am 30. Juli ein großes Sommerfest. Zu Gast waren Jürgen Drews, Serdar Somuncu und auch der Liebling der Massen, Costa Cordalis, der eigens für die MEG einen Song schrieb. Das Fest fand im *Landhotel Restaurant Grischäfer* statt, wo der »Charme des Ländlichen«, so sein Slogan, vorherrscht. Aber dort herrscht auch mächtig der Charme des Kohleverdienens vor. Ich habe mal von Grischäfer eine Urkunde bekommen, die das zweitteuerste Essen aller Zeiten in der 130-jährigen Geschichte des Landgasthofes in Bad Emstal bezeugt. Sehr kreativ – statt mir eine schnöde Rechnung zu geben, überreichte er mir diese Urkunde mit den Worten »Herzlichen Glückwunsch, das war das zweitteuerste Essen aller Zeiten nach dem Volkswagenwerk Baunatal«. Ein Essen an einem Abend für nur 68.000 Euro. Das war wieder einmal so eine Marth-Geschichte, alles Freunde von ihm. Ich schätze mal, dass er dort nie mehr bezahlen muss. Marth hat auch das Kasseler Modehaus *Heinsius & Sander* glücklich gemacht. Wir vergaben Gutscheine an unsere Mitarbeiter für *Boss*-Anzüge, das Stück ab 400 Euro aufwärts. Rechne mal 400 Mitarbeiter mal 400 Anzüge für 400 Euro. Na bitte, so erklärt sich die Million, die wir in einem Jahr dort ließen. Heute hat das Traditionshaus zu. Gibt ja auch keine MEG mehr. Auch dort wird Marth seine Vergünstigungen bekommen haben. Ist absolut in Ordnung! Frank lebte bis er 39 war bei den Eltern. Als er endlich eine eigene Wohnung hatte, besuchte ich ihn einmal. »Marth, dein Wohnzimmer sieht ja aus wie meins in klein?« – »Ja, hab ich umsonst bekommen, weil wir deine Möbel dort gekauft haben ...!« Im Schlafzimmer dasselbe: »Hab ich umsonst bekommen, weil ...«. Das ist ja klasse! Alles klar!

Ich war mit dem Ferrari unterwegs in die Türkei. Das Handy klingelt. Björn Kotzan und Finanzvorstand Michael Kopeinigg sind dran. Vollkommen aufgelöst. Die *Allianz* sei stinkesauer und wolle den Vertrag beenden. »Was isn los, Jungs?«, fragte ich. Da kommt der *Allianz*-Vertriebsvorstand Deutschland, der vorher *Allianz*-Chef in China war, nach Kassel zum Herrn Göker mit seinen 29 Jahren und wird nur vom Stellvertreter begrüßt. Denn der Herr Göker kümmert sich persönlich lieber um die

Inter, denn vor der kriegen wir ja XX MB. Die *Allianz* ist meiner Ansicht nach ein sehr arroganter Versicherer. Es gibt auf dieser Welt nur die Nummer eins, eben sie selbst, und dann kommt lange nichts. Alle anderen sind kleine Klitschen und werden gekauft und wer nicht mitmacht, der wird einfach gefressen. Das ist die Haltung der *Allianz.* Und weil der Herr Göker die *Inter* persönlich empfangen hat und die *Allianz* nur vom Stellvertreter begrüßt wurde, waren die Herren in Rage. Vom Stellenwert her war die *Inter* halt viel wichtiger für uns, aber die *Allianz* braucht man fürs Image. Die Kündigung des Vertrages wäre schlimm gewesen, aber noch schlimmer war: Die Umsätze für die *Allianz* waren echt mies. Sie hatten mir zu Jahresbeginn auch einen hohen Vorschuss zukommen lassen. Und diesen Vorschuss konnte ich so ohne Weiteres nicht zurückgeben. Wenn wir die jetzt hätten zurückgeben müssen, wären wir daran nicht zugrunde gegangen, aber es hätte unsere finanzielle Situation empfindlich geschwächt. Das konnten wir nicht gebrauchen. Kotzan schlug vor, dass ich mich sofort nach meiner Ankunft in den Flieger setzen sollte, um hier die Wogen zu glätten. »Auf keinen Fall, das kannst du vergessen. Ich bin ja auch keine Mickey Mouse mehr, sondern führe einen der Spitzen-Maklerkonzerne Europas und ich bin nicht die Schwuchtel von irgendeinem *Allianz*-Vorstand. Und wenn wir deren Scheiß-Produkte nicht ordentlich verkaufen können, dann müssen wir andere Produkte auf den Markt bringen oder die Provision erhöhen. Man kann halt nicht Scheiße als Gold verkaufen. Jetzt rufst du den enervierten Mann an und sagst: Der Göker ist im Urlaub. Er bedauert es sehr, dass er Sie verpasst hat und sobald er wieder in Deutschland ist, so etwa in zwei Wochen, wird er sofort zu Ihnen nach München kommen – und dann, da bin ich sicher, werden alle strittigen Punkte zu beiderseitiger Zufriedenheit geklärt. Sollte der Herr herumzicken, dann rufe ich ihn an.« Und sobald es hieß, »Göker ruft an«, haben alle immer mitgespielt.

Ein anderes Beispiel: Ein Vorstand ruft bei Kotzan an und beschwert sich: Da hätten sie Qualitätsprobleme, da hätten sie Qualitätsprobleme und dort auch! Kotzan zu mir: »Scheiße, Mehmet, der Vertrieb baut dauernd Mist.« Ich frage ihn, von wem denn das kommt. »Den rufe ich jetzt sofort an!« ... »Hallo ich grüße Sie, wie geht es Ihnen?« – »Ja, mein lieber Herr Göker, mir geht es gut!« – »Haben wir Probleme?« – »Natürlich nicht Herr Göker, alles nur Feinabstimmung, an der wir ja immer arbeiten.«

Ich lege auf, gehe zu Kotzan und sage: »Was erzählst du für eine Scheiße, es ist doch alles in Butter!« Kotzan wollte es nicht glauben. Da habe ich von seinem Büro aus noch einmal beim Vorstand angerufen. »Es gibt doch Probleme? Herr Kotzan hat gesagt ...«. – »Nein, Herr Göker, da hat er mich missverstanden. Sicher gibt es immer Kleinigkeiten, die man verbessern kann. Aber alles läuft super. Es wird von Monat zu Monat besser!« – »Ja, danke nochmal und tschüss!« Kotzan sieht mich an und sagt: »Jetzt ist es also schon so weit, dass die Versicherungsvorstände vor dir Angst haben! Die haben wirklich Schiss, dass sie dir auf den Wecker gehen und du morgen sagst: Schluss, kein Umsatz mehr!«

Die Versicherer merkten jetzt eins, und ich merkte, dass sie es merken: Es gab eine gewisse Abhängigkeit vom Umsatz der MEG. Wir hatten nämlich bei den Versicherern massive Bestände aufgebaut – hier einen Bestand von 40 Millionen vom Jahresbeitrag, dort 25 Millionen Euro. Unsere Kunden, die ich mit der MEG zu dieser Versicherung gebracht hatte, zahlen mal eben 40 Millionen Euro an Beiträgen im Jahr. Scheiße, denken die Versicherer, der Göker liefert nicht mehr die Qualität ab wie früher. Und es stimmt, es gab in puncto Qualität Differenzen. Meine Schuld, denn ich konnte die Qualität, die ich mit 200 Verkäufern gewährleistet habe, mit 600 Verkäufern nicht halten. Im Nachhinein: Mit 200 Verkäufern war die Qualität top. Ab dem 201. Verkäufer ließ das nach. Ich wollte nicht mehr der Beste sein, sondern der Größte. Das war der Fehler.

Wie dünn diese Linie zwischen Erfolg und Niederlage ist, kann man gut an Sepp Herberger sehen. Als er bei der WM 1954 das erste Spiel gegen Ungarn mit 8:3 verlor, hagelte es Kritik, und zwar weit unter der Gürtellinie: »Hängt ihn höher, Judenschwein, Landesverräter, vaterlandsloser Geselle, deine Mutter soll verrecken, geh in die Gaskammer ...« Und dann gewinnt er zwei Wochen später gegen die gleiche Mannschaft 3:2 und war Weltmeister. Er war der Größte. Man fragte ihn, warum er das erste Spiel gegen Ungarn verloren gegeben hat. Sagt er: »Das habe ich gar nicht. Ich hatte einen Plan, aber der ging nicht auf. Also bekam ich eine zweite Chance und änderte meinen Plan. Wieder mit der Absicht zu gewinnen. Ich gewann und bin heute der Größte. Wären wir damals nach dem ersten Ungarn-Spiel ausgeschieden, wäre ich das ärmste Schwein im Land gewesen.« Zwei Wochen und drei Spiele lagen zwischen »armer Sau« und »dem größten Nationalhelden Deutschlands aller Zeiten.«

Allianz unzufrieden. Kotzan hat sie angerufen. Alles klar, sie möchten mich in zwei Wochen sehen. Nach meiner Rückkehr aus der Türkei fahre ich morgens zusammen mit Vincent Ho im Zug nach München, zum *Allianz*-Vertriebsvorstand Deutschlands. Morgens noch mit einem absolut positiven Gefühl. Finanzvorstand Kopeinigg rief mich an und sagte: »Die *Allianz* darf die Vereinbarung nicht beenden. Wir können es uns im Moment nicht erlauben, den Vorschuss zurückzuzahlen.« Der Vertriebsvorstand war ein junger, freundlicher Mann, nur etwa zehn Jahre älter als ich. Mit Vierzig auf dieser Position ist man sehr jung. »Herr Göker, ich kenne Ihr Problem. Ich hatte das in China. Es war kein Problem, dort 15.000 Verkäufer zu finden. Das Problem war, 50 gute Führungskräfte zu finden, die diese 15.000 lenken und anweisen. Das ist auch ihr Problem. Wir haben uns das ganz genau angeschaut.« – »Sie haben vollkommen recht!« – »Und es ist für Gedeih oder Verderb der MEG entscheidend, dass Sie dieses Problem lösen!« Wir redeten zwei drei Stunden – hauptsächlich über Qualitätskontrolle und -management. Es waren ein Vorstand sowie zwei hohe Tiere von deren Backoffice da und an meiner Seite war Vincent Ho, den ich als Nachfolger aufbauen wollte. Ich wollte den Job machen bis 35 40 und dann in Unruhestand gehen. So war der Plan.

Gegen 17 Uhr verlassen wir das *Allianz*-Gebäude. Ich rufe Kopeinigg an und sage: »Hör zu, die Vereinbarung ist aufgekündigt, wir müssen morgen den Vorschuss zurückzahlen!« – »Ehrlich???« – »Nein, war ein Witz ... alles in Ordnung, alles cool. Es ist nicht einmal das böse Wort von der Kündigung gefallen, ganz zu schweigen von ›Vorschuss zurückzahlen.‹ Ich weiß gar nicht, warum ihr diese Scheiß-Panik verbreitet habt?« – »Mehmet, dann hat der mit dir total anders gesprochen als mit uns. Er sagte klipp und klar: ›Der Vertrag wird gekündigt und den Vorschuss müssen Sie zurückzahlen ..!‹ Aber bei dir trauen sie sich das nicht!« Wieso spricht Kotzan von ›trauen‹, bei der *Allianz* hatte ich ja gar kein Pfund. Aber bei einer *Central*, die nur mit unseren Bestandskunden 40 Millionen per anno macht, da hatte ich eins. Hätten die sich über Qualitätsverluste beschwert, hätte ich gesagt: »Okay, danke, dann beenden wir die Zusammenarbeit und ich biete die Bestandskunden jetzt meinem Kumpel bei der *AXA* an. Ihr habt mir die volle Provision gezahlt, ich bin aus der Stornohaftung raus, kassiere noch einmal eine schöne Summe und ihr schaut in die Röhre.« – »Aber, Herr Göker, es ist doch alles super.« Ich wusste, ich habe sie in der Hand und sie wussten, dass ich das weiß. Darum konnten sie mir nicht kündigen, mussten mich eher fürchten. Um noch einmal den Vorstand zu zitieren: »Wir müssen diesen Göker aus dieser Branche eliminieren.« Auf diese Möglichkeit lauerten sie alle. Er ist zu stark und zu mächtig. Er ist uns unheimlich.

Jetzt hatte ich aber wieder neue Freunde – bei der *Allianz,* bei der *Inter,* bei der *BBKK UKV.* Da lief alles bestens. Wo gab es meines Erachtens Qualitätsprobleme? Bei der *Central,* bei der *Halleschen* und bei der *AXA.* Für Juli 2009 war ein Termin mit den Vorständen und dem Leiter der Service GmbH avisiert. Ich habe mich auf solche Termine immer minutiös vorbereitet. Ich wusste, worum es geht und was ich wollte. Alle Zahlen, Stornoquoten und Statistiken lagen mir vor. Auf solche entscheidenden Gespräche habe ich mich einen ganzen Tag lang vorbereitet. Das musste alles sitzen. 80 Prozent des Erfolges liegen in der Vorbereitung. Ich ging zur *AXA* und wurde so vorgeführt, wie ich selten in meinem Leben vorgeführt worden bin. Großer Respekt, Herr Schlösser. Auch mit dabei: die graue Eminenz der KV-Branche, Herr Roland Zimmer. Das Gespräch verlief, wie immer, sehr harmonisch. Aber irgendwann kamen wir darauf zu sprechen wie zufrieden ich denn mit der *AXA* sei.« Ich wusste nicht, worauf sie hinaus wollten. »Ja, sicher!« – »Womit sind Sie zufrieden?« – »Tolle Abwicklung, schnelle Provision, zügige Auszahlung, super Service, grandioses Jahresendgeschäft ...!« Und ich Idiot tappe mit beiden Händen, beiden Füßen und der Nase vorneweg in diese Bärenfalle! Da sitzt der Herr Schlösser, sonore 60, auf seinem Stuhl und schießt die Vernichtungsfrage hinterher, indem ich aufgefordert wurde zu fragen, wie zufrieden die denn mit der MEG sind! In diesem Augenblick wechselte mein Gesicht regenbogenartig die Farben, denn ich wusste: Jetzt hat er dich gefickt! Du Trottel hast geschwärmt wie ein Backfisch beim ersten Rendezvous und er wird es dir jetzt von hinten und vorne besorgen. »Ja, Herr Schlösser, wie zufrieden sind Sie denn mit der MEG?« – »Also, Herr Göker, ...«, er holte tief Luft und dann ging es los. 60 Minuten, 60 qualvolle Minuten, denn ich konnte nicht kontern, weil er zum Rundumschlag ausholte. Darauf war ich zahlenmäßig natürlich nicht vorbereitet. Er war natürlich perfekt für diese Attacke vorbereitet. Schlösser: »Herr Göker, Sie kriegen ja zurzeit XX MB. Sie haben mal gefragt, ob mehr geht. Wohl nicht! Weniger ginge, denn die Qualität bewegt sich auf 8 MB-Niveau.« – »Ich bin ja eigentlich gekommen wegen der Halbjahresrechnung und der sechs Millionen ...!« – »Sechs Millionen können wir Ihnen nicht geben, Herr Göker! Reichen denn auch X Millionen?« Ich nickte und dachte: »Das war's? Deshalb dieser ganze Stress?!« Ein denkwürdiger, lehrreicher Tag für mich. Wenn dich mal einer fragt: »Wie zufrieden sind Sie denn ...?« – halt die Schnauze. FANGFRAGE!

Ich bin aus diesem Gespräch mit der *AXA* raus, rief Björn Kotzan an und nahm ihn verbal auseinander, weil die zentralen Probleme aus seinem Geschäftsbereich stammten. Das glaubte ich zu dieser Zeit. DAS WAR EIN IRRTUM. DAS EINZIGE PROBLEM ZU DIESEM ZEITPUNKT WAR ICH! Denn ich stellte die Vertriebler ein, ich motivierte und ich war zuständig für den Firmenausbau. Die Produktion war in den Monaten Mai, Juni und Juli 2009 außerordentlich gut, beinahe makellos. Ich war mit der Familie in Thailand, auf Koh Samui und in Deutschland produzierten sie am Tag regelmäßig 45.000 MB. Sprich: Wir kamen auf roundabout 2,5 Millionen MB Neugeschäft in drei Monaten. Unser Mitbewerber *Impuls* hatte mal in einem Jahr sechs Millionen MB geschafft. Das Problem war, dass von den 2,5 Millionen 600.000 ... nun ja.

Deutschland kassiert ein weiteres Tor. Di Maria ist der Schütze, ein wunderbares Tor. »Jetzt geht's aber ab«, sagt Mehmet, »ich hab's gesagt: Imagemäßig ist das erste Spiel nach der gewonnenen WM wichtig!«

Unser Stornomanagement war nicht gut. Aber wie sind die Stornos entstanden? Durch die Führungskräfte, die ich eingestellt habe und die ihre Untergebenen nicht gut aussuchten oder schlecht führten. In Hamburg hätten wir eigentlich das Arbeitsamt anrufen können: »Schickt uns alle Penner, die bei euch rumhängen, wir stellen alle ein ...«. Ich konnte bei dieser Größe auch nicht mehr jede Einstellung kontrollieren, aber dennoch konnte ich die Schuld nicht auf andere abwälzen. Der Fisch stinkt vom Kopf her. ... Soll heißen: Wenn ich das Lob einheimse, dann muss ich auch die Kritik ertragen. Das Kapitel *AXA* ging eigentlich recht glimpflich aus. Aber sie hatten uns klar aufgezeigt, welche Fehler wir wo machten. Aber sie hatten, wie oben beschrieben, keine Chance mehr etwas radikal zu kappen. Ich war zu groß und zu mächtig, zu tief drin in ihrem Geschäft. Deswegen kam ihnen die Insolvenz doch wie gerufen. Einmal pusten und der ungeliebte Göker war weg. Es war die perfekte Chance mich loszuwerden und die haben sie genutzt. Ich war da keine Ausnahme. Dasselbe gilt auch und noch viel mehr für die *AWD, DVAG* ... die Maschmeyers und Pohls dieser Welt herrschen wie Könige in ihrem Reich. Uneingeschränkt. Die Versicherer haben was zu melden, aber nur bis zu einem bestimmten Punkt. Wenn man ein Kundenklientel in der Größenordnung von Millionen hat, Millionen, die alle brav monatlich ihre Prämie zahlen, dann hast du sie in der Hand. Sie können nichts mehr machen, die Provisionen zurückdrehen oder kappen. Denn wenn sie das tun, sagt der Türke »Tschüss, dann bringe ich meine Kunden woanders hin!« Und, glaubt mir, 90 Prozent der Kunden haben eine Bindung an den Makler und gehen mit, wenn der sie darum bittet. Und diese Hausmacht, die ich besaß, hat die Versicherer angekotzt. Kritik ja, aber mehr auch nicht. Das galt so lange, bis es passierte:

Denn als ginge es um fröhliches Topfschlagen, frei nach dem Motto ›immer druff auf den Göker‹, rief am nächsten Tag eine der Versicherungen an. Sie kürzten im Sommer 2009 radikal die Provisionen aufgrund von Qualitätsverschlechterungen.

Es kamen der Vertriebsvorstand und der Vertriebsdirektor. Sieben Jahre haben wir mit ihm zusammengearbeitet. Wenn es mehr solche Menschen wie ihn in der Versicherungsbranche gäbe, wäre es um dieses Geschäft besser bestellt und würde es deutlich mehr Ehrlichkeit geben. Absolut zuverlässig. Kritik immer face en face, nie hinten herum. »Herr Göker, wissen Sie eigentlich, wie viele Obst- und Gemüsehändler es in Deutschland gibt, die Angestellte über JAEG, die Jahresarbeitsentgeldgrenze, sind?« – »Ich gehe davon aus, es gibt nicht so viele ...«. – »Wissen Sie, dass die MEG alle Ausländer, die eine negative Bonität haben als leitende Angestellte eines Obst- und Gemüsebetriebs bei uns versichert hat?« Davon wusste ich nichts und es gab, auch wenn das vielleicht unglaubhaft klingt, keine interne Anweisung, so zu verfahren. Das wäre ja vorsätzlicher Betrug am Versicherer. Was war geschehen? Anfangs prüften die Versicherer nicht immer die Bonität ihrer Kunden. Das änderte sich mit

Beginn des neuen Jahrtausends und hatte nichts mit der MEG zu tun. Bonitätsprüfungen kosten Geld und verursachen Aufwand. Bei Beamten und Angestellten hat man deswegen keine Bonitätsprüfung vorgenommen. Das ist wohl bei der MEG bekannt geworden in den Kreisen der Verkäufer. Ich wusste das nicht. Was haben die 600 MEG-Jungs gemacht? Sie haben Kunden mit schlechter oder negativer Bonität als Angestellte deklariert. Ein Kreuzchen genügt. Es braucht keinen Nachweis. Welche Branche? Obst- und Gemüsehandel. Was war die Folge? Keine Bonitätsprüfung, der Kunde war gesund, also: Annahme statt Ablehnung. Dreißig Prozent der Kunden konnten dann die Beiträge nicht zahlen. Komisch und die sind alle Obst- und Gemüsehändler. Das hat sie stutzig gemacht und dann wurden die Kunden angerufen. Und es kam raus, dass 90 Prozent dieser Herrschaften selbstständig waren und eben nicht angestellt. Die Iraner und Afghanen waren Auto- und Schrotthändler. Die Türken Obst, Gemüse, Dönerbude. Die Herren der Versicherung saßen da und sagten: »Herr Göker, wir senken die Provision. Sie kriegen aktuell 16 MB. Ab 1. August gibt es nur noch zehn MB.« Das war die erste Konsequenz. Die zweite: »Wir versichern von Ihnen nur noch Angestellte und Beamte mit Nachweis vom Arbeitgeber, keine Selbständigen mehr! Und wir werden das überprüfen.« Und dann war Ruhe. »Das war's?«, fragte ich. – »Ja, ist das ein Problem für Sie?« – »Nö, kein Problem!« Wer kann sich denken, warum das kein Problem war? Ganz einfach: Wenn die zicken, dann geht das Geschäft eben zu einem anderen. Es war mir zu diesem Zeitpunkt wurscht. Will der eine nicht, kommt der nächste ... Aber jetzt kam die Angst, dass der Göker umdeckt und seine Bestandskunden abzieht. »Herr Göker, wir werden Ihr Geschäft bis Ende des Jahres beobachten. Und wenn sich die Qualität wieder bessert, werden wir auch wieder Selbstständige versichern und wenn die Stornoquote sich im Rahmen hält, werden wir die Provisionen im nächsten Jahr wieder anheben.«

Ich investierte inzwischen 1,5 Millionen Euro in Datensätze. Meine eigene Service-Firma produzierte täglich zwischen 400 und 500 Leads zum Selbstkostenpreis von 30 Euro netto. Mit Mehrwertsteuer also 35,70. Die gab ich eins zu eins zu diesem Preis an die Mitarbeiter weiter. Das Online-Geschäft gestaltete sich immer schwieriger, der Markt war umkämpft. In der Spitze zahlte ich für diese Online-Leads bis zu 140 Euro, was, gemessen an späteren Preisen, ein Zuckerschlecken war, mir aber damals horrend viel vorkam. So kamen die 1,5 Millionen Euro für Leads zusammen. Im Sommer 2009 hatte ich einen Fixkosten-Apparat von vier Millionen Euro und handelte mit allen Lead-Lieferanten neue Preise aus. Ich sagte: »Leute, ihr habt mit mir Exklusivverträge. Wenn ihr weiter die Kuh melken wollt, dann müssen wir das gemeinsam und einvernehmlich tun. Wenn nicht, müssen wird die Kuh schlachten und dann habt ihr nichts mehr zum Melken.« Gemeinsam mit Vincent Ho, der diese Verhandlungen vorbereitete, haben wir die Leads-Händler im Schnitt um 15 Prozent heruntergehandelt. Dadurch konnte ich die Kosten um 250.000 Euro monatlich bei der gleichen Anzahl von Leads senken. Danach setzte ich den Rotstift an bei den ins Maßlose ausgeuferten Angestelltengehältern. Ich holte mir die Top 50 der angestellten Führungskräfte und stellte ihnen die Gretchenfrage: »Schau mal, das ist dein derzeitiges Gehalt – auf wie viel würdest du freiwillig verzichten, damit dein Arbeitsplatz in Zukunft gesichert ist? Wir müssen nach sechs Jahren, in denen es kontinuierlich bergauf ging, zusammenhalten und gemeinsam sparen.« Dieses Meeting war, menschlich gesehen, eine Wasserscheide. Eine Sylvia Könneker, sonst loyal bis in den Tod, hätte auf alles verzichtet, nur nicht auf ihr Geld. Erst nach langen Verhandlungen und mit viel gutem Zureden war sie bereit auf 2.000 von ihrem Wahnsinnsgehalt als meine Assistentin in Höhe von monatlich 10.000 Euro zu verzichten. Sie war wirklich gut, eine Maschine, beste Ausbildung, immer top. Heute arbeitet sie für einen Weltkonzern und macht auch weiterhin gutes Geld. Ein Frank Marth fragte: »Reicht es, wenn ich auf 3.000 verzichte, dann wären es 7.000?!« – »Reicht, wunderbar!« Ein Vincent Ho, der damals 18.000 monatlich verdiente, wollte sofort runtergehen auf 3.000. »Vinnie, die Hälfte reicht, großartig!« Ein Marinko Neimarevic, der als Sicherheitschef 17.000 Euro verdiente, verzichtete auf 4.000. Der Bodyguard der Kanzlerin kriegt 10.000 brutto. Das meinte ich mit: »Die Gehälter waren ins Uferlose gestiegen.«

Ich habe übrigens in der Krise mein Gehalt von 120.000 auf 30.000 monatlich herabgesetzt – war nicht einfach mit 30.000 Euro im Monat zu leben ;).

Zurück zu den Verhandlungen mit den Versicherern. Hinterher, nach der Insolvenz, hat mir ein Vertriebsdirektor gesteckt, dass sie über meine ruhige Reaktion vollkommen überrascht waren. Sie haben gedacht, ich stehe auf und sage: »Die Zusammenarbeit ist beendet, das lasse ich mir nicht gefallen!« Sie dachten, dass würde mich treffen. Aber noch einmal: Wenn ein Versicherer dich bestraft, egal ... es dürfen nur nicht zehn werden. Versicherer halten nicht zusammen. Sie sind wie Hyänen. Es war mir, weil es eben nur einer war, wirklich egal. Denn ich konnte einfach umdisponieren. Wären alle meine Premiumkunden einheitlich aufgetreten, dann wäre es eng geworden. Aber Versicherer treten systembedingt nicht einheitlich auf, sondern gegeneinander an. Die nutzen alle die Gunst der Stunde. Und wenn sie wissen, der hat da Mist gebaut, suchen sie das zu ihrem Vorteil zu nutzen.

»Hab ichs gesagt, es steht 3:0 für Argentinien. Das geht nicht im ersten Spiel nach der WM. Das ist ein reinrassiges Debakel. Die Deutschen werden abgeschlachtet. Und die Argentinier beißen sich in den Arsch. Ihnen wird klar, dass sie auch Weltmeister hätten werden können ...« 4:0. OMG. Die Gefühle fahren Achterbahn. Jetzt wird gewettet. Mehmet: 4:4, Farid hält dagegen ... Es geht um ein Abendessen.

Dann kam der Tag, an dem ich merkte: Es fehlt ein bisschen Geld in der Kasse. »Hallo, liebe Versicherung, ich brauche 1,5 Millionen Euro!« – »Herr Göker, jooo, da ...« – »Wir haben 500.000 MB als Ziel, gebt mir bitte 3 MB im Voraus!« Fünf Tage später waren 1,5 Millionen da. Uuiiiuu, dachte ich, das könnte noch einmal eng werden. Ich rief noch einen Versicherer an und fragte nach einer Million. »Rufen Sie in einer Stunde wieder an«, sagten sie. Als ich nach einer Stunden wieder anrief, hieß es: »Machen Sie sich locker, die Million ist vor zehn Minuten angewiesen worden.« Und ich saß da in meinem Büro und dachte: In welcher Welt bin ich eigentlich, dass auf die telefonische Anfrage eines 29-Jährigen eine Million überwiesen wird??? Eine Million innerhalb einer Stunde, wenn ich Mickey Mouse anrufe! Wow!

Wichtig war, im Juli und August gut durchzustarten. Diese Art Engpässe hatte es schon öfter gegeben. Also musste ich Lösungen finden. Ich merkte, die Stimmung im Führungskreis kippte. Schlafen konnte ich immer gut, aber die Zentnerlast auf meinen Schultern drückte schwer. Und dazu kam: Ich hatte keinen hundertprozentigen Rückhalt in der Führung mehr. Ich bekam mit, wie einer hinter meinem Rücken schlecht über die

Lage der MEG sprach. Normalerweise gehe ich direkt auf so jemanden zu und frage, wo ist das Problem? Diesmal entschied ich mich für einen andere Taktik. Die besagt: Alles wissen, aber nichts sagen. Schnauze halten. Ich würde ihn vor versammelter Mannschaft zur Rede stellen und auflaufen lassen. Aufgrund dieser Flurfunk-Gerüchte berief ich eine Führungstagung ein: 40 Orga-Direktoren, Vertriebsdirektoren, Generaldirektoren, Vorstände – alle in meiner Villa in Kassel. Es war Superwetter, 27 Grad, wir saßen draußen an einem Tisch auf dem Rasen. Es war Sommer, abends um 20 Uhr war es noch hell. Ich hatte alle angerufen und sie kamen ohne Gezicke, sofort. Und zwar aus allen Himmelsrichtungen: Cottbus, Dresden, Berlin, Hamburg, Bielefeld, Frankfurt, Stuttgart, Würzburg, München.

»Herzlich willkommen, nehmt bitte Platz«, eröffnete ich das Meeting und gab allen ein Papier in die Hand. Das hatte ich Anfang des Jahres drucken lassen und trug den Titel »Ziele der MEG«. Ich blieb stehen und sagte: »Wir haben im Moment eine schwierige Phase. Und ich weiß, es gibt Ratten an Bord. Und wer schwimmen kann, sollte jetzt möglichst schnell das Schiff verlassen, damit er auf ein anderes Schiff kommt. Aber derjenige sollte eines nicht tun. Nämlich hinter meinem Rücken herum lästern, hinter dem Rücken des Mannes, der es möglich gemacht hat, dass Ihr alle wunderbar leben könnt, sechsstellige Gehälter bezieht und flotte Wagen fahrt. Da unten steht eine imposante Flotte. Der bescheidenste davon ist ein 7er BMW. Ansonsten nur Ferrari, Porsche und what not. Ihr alle verdient überdurchschnittlich gut. Hier sitzen nur Leute die zwischen 100.000 und 400.000 Euro verdienen – und das habt Ihr mir zu verdanken. Und wenn euch das nicht passt, dann habt jetzt wenigstens Eier in der Hose und geht wie Männer. Oder wir halten alle die Schnauze, bilden ein Team und ziehen den Karren wieder aus dem Dreck.«

Alle am Jubeln, am Ausrasten. Der Typ, der durch seine Lästereien dieses Meeting erst ausgelöst hatte, steht auf und sagt: »Ich möchte mich hier vor allen Führungskräften persönlich bei Mehmet Göker bedanken ... ich bin 50 Jahre alt, komme aus der DDR. Wir aus der DDR sind es gewohnt, Befehle entgegen zu nehmen. Ich bin heute Vorstand und hab als Verkäufer angefangen, war Orga-Direktor, Vertriebsdirektor und habe alle Bereiche durchlaufen. Als Verkäufer bei *Impuls* habe ich 150.000 gemacht.

Heute als Vorstand verdiene ich mehr das Doppelte, fahre einen Ferrari als Firmenwagen und das alles habe ich nun dir zu verdanken, Mehmet.« Und er klatscht Applaus, alle fallen ein. Und ich denke bei mir: ›Du mieser Typ, heute Mittag hast du noch über mich hergezogen und jetzt machst du hier den Molli!‹ Ich habe – bis jetzt – die Schnauze gehalten. Also, Peter, liebe Grüße – ich habs gewusst.

Diese Geschichte hatte noch einen anderen Hintergrund. Die Geschäftsführerin der MEG Service GmbH verdiente 16.000 Euro monatlich. Kurz vorher hatte ich sie zu einem Gespräch gebeten. Ich sagte: »Die Datensatz-Qualität hat nachgelassen. Du weißt: Wir bezahlen immer nach Quartal und im letzten Quartal waren die Zahlen um 15 Prozent schlechter. Das heißt, im nächsten Quartal kriegst du 15 Prozent weniger Fixum. 15 Prozent von 16.000 sind circa 2.500. Dein Gehalt sinkt auf 13.500 Euro.« Statt wie eine echte Führungskraft zu sagen: »Ja, Scheiße, die Zahlen waren wirklich schlechter, ich kriegs im nächsten Quartal wieder besser hin«, sagte sie:

»Für 13.500 kann ich nicht arbeiten.«

Ich gucke sie an und sage: »Du hast bei *Impuls* für 3.500 gearbeitet!«

Sie »Mehmet, ich bin eine Frau ... ich fahre eine *Boxter*, würde aber viel lieber einen Carrera fahren und wieder ein teure *Rolex* tragen.« –

Ich: »Bei allem Respekt und Deine Ziele in Ehren ... Ich find es super, dass du Carrera fahren willst, aber nicht auf meine Kosten. Wenn du es dir verdienst, gönne ich Dir alles, aber nicht auf meine Kosten. Entweder du arbeitest für 13.500 weiter – oder gar nicht. Und vergiss nicht: Dein Mann verdient hier monatlich 25.000 plus Boni. Ihr habt zusammen im Jahr eine halbe Million Euro. Und bei *Impuls* hattet ihr nicht einmal ein Drittel davon.«

Da ist sie aufgestanden und gegangen und das Verhältnis war zerrüttet. Aber ich wusste: Sie hat die 200 Angestellten von der Service GmbH im Griff und deswegen habe ich sie nicht von ihren Aufgaben entbunden. Das hätte Unruhe reingebracht. Und man kann nicht jeden, mit dem man mal eine Auseinandersetzung oder eine Meinungsverschiedenheit hat, gleich entlassen. Das geht in einem Konzern nicht mehr. Da braucht man Fingerspitzengefühl und muss auch mal die Faust in der Tasche ballen. Sie hat mich gehasst, weil ich ihr Gehalt gekürzt habe. Ich habe das akzeptiert, weil ihre Leistung trotzdem gestimmt hat. Dann grüßt man sich morgens und abends, arbeitet professionell weiter und lässt alles andere weg. Das geht in einem 30-Mann-Laden nicht, aber in einem 1.400-Mann-Laden muss das gehen.

Die Fixkosten blieben trotz der Einsparungen hoch, die Einnahmen sanken. Ende August hatten wir wieder eine Vorstandssitzung. Ich sprach vor den acht Vorständen die Missstände an. »Daran seid Ihr schuld«, habe ich ihnen gesagt, »Ihr habt diese Scheiße hier hineingebracht. Aber der Oberschuldige bin ich, denn ich habe Euch eingestellt und nicht gestoppt, als diese Scheiße anfing. Ich habe Euch bestimmt hundert Mal gesagt, wie Ihr es richtig machen sollt, aber Ihr habt nicht einmal auf mich gehört. Eure Schuld? Nein – meine! Ich hätte Euch viel eher von Euren Aufgaben entbinden müssen. Hab ichs getan? Nein! deshalb ziehe ich heute die Konsequenzen und trete vom Posten des Vorstandsvorsitzenden zurück. Ich war bereits beim Notar, der Aufsichtsrat ist informiert. Meine Entscheidung steht fest! Heute um 16 Uhr werde ich bei einer außerordentlichen Mitarbeiterversammlung meinen Rücktritt erklären.«

Und dann habe ich die Herren reihum angeschaut. Da spiegelten sich die verschiedensten Gefühle auf den Gesichtern: Schrecken, Angst, aber auch Genugtuung. Und wieder kam die komplette Führung zusammen, und da habe ich erlebt, was ich kaum glauben konnte. Gut die Hälfte war außer sich. Gestandene Männer haben geweint. Einer ganz besonders: »Merkt Ihr nicht, was hier abgeht. Wenn Mehmet jetzt wegen dieser zehn Lutscher geht, bricht der Laden morgen zusammen ...«. Es gab – vor allem auch unter den jüngeren Führungskräften – circa zehn Mann, die innerlich gelacht haben. Die anderen Zwanzig haben geweint: »Es macht keinen Sinn, diese Firma ohne Dich weiterzuführen.« Die neuen, gefühlsmäßig neutralen Führungskräfte haben gesagt: »Respekt für das, was du geschafft hast, aber es geht weiter!« Unterm Strich: 50 Prozent waren extrem traurig, 25 waren neutral, 25 haben sich gefreut.

Für den Abend habe ich alle noch einmal zu mir nach Hause eingeladen, auch um mich von denen, die mir nahe standen, persönlich zu verabschieden. 90 Prozent der Belegschaft war traurig, zehn Prozent froh. So das Feedback. An dem Abend bei mir zu Hause kamen Leute zu mir, Björn Bischof, Emanuel Machulik, die sagten: »Wir können mit diesen Hurensöhnen da drin nicht zusammensitzen. Die haben es soweit kommen lassen, fressen und saufen und haben immer nur gestänkert.« – Ich: »Das ist nicht ihre, sondern ausschließlich meine Schuld!« Die haben geheult wie Kinder.

Der kommissarische Vorstandsvorsitzende Michael Kopeinigg hat kurz nach meinem Rücktritt ein Meeting anberaumt. Und während er sprach, muss – so wurde mir berichtet – die Hälfte der Führungskräfte den Raum verlassen haben. »Wo geht Ihr hin?« fragte er. »Göker fährt, wir wollen uns von ihm verabschieden!«

Deutschland holt auf. Es steht in der 78. Minute, nach Tor von Mario Götze, nur noch 4:2 für Argentinien. »Na, schauen wir mal?!«, sagt Mehmet. Die Hoffnung stirbt zuletzt.

Ich war nach dem Rücktritt zwei Wochen zu Hause, hab das erste Mal seit langer Zeit wieder ein Privatleben gehabt. Viele dachten, ich sei durch den Rücktritt angeschlagen oder gar kaputt. Ganz im Gegenteil: Ich war so frei wie noch nie. Ich konnte morgens einfach mal bis zehn im Bett liegen bleiben und hatte keinen finanziellen Druck, keinen Umsatzdruck, nichts. Nach dem Frühstück hab ich mich in die Sonne gelegt. Es war Mitte September. Ich habs genossen.

Ein Mensch ist mit mir zurückgetreten: Vincent Ho. Er hat seinen 20.000-Euro-Job und seinen Firmen-Ferrari hingeschmissen und ist ebenfalls von heute auf morgen gegangen. »»Vinnie«, fragte ich ihn, »warum machst du das?« Seine Antwort: »Alles, was ich kann, habe ich von Dir gelernt und alles was ich erreicht habe, habe ich durch Dich erreicht und wenn du hier nicht mehr arbeitest, arbeite ich hier auch nicht mehr!« Dimitri Kari machte es Vincent nach. Und dann haben wir zu Dritt entschieden: Wir machen erst einmal Urlaub. Und so sind wir in die Türkei geflogen, haben gefaulenzt, Fernsehen geschaut, geschwommen, entspannt. Nach drei Wochen telefonierte ich mit Marth. Er wollte zu uns kommen. – Ich: »Geil, Marth, buch dir einen Flug und komm!« Später habe ich von Michael Kopeinigg, mit dem ich 2011 und 2012 wieder in regem Kontakt stand, erfahren, dass Marth angeblich ein doppeltes Spiel gespielt und Kopeinigg jeden Tag darüber informiert hat, was wir hier machen. *[Klang bestimmt so, im Flüsterton]*: »Hier ist alles ruhig, die machen gar nichts. Göker, Ho und Kari gucken sich draußen auf der Leinwand einen Film an, sie dürfen nicht mitkriegen, dass ich dich anrufe. Morgen mehr ...!« Danke, Marth, für deine blöde Spitzelei.

Meine finanziellen Rettungsversuche hatten bis zuletzt immer funktioniert, nur am Schluss ohne Rückhalt hats nicht mehr geklappt. Eine Versicherung und eine Bank wollten durch Millioneneinlagen die Firma retten, aber – so teilte es mir der Aufsichtsrat mit – sie hatten eine Bedingung: »Der Göker muss weg! Er ist das Übel, das beseitigt werden muss.« Sie wussten, wenn ich weg bin, ist der mächtigste Mann im Laden weg und sie können mit der Firma Pingpong spielen. Aber 1.400 Arbeitsplätze sind wichtiger als ich, also bin ich zurückgetreten. Mein Vertrag lief bis Ende 2009. Sie sollten mir mein Gehalt bis dahin zahlen. Was ich nicht so lustig fand, war die Tatsache, dass sie auch die Familienmitglieder wie meine Schwester und meine Neffen in Sippenhaft nahmen und loswerden wollten. Ich werde keine Namen nennen, aber diejenigen, die das betrieben haben, wissen, wer gemeint ist.

Eine Woche nach meinem Rücktritt erfuhr ich, dass man – trotz meines erfolgten Rücktritts – nicht mehr bereit war, die MEG mit einer Finanzspritze zu sanieren. Wie viel Geld wäre nötig gewesen, um die MEG zu diesem Zeitpunkt solvent zu halten? Es ging um circa 2,5 Millionen Euro. Zwei Wochen später waren daraus schon sechs Millionen geworden. Jeder Tag kostete Geld. Und die Mitarbeiter, die mir loyal gegenüber waren, reichten ihre Verträge nicht mehr ein. Von den 20 Führungskräften, die zu mir standen, und den zehn, die zu mir tendierten, ging für die neue Spitze Gefahr aus. Sie taten alles, um mich zurückzuholen. Sie wollten mit Kotzan und Kopeinigg nicht kooperieren. Sie trafen sich die Mitarbeiter heimlich in einem Büro und riefen mich in der Türkei an. Patrick sagte, dass der neue Vorstand glaube, er stehe hinter ihm, aber eigentlich wäre er mein Mann. Er wolle, dass Kotzan und Kopeinigg das annehmen, damit sie ihm weiterhin erzählen, was sie vorhaben. Ich stehe eigentlich nicht auf solche

Manöver, aber in diesem Fall stimmte ich zu. Während dieser Telefonkonferenz – anwesend waren: André Kämpfer, Thorsten Krug, Seckin Ütgür und alle anderen Niederlassungen waren zugeschaltet – kam es plötzlich zu einem Tumult, und ich höre Kotzans laute Stimme: »Wer ist da am Telefon? Ich weiß, Ihr telefoniert mit Göker und sabotiert die Firma. Wir werden uns das nicht gefallen lassen!« Und er zählt all die Namen der Personen auf, die in dem Büro waren und es jetzt verließen. Nur einen Namen erwähnt Kotzan nicht, den von Patrick Drönner. Fünf Minuten später ruft Patrick an und sagt: »Kotzan hat die Tür aufgemacht, hinter der ich stand. Er hat mich nicht gesehen und zweifelt nicht an meiner Loyalität.« Sehr gut, Drönner. Noch während meiner Zeit als Vorstandsvorsitzender hatten wir eine Einladung erhalten, die *AXA*-Europazentrale in Paris zu besuchen. Das hatte ich nicht mehr wahrnehmen können und nachher sind halt die Neuen nach Paris gefahren. Einen Tag nach dem Zusammentreffen erhielt ich einen Anruf: »Ob ich bereit wäre, die Firma weiter zu führen, unter der Kontrolle und Aufsicht eines anderen Vertriebs?« Meine Antwort: »Alles, was dem Erhalt der Firma dient, mache ich. Ich werde mich ein- und notfalls auch unterordnen!« Wieder einen Tag später rief die *AXA* zusammen mit der *Aragon* an. Sie hätten, wurde mir mitgeteilt, Interesse, die Firma zu kaufen und in die *Aragon* einzugliedern. Es wurde ein Treffen in München, wo gerade das Oktoberfest stattfand, vereinbart. Vincent Ho und ich sind nach München geflogen; Dimitri Kari hielt hier in der Türkei die Stellung. Wir haben uns das Angebot angehört. Es war ein sachlich-professionelles Gespräch, keine freundschaftliche Ebene. Die Tatsache, dass kein Neugeschäft mehr stattfand, die Stornos in die Höhe schnellten und die Mitarbeiter zutiefst verunsichert waren, kostete die MEG tagtäglich etwa 250.000 Euro. Die Kosten blieben, der Geldfluss versiegte, das Minus-Loch wuchs. Wir einigten uns darauf, die MEG an die *Aragon* zu verkaufen. Alle weiteren Details sollten bei einem Termin in der Kölner Hauptverwaltung der *AXA* geklärt werden, mit den Vorständen beider Firmen, Finanzleuten und meinem Anwalt Professor Dr. Nagel. Ende September flogen wir nach Köln. Am Flughafen empfingen uns Farid Aminzadeh, Gökhan Göker und Marinko Neimarevic. Um zwölf Uhr mittags begann etwas, was man eigentlich nur aus Filmen kennt – ein Verhandlungsmarathon. Ein riesiger Konferenzraum, ein runder Tisch und wir zu dritt: zu meiner Linken Vincent Ho, rechts neben mir Prof. Dr. Nagel. Die *AXA* wurde vertreten u.a. durch ihren Top-Juristen, die Vorstände, die Finanzvorstände und die

Leute, die die Due-Diligence-Prüfung durchgeführt hatten [Due Diligence bezeichnet eine mit »gebotener Sorgfalt« durchgeführte Risikoprüfung, die i. d. R. durch einen Käufer beim Kauf von Unternehmensbeteiligungen oder Immobilien sowie bei einem Börsengang erfolgt. Fällt diese Risikoeinschätzung positiv aus, werden die Verkaufsdetails erörtern.] Die *AXA*-Leute hatten die MEG zwei Wochen lang auf den Kopf gestellt und der *Aragon* danach grünes Licht gegeben. Die *AXA* war zu der Zeit mit 25 Prozent an der *Aragon* beteiligt. Die *AXA* sagte: Um die MEG zu retten, müssen sechs Millionen in das Unternehmen gepumpt werden. Dieses Geld sollte die *Aragon AG* Wiesbaden stellen. Das stellte für die Aragon aber kein Risiko dar, weil die *AXA* als Bürge diese sechs Millionen bei einer Bank besichern würde. Sollte die MEG-Rettung misslingen, hätte der Deal die Aragon nichts gekostet. Denn dann käme die Sicherheitsbürgschaft der *AXA* zum Tragen. Sollte die Rettung gelingen, hat es keinen was gekostet. Bis man dieses Konstrukt erdacht hatte, waren schon einmal drei Stunden rum. Mittagspause. Nächste Runde: »Herr Göker, Sie akzeptieren, dass die *Aragon* die MEG für einen Euro erwirbt. Sie bleiben in der Haftung, sind aber raus und akzeptieren ein fünfjähriges Berufsverbot.« Ich wiederholte Ihr Angebot und sagte dann: »Das können Sie vergessen! Hier haben Sie ihr Angebot zurück. Da melde ich doch lieber morgen Insolvenz an. Denn das ist mein Todesurteil. Und glauben Sie mir, meine Herren« – da saßen neun Mann von 40 bis 65 Jahre –, »der Vertrieb wird nicht auf Sie hören. Wenn ich nicht dabei bin, ist es vorbei.«

Als ich nach zwei Wochen in die Firma kam, reichten wir noch am selben Tag Verträge in Höhe von 100.000 MB ein. Das war der erfolgreichste Tag in fast sieben Jahren MEG. Kam das alles an einem Tag zustande? Natürlich nicht! Aber die loyalen Mitarbeiter, die nur mit mir weiter machen wollten, hatten zwei Wochen Umsatz gemacht, aber die Verträge nicht weitergeleitet. Wenn Göker zurückkommt, so der Verkäufer, reiche ich das Geschäft ein. Kommt er nicht, nehme ich die Verträge und reiche sie woanders ein. Deswegen am Tag eins 100.000 MB. Die Produktion war in meiner Abwesenheit von 40.000 auf 10.000 MB am Tag gesunken. Ich komme und das Zehnfache wird eingereicht. Noch Fragen? Danach hielten wir die Neugeschäfte auf 30.000 MB am Tag. Das hätte alles gereicht, aber die sechs Millionen reichten nicht, um das Finanzloch zu stopfen. Die Due-Diligence-Prüfer haben übersehen, dass bei einer solchen Unruhe die Stornierungen steigen. Die Finanzlücke durch diese Stornos war nicht sechs Millionen sondern circa zehn Millionen breit. Nach vier Wochen musste über eine Nachfinanzierung gesprochen werden. Die *AXA* weigerte sich, dafür die Gewähr zu übernehmen. Also trat man an die Versicherer heran und bat sie, die Stornierungen zu stornieren. Die beliefen sich in etwa auf vier Millionen Euro. Und jetzt hatten *AXA* und *Aragon*, da bin ich mir ganz sicher, mich genau dort, wo sie mich haben wollten – mit dem Hals unter dem Schafott, man musste nur noch am Seil ziehen und das Beil lösen und genau das taten sie. Man weigerte sich die vier Millionen zu stellen.

Zurück zu der Verhandlung. Ich lehnte das erste Angebot ab. Lächerlich. Das zweite Angebot wurde mir dann gegen 18 Uhr unterbreitet. »Herr Göker, wir haben uns das noch einmal angesehen. Wir heben das fünfjährige Berufsverbot auf und bieten Ihnen stattdessen einen einjährigen Beratervertrag an, dotiert mit 25.000 Euro monatlich. Es bleibt bei dem einen Euro und den sechs Millionen zur Sanierung ....« Auch dieses Angebot lehnte ich mit dem Hinweis ab, dass ich ja als Verkäufer mehr verdient habe, als sie mir anbieten. Sie machten sich erneut Gedanken. Zwei Stunden Pause. Dritte Runde. Gegen 21 Uhr kommt der Tross wieder zusammen. »Herr Göker, hier nun unser letztes Angebot: einen Beratervertrag über fünf Jahre, 50.000 Euro Grundgehalt plus Gewinnbeteiligung.« ... »Das kann und werde ich nicht akzeptieren!«, sagte ich. »Okay, was wollen Sie?‹ – »Ich will 100.000 monatlich als Berater. Ich will mein altes Büro wieder haben. Ich will Ferrari und Handy bezahlt werden und ich will, dass Vincent Ho zu den gleichen Bedingungen wie vorher im Betrieb arbeitet. Etcetera, etcetera. Dafür kriegen Sie dann einen Millionenkonzern für einen Euro.« – »Das können wir nicht akzeptieren!« Wieder Pause. Es ist inzwischen 22 Uhr. Wir lassen Pizza kommen, die Herren beraten sich. Professor Nagel sagt: »Mehmet, jetzt weiß ich, warum du an diesem Punkt bist. Beinharter Verhandler, mein Kompliment!« Der gute Professor hatte bis zu diesem Zeitpunkt vielleicht 20 Worte gesagt. Es hieß: ich gegen neun. Dann kommen die Herren zurück und einer sagt: »Die 100.000 Euro monatlich sind akzeptiert. Fünf Jahre lang. Plus eine Gewinnbeteiligung von zwei Millionen Euro im Jahr und Boni bis zu zehn Millionen Euro. Plus eine Option auf den Rückkauf von 20 bis 30 Prozent der Anteile für einen Euro, wenn Sie es schaffen, uns in die Gewinnzone zu führen. Wir wissen, ohne Sie kriegen wir es nicht hin! Vincent Ho können wir nicht akzeptieren.« – »Kein Problem, dann hat sich das hier und jetzt erledigt. Danke!« Einer der Finanzvorstände kommt zu mir und fragt: »Sie wollen wirklich auf eine Gehalt von sechs Millionen in den nächsten fünf Jahren verzichten, weil Ihr Kumpel keinen Job kriegt?« – »Ja, klar, mit diesem Kumpel arbeite ich seit drei Jahren zusammen und er ist mit mir zurückgetreten. Und jetzt, wo ich viel Geld verdienen kann, soll ich den im Stich lassen? Vergessen Sies.«

Dann lacht der und sagt: »Warum bieten wir dem Göker eigentlich 100.000 Euro monatlich an. Ich habe jahrelang studiert und verdiene nicht einmal annähernd so viel.« Die Antwort kam prompt: »Wenn Sie uns 400 Verkäufer bringen und so viel MB wie Göker, dann zahlen wir Ihnen gerne auch 100.000 Euro.« Das Gelächter war groß. Wieder Pause. Mitternacht. Fünfte und letzte Runde: »Okay, Herr Göker, 100.000 monatlich als Berater für fünf Jahre. Kosten für Ferrari und Handy werden übernommen. Sechs Millionen zur Sanierung, ein Euro als Kaufpreis. Wir retten morgen die Firma. Sie kriegen Ihr Büro wieder, Sie werden Berater und Herr Ho kriegt seinen Job. Wir würden nur gerne noch einmal die Höhe seines Gehaltes verhandeln.« Ich schaue Vincent an, frage, ob das für ihn okay ist. Er nickt – und bekam, soweit ich mich erinnere, 10.000 Euro monatlich. Nachts bzw. frühmorgens um halb eins wurde der Notar gerufen. Der stand eine halbe Stunde später bereit, die Verträge wurden unterschrieben, fertig. Es war inzwischen ein Uhr. Verhandlungen beendet. Alle Führungskräfte warten auf Nachricht von uns. Es gab noch kein *WhatsApp*. Ich simse: »Firma gerettet. Bin in zwei Stunden zu Hause.« Gegen halb vier fahren wir vor meiner Villa vor. Farid und Gökhan bringen nach 16 Stunden Verhandlung und Warten Professor Dr. Nagel nach Hannover. Zwei Stunden Köln Hannover und dann nochmal zwei Stunden nach Kassel. Bei mir vor dem Haus standen 40 bis 50 Menschen. So laut war es in der Straße noch nie. Die Vertriebs-Azubis, alle waren da. Eine Riesenparty. Auch am nächsten Morgen vor der MEG ein riesiger Auflauf. Partystimmung. Empfang vor der Firma. Fast alle waren draußen. Klatschen, umarmen sich. Wir fahren im Porsche Panamera vor – Marinko, Farid und ich – diese Szene sieht man auch in dem Film *Der Versicherungsvertreter*. Ran an die Arbeit. Vincent legt wie besessen los. Ich komme in mein Büro und denke: ›Du, Wichser‹. Die Bilder von meinem Vater, von Gandhi und Richard Branson sind weg. Gefragt, warum man das getan hat, sagt man mir sinngemäß: »Dein Vater ist nicht mein Vater, mit Gandhi hab ich nichts am Hut und Richard Branson ist an allem schuld. Denn er war auch immer so risikofreudig und hat gewonnen wie du, Mehmet.« Er raus, die Bilder wieder an die Wand hinter meinem Schreibtisch und tschüss. Danach war das Verhältnis zu einigen Vorständen erledigt. Den Vorstandsvorsitz übernahm ein *Aragon*-Mann. Das erste Meeting war eine Machtprobe. Ich entließ einen, der meinte, das könne ich nicht. Und wie ich konnte. Ich sagte ihnen: »Entweder Ihr macht genau das, was ich Euch sage – oder Ihr seid alle raus!« Und weiter: »Mit dem kann ich nicht mehr arbeiten, der muss auch weg!« Er wurde von seinen Aufgaben entbunden! Auch die Dame von der Service GmbH musste gehen. »Will noch jemand wissen, wer hier das Sagen hat?«, fragte ich in die Runde. Bei einem musste ich vorsichtig sein. Ich konnte nicht alle auf einmal killen. Wir brauchten einige für die Übergabe-Phase. Aber ich machte dem *Aragon*-Vorstand eine Liste, wer weg musste und wer überbezahlt war, und endlich konnten wir aufräumen. Auf der Liste standen circa 20 Namen, die Hälfte ist in der ersten Woche nach meinem erneuten Amtsantritt entlassen worden, die anderen zehn sollten folgen. Dann wollte ich unseren Juristen sprechen. Er kommt mit einem süßen Lächeln durch die Tür und sagt: »Mehmet, schön, dass du wieder da bist!« Ich: »Dein scheiß intrigantes Lächeln kannst du dir sonst wohin stecken, du Arschloch. Als ich weg war, hast du vor Zeugen gesagt: ›Endlich sind wir den Göker los!‹ Und als du gehört hast, dass ich wiederkomme, hast du gesagt: ›OMG, der Irre kommt wieder!‹ Und der Irre ist es, der dich jetzt rausschmeißt. Verpiss dich!« So habe ich noch nie mit einem Anwalt gesprochen, geschweige denn mit einem Mitarbeiter. Aber es war mir in diesem Fall eine ganz besondere Ehre, ihn auf diese Weise zu entlassen. Und derjenige, der meine Schwester und meine Neffen aus der Firma drängen wollte, wurde nun seinerseits mitsamt seinen Familienmitgliedern ›eliminiert‹. Das Aufräumen dauerte circa 48 Stunden.

Vier Wochen später hieß es bei der *Aragon* sinngemäß, sie könnten die MEG nicht retten. Es würde eine Vorstandssitzung geben, um zu entscheiden, wie es weiter ginge! Bei dieser Sitzung war ich nicht zugegen. Mir wurde von meiner Assistentin mitgeteilt, dass die *Aragon* Insolvenz für die MEG anmeldet. Daraufhin habe ich eins gemacht: Ich bin in aller

Ruhe durch die ganze Firma, durch alle Räume in jedem Stockwerk gegangen. Das war ja mein Lebenswerk. Ich hatte mit einem Stockwerk angefangen, irgendwann das ganze Gebäude gemietet und zum Schluss noch 5.000 Quadratmeter dahinter. Ich fühlte mich ein bisschen wie Beckenbauer nach der gewonnenen Weltmeisterschaft. Nur dass ich nicht gewonnen hatte. Ich sagte nicht viel, nur denjenigen, die mir sehr nahe standen, teilte ich mit, dass die *Aragon* Insolvenz anmelden würde. Von den 250 Verkäufern, die in Kassel arbeiteten, kamen etwa 80 Mann, die sagten: »Wir wollen eine neue Firma mit dir an der Spitze gründen«, was wir dann ja auch getan haben. Ich hab mir alles noch einmal in Ruhe angesehen – die Drucker, die ich gekauft hatte, den Frisörsalon, die Marketingabteilung, das firmeneigene Solarium. Ich wusste, das ist das letzte Mal, dass ich das sehe. Ich machte ein Foto von dem Gebäude und fuhr nach Hause in dem Bewusstsein, dass ich morgen noch einmal in die Firma gehen und eine Abschieds-E-Mail schreiben würde und das war's dann. Am nächsten Tag hab ich mich ins Büro gesetzt und an die 1.300 Leute eine E-Mail geschrieben, mich bedankt für den Einsatz und das Engagement, für die beste Zeit meines Lebens, dass es mir leid tut, wie es gekommen ist und dass es keine Absicht war und dass ich an der Misere schuld bin. Ich beendete diese Mail mit folgendem Satz: »Jeder wird nach MEG das sein, was er vorher war«. Ich bin kein Zauberer und Hexenmeister. Aber ich konnte eins immer gut: Aus Menschen das Maximum herausholen, etwas, von dem er gar nicht wusste, dass es überhaupt in ihm steckt. Diese E-Mail rief, vor allem wegen des letzten Satzes, heftige Reaktionen hervor. Ich stellte den Rechner ab und ging. Mein erster Gang führte mich in die *Metro*, wo ich mit der MEG-Karte für 2.000 Euro Lebensmittel einkaufte. Die Karte funktionierte noch, und Farid wollte einen Fernseher – schade, dass hab ich nicht gemacht. Eins muss man wissen: Bei uns allen lagen nach diesen Wochen die Nerven blank. Es war für viele schwer. Gestern noch 120 Mitarbeiter und dann plötzlich niemand mehr da. Einer der Vorstände der MEG habe ich vorausgesagt, dass er nichts mehr reißt und von Stütze wird leben müssen. Drei Jahre später habe ich ihn getroffen und er sagte: »Leider hattest du recht! Wenn ich morgens aufstand, sehnte ich mich schon danach, dass der Tag zu Ende geht!« Ein anderer wollte mit seiner Orga-Truppe eine Firma gründen und als er in das verabredete Café kam, waren von 21 Mann nur zwei Leute da. 70 von dem Vertriebsteam riefen mich an und wollten wissen, ob ich was Neues mache. Jawohl. Lasst uns eine neue Firma gründen. Golden Life.

Freundschaftsspiel Deutschland gegen Argentinien. Es bleiben noch circa 15 Minuten um auszugleichen oder sogar zu triumphieren. Farid Aminzadeh freut sich schon auf seinen Wettgewinn: ein Abendessen plus drei in einem Restaurant seiner Wahl und auf Kosten von Mehmet.

Kapitel Zehn

MEG ist durch. Auf in die Türkei. Kuşadası. Rückzug in meine Residenz. Unsicherheit. Alles neu. Abschalten. Was kommt jetzt?

Der Wahnsinn hat einen Namen und heißt Mehmet E. Göker. Für die einen ein Verführer, für die anderen der Messias – einer, der Reichtum in dein Leben bringt, wenn du nur tust, was er sagt. Einer, der gleichzeitig so altmodische Werte wie Familie, Freundschaft und Ehre hoch hält. Einer, der keine gesetzten Grenzen akzeptiert und gegen alle Normen spielt, ein Spiel mit hohem Einsatz. Ein Naturereignis, ein Kraftwerk, ein ganzer Kerl, der alle überrollt, die mit seinem Tempo nicht mithalten können. Mal denkt man, er ist brutal. Dann wieder erscheint er beinahe kindlich, unendlich liebevoll, ein sanfter Riese. Mal erkennt man den Lebemann, dann wieder den Familienmensch, im nächsten Augenblick den ›Wolf of Assel‹, der nur dem Diktat des Geldes gehorcht. Doch auch diese Einschätzung ist nur von kurzer Dauer. Mehmet verwandelt sich vor den Augen seiner Beobachter und Bewunderer im Sekundentakt: Brüllgorilla, Weltverbesserer, Zocker, Ferrarista, Fashionista, Komiker, Fußballfanatiker, Macho, Dompteur, Powerverkäufer, Muttersöhnchen, Lautsprecher, Genießer, Clown, Reiselustiger, Führer, Verführer, Egoist, Philanthrop, Hoppla-hier-komm-ich-Typ …

Die MEG ist durch – und ich sage es noch einmal, ob man das glauben mag oder nicht: Mir ist ein riesiger Stein vom Herzen gefallen. Die letzten Monate war der Druck einfach zu groß. Das hat auch dann keinen Spaß mehr gemacht. Meine Mutter hat mir das Dilemma, in dem ich steckte, vor Augen geführt. Sie kam zu mir, weinend, und hat gesagt: »Junge, was ist los mit dir? Das ist das erste Mal in 30 Jahren, dass du in die Türkei kommst und dein erster Weg dich *nicht* zu mir führt und ich zu dir kommen muss. Was ist passiert?« Da habe ich gewusst, dass was falsch lief und ich eine Veränderung brauchte. Ich hätte mir ja, was die MEG angeht, gerne eine positive Veränderung gewünscht. Aber lieber ein Ende mit Schrecken als ein Schrecken ohne Ende. Denn solange man sich nicht aufgibt und die Waffen streckt, gibt es für alles einen Neuanfang.

Bevor ich in der Chronologie weitermache, möchte ich gerne ein paar knackige Kurzgeschichten erzählen, Geschichten, aus denen ich meine Lehren gezogen habe. Geschichten, die jungen Leser, die sich selbstständig machen wollen, ein paar Ratschläge an die Hand geben und vielleicht dazu beitragen, dass sie meine Fehler nicht wiederholen, sondern eigene machen. Nichts ist so schön, wie ein Fehler, den man selbst verursacht. Das wiederholt sich ja von Generation zu Generation. Wie oft hat mein Vater zu mir gesagt: »Junge, du wirst mich irgendwann verstehen … Junge, du wirst mich irgendwann verstehen … Junge, du wirst mich irgendwann verstehen!« Einen Scheiß hab ich verstanden. Erst musste ich die Fehler selber machen, um herauszufinden: Papa hatte recht!

Spulen wir zurück in den Oktober 2002, bis dahin mein bester Monat als Verkäufer. Ich war 22 Jahre alt und habe angefangen, mit Datensätzen zu arbeiten. Ich verdiente mit Leads in einem Monat 43.000 Euro. Ich erinnere mich noch genau an das Gefühl, wie ich den Kontostand sah, ein halbes Jahr nach Beendigung meiner Lehre bei der *DKV*. 43.000 Euro. Das war ein echtes Wow-Gefühl. Und wenn man so jung ist und aus einfachen Verhältnissen kommt, fällt es schwer auf dem Teppich zu bleiben. Ich fuhr mit meinem 318er BMW Cabrio nach Hamburg, nächtigte von Freitag bis Sonntag im *Hyatt*, hab den Neuen Wall, Hamburgs erste Adresse für internationale Luxus- und Designermarken, kennengelernt und Hugo Boss vergewaltigt. ›La Coste die Welt?!‹, denkt man, und: ›Wer verdient in Kassel noch 43.000 im Monat?‹ Man denkt, man ist der Dollste, der Schönste, der Beste. Im Laufe der Jahre habe ich begriffen: Mehr Geld bedeutet mehr Verantwortung und nicht unbedingt mehr Spaß. Die, die hinter ›mehr Geld‹ nur den Zuwachs an Spaß sehen, sind diejenigen, die die längste Zeit Geld hatten. Aber man braucht Jahre, bis man das schnallt und macht bis dahin Fettnäpfchen-Hopping zu seinem Sport. Ein Beispiel: Im Dezember 2002 stehe ich mit Freunden, u.a. und mein Neffen

Cüneyt Kececi vor dem Eingang vom *New York*. Aber statt mich hinten anzustellen, drängelte ich mich vor. Der Türsteher sah das und sagte: »Was soll das?« – »Ich will rein!« –»Junge, du bist nichts Besonderes und deswegen musst du dich, wie alle anderen auch, hinten anstellen!« – »Pass mal auf jetzt, ich rufe den Karl an.« (XX war der Inhaber des *New York*, des Clubs, wo alle Teenager hinliefen und wenn man, wie ich Versicherungen verkaufte, auch noch als Twen abhing). Man rief ihn an und sagte: »Ich weiß es ist spät, halb zwei, aber ich will ins *New York* und der Türsteher meint, ich müsse mich bei null Grad hinten anstellen ...!« Ich benahm mich wie ein neureicher Prolet, der sich in seiner Ehre gekränkt fühlt. Er sagte: »Gib mir mal den Türsteher!« Die redeten kurz und dann sagte der Typ: »Kannst rein, aber der Laden gehört Dir noch nicht!« Und ich stellte mir vor, wie er dem Zerberus an der Tür sagt, das sei ein wichtiger Kunde, ein cooler Typ, lass den mal vorrangig rein ...!« Knapp drei Monate später sagten Freunde mir: »He, du veränderst Dich!« Da war was dran: Ich wurde zu einem Proleten, einem Asozialen, einem versnobten Geld-Heini. Und auf einmal habe ich mich für den Vorfall an der Tür vor dem *New York* zutiefst geschämt. Menschen, die etwas auf dem Kasten haben, machen nicht so plump auf dicke Hose, sondern stellen sich an und Menschen, die wirklich etwas Außergewöhnliches geleistet haben, werden abgeholt und dezent hineinbegleitet. Die müssen sich gar nicht vordrängeln. Ich meinte nur, weil ich ein bisschen mehr Geld hatte als andere, wäre ich etwas Besseres. In Wahrheit war ich eine leere Hose. Sonst nichts.

Diese Erkenntnis kam mir Monate zu spät, aber immerhin. Drei Jahre später gab es an der Kasse von der *Metro* noch einmal zu einer Szene, für die ich mich rückblickend schäme. Aus irgendeinem Grund und obwohl genug Geld auf dem Konto war, ging meine EC-Karte nicht. Ein anderes Zahlungsmittel hatte ich nicht zur Hand. Ich sagte zu der Kassiererin: »Dann nehme ich die Sachen mit und komm später zum Bezahlen!« – »Nein, das geht nicht!«, antwortete sie und wieder tappte ich in die Ego-Falle. »Wissen Sie eigentlich, wer ich bin?«, fragte ich sie. Ja, sage ich heute: Du warst ein kleiner Assi, der sich für etwas Besseres hält, nur weil er Geld hat. Wenn ich die Szene von der Seite beobachtet hätte, würde ich mir einmal selbst in die Fresse hauen. Mein Vater hat immer gesagt: Es gibt nur drei Dinge, für die man sich schämen muss. Fürs Klauen, fürs

Lügen und das Dritte möchte ich nicht erwähnen, da es die meisten nicht verstehen würden.

Kinder, Jugendliche, liebe Leser – klaut nicht! Es gibt keinen Grund und nichts auf der Welt ist es wert, dass man sich auf Kosten anderer bereichert oder einen Vorteil dadurch sucht. Wenn ihr etwas wollt, dann arbeitet dafür. Es ist nur eine Frage der Zeit, bis man mit Klauen auf die Schnauze fällt. Menschen, die sich ihren Reichtum erarbeitet haben, bewahren ihn, weil sie wissen, wie hart es war, reich zu werden. Menschen, die im Lotto gewinnen, haben die Millionen meist nicht lange. Sie haben keine Beziehung zum ihrem neuen Reichtum, weil sie ihn nur gewonnen haben.

Außer den beiden gerade beschriebenen Szenen gab es noch zwei Vorkommnisse, für die ich mich rückwirkend schäme. Ich hatte eine gute Freundin, mit der ich einmal die Autos tauschte. Sie wollte mal meinen 3er BMW fahren und ich bekam dafür ihren süßen aber klapprigen Fiat Cinquecento. Ich stehe mit diesem kleinen Wagen vor einem Laden auf der Friedrich-Ebert-Straße und da steigt mein Fahrlehrer aus dem Auto neben mir aus. »He, Mehmet, wie gehts denn so?« Ich schaue ihn an und dann das Auto und antworte: »Ja, gut – und Dir?«‹ Und nach einem kurzen belanglosen Wortwechsel sage ich: »Übrigens, das ist nicht mein Auto!« Und wie ich das sage, denke ich: ›Was bist du doch für ein armes Würstchen, dass du dich mit 22 Jahren über ein Auto definieren musst und dich für den Cinquecento schämst?‹ Ich wusste, dass ich das sofort ändern musste, wenn ich im Leben etwas erreichen wollte und ich habe es geändert. Ich bin nicht Ferrari gefahren, um mich zu profilieren, sondern weil es Spaß machte und ein Kindheitstraum von mir war. Natürlich suggeriert die Umwelt einem: Ferrari ... toll, groß, schön, schnell. Aber das war und ist zum Glück nicht Teil meiner Motivation, diese Autos zu fahren. Wenn man aus einem solchen Erlebnis nichts lernt, dann braucht man gar nicht weiter machen.

Die zweite Situation: Ich habe einmal einen Mitarbeiter geohrfeigt. Das hat mir nicht leid getan. Man hat oft von mir behauptet, ich würde meine Zigarren mit Geldscheinen anzünden. Das ist Unsinn. Hab ich nie gemacht. Aber der Typ hat einmal auf einer Feier einen 20-Euro-Schein zerrissen und bekam dafür von mir eine Backpfeife und die Ansage, den Schein wieder zusammen zu kleben und einem Obdachlosen zu schenken.

Ich habe eine Abneigung gegen Menschen, die bestimmte Berufe und damit diejenigen verunglimpfen, die sie ausüben. Das mag ich nicht. Einmal, wir waren mit der MEG in Dubai, hat sich einer über einen Toilettenmann lustig gemacht. Ich habe ihn daraufhin zur Rede gestellt und gesagt: »Du bist unverschämt. Ein Milliardär aus Dubai könnte auch über dich ablästern und sagen, wie will der kleine Versicherungsvertreter denn seine Familie ernähren und eine Frau glücklich machen? Also: Klappe halten.« Auch das habe ich von meinem Vater gelernt: Vollkommen egal, welchen Beruf man hat. Hauptsache, man arbeitet für sein Geld. Egal, ob man Kloputzer, Versicherungsvertreter oder Bundeskanzler ist – solange man sein Geld ehrlich verdient, kann man stolz sein. Und keiner hat das Recht, sich über irgendeinen Berufsstand zu erheben, nur weil die breite Öffentlichkeit ihn als niedrig erachtet.

Mit Menschen, die so denken, möchte ich nichts zu tun haben und habe ich auch nichts zu tun. Ich bin konservativ, aber tolerant erzogen worden. Ich habe einmal eine Mitarbeiterin aus Hamburg entlassen, die auf meiner Terrasse lauthals die Meinung vertreten hat, Homosexuelle seien krank und gehörten in die Gaskammer. Da hört meine Toleranz auf. Sie musste mein Haus verlassen und hat ihren Job verloren. Hautfarbe, Religion und Nationalität spielten für mich noch nie eine Rolle. Egal, ob jemand Kopftuch trägt oder schwarz, grün oder gelb ist – alle sind gleich. Mir sind auch polizeiliche Führungszeugnisse egal, denn ich beurteile Menschen nicht nach ihrer Vergangenheit, sondern möchte ihre Zukunft mitgestalten. Es ist für mich eine Herausforderung als Unternehmer und Mensch, Leute, die früher Fehler gemacht haben, wieder zurück auf den rechten Weg zu bringen. Ich kann nicht Toleranz predigen und Hass leben. Ich habe in meinem Leben viele Mistkerle kennengelernt, die Türken waren. Ebenso viele waren Italiener, Griechen oder Deutsche. Es kommt immer auf den Menschen an und dessen Charakter wird nicht von der Nationalität geprägt, sondern von Familie, Schule, Freunden, dem Umfeld, in dem er groß wird. Das waren die Werte, nach denen ich die Firma geführt habe.

Als Wanderer zwischen zwei Welten, der türkischen und deutschen, kann ich sagen: In Deutschland leben viel mehr Atheisten als in der Türkei, aber Deutsche, wenn sie denn religiös sind, leben ihren Glauben wesentlich konsequenter und intensiver als die meisten Türken. Und nicht nur an Sonntagen, sondern auch wochentags. Es gibt bestimmte Regeln, an die sich ein Christ halten sollte und das tut er in der Regel. Und das gibt es – noch einen Tick verschärft – auch im Islam. Aber in der Regel hält sich der Moslem nicht an diese strengen Regeln. Die Türkei ist auf dem Papier ein islamisch geprägter Staat, aber die Liebe und die Empathie, die diese Religion einfordert, wird zu selten gelebt. Diese Erfahrungen habe ich gemacht als Türke, der beide Welten kennt.

Politisch war ich immer ein Gerhard-Schröder-Fan. Es ging mir nie um die Partei, sondern immer um die Person. Gerhard Schröder hat mich während des Wahlkampfs schwer begeistert; Kohl hat mich am Ende seiner Regierungszeit enttäuscht. Ich war schon sehr früh politikinteressiert und habe auf *HR3* Debatten im Hessischen Landtag und im Bundestag geguckt. Ich fand auch Joschka Fischer sehr stark und den Sheriff von der SPD, Otto Schily. Auch ein Franz Müntefering hat mich beeindruckt. Ich bin ein großer Guido-Westerwelle-Fan. Und Franz-Josef Strauß, ein fantastischer Mann. Ebenso wie Willy Brandt. Jeder denkt jetzt, ich spinne, weil das parteipolitisch nicht zusammen passt. Aber Strauß und Brandt haben charakterlich sehr viele Gemeinsamkeiten gehabt. Beides Alphatiere, Machtmenschen – beide charismatisch, beide erfolgsorientiert, beide lebenshungrig. Das Ziel ist ein anderes, aber der Weg ist der gleiche. Brandt ein Politiker von Weltniveau, ein Lebemann. Aber als Familienvater eher untere Mittelklasse. Wenig Beziehung zu seinen Kindern, keine innere Bindung an die Frau. Großen Respekt habe ich auch vor Helmut Kohl. Für mich der größte Politiker der Nachkriegszeit ist Bill Clinton, ehemals Gouverneur von Arkansas und von 1993 bis 2001 der 42. Präsident der Vereinigten Staaten. Diese Gestalten haben mich auch mit geprägt. Für mich die beeindruckendste Figur aller Zeiten ist Mohandas Gandhi, genannt Mahatma, große Seele. Zukünftige Generationen werden es nicht für möglich halten, dass ein solcher Mensch unter uns auf der Erde gewandelt ist. *Gandhi*, der mehrfach Oscar prämierte Film über ihn mit Ben Kingsley, ist wirklich großes Kino und hat mich das erste Mal für Gandhi begeistert, dann habe ich alles über ihn gelesen, was ich in die Finger bekam.

Man könnte sich fragen: Wie um Himmels willen passen denn Göker und Gandhi zusammen? Klar, ich habe mich für einen anderen Weg entschieden, aber deswegen kann Gandhi doch für mich ein leuchtendes Vorbild sein. Und menschlich und moralisch ist dieser kleine Mann genau das. Ich habe versucht, meine kapitalistische Firma, soweit das geht, nach moralischen Grundsätzen zu führen. Ich bot den Mitarbeitern einen guten Arbeitsplatz mit hohem Lohn. Angeblich gibt es ja ›Nichts Gutes im Schlechten‹, aber warum soll man in einer kapitalorientierten Firma nicht moralisch vorgehen können? Ich finde: Gute Arbeit muss gut bezahlt werden. Und da meine ich nicht ›Arbeiten, um zu überleben!‹, sondern ›Arbeiten, um zu erleben.‹

Viele kamen mit meiner Art der Motivation nicht zurecht. Dabei ist es ganz einfach. Ich behandle die Leute nach der Höhe des Gehalts. Von einem, der 1.500 Euro verdient, erwarte ich weniger als von einem, der 15.000 oder 35.000 monatlich verdient. Das ist doch klar. Keiner hat Geld zu verschenken. Die Höhe des Gehaltes entspricht in etwa der Höhe meiner Erwartungen. Da kommt ein Holzkopp zu mir und will Geld machen. »Göker, ich bin der Größte, der Schönste, der Beste ...«. Ich sage: »Alles klar!« Der Typ verkauft, verkauft, verkauft und rückt auf. Und dann macht er locker. Und ich sage: »Du wirst nicht bezahlt, um locker zu machen. ›Lockermachen‹ kannst du woanders. Bei uns wird malocht fürs Geld.« Es ist doch ganz einfach: Wer Geld will, muss Leistung bringen. Wer mehr Geld will, muss mehr Leistung bringen. Wenn es dir nicht passt – da hat der Zimmermann ein Loch für dich gelassen, ab mit dir! Es gibt hier nur zwei Möglichkeiten: Hau rein oder hau ab! Wenn es in dieser Sache am nächsten Tag erneut Diskussionen gibt und vielleicht auch noch am übernächsten Tag, dann werde ich persönlich. Denn es gibt in dieser Angelegenheit keine zwei Meinungen. Meistens haben diese Ansprachen ihre Wirkung gezeigt. Wenn nicht, musste ich mich von diesen Mitarbeitern trennen. Man kann einen Laden, der 80 Millionen Euro im Jahr macht, nicht mit Glacéhandschuhen führen.

Dann haben sich einzelne Mitarbeiter immer wieder über den Wettbewerb bei der MEG beschwert. Die sollten nach Papua-Neuguinea gehen. Dort herrscht die Meinung vor, dass Arbeit an zwei aufeinanderfolgenden Tagen gesundheitsschädlich ist und deswegen arbeiten die nur jeden zweiten Tag. Wir können als Erstes auch des Deutschen liebstes Kind, die Fußball-Bundesliga, abschaffen, denn die spielen um Punkte und haben eine Tabelle und dort gibt es einen harten Wettbewerb um jeden Platz. Aber das ist ja nicht fein, deswegen lassen wir die 18 Mannschaften 34 Spieltage lang nur Freundschaftsspiele austragen. Oder nimm die WM, da wird gefightet und wir hatten diesmal das glücklichere Ende und sind Weltmeister geworden. WETTBEWERB? Nein, danke. Weltmeisterschaften werden also auch abgeschafft. Und nach vier Wochen spielen alle 32 miteinander und jeder kriegt einen Pokal. Den einzigen Druck den Loser zulassen, ist auf Ihrer Frisur, wenn Sie zu viel Gel drauf haben.

Aber so funktioniert die Welt nicht. Seit der Steinzeit gibt es ein Leistungsprinzip. Das gab es, das gibt es und das wird es immer geben. Im Sport, in der Wirtschaft, in der Kunst, in der Antike, in der Moderne ... den gesamten Fortschritt der Menschheit verdanken wir dem Wettbewerb. Wir haben den Farbfernseher, das Internet und die mobile Telefonie durch Wettbewerb. Und durch Wettbewerb sind wir bis auf den Mond gekommen. Hätten wir nur gekuschelt und *Love Diaries* gespielt, dann würden wir noch in Höhlen hausen. Wenn wir alle Tabellen abschaffen, wenn jeder kommt, wann er will und jeder geht, wann er will, und jeder macht, was er will, dann leben wir im Paradies – und jeder kriegt noch ein Leckerli. Aber die Leute wollen keine Leckerlis, sie wollen cash, Euro, Dollar, Pfund. Das wollen die Leute.

Wer ist bei der MEG dafür verantwortlich, dass Leistung gebracht wird? Ich! Was muss ich machen, damit Leistung stattfindet? Einen Wettbewerb kreieren. Je mehr Wettbewerb, desto mehr Profit. 2006 war ich auf Einladung einer Versicherung in Dubai und im Hotel stand ein Schild: Treffen der Reisegesellschaft um 13 Uhr. Da steht ein Touristen-Ehepaar neben mir und der Herr sagt: »Guck Dir das mal an, meine Liebe, auf unsere Kosten reisen die nach Dubai.« – »Da muss ich Ihnen widersprechen!«, mischte ich mich ein, denn ich kann mir das nicht mit anhören. »Ich bin einer der Reiseteilnehmer und lassen Sie sich gesagt sein: Die Versicherung macht das nicht auf Ihre Kosten ...!« – »Auf wessen Kosten denn dann?« – »Weil es das gibt, sind ihre Prämien günstig!« – »Wie soll das denn bitte gehen: Unsere Prämien sind günstig, weil Sie mit unseren Prämiengeldern nach Dubai reisen?« – »Ich erkläre Ihnen das. Sie und zehn andere schließen eine Versicherung ab. Die Prämie kostet 500 monatlich. Dann veranstaltet die Versicherung einen Wettbewerb: Die 20 besten Verkäufer reisen eine Woche nach Dubai. Kostenpunkt: 80.000 Euro. Dieses Geld nimmt man von den Prämien, aber die Beiträge werden dennoch günstiger für den Kunden. Warum? Weil 20.000 Verkäufer wetteifern, um in den Genuss der Reise zu kommen und so viele Versicherungen verkaufen, dass die Gesellschaft den Beitrag für den einzelnen Versicherten senken kann. Dadurch sind am Ende nicht mehr nur 500 sondern sehr wahrscheinlich 50.000 in diesem Tarif versichert. Und das nur durch diesen einen Wettbewerb. Und mit 50.000 Versicherten bekommt die Versicherung einen besseren Zins, wodurch Einnahmen in Millionenhöhe generiert werden können. Und diese Mehreinnahmen müssen laut Sozialgesetzbuch V bis zu 90 Prozent an den Kunden ausgeschüttet werden – und das geschieht in Form günstiger Prämien. Dafür, dass diese Verkäufer ihr Prämie gesenkt haben, hätte die Versicherung uns eigentlich auf den Mond verfrachten müssen und nicht für 80.000 nach Dubai.« Das Ehepaar guckt mich vollkommen konsterniert an und sagt: »Wieso hat uns das noch nie einer so erklärt??« Ich sage: »Ich weiß es nicht, aber ich muss jetzt was trinken, denn es sind hier 50 Grad!«

Das Prinzip Wettbewerb war bei MEG allgegenwärtig. Wenn jemand das Wochenziel erreichte, war's gut. Erreichte er das Doppelte, bekam er einen Bonus, erreichte er das Dreifache, gabs noch etwas obendrauf. Auf den ersten Blick verdiente ich dadurch vielleicht weniger, aber durch die Masse, die durch diese Top-Verkäufer zusammen kam, verdiente ich im Endeffekt mehr. Wer sich dem Wettbewerb nicht stellen will, der soll in den Kindergarten gehen und mit Dreijährigen spielen. Da gibt es keinen Wettbewerb. Ich jedenfalls habe noch nie von einem ›Kindergärtner des Jahres‹ gehört.

27. November 2009. Ich sitze in der Villa MEG an meinem Wohnzimmertisch und überlege, was ich tun kann. Das Ergebnis der Überlegung: Ich gehe in die Türkei, weil dort die Produktion von Leads wegen niedrigerer Lohnkosten und Sozialabgaben viel günstiger ist als in Deutschland. Am Abend desselben Tages steige ich mit fünf Freunden ins Auto und wir

fahren in anderthalb Tagen nach Kuşadası in meine Residenz. Es sollte ein völlig neuer Lebensabschnitt beginnen. Ursprünglich war das für drei Jahre geplant. Inzwischen bin ich schon gut fünf Jahre hier und glücklich, dass ich an jenem Abend in Kassel so entschieden habe.

Die erste Überraschung: Auch im November herrschen hier angenehme Temperaturen. Die zweite: In der Türkei läuft einiges anders als in Deutschland. Von Anfang an dabei waren Farid Aminzadeh, Vincent Ho, Gökhan Göker, Steffen Dudek und meine Wenigkeit. Steffen Dudek zählt zu den Menschen die man ein Leben lang als Freunde haben möchte – warmherzig, ehrlich, menschlich und vorbildlich. Er, Vincent, Farid und ich waren über Jahre ein unschlagbares Team. Wir hatten ein Spinnennetz der Freundschaft, durch das keiner durchdringen konnte. Ich habe niemanden gefragt, ob er mit in die Türkei will. Ich kann und will das für andere auch nicht entscheiden. Jeder ist da selbst für sich verantwortlich. Als ich sagte: »Ich gehe in die Türkei und mache Datensätze«, sagte Vincent: »Ich komme mit!« »Bist du dir sicher?« Und seine Antwort war eindeutig: »Frag mich nicht, sonst haue ich dir zum ersten Mal eine aufs Maul!« Wir also ab in die Türkei. Und das war, obwohl ich Türke bin, schon ein kleiner Kulturschock. Freunde sagen von mir, dass ich der Prototyp eines Deutschen bin. Deutscher als Deutsche. Ich gehe nachts auf die Autobahn, um die Abstände der weißen Mittelstreifen zu messen.

Die ersten drei Wochen haben wir Urlaub gemacht. Tagsüber saß ich in der Sonne, im November hats am Tag bis zu 25 Grad, abends schaute ich *Resident Evil 1-3*, meine Lieblings-Horror-Zombie-Filme. In diesem Zusammenhang führe ich mal meine absolute Top Three auf: Auf Platz drei der besten Filme aller Zeiten rangiert bei mir *Gladiator* von Ridley Scott, auf Platz zwei *Braveheart*, der mich zu Tränen gerührt hat, während meine damalige Freundin eingeschlafen ist. Da wusste ich: ›Aus uns wird nichts, meine Liebe!‹ Und der beste Film aller Zeiten, den ich wieder und wieder schauen musste und ich kenne bis heute keinen Menschen, der diesen Film liebt, ist *Ben Hur* mit Charlton Heston in der Hauptrolle. Viereinhalb Stunden.

Die besten Filme für den Vertrieb sind: *Rocky 1-5* und *Rocky 6 Das Comeback*. Wenns mir nicht gut ging, Rocky geschaut, hinterher die Joggingschuhe angezogen und losgelaufen. Ich kann weiterhin empfehlen als Lehrfilme für Vertriebler: *Thank You For Smoking, The Secret* nach einem Buch von Rhonda Byrne, *Risiko, Gegen jede Regel, Miracle – das Wunder von Lake Placid.* Dieser Film, der den scheinbar aussichtslosen Kampf eines aus College-Studenten zusammen gestellten Olympiakaders gegen die übermächtige UdSSR-Mannschaft beschreibt, thematisiert u.a. den Kampf ›Talent gegen Disziplin‹. Der US-Coach sagt: »Ihr habt nicht genug Talent, um damit zu gewinnen, also müssen wir härter arbeiten als jede andere Mannschaft auf der Welt.« Also liefen sie nachts um vier Uhr Schlittschuh in einer vom Eismeister abgeschalteten, dunklen Halle ... Der Trainer sagt sinngemäß: »Es geht nicht um ein Spiel, es geht um dein Leben ... dieses eine Spiel entscheidet nicht darüber, wer du bist, aber darüber, was du sein wirst. Wir gehen nicht raus, um zu gewinnen, wir gehen raus, um zu sterben!« Diese Spieler agierten wie die Soldaten Atatürks, von denen man sagte: Der Unterschied zwischen türkischen Soldaten und allen anderen ist – sie gehen nicht zum Töten aufs Schlachtfeld, sondern um zu sterben. Sie konnten also gar nicht verlieren.

Meine Empfehlung, was Bücher angeht: Kauft keine Bücher von Coaches und Motivationstrainern, kauft Bücher von Menschen, die große Firmen geleitet haben. Zum Beispiel Jack Welchs *Was zählt. Die Autobiografie des besten Managers der Welt,* der den Mischkonzern General Electric mit 300.000 Mitarbeitern und seiner Devise ›fix it, sell it or close it‹ zum Erfolg geführt hat. Lest das Buch über Macher und Methoden von Toyota, *Der Toyota Weg* von Jeffrey K. Liker. Bücher von Menschen, die andere zum Erfolg geführt haben, sind gute Ratgeber-Literatur.

Der größte Vertriebler für mich ist Reinhold Würth (*Schrauben Würth*), der eine regionale, vom Vater geerbte Schraubengroßhandlung zu einem Milliarden-Konzern mit 400 Gesellschaften in 86 Ländern und zurzeit 66.000 Mitarbeiter ausbaute. Schraubenkönig Würth hat einmal einen offenen Brief an seine Mitarbeiter geschrieben, einen Brandbrief, der den Medien zugespielt und – soweit ich weiß – im Wortlaut abgedruckt wurde. Es hieß dort unter anderem »Ausdrücklich: Ich denke nicht daran, den Außendienst abzuschaffen, appelliere aber an Sie alle, die Geduld der Zentrale nicht überzustrapazieren ... und dass wir uns von Außendienstlern, die vielleicht nicht mehr als ihre eigenen Kosten verdienen, trennen müssten«. Er forderte, dass die Außendienstler früher aufstehen, keine Zeit verplempern und jede Chance der Weiterbildung nutzen sollten. Sie denken, Sie arbeiten genug? Nein, das tun Sie nicht. Sonst wären Ihre Zahlen besser. Strengen Sie sich an – es war die volle Breitseite des Patriarchen, der die 20-Milliarden-Umsatzzgrenze anpeilte. Gefragt, ob er diesen siebenseitigen Brief noch einmal schreiben würde, sagte er sinngemäß: »Ja, das würde ich, weil es die Wahrheit ist und diese Menschen mich meine Firma kosten können. Und nein, denn wenn ich im Voraus wüsste, der Brief wird veröffentlicht, würde ich es vielleicht etwas anders formulieren. Die Öffentlichkeit kann nicht nachvollziehen, was im Vertrieb passiert, aber die Vertriebler selbst wissen ganz genau, was los ist.«

Nach drei Wochen ›in der Sonne sitzen und abends Filme gucken‹, wollte ich anfangen. Aber am 1. Juli 2010 musste ich erst einmal zum Bund. Göker beim türkischen Militär, das war nicht wie *Eis am Stiel, IV*, wo Benny (Yftach Katzur), der übergewichtige Johnny (Zachi Noy) und Bobby ihren Dienst an der Waffe ableisten. Nach 21 Tagen und um 5.112 Euro ärmer war ich Soldat der türkischen Armee mit Eid aufs Vaterland. Ich werde, das habe ich geschworen, jeden Eindringling aus unserem Land treiben. Das Bataillon bestand aus 6.000 Mann. Was hatte ich mir vorgenommen für diese drei Wochen: Ich wollte heil da raus kommen, nicht beleidigt oder geschlagen werden. All das ist in der Türkei durchaus üblich. Die Regeln: Es dürfen keine Elektrogeräte mitgebracht werden, kein Handy, kein Rasierer, nichts. Und jeden Morgen mussten wir um fünf raus. Da kommt kein nettes Mütterchen und flötet »Aufstehen«. Der Ton ist barsch: »Raus aus den Betten, jetzt!« Und man liegt mit 30 Mann in einem Schlafsaal – der eine schnarcht, der andere stinkt, egal … Wir waren stationiert in Burdur bei Antalya. 42 Grad, 100 Prozent Luftfeuchtigkeit, im Juli! Springerstiefel, Militäranzug, auf dem Rücken das Gewehr und dann marschieren. Drei Wochen, jeden Tag. Fünf Uhr aufstehen, sechs Uhr Appell. Die Märsche waren gar nicht das Schlimmste. Das Schlimmste war für mich der Appell, weil der sich endlos hinzog. Ich gehörte zum zweiten Regiment, dritte Abteilung, Nummer 14 – deswegen meine Nummer 2314. Wie kam es zu der 14? In einer Abteilung waren 50 Mann, die Größten vorne, die Kleinen hinten. Militärlogik. Der Feind sollte die Kurzen nicht sehen und die Großen bekämpfen wollen. Nun gut, ich war mit 1,82 Zentimetern der 14-Größte meiner Abteilung. Als ich vom Militär zurückkam, wollte ich ›Wecken um fünf Uhr‹ verbindlich einführen. Hat nur einen Tag Bestand gehabt.

Eine Anekdote aus meiner Militärzeit. Jeder musste zwei Nachtschichten schieben. Da ich mich gut verkaufen konnte, beliebt war und ein gutes Verhältnis zu meinem Leutnant hatte, musste ich nur einmal ran. Es gab die angenehmen Nachtwachen von elf bis eins und dann die unangenehmen von eins bis drei und von drei bis fünf. Ich fragte, warum wir Rookies Nachtwachen halten mussten. Die Antwort: Wir waren in einer Militärzone und es könnte doch sein, dass uns nachts welche überfallen, um uns die Kehlen durchzuschneiden. Ich: »Wer in Allahs Namen soll hierher nach Burdur kommen, um uns zu massakrieren? Okay, mit wem habe ich Nachtschicht?« Mit dem Holländer aus Amsterdam, immer bekifft. Von elf bis zwölf habe ich telefoniert, und der Bekiffte hat Wache gehalten. Von Mitternacht bis viertel vor eins habe ich auf dem Gang die *Sport Bild* gelesen. Um viertel vor weckte ich den nächsten. »Wieso«, fragte er, »ist doch erst viertel vor?« Ich: »Anordnung von oben, du kannst die nächste Schicht auch um viertel vor drei wecken.« In den 21 Tagen, so viel kann ich sagen, wurde keinem die Kehle durchgeschnitten. Die Nachtschicht von eins bis drei war unangenehm, weil man gerade im Tiefschlaf war und dann raus musste. Die von drei bis fünf ging wieder, danach ging man eh nicht mehr ins Bett.

Einmal musste ich zur Strafe die Latrinen sauber machen. Alles klar! Ich geh aufs Klo und denke: Ist das geil. Schatten, kühl, da hab ich mich erst einmal mit dem Schlauch komplett nass abgespritzt. Und dann spritzt man mit dem Schlauch die Pissoirs ab, so als würde man Bier auf den Grill spritzen. Dazu muss man wissen: Überall beim Militär wird man darauf hingewiesen, dass man Volksvermögen ausgibt. Das türkische Militär ist sich seiner Verantwortung gegenüber dem Volk sehr bewusst. An jedem Waschbecken, in jeder Küche, an jeder Essensstation steht: Das sind die Mittel des Volkes, bitte nicht verschwenden. Wasserhahn aufdrehen, das Volk bezahlt es. Deswegen hatte die Truppe Plumpsklos, wie es sie früher auch in Frankreich gab. Man spart, wo es geht. Als Farid zum ersten Mal zu Besuch kam, wurde ich gewahr, dass es ja Gästetoiletten gibt – und noch besser, wir hatten Zutritt zu diesem Bereich. Wenn ich ein Geschäft verrichten musste, bin ab da in den Gästebereich gegangen.

Duschen durften wir einmal am Tag für fünf Minuten und das Wasser kam nicht von oben, wie bei uns, sondern wurde wie im Hamam mit der Kelle geschöpft.

Es war eine gute Lektion in Sachen Disziplin. Die Appelle – morgens um sechs, mittags um zwölf, um vier und abends um acht – waren für mich eine Tortur. Bei 40 Grad in der prallen Sonne zu stehen und sich nicht rühren zu dürfen, das hat mir einiges abverlangt. Farid und Vincent schmuggelten mir Cola, Adana Kebab und Köfte in die Garnison. 6.000 Kalorien mussten gegessen werden – 2.000 zum Frühstück, 2.000 zum Mittag- und 2.000 zum Abendessen. Eier, Oliven, Butter, Brot und nochmals Brot morgens. Mittags gabs Fleisch und abends ebenfalls. Das ist das Dreifache eines normalen Tagesbedarfes, aber die Ausbilder meinten, wir brauchen das wegen der Anstrengungen, die der Tagesablauf mit sich brachte. 6.000 Kalorien – das ist das Äquivalent von 14 Big Mac und trotzdem habe ich drei Kilo abgenommen. Man muss sich diese Truppe international vorstellen. Da steht ein Stiernacken-Türke mit rasiertem Schädel und Goldkette, Typ Türsteher, neben einem in Amerika lehrenden türkischstämmigen Professor und die wollen sich gegenseitig etwas erzählen. Das endet nicht selten in Schlägereien. Unsere Truppe bestand aus einer deutschen Fraktion, die mit 40 Prozent die stärkste war, aus einer englischen, französischen, niederländischen und arabischen Fraktion. Das war ein bunt zusammengewürfelter Haufen, fast wie in einem Touristencamp. Ich habe, u.a. einen Türken kennengelernt, der in Katar lebt und mir erzählte, dass dort Haschischkonsum mit dem Tod bestraft wird, einen arbeitslosen Türken aus Stuttgart und einen mit 200.000 Euro im Jahr, Ärzte, Mediziner und Juristen aus aller Welt und Ali, der Außendienstler ist. (Hallo, Ali!) Zu ihm habe ich auch heute noch Kontakt. Einmal hatte ich Streit. Von meiner Einheit hatten sich acht Jungs zusammengetan, die in einem fort über Deutschland lästerten. Dies ist scheiße, jenes ist scheiße ... Ich sagte: »Hört mal zu, Jungs, wenn in Deutschland alles so scheiße ist, warum geht ihr dann nicht ganz in die Türkei?? Dann müsstest ihr hier nicht drei Wochen sondern 15 Monate abreißen. Und wenn es euch ernst ist mit dem ›Deutschland ist scheiße‹, warum verpisst ihr euch dann nicht oder meint ihr etwa, die halten euch ab. Bitte, Ali, Mustafa oder wie ihr immer heißen mögt, bleibt bitte in Deutschland, wir brauchen euch!« Ich glaube nicht, dass man in moslemischen Ländern so tolerant wäre, wie es die Christen in Westeuropa gegenüber Muslimen sind. Anders ausgedrückt: Wenn sich Christen in moslemischen Ländern so verhalten würden, wie das viele moslemische Mitbürger in Deutschland tun, dann wäre die Null-Toleranz-Grenze sehr schnell erreicht. Man stelle sich vor, man würde im Iran oder im Irak, in Syrien oder Saudi-Arabien samstags Bibeln auf dem Marktplatz verteilen, so wie das umgekehrt moslemische Glaubensbrüder in Frankfurt am Main oder Köln oder Berlin tun – die Bibelverteiler würden da nicht lange überleben. Die Gesetzgebung in Deutschland, das muss man bei aller Kritik sagen, ist weitaus toleranter als die im Nahen oder Mittleren Osten. Die, die am lautesten schimpfen, sind meist die sozial Schwachen, die, die es nicht geschafft haben. Aber, lieber Freund, dann komm doch mal in deine Heimat, wenn du keinen Job hast. Das hiesige Arbeitslosengeld liegt noch weit unter dem von Hartz IV. Hier würdest du auf der Straße verrecken! Es ist seltsam, aber das Ansehen der Bundesrepublik ist im Ausland weitaus größer als im Land selbst. Angela Merkel ist ein fantastische Kanzlerin; die Regierung macht einen guten Job – aber jeder fühlt sich berufen zu meckern. Wenn man sieht, wie in Deutschland mit Gewinnern umgegangen wird, dann fragt man sich wirklich, ob Meckern nicht eine deutsche Untugend ist. In Baden-Württemberg, wo die Arbeitslosigkeit gegen Null geht, wählt man einen grünen Ministerpräsidenten, weil im fernen Japan ein Atomkraftwerk hochgeht. Aus schierer Emotion wird eine schwarze Erfolgsregierung abgewählt, während schwache Rot-Grün-Regierungen wie die in Bremen alle Jahre bestätigt werden. Letzter Platz Pisa-Studie, erster Platz Arbeitslosigkeit – aber es wird wieder rot-grün gewählt. Da fragt man sich, ob die nicht eine Klatsche haben.

Zurück zum Militär: Anfangs war ich sehr skeptisch. Während ich dort war, war ich noch skeptischer und kurz danach war ich am skeptischsten. Aber im Rückblick: Es war das Beste, was mir passieren konnte. Alles in allem eine sehr lehrreiche Zeit.

Neuanfang in Kuşadası! Wir haben die Werbetrommel gerührt und das Datensatz-Geschäft angekurbelt. Am 10. Januar 2010 gründete ich hier in der Türkei eine Firma zur Datensatz-Produktion. Nur der Privatier Farid musste vorher noch eine Cannes-Nizza-Abschiedstour mit seinen Freunden machen, bevor er endgültig in die Türkei kam. Farid, das muss man ihm lassen, versteht es, sein Leben zu genießen. Vincent Ho gab ihm den Titel ›Privatier‹ und man munkelt, dass der stets liquide Perser durch einen Erbonkel aus Chicago gut gestellt ist. Fakt ist: Er ist liquide, ohne zu arbeiten.

Ich kam mit nicht mehr als 36.000 Euro in die Türkei. Am 3. Januar 2010 sollte es losgehen. Aber ich musste hier eines lernen – Geduld. Wenn die Telefonfirma dir neue Leitungen für morgen zusagt, bedeutet das oft eine Woche später. Wenn die Fliesenleger sagen, »Ist morgen erledigt!«, heißt das, sie fangen übermorgen an.

Farid und ich haben eines gemeinsam: Haben wir viel Geld, geben wir viel Geld aus. Haben wir wenig Geld, können wir von einem Euro am Tag leben. Es gibt eine Begebenheit, die verdeutlicht, wie krass sich die Zeiten geändert haben. Einen Tag, bevor ich Insolvenz anmeldete, kam mein Neffe Gökhan Göker zu mir. Ich fragte ihn, wie viel Geld auf dem Konto in der Türkei sei? – »Onkel, da sind 36.000 Euro!« Monate später fällt mir das wieder ein und ich frage ihn, warum er damals zu mir gekommen ist. »Ach, ich war bei Mercedes und hab mir die neue E-Klasse angesehen und wollte dich eigentlich fragen, ob du mir das Auto kaufst. Aber als ich das mit der Insolvenz mitbekommen habe, dachte ich mir: ›Falscher Zeitpunkt!‹ und bin wieder gegangen.« – »Gökhan, die 36.000 sind das Startkapital für die neue Firma.« – »Aber, Onkel, das ist doch bloß Taschengeld für ein Wochenende!« – »Nein, das *war* mal das Taschengeld für ein Wochenende!« Man glaubt nicht, wie viel Geld man rauslassen kann, wenn man es hat. Für Restaurantbesuche, Reisen, Garderobe, Autos, Uhren und was auch immer.

Am 10. Januar meldete ich die neue Firma in der Türkei an, am 15. Januar war schon kein Geld mehr da. Nichts, kein Cent mehr auf dem Konto. Sehr mulmiges Gefühl. In Deutschland habe ich eine viertel Milliarde umgesetzt, um genau zu sein: 252 Millionen. Und ich habe es geschafft, innerhalb von nur sieben Jahren dieses ganze Geld auszugeben. Immerhin hatte ich noch einen SL 500 und einen Ford Mondeo in der Garage. Zwölf Ferienvillen in der Türkei, kleinere Immobilien und meine Villa in Deutschland (die ich aber im Zuge der Insolvenz verloren habe). Der Rolls-Royce Phantom Cabrio kam unter den Hammer und brachte

230.000 Euro, 300.000 weniger als der Anschaffungspreis, 200.000 weniger als der Kurswert. Aber dadurch hatte ich wenigstens keine Schulden beim Fiskus.

Wir saßen im Büro und hatten Hunger. Ich schickte einen der Jungs los. Wer will was? Okay, achtmal Pide, türkische Hackfleisch-Fladen. Er kam zurück mit zehn. Ich bin wirklich böse geworden. Eine Pide kostet fünf Lire, acht also 40 Lire. Er hat also zehn Lire ausgegeben, die nicht nötig gewesen wären. Ich sagte: »Es gibt Tage, da sind mir 10.000 Euro scheißegal, aber jetzt gerade sind zehn Lire für mich viel Geld.« Und da haben die Leute gemerkt: Es hat klick gemacht bei Mehmet Göker. Ich habe gerne gelebt, gerne und immer geteilt, aus dem Vollen ... Ich kann mich an keine Reise erinnern, die ich alleine gemacht habe. Immer ›family and friends.‹ Wenn es eine kleine Truppe war, bestand sie aus zehn, wenn es eine große Gruppe war, aus bis zu 30 Mann. Und ich rede hier nicht von Ausflügen von Kassel nach Waldeck, sondern von Kassel nach New York, Dubai, Jamaika, Las Vegas ...

Ich rufe also an diesem Freitag, dem 15. Januar 2010, bei der Bank an. Und zu meiner totalen Erleichterung waren exakt 20.000 Euro aus dem ersten Leads-Verkauf eingegangen. Wir jubelten und schrien, führten Veitstänze auf. Vincent und ich lagen uns in den Armen. Wir hatten mit den sechs Leuten Leads für 20.000 Euro generiert. Vincent entkorkte eine Flasche Weißwein, wir setzten uns auf die Terrasse und ich kann mich nicht erinnern, dass mir jemals ein Glas Weißwein so gut geschmeckt hat. Das war Rettung in letzter Sekunde. Bis Mai 2010 machte ich wieder 400.000 Euro. Und wenn ich sagen würde, es lief schlecht, würde ich lügen. Wir haben wieder Millionen umgesetzt. Habe mir einen Wohnung in München genommen, keine Nacht dort geschlafen und mit einem Verlust von 60.000 Euro für Miete, Kaution, Umzug und Maklerprovision wieder gekündigt. Meine Möbel wurden eingelagert. Ich bin oft nach Deutschland gefahren, u.a. 2010 und 2011 zum Oktoberfest. Wir haben wieder Incentive-Reisen unternommen – nach Dubai, New York, Las Vegas, Chicago, Zypern, Bodrum ... Ende 2010 Anfang 2011 musste ich zu einigen Gerichtsverhandlungen nach Deutschland, wo Verfahren entweder eingestellt wurden oder ein Freispruch erging. Bei allen Prozessen wurde ich nur einmal zu 2.500 Euro Geldstrafe verurteilt, weil ich angedroht habe, jemanden die »Eier abzuschneiden«. Ich soll Mitarbeiter bedroht haben – stimmt nicht! Ich soll 70.000 Euro durch Storno-Rückzahlungen als Schwarzgeld gemacht haben, behauptete ein ehemaliger Mitarbeiter. Seine Ex-Ehefrau sagte dann vor Gericht für mich aus und erklärte, ihr Mann habe in der Küche gesessen und meine Unterschrift gefälscht. Er musste nämlich 35.000 Euro ans Finanzamt nachzahlen, hatte die Kohle natürlich nicht und hat sich dann in seiner Not diese Räuberpistole ausgedacht. Und so etwas macht dieser Mistkerl, obwohl er durch mich enorm viel Geld verdient hat. Der Staatsanwalt, Herr Eckhard Töppel, mein größter Fan, ist voll auf diese Anschuldigung angesprungen, witterte Morgenluft und dachte, er kriegt mich wegen Betrugs dran – aber Essig. Ich habe nie einen Cent von besagtem Mitarbeiter bekommen. Er hat das nur gemacht, um seinen Hals aus der Schlinge zu ziehen und ist wahrscheinlich nicht einmal dafür belangt worden. Also kam es zum Prozess. Ich fahre dorthin und sage: »Er lügt.« Der Typ: »Ich kann in Anwesenheit von Mehmet Göker nicht aussagen. Ich habe Angst um mein Leben und dass ich hier bedroht werde.« Ich schüttele mich vor Lachen und höre dann, wie der Richter sagt: »Herr Göker, aufgrund einer ersten psychologischen Analyse verlassen Sie bitte den Gerichtssaal, damit der Zeuge Treichel aussagen kann.« Als ich an ihm vorbeiging, habe ich gesagt: »Du bist kein Mensch, du bist ein Tier ... du solltest dich in Grund und Boden schämen!« Er würdigte mich keines Blickes. Das Gericht hat ihm nicht geglaubt. Ich konnte nachweisen, dass ich zu den Terminen, wo angeblich die Geldübergabe stattgefunden haben soll, in der Türkei weilte. Alles erstunken und erlogen. Ich könnte wetten, dass der Typ für diesen Betrugsversuchs bis heute nicht belangt wurde, aber mit mir konnten sie es ja machen. Das Verfahren wegen angeblichen Betruges wurde eingestellt.

Ich habe in der Türkei einige sehr besondere Menschen kennenlernen dürfen. Einer davon ist Cenker Kaptan, einer der besten Vertriebler, die mir begegnet sind. Sehr ehrgeizig, sehr talentiert, sehr diszipliniert. Er sprintete die Rundtreppe zu meinem Büro hinauf und sagte: »Hallo, Herr Göker, mein Name ist Cenker Kaptan. Ich hab von Ihnen gehört und würde gerne mit Ihnen arbeiten!« Ich gucke ihn an und sage: »Solltest du einmal weniger als 10.000 Euro im Monat verdienen, dann spuck mir ins Gesicht!« Ein paar Monate später erzählt er mir, dass er dachte, ich sei verrückt: Wie soll man in der Türkei 10.000 Euro m o n a t l i c h verdienen?

Am Abend hat er sich über MEG informiert und gedacht: Na ja, wenn der das sagt, kann da was dran sein. Sein Fazit nach fünf Jahren: Er hat nie weniger als 10.000 Euro verdient.

Ein weiterer Mensch, der hier in der Türkei zu voller Entfaltung kam, ist meine Schwester. In Deutschland war sie Sachbearbeiterin. Man nannte sie aber auch ›Inspector Columbo‹, weil sie in der Betrugs- bzw. Verifikationsabteilung arbeitete. Sie musste die Echtheit der Unterschriften überprüfen, stimmen die Daten, die Kontoangaben usw. Und sie entdeckte alles. Ihrem Adlerauge entging nichts. Deswegen der Spitzname. In Kassel war das ihr Job und den hat sie hervorragend gemacht. Als wir hierher kamen, sagte sie, »ich will nicht mehr im Backoffice arbeiten, sondern im Vertrieb. Bilde mich aus!« Fünf Jahre später ist sie nicht nur qualitativ die Beste, sondern eine der besten Vertriebler, mit denen ich das Vergnügen hatte und habe zusammen zu arbeiten. Ein Hoch auf meine Schwester.

Der Dritte im Bunde ist Muzaffer Kara, der mit mir in die Türkei kam und eine Mega-Performance abgeliefert hat. Tekin Yilmaz gehört ebenfalls zu dieser Kern-Truppe der MEG Türkei. Er hat sich nicht nur als Vertriebler hervorgetan, sondern wurde auch Ausbilder bei MEG. Ein Jahr später kam noch Nazi dazu. Warum heißt ein Türke Nazi? Er heißt eigentlich Nafis und die Verdrehung trifft die Sache schon ganz gut. Er ist Hamburger Urgestein und wäre er Deutscher, würde diese Verballhornung schon ganz gut passen. Ebenfalls erwähnen muss ich Angelika Hoffmann, auch sie ist seit fünf Jahren dabei, eine Bereicherung für mein Leben und unsere Firma.

Zurück ins Jahr 2010. Nach vier Monaten stieß mein Neffe Gökhan wieder zu uns. So konnten wir die Zusammenarbeit fortsetzen. Und noch mehr Familie: Berna Göker, meine Nichte, zu der ich immer ein ausgezeichnetes Verhältnis hatte, verstärkte unsere Truppe. In Deutschland haben wir gegen Ende den Kontakt verloren. Er brach nicht ab, aber Berna hatte damals andere Interessen. 10. Juli 2010, ich hatte gerade Urlaub von der Truppe, und schaute das Spiel um den dritten Platz bei der WM 2010 in Südafrika, Uruguay gegen Deutschland, das wir 3:2 gewonnen haben. Da erschien meine Schwester. An ihrer Seite meine Nichte Berna. Ich hatte sie neun Monate nicht gesehen und nicht gesprochen. Sie nahm mich beiseite und sagte: »Onkel, ich möchte mich entschuldigen und wieder bei dir sein, so wie die letzten Jahre. Ich habe ein paar Fehler gemacht ....« Nun wurde sie das, was sie für mich immer war: kleine Schwester, kleine Tochter, meine Nichte. Sie hat ihr Leben wieder positiv ausgerichtet. Seit diesem Tag sind wir wieder unzertrennlich. Wir leben nebeneinander, essen zusammen, arbeiten zusammen und haben viele Gemeinsamkeiten. Ihre einzige Schwäche ist: Sie geht immer um 21:30 Uhr ins Bett, direkt nach dem Sandmännchen.

Das war meine Start-Crew zu der sich letztendlich noch Ercan dazugesellte, und wir verkauften private Krankenversicherungen. Aus der Türkei. 2011 wurden wir größer. Wir waren inzwischen circa 25 Mann und produzierten in diesem Jahr um die 200.000 MB. Und siehe da, offizielle Maklerpools und Unternehmen rissen sich knapp zwei Jahre nach der Insolvenz in Deutschland um eine Zusammenarbeit mit uns.

2012 ging beruflich gut weiter. Wir steigerten die Produktion auf circa 350.000 MB und machten einen Umsatz von drei Millionen Euro. Am 31. Oktober 2012 feierten wir eine Poker-Party in der Villa von Farid. Vincent ging früh zu Bett. Um fünf in der Früh, wir waren immer noch am zocken, kam Vincent runter und verabschiedete sich. Er hatte einen Termin in Starnberg beim Finanzamt. Er musste 20.000 Euro Steuern nachbezahlen und flog zur Klärung des Sachverhaltes nach Deutschland. Vincent hatte dort seinen Wohnsitz, auch zu der Zeit in Kassel war er dort gemeldet. Am nächsten Tag – es ist der 1. November 2012, Feiertag in Deutschland, und ich liege nach der Pokerpartie noch im Bett – klingelt das Telefon. Vincent ist dran.

»Hallo, Mehmet, ich bin eben in Frankfurt gelandet, und sie haben mich gerade festgenommen!«

Ich: »Was ist denn los?«

Vincent: »›Ich weiß es nicht, aber die Beamten haben mich vorläufig festgenommen! Ich werde jetzt abgeführt! Es heißt: Festnahme wegen illegaler Datensatz-Geschäfte und Fluchtgefahr.«

Ich raffe nichts, zittere am ganzen Leib. Man muss dazu wissen, dass ich wohl kaum jemandem so nahe stehe wie Vincent. Das Verhältnis war brüderlicher als Brüderlichkeit. Ich raus aus dem Bett, runter gegangen und auf der Terrasse zusammen gebrochen. Ich habe geheult wie ein kleiner Schuljunge. Ich war total fertig. Die anderen sagten: »Ich hätte auch gerne einen Freund wie dich. Noch nie habe ich einen Mann so um einen anderen Mann heulen sehen!« Ich war kaum ansprechbar, versuchte immer wieder Vincent zu erreichen, aber sie hatten ihm das Handy abgenommen. Ich rief alle Anwälte zusammen, wendete mich an die Presse, beleidigte den Staatsanwalt ... Die Presseleute haben meine Worte nicht gedruckt, weil sie sagten, man dürfe einen Staatsanwalt so nicht titulieren. Wir zeigten den Staatsanwalt und den Richter, der den Haftbefehl erlassen hat, wegen Freiheitsberaubung an; diese Anzeigen laufen noch immer. Ich bin zu meiner Mutter und meiner Schwester und habe ihnen gesagt, dass ich mich freiwillig stelle, wenn sie Vincent frei lassen. Sie haben geweint. Aber es war so: Er war im Bau wegen mir, sie wollten mich. Ich rief Professor Nagel an und bat ihn, ein entsprechendes Schreiben aufzusetzen. Inhalt: Ich komme nach Deutschland, stelle mich alle Fragen, gehe auch in U-Haft usw., wenn sie Vincent frei lassen. »Mehmet, ob du es glaubst oder nicht, nichts anderes habe ich von dir erwartet und deswegen habe ich das Schreiben schon so vorbereitet. Ich wusste, dass du damit auf mich zukommst ...!« Das Schreiben ging am nächsten Tag heraus und einige Tage später erhielten wir folgende Antwort. Sinngemäß: Wir lassen Herrn Ho sicher *nicht* frei, aber den Herrn Göker nehmen wir gerne mit dazu! Das ging nicht, weil einer von uns beiden musste draußen sein, um die Firma zu führen. Die Versicherer hatten ein Vertrauensverhältnis zu uns. Das wäre erledigt gewesen, wenn ich verhaftet worden wäre. Aber das hätte ich in Kauf genommen – in der Hoffnung, dass Vincent das Geschäft weiterführen kann. Aber beide in U-Haft, war ein No-Go. Davon hätte dann keiner was gehabt, auch Vincent nicht. Ich gehe gerne in U-Haft, wenn er rauskommt und verzichte auf meine Freiheit, aber so war's ein klassisches Dilemma. Da war es besser, dass ich draußen blieb und Geld verdiente. Ein Wort zum Rechtssystem in Deutschland. Recht bleibt in den meisten Fällen Recht. Aber: Recht haben und Recht bekommen, kostet sehr viel Geld. Die Annahme, dass derjenige, der recht hat, auch Recht bekommt, ist schlichtweg naiv. Man braucht teure und gute Anwälte, die genau den Paragrafen finden, der einem zum

Recht verhilft. In Deutschland hat leider der recht, der Geld hat. Siehe Bernie Ecclestone. Der Vorwurf, wir hätten alte MEG-Datensätze genommen und noch einmal nach Deutschland verkauft, entbehrt jeder Grundlage. DAS HABEN WIR NICHT GETAN! Aber das wird bis heute behauptet. Anfang 2013 wurde gegen Vincent und mich Anklage erhoben. Aber bis heute, wir schreiben den 5. Februar 2015, wurde die Anklage vom Gericht noch immer nicht zugelassen. Es heißt, das Gericht habe Wichtigeres zu tun, als sich um Datensätze zu kümmern. Der normale Weg ist: Der Staatsanwalt erhebt Anklage, das Gericht lässt diese Anklage zu oder lehnt sie ab. Dann muss sie geändert oder neu formuliert werden. Nichts ist bis jetzt geschehen.

Nach sechs Monaten U-Haft – die Anwälte hatten Ho nicht so schnell und einfach frei bekommen – beantragte der Staatsanwalt Haftverlängerung für Ho. Die wurde vom Gericht wegen Unverhältnismäßigkeit abgelehnt.

Im Fall von Uli Hoeneß wurde Anklage erhoben, die Anklage wurde zugelassen. Prozess, Verurteilung, Haftantritt. Ich wünschte, die Anklage würde zugelassen, damit endlich vor Gericht der Beweis angetreten werden kann, dass das, was der Staatsanwalt behauptet, nicht der Wahrheit entspricht. Und wenn dann in einem fairen Prozess eine Strafe auf mich zukommen würde, wäre ich bereit, diese Strafe zu akzeptieren. Laut meines Anwalts gibt es nur zwei Möglichkeiten: Freispruch oder eine geringe Geldstrafe. Nichts anderes.

Kapitel Elf

Ich stehe wieder auf. Neue Firma. MEG TR. Erfolg. Ziele. Geburt meines Sohnes Eron Prometheus Göker Glück! Liebe! Comeback!

Nun da ich in der Türkei lebte, im Exil, verlegten wir die Silvesterfeiern nach Zypern. 2012 und 2013 feierten wir den Jahreswechsel dort. 2013 sollte beruflich das schlechteste Jahr meines Lebens werden. Nach den Millionen, die ich in Deutschland verdient hatte, gab es einen Tag, an dem ich Angst verspürte. Bis dahin hatte ich nicht einmal gewusst, wie sich Angst, geschweige denn Existenzangst, anfühlt. Ich kannte dieses Gefühl nicht, bis zu jenem Neujahrstag in Izmir, dem 1. Januar 2010. Wir hatten mit Freunden im *Hilton* gefeiert. Morgens wachte ich auf, lag im Bett und im Fernsehen lief auf Sat1 ein Film, *Die Hochzeit meines besten Freundes* mit Julia Roberts, Cameron Diaz, Dermot Mulroney und Rupert Everett. Darin gibt es einen denkwürdigen Satz: ›Sie läuft hinter ihm her, er läuft hinter ihr her – wer läuft hinter dir her? Sie will ihn, er will sie – wer will dich?‹ Und während der Film weiter lief, merkte ich: ›Du bist nicht mehr in Deutschland!‹ Ich schaute mich um: Aha, ich bin in der Türkei. In Deutschland war ich mir meiner Sache immer sicher gewesen – deutsche Freunde, deutsches Fernsehen, deutsche Tugenden, deutsch-türkisches Umfeld. Ich lebte in einem sicheren, gesicherten Umfeld, stand morgens auf, ging zur Arbeit – war eingespannt in meine Gewohnheiten. Und der Mensch ist ein Gewohnheitstier, er braucht – das hat man sogar mal wissenschaftlich untersucht – ungefähr drei Wochen, um sich an eine neue Situation zu gewöhnen. Ich wusste zwar, dass ich in zehn Tagen eine neue Firma gründen würde, aber zum ersten Mal wusste ich nicht, wo die Reise hingehen würde. Ein komisches Gefühl. Bis dahin hatte mein Leben ein Drehbuch gehabt. Ich wusste stets, was auf mich zukommt.

Dieses Mal nicht. So sehr ich auch Türke bin, war es für mich als ein in Deutschland geborener Türke, ein Schritt ins Ausland. Da hat keiner auf mich gewartet. Da gab es keine Firma, wo ich hätte einsteigen können. Ich war alleine, hatte keine Kontakte, kein Netzwerk – und 17 Millionen Schulden im Kreuz und nur ein Guthaben von 36.000 Euro. Zum Glück hatte ich die Residenz mit den 12 Villen. Dieses Anwesen zu kaufen war die beste Entscheidung meines Lebens. Schade, dass ich die anderen 13 Villen damals nicht mit gekauft habe. Dieses Gefühlsgemisch, ich nenne es Existenzangst, war beängstigend. Ich war mir meiner selbst nicht sicher. Ich wusste nicht, verdiene ich mit dieser Firma Geld oder gehe ich komplett zu Boden. Ich hasse dieses Gefühl der Ungewissheit, musste es aber im Laufe des Tages irgendwie selbst verarbeiten. Immer sind alle zu mir gekommen und haben, wenn es Probleme gab, ihr Herz bei mir ausgeschüttet. Und egal, ob Mann oder Frau, dick oder dünn, klug oder doof – ich war als Seelsorger immer für alle da. Das aber war jetzt so ein Tag, wo ich einmal jemanden als Zuhörer und Ratgeber gebraucht hätte. Aber da war niemand. Meine Familie konnte ich damit nicht belasten, meine Freunde auch nicht – und mein Vater war seit sieben Jahren tot. Das hatte ich seit meinem Schritt in die Selbstständigkeit immer so gehalten und alles weitestgehend mit mir selbst abgemacht. Schnauze halten, jammern bringt nichts, da musst du jetzt durch!

Am 10. Januar Eröffnung, am 15. Januar, wie schon erzählt, kein Geld mehr. Dann die ersten 20.000 Euro und die Selbstzweifel waren verflogen. 2010, 2011 und 2012 haben wir knapp fünf Millionen Euro gemacht. Dann kommt 2013 und ich denke: Täglich grüßt das Murmeltier. Ich mache eine Rundreise durch die Türkei, circa zwei Wochen, möchte das Land meiner Eltern kennenlernen. Eindrücke sammeln, Menschen kennenlernen. Ich war in Akhisar, Afyon, Bursa, Trabzon, in Aydin, in Söke, der Hauptstadt Ankara, am Atatürk-Mausoleum – in den zwei Wochen legte ich 3.000 Kilometer zurück. Ich bin auf Hochzeiten eingeladen worden, habe nachts einen Frisör nach Hause gebracht, der gesagt hat: »Geiler Porsche Cayenne, so einen hätte ich auch gerne.« Das hielt dann an, bis ich an einer Tankstelle hielt und für 400 Lire getankt habe. Dann wohl doch keinen Cayenne. Mir war wichtig, die Menschen und das Land, in dem ich jetzt lebte, besser kennenzulernen. War nach drei Jahren auch längst überfällig. Und diese Reise unternahm ich – ganz bewusst – alleine. Denn wenn man in einer Gruppe auftritt, wird man selten angesprochen, wenn man alleine ist, dagegen viel häufiger. Die Reise war toll. Ich bin sehr vielen warmherzigen Menschen begegnet.

An einem Montag war ich wieder zurück. Am Dienstagmorgen klingelt das Telefon: Razzia in Deutschland bei unseren PKV-Partnern. Ausstehende Gelder: 200.000 Euro, die sie mir nicht mehr überweisen können. Und wieder einmal ist Staatsanwalt Töppel dazwischen gegangen, um mir das Leben schwerer zu machen als nötig. Auch in diesem Fall wurde Anzeige erstattet und Schadensersatz gefordert, weil es keinen Grund gab dazwischen zu gehen. Aus dem inneren Kreis haben wir gehört, dass Töppel gesagt haben soll: »Es gibt nur eine Möglichkeit, den Göker klein zu kriegen – wir müssen ihm jede Geldquelle abschneiden.« In Deutschland hat er das gemacht.

Der Coup des Staatsanwalts: Er kappte die vollkommen seriöse Geschäftsverbindung zwischen mir und den Versicherungsmaklern und -agenturen in Deutschland. Drei Monate lang hatte ich keine Partner und keine Anbindung und ergo auch keinen Geldfluss mehr. Nach drei Monaten haben wir dann einen neuen Partner gefunden und mit dem innerhalb von sechs Wochen 252.000 Euro Umsatz gemacht. Alle haben geackert wie die Tiere. Freitags kam ein Anruf aus Berlin. Fein, denke ich, die wollen abrechnen. Nein, leider nicht. Töppel hat die Partner, die gerade aus der Türkei zurückkehrten, am Flughafen abgefangen. Der Mann hat Charme, den Charme eines Terriers, der sich verbissen hat. Man teilte mir also mit, dass Töppel da gewesen sei und die Konten gesperrt habe. Resultat: Sie können die 252.000 nicht mehr überweisen. Das wurde jetzt langsam selbst mir zu heftig. Verlust insgesamt: 452.000 Euro. Das war im August 2013. Ich sagte: »Ihr habt mir vertraut, ich habs nicht gepackt und stelle Euch jetzt frei zu gehen. Ich mache weiter und komme auch wieder aus dem Tief raus.« Es vergeht kein Tag, an dem ich nicht Jobangebote bekomme – aus Dubai, Liechtenstein, der Schweiz. Gold- und Versicherungsagenturen. Man hat mir den Vertrieb zahlreicher Produkte angeboten.

Ich sagte: »Wer will, kann an meiner Seite bleiben und in den Villen kostenlos leben. Ich brauche jetzt Zeit, mich neu aufzustellen. Eines solltet ihr wissen: Wer jetzt in der schweren Zeit geht, braucht – wenn es mir in einem Jahr wieder gut geht – nicht mehr angedackelt zu kommen. Ich habe Verständnis dafür, dass ihr geht, aber es ist ein One-Way-Ticket.« Elf von 25 sind gegangen. Der Rest ist geblieben. In dieser Phase meines Lebens lernte ich in der Türkei Cengiz Özkilic kennen. Er übernahm in der Türkei den Posten den in Deutschland Marinka innehatte. Diesmal musste und wollte ich mir die Zeit nehmen, eine nachhaltige Entscheidung zu treffen. Kein Schnellschuss mehr. Ich habe alle Optionen geprüft und mich dann am 7. September 2013 für folgende entschieden. Hätte der liebe Gott nicht das Versicherungswesen geschaffen, wäre ich wohl Kellner geworden. Aber es gibt ja die Versicherungen und darum konnte ich mein Redetalent lukrativ einsetzen. Aber ich habe oft in die Runde gefragt, wenn wir im Restaurant saßen: Wenn wir unser Redetalent nicht hätten, was würde uns von dem Kellner unterscheiden? Nichts! Das sage ich mit aller Demut, denn zum Glück ist unser Job ein hoch dotierter und wird nicht mit mickrigen Stundenlöhnen sondern mit satten Prämien abgegolten. Man muss nicht einmal sonderlich intelligent sein, um Versicherungsmakler zu sein. Die Fragen sind folgende: Bist du mutig? Bist du ziel- und erfolgsorientiert? Bist du fleißig? Bist du diszipliniert? Bist du ehrgeizig? Wenn du diese Fragen mit ›Ja‹ beantwortest und dich dann noch ein bisschen charmant und gewählt ausdrücken kannst, könnte aus dir ein Vertriebler werden. Im Durchschnitt machst du dann 50.000 Euro, wenn du eine Maschine bist, kannst du 250.000 im Jahr in diesem Job machen. Ich habe es in meinem besten Jahr geschafft auf 80 Millionen Euro zu kommen. Messe dich niemals mit mir, dann wirst du keine Enttäuschung erleben.

Das Comeback vom Comeback im Herbst 2013 verlief erfolgreich. Ende 2012 Anfang 2013 war ich mit Vincent Ho in Zürich, um Geschäftspartner zu treffen. In einem Restaurant lernte ich Ereleta Ademi kennen. Es war der 11. September, ein Schicksalstag für Amerika und mich. Wir blieben in lockerem Kontakt, der irgendwann aber einschlief. Monate später fand mich Ereleta via Facebook und schrieb: »Hallo, kennst du mich noch – aus Zürich?« Wir telefonierten dann stundenlang miteinander, trafen uns, trafen uns noch einmal – und aus dieser Dame wurde die Mutter meines Sohnes: Eron Prometheus. Ich bin ihr für diese Zeit sehr, sehr dankbar. Sie hat mir das größte Geschenk meines Lebens gegeben, meinen Sohn.

Geschäftlich gesehen, war 2013 mein schlechtestes Jahr, denn ich habe – seit ich mich 2003 selbstständig machte – zum ersten Mal die 1-Million-Euro-Marke nicht knacken können. Von 2003 an bis 2012 habe ich immer eine Million, manchmal deutlich mehr verdient. 2009 war mit über

80 Millionen Umsatz mein bestes Jahr! 2013 bewegte ich mich im sechsstelligen Bereich. Kein Wunder: Wir haben sechs Monate auch so gut wie nichts gemacht. Am Pool gelegen und sinniert, was wir machen könnten. Hunderte Ideen kamen auf den Tisch. Aberhunderte Angebote. Eines hat uns beeindruckt und das haben wir dann umgesetzt.

2013 war geschäftlich eine Katastrophe, 2014 dagegen wieder fantastisch. privat hingegen das beste Jahr aller Zeiten: Ich wurde Vater. Und bekam ein wunderbares Baby von einer wunderbaren Frau.

Die Aussichten für 2015 sind sehr viel versprechend. 2014 wurde unsere Firma durch zwei weitere Top-Vertriebler bereichert. Der eine war Selim Akyol und der andere war nicht Mehmet Durak, sondern Lokman Tomac. Bedanken möchte ich mich auch bei Caglar Sertakar und Mutlu Baspeynirci für sechs Jahre tolle Unterstützung im Backoffice in der Türkei, aber auch für Ihre Menschlichkeit und Freundschaft.

Eines habe ich den MEG-Bewerbern immer gesagt: Das Wichtigste, was du hast, wenn du bei uns anfängst: Du musst lernen glücklich zu sein. Manche macht Geld glücklich, manche das Reisen, manche Sport, manche Kultur, manche Kinder. Wenn du morgens zur Arbeit gehst und nicht nach einer Stunde auf die Uhr schaust und abends nach Hause kommst und zu dir sagst: ›Gute Entscheidung hier zu arbeiten‹, dann bist du glücklich. Ich kann heute in den Spiegel schauen und kann sagen: Ich bereue keine Sekunde! Denn ich habe meine Familie und meine Freunde um mich, habe eine Frau gefunden, werde bald Vater, lebe in meiner Residenz und habe eine eigene Firma. Okay, ich habe vieles falsch gemacht, aber auch einiges richtig. Und genau das hat mich hierher gebracht.

Hätte ich damals 2009 für einen fast dreistelligen Millionenbetrag verkauft, hätte ich viele neue Freunde nicht kennengelernt, Ereleta nicht getroffen, und hätte nicht meinen Sohn und ob ich so glücklich wäre wie jetzt, das weiß ich nicht. Wie geht es mir jetzt? Gut! Sehr gut! Ich habe nicht mehr annähernd so viele Millionen wie früher, und trotzdem geht es mir materiell und seelisch ausgezeichnet Ich empfinde eine sehr erträgliche Leichtigkeit des Seins. Ich bin heute deutlich ruhiger. Wer mich heute kennenlernt, hält mich vielleicht noch für verrückt, aber im Vergleich zu früher, wo ich verrückt hoch zehn war, ist das nichts. Famous last words:

Michael Jordan spielt Basketball, Forrest Gump läuft, ich rede.

DIE DOKUMENTARFILME ÜBER
MEHMET GÖKER
VON GRIMME-PREISTRÄGER
KLAUS STERN

Versicherungsvertreter - Die erstaunliche Karriere des Mehmet Göker

Mit 25 hat Mehmet Göker mit dem Vertrieb privater Krankenversicherungen am Telefon seine erste Million verdient. Sein Unternehmen, die MEG AG wächst, der Umsatz steigt, neue Mitarbeiter werden angeworben, großzügige Provisionen werden in Aussicht gestellt und gezahlt, verschwenderische Incentive-Reisen und Ferraris gehören zu den kleinen Annehmlichkeiten der ranghöheren Mitarbeiter. Die selbstherrlichen Jubel-Veranstaltungen der Firma lassen an megalomanischem Pomp und grotesken Ritualen nichts zu wünschen übrig. Der Film zeigt Aufstieg – und tiefen Fall des türkischstämmigen Jungunternehmers aus Kassel. Eine Geschichte von Gier und Größenwahn. Aber auch ein erhellender Einblick in das Geschäftsgebaren privater Krankenversicherungen.

Versicherungsvertreter 2 - Mehmet Göker macht weiter

Sein Unternehmen, der ehemals zweitgrößte Vermittler privater Krankenversicherungen MEG AG ist insolvent. Gegenüber deutschen Versicherungskonzernen hat er privat Verbindlichkeiten in Höhe von über 10 Millionen Euro. Und trotzdem macht er weiter sein Geld in der deutschen Versicherungsbranche. Der skandalträchtige Policen-Verkäufer hat sich in die Türkei abgesetzt, da sein internationaler Haftbefehl dort nicht vollstreckt werden kann. Er wirbt neue Mitarbeiter über Facebook an und lockt mit großen Versprechen von Luxus und Reichtum an die Türkische Ägäis. Die privaten Krankenversicherer sorgen auch weiterhin für sein Einkommen. Er schaltet jetzt einfach einen Makler aus Deutschland bei der Optimierung und dem Verkauf von Krankenversicherungspolicen dazwischen.

JETZT AUF DVD ÜBERALL IM HANDEL ERHÄLTLICH!

© 2015 Turbine Medien GmbH. Alle Rechte vorbehalten.